독자의 1초를
아껴주는 정성을
만나보세요!

세상이 아무리 바쁘게 돌아가더라도 책까지 아무렇게나 빨리 만들 수는 없습니다.

인스턴트 식품 같은 책보다 오래 익힌 술이나 장맛이 밴 책을 만들고 싶습니다.

땀 흘리며 일하는 당신을 위해 한 권 한 권 마음을 다해 만들겠습니다.

마지막 페이지에서 만날 새로운 당신을 위해 더 나은 길을 준비하겠습니다.

 길벗 IT 도서 열람 서비스

도서 일부 또는 전체 콘텐츠를 확인하고 읽어볼 수 있습니다.
길벗만의 차별화된 독자 서비스를 만나보세요.

더북(TheBook) ▶ https://thebook.io

더북은 (주)도서출판 길벗에서 제공하는 IT 도서 열람 서비스입니다.

러스트 웹 개발
RUST WEB DEVELOPMENT

초판 발행 • 2024년 5월 21일

지은이 • 바스티안 그루버
옮긴이 • 장연호
발행인 • 이종원
발행처 • (주)도서출판 길벗
출판사 등록일 • 1990년 12월 24일
주소 • 서울시 마포구 월드컵로 10길 56(서교동)
대표 전화 • 02)332-0931 | **팩스** • 02)323-0586
홈페이지 • www.gilbut.co.kr | **이메일** • gilbut@gilbut.co.kr

기획 및 책임편집 • 정지은(je7304@gilbut.co.kr) | **디자인** • 장기춘 | **제작** • 이준호, 손일순, 이진혁
마케팅 • 임태호, 전선하, 차명환, 지운집, 박성용 | **유통혁신** • 한준희 | **영업관리** • 김명자 | **독자지원** • 윤정아

교정교열 • 강민철 | **전산편집** • 책돼지 | **출력 및 인쇄** • 정민문화사 | **제본** • 정민문화사

▸ 잘못 만든 책은 구입한 서점에서 바꿔 드립니다.
▸ 이 책은 저작권법에 따라 보호받는 저작물이므로 무단전재와 무단복제를 금합니다.
  이 책의 전부 또는 일부를 이용하려면 반드시 사전에 저작권자와 (주)도서출판 길벗의 서면 동의를 받아야 합니다.

ISBN 979-11-407-0944-1 93000
(길벗 도서번호 080350)

정가 33,000원

___

독자의 1초를 아껴주는 길벗출판사

(주)도서출판 | IT교육서, IT단행본, 경제경영, 교양, 성인어학, 자녀교육, 취미실용 www.gilbut.co.kr
길벗스쿨 | 국어학습, 수학학습, 어린이교양, 주니어 어학학습, 학습단행본 www.gilbutschool.co.kr

페이스북 • www.facebook.com/gbitbook
예제소스 • https://github.com/gilbutITbook/080350

Rust Web
Development

러스트 웹 개발

바스티안 그루버 지음
장연호 옮김

에밀리, 코라, 그리고 마를로에게

필자는 뼛속부터 실용주의자이다. 프로그래밍을 처음 접한 것은 웹사이트를 파는 사업으로 큰돈을 번 고향 이웃의 영향 덕택이었다. 내 생각에, 그가 돈을 번다면 나도 할 수 있을 것 같았다. 17살이었던 그때 친구와 사업을 시작했고, 다른 회사를 위해 웹사이트를 만들었다. 집에서 편안하게 이들 회사로부터 이 정도의 돈을 벌게 되니 이 산업과 사랑에 빠지게 되었다.

그렇지만 프로그래밍은 절대로 내가 좋아하는 과목이 아니었고, 깊이 빠져들고 싶은 것도 아니었다. 프로그래밍이란 애플리케이션이나 웹사이트를 판매하기 위해 해야만 하는, 목적을 위한 수단에 불과했다. 메인 프레임에서 PL/I로 시작해 브라우저용 애플리케이션을 제작하기 위해 자바스크립트로 전환했고, 중간에는 백엔드 API를 작성했다. 나는 그냥 인터넷에서 개발하는 것을 사랑했다. 이 열정이 러스트로 이어졌다. 다른 사람을 위한 가치 창출이라는 중요한 일에 집중할 수 있게, 언어와 컴파일러가 도와준 것은 이번이 처음이었다.

이 책은 현존하는 가장 좋은 도구로 가치를 창출한다는 우리 업계의 실용적인 관점으로 썼다. 왜 러스트가 미래 세대를 위한 웹 애플리케이션과 API에 완벽한 짝인지 보여 준다. 이 책은 단순히 문법에 대한 책이 아니라, 지침과 심층적인 분석을 통해 다음 프로젝트를 러스트로 자신감 있게 시작하고 끝맺을 수 있도록 한다.

나는 러스트 크레이트, 언어 자체, 선택한 웹 프레임워크의 세세한 곳을 살펴보고자 한다. 세세한 정도는 배운 뒤에 변화를 실감하고, 솔루션을 이해해서 자신의 프로젝트에 적용하고, 더 깊이 알고자 할 때 어디를 살펴봐야 할지를 알 수 있게끔 실용적으로 설정했다.

예전 동료의 말을 인용하자면 "러스트로 작성하는 것은 속임수 같다!". 나는 여러분이 이 책을 읽으면서 이전보다 더 빠르고 안전하게 일을 할 수 있도록 지원하고 힘을 실어 주는 언어로 웹 개발의 아름다움을 볼 수 있기를 희망한다. 여러분을 이 여정에 이끌게 되어 영광이다.

먼저, 나를 믿고 이 책을 끝낼 수 있다는 믿음을 끝까지 지켜준 아내 에밀리에게 감사한다. 이 책을 쓰는 데는 우리의 시간을 많이 써야 했기에 당신의 지원에 영원히 감사할 거야. 항상 나와 가족을 지켜주어 감사하고 사랑해.

다음으로, 내게 손을 내밀어 이 책이 나올 수 있게 해준 마이크 스테판에게 감사드린다. 당신과의 첫 통화는 정말 고무적이었고 내가 실제로 책을 쓸 수 있다고 믿음을 주었다. 당신의 지혜와 경험은 이 책과 앞으로 나올 몇 년 간의 내 글에 영향을 줄 거예요.

매닝(Manning)의 편집자 엘리샤 하이드. 책을 쓰는 동안 당신의 인내심, 의견, 이메일을 통한 끊임없는 후속 조치, 귀중한 제안 및 안내에 감사드린다. 항상 함께하는 미팅을 기대했고 정말 그 기억이 그리울 거예요.

그동안 영감을 준 개발자들에게 감사드린다. 마리아노, 당신의 지혜와 통찰력은 이 책뿐만 아니라 제 개발자 경력의 상당 부분을 이끌어 주었어. 크누트와 블레이크, smartB에서의 시간과 이후 토론으로 내가 독자들에게 접근하는 방식을 결정했어. 사이먼, 당신은 개발자가 되기 위해 필요한 것과 자신의 기술을 진지하게 받아들이는 데 필요한 것에 대해 많은 것을 가르쳐 주었어요. 그리고 감정을 발산할 수 있게 해 주고 에너지를 재충전하고 대화를 통해 우리 기술에 대해 흥분하게 해준 폴에게도 감사드린다. 다다, 당신과 함께 공부한 것이 이 책을 쓸 수 있게 된 하나의 큰 초석이었어. 마지막으로 세바스찬과 페르난도, 우리가 함께 한 시간은 그 무엇보다 오늘날의 개발자이자 인간으로 나를 만들어 주었어.

모든 리뷰어에게 감사한다. 당신들의 제안으로 이 책이 더 나아지게 되었어요.

바스티안 그루버

2015년에 세상에 공개된 러스트는 내게 항상 미묘한 대상이었다. 분명히 강력하고 효과적인 언어였지만, 어떻게 사용해야 할지, 어디에 쓸 수 있을지, 감이 잡힐 듯하면서도 당최 그 실마리를 찾을 수 없었다. 러스트는 혁신적인 언어였지만 아직 생태계가 성숙하지 않아 어떤 프레임워크에 정착할지 감을 잡을 수 없었다. 그런 만큼 경험 있는 선배가 이끌어 줄 필요가 있었고, 특정한 분야에 맞춰진 지도가 간절히 필요했다.

그런 면에서 이 책은 학습 여정의 고단함을 엄청나게 줄여 주는, 훌륭한 동반자라고 할 수 있겠다. 웹 서비스를 하나하나 말 그대로 바닥부터 채워 올라가는 내용과 라우팅, 미들웨어, 데이터베이스, 비동기 작업 등 필요한 내용으로 가득 채워져 있어 어느 곳 하나 뺄 곳이 없을 정도로 알차게 구성되어 있다.

혁신적인 러스트 웹 프레임워크인 Warp는 아마도 가장 러스트스러운 방법으로 만들어진 결과물일 것이다. 그만큼 가장 정석적인 러스트 프로그래밍 개발 과정을 익히게 될 것이고, 개발 과정 내내 부딪힐 다양한 상황을 해결해 나가다 보면 저자의 스타일을 따라 잘 구성된 제품을 만드는 방법도 함께 익히리라 생각한다.

이 책이 시작하는 사람에게는 좋은 참고서가 되고, 경험이 어느 정도 있는 사람에게는 저자의 통찰을 통해 빈 곳을 메우는 레시피가 되기를 희망한다. 또한, 러스트로 웹 백엔드를 구성하는 데 있어 안전하고 효율적인 서비스를 구축하는 데 작게나마 보탬이 되었으면 좋겠다.

책을 선정하고 출간하는 데 열과 성을 다해 주신 길벗출판사의 정지은 편집자님, 안윤경 편집자님에게 감사드린다. 번역 과정 내내 직접 실습하면서 러스트에 많이 익숙해지셨으리라 믿는다. 해피테크놀로지 유서호 CTO님께 감사드린다. 러스트에 대한 관심을 계속해서 이어 나갈 수 있었고, 지속적인 동기 부여 덕택에 번역 과정을 이어 나갈 수 있었다.

책 번역 과정 내내 함께 시간을 내어 주지 못했음에도 지원해 준 가족 모두에게 감사드린다. 힘들 때마다 지원해 준 동생 규호, 번역이 막힐 때마다 기댈 수 있었던 아내 미정, 두 딸 은채와 은유. 덕분에 책을 마무리지을 수 있었어. 고마워.

장연호

이 책은 API, 마이크로서비스나 모놀리스 서비스 같은 웹 애플리케이션을 처음부터 끝까지 만들 수 있도록 도와줄 것이다. API를 외부에 공개하고, 데이터베이스를 연결하여 데이터를 저장하고, 애플리케이션을 테스트하고 배포하는 데 필요한 모든 것을 배운다. 이 책은 참고서가 아니다. 연습 문제집으로 봐야 한다. 우리가 만들 애플리케이션은 필요할 때 개념을 가르칠 수 있게끔 디자인은 희생할 것이다. 책을 끝까지 진행하면 최종 완성본을 만들 수 있을 것이다.

대상 독자

이 책은 〈러스트 프로그래밍 공식 가이드〉(제이펍, 2019)의 처음 6장을 읽은 후 "내가 이걸로 무엇을 할 수 있을까?"라고 자문해 본 사람들을 위한 것이다. 또한, 과거에 다른 언어로 웹 애플리케이션을 구축해 본 적이 있고 러스트가 다음 프로젝트에 적합한지 궁금해하는 개발자를 위한 것이다. 그리고 마지막으로 러스트로 웹 애플리케이션을 만들고 유지해야 하는 새로운 업무에 자신이나 신입 직원을 온보딩하는 데 도움이 되는 훌륭한 책이다.

이 책의 구성

이 책은 총 3부로, 11개 장과 부록 하나로 구성되었다.

1부는 '왜' 그리고 '어떻게' 러스트로 개발하는지를 서술한다.

- 1장: 어떤 환경과 팀에 러스트가 가장 잘 맞는지와 러스트를 여러분의 팀이나 다음 프로젝트에 도입할 때의 마음가짐에 대해 다룬다. 러스트와 다른 언어를 비교하고 러스트의 웹 생태계를 살짝 엿본다.

- 2장: 이 책을 끝내고 책에서 제시된 코드 스니펫을 이해하는 데 필요한 러스트 언어 기초와 지식을 설명한다. 또한, 웹 생태계 기반과 러스트로 비동기 애플리케이션을 작성하는 데 필요한 추가 도구를 설명한다.

2부는 애플리케이션의 비즈니스 로직을 만드는 방법을 다룬다.

- 3장: 이 책의 뒷부분에서 활용될 토대를 만든다. 앞으로 사용할 웹 프레임워크 Warp와 HTTP GET 요청에 JSON으로 응답하는 방법을 소개한다.

- 4장: HTTP POST, PUT, DELETE 요청과 메모리 내에서 가상 데이터를 읽는 방법을 다룬다. 이 장에서는 url-form-encoded와 JSON 간의 차이점도 알아본다.

- 5장: 코드의 모듈 분할, 린팅, 서식화를 다룬다. 많은 양의 코드를 자체 모듈과 파일로 분할하고 러스트의 주석 체계를 사용해 코드에 주석을 달고 린팅 규칙을 추가하며 서식을 맞춘다.

- 6장: 실행 중인 애플리케이션을 검사한다. 로깅과 추적의 차이점을 설명하고 코드를 디버깅하는 다양한 방법을 선보인다.

- 7장: 메모리 저장소 대신 PostgreSQL 데이터베이스를 추가한다. localhost의 데이터베이스에 연결하고 연결 풀을 만들고 경로 핸들러 간에 공유하는 과정을 거친다.

- 8장: 데이터를 보내고 받은 응답을 처리하는 외부 서비스에 연결한다. 비동기 함수를 묶고 JSON 응답을 역직렬화하는 방법을 설명한다.

3부에서는 코드를 프로덕션 환경으로 이전하는 데 필요한 모든 것이 준비되었는지 확인한다.

- 9장: 상태 저장(stateful) 인증과 상태 비저장(stateless) 인증에 대해 설명하고 이것이 코드에서 어떻게 나타나는지 설명한다. 사용자 개념을 도입하고 토큰 유효성을 검사하는 미들웨어를 추가한다.

- 10장: API 키와 데이터베이스 URL과 같은 입력 변수를 매개변수화하고 다양한 아키텍처와 도커 환경에 빌드할 코드를 작성한다.

- 11장: 단위 및 통합 테스트와 각 테스트 후 모의 서버를 시작하고 되돌리는 것으로 책을 마무리한다.

부록에는 보안 감사 및 보안 코드 작성에 대한 지침을 추가하였다.

이 책을 필요한 부분만 골라 읽을 수는 있다. 코드 저장소에서 각 장을 확인하고 현재 읽고 있는 부분을 설정할 수 있다. 애플리케이션은 장별로 구성되어 있으므로 건너뛰면 일부 정보를 놓칠 수 있다. 하지만 각 장을 유연한 참조 가이드로 활용할 수 있다.

소스 코드

이 책의 소스 코드는 길벗출판사의 깃허브(https://github.com/gilbutITbook/080350)에서 내려받을 수 있다.

다른 기술 서적과 비슷하게, 따라 하기 방식으로 구성되어 있어 책을 따라 실습하다 보면 애플리케이션 하나가 완성됩니다. 다만, 다른 책과 달리 일단 에러를 발생시키고 왜 이런 에러가 발생했는지에 대한 이유를 설명하며 올바른 방법을 제시해 줍니다. 그냥 따라 하다 보면 이해되지 않은 부분을 무심결에 넘어가게 되는데, 이 책처럼 에러를 확인하면서 다시 한번 생각하게 해 주는 방식은 실무에서 프로그래밍을 할 때 시행착오를 겪는 과정과 동일하다고 느꼈습니다. 이는 마치 러스트의 컴파일러가 동작하는 방식과 유사한데, 저자가 러스트를 깊이 이해하고 있음을 생각하면 당연한 전개 방식이라고 생각합니다.

주제 하나를 가지고 처음부터 끝까지 블록 쌓기처럼 완성해 가는 과정 또한 마음에 들었습니다(마음의 든 정도가 아니라 정말 훌륭했습니다). 목표가 선명했으며, 왜 이렇게 바꿔 나가야 하는지를 설명하면서 그간 어렴풋하게만 알고 있던 개념들이 명확해지고 러스트뿐 아니라 프로그래밍 전반에 대한 이해도를 높일 수 있는 시간이었습니다.

역자가 원문에 있는 예제를 직접 실행해 보면서 발견한 문제점까지 꼼꼼하게 보완한 덕분에 오히려 원서보다 완성도가 높아져 학습자로서 감사 말씀을 드리고 싶습니다.

- **실습 환경** MacOS 13.0, Rust Playground, VS Code

유서호_해피테크놀로지 CTO

러스트에 대한 기초를 쌓고 무엇을 해야 할지 막막할 때 이 책이 웹 백엔드 개발에 대한 훌륭한 길잡이가 되어 줍니다. 이 책에서는 백엔드의 비동기 처리를 위해 Warp, Tokio, Reqwest를 사용하는 방법 그리고 개발에서 머무는 것이 아니라 실제 프로덕션으로 완성시키기 위해 배포와 테스트를 하는 방법까지 러스트 개발에 대해 상세하게 안내해 줍니다. 개인적으로 log4rs, tracing 소개와 GDB, LLDB 등 상세한 디버깅을 설명하는 6장이 가장 마음에 들었습니다. 러스트의 기초를 넘어 러스트를 웹 백엔드 개발 실무에 적용해 보고자 하는 분들에게 이 책을 추천하고 싶습니다.

- **실습 환경** Windows WSL2, Ubuntu 20.04.6 LTS

전봉규_LG CNS

러스트 문법을 공부한 적이 있어 이 책의 베타 테스터로 참여하게 되었습니다. 러스트의 문법만 배웠지 웹으로는 처음 알게 되었습니다. 웹 프레임워크를 이용해 프로젝트 하나를 만드는 책의 구성이 좋았습니다. 또한, 함수형 기법으로 웹 프레임워크를 반영하는데, 함수형 기법까지 알게 되어 좋았습니다.

- **실습 환경** MacOS Sonoma, RustRover

문용준_SK C&C

러스트 소개

이 책의 앞부분에서는 러스트의 기초를 다진다. 러스트로 웹 개발을 하려면 비동기 서버 애플리케이션을 작성하는 데 필요한 언어와 도구를 이해해야 한다. 1부에서는 두 주제를 모두 다룰 예정이다.

1장은 '왜'라는 주제에 초점을 맞춘다. 다른 언어보다 성능이 더 좋은 러스트로 애플리케이션을 어떻게 쉽고 안전하게 만드는지 알아본다. 러스트를 자신의 기기에 설정하는 방법, 툴체인의 모습, 마지막으로 가장 중요한 비동기와 웹 생태계에 대해서도 알아본다.

2장에서는 책 전체의 코드 스니펫을 따라 하는 데 그치지 않고 새로운 프로젝트를 시작하는 데 필요한 기본 지식을 모두 다룬다.

1ᵃⁿ

왜 러스트인가?

이 장에서 다룰 핵심 내용

- 러스트를 설치할 때 기본으로 함께 제공되는 도구
- 러스트와의 첫 만남과 고유한 특징
- 러스트로 웹 서비스를 만드는 데 필요한 것
- 러스트 애플리케이션의 유지보수를 지원하는 기능

러스트(Rust)는 시스템 프로그래밍 언어이다. 자바스크립트, 루비 같은 인터프리터 언어와 달리 러스트는 Go, C, 스위프트처럼 컴파일러가 있다. Go의 활성 가비지 컬렉션이나 자바의 가상 머신으로 인한 성능의 저하가 없고, 구문은 파이썬이나 루비처럼 읽기 쉽다. 따라서 러스트는 C 언어만큼 성능이 좋다. 이는 모든 타입(type) 에러에서 프로그램을 보호하고, 실행하기 전에 Use-After-Free[1] 같은 다양한 고전적인 런타임 에러를 제거해 주는 컴파일러 덕택이다.

러스트를 사용하면 성능(런타임이나 가비지 컬렉션이 없음), 안전성(컴파일러가 비동기 환경에서도 메모리가 안전한지 확인), 생산성(테스트, 문서화, 패키지 관리자에 대한 기본 제공 도구로 빌드하고 유지보수하기가 쉬움) 면에서 이점이 있다.

어쩌면 여러분은 러스트를 들어 본 적은 있지만, 튜토리얼을 따라 해 보니 언어가 너무 복잡해 보여 포기한 경험이 있을 수도 있다. 매년 스택 오버플로(Stack Overflow)에서 실시하는 설문 조사를 보면 러스트는 가장 사랑받는 프로그래밍 언어 1위로 선정된 적이 있고, 페이스북, 구글, 애플, 마이크로소프트와 같은 기업에서도 많이 사용한다. 이 책은 학습하다가 막히는 곳 없이 러스트의 기초를 익히고 이를 통해 견고한 웹 서비스를 만들고 출시하는 법을 알려줄 것이다.

> Note ☰ 이 책에서는 독자가 러스트로 작은 애플리케이션을 몇 개 정도 만들어 보았고, 웹 서비스의 일반적인 개념을 잘 알고 있다고 가정한다. 우리는 이 책에서 러스트에 대한 모든 기본적인 기능과 사용 방법을 살펴보겠지만, 깊이 학습한다기보다는 재확인하는 것에 더 가깝다. 예를 들어 스티브 클라브닉(Steve Klabnik)과 캐롤 니콜스(Carol Nichols)가 쓴 〈러스트 프로그래밍 공식 가이드〉(제이펍, 2019)[2]에서 6장까지 읽었다면 이 책에 나오는 예제를 어렵지 않게 실습할 것이다. 우리는 러스트 2021 에디션을 다루지만, 2018 에디션과도 호환된다.

개발자 입장에서 러스트는 안목을 넓힐 수 있는 흔치 않은 기회이기도 하다. 여러분은 백엔드 개발을 시작하려는 프런트엔드 개발자일 수도 있고, 새로운 언어를 배우고 싶은 자바 개발자일 수도 있다. 러스트는 매우 다재다능해서 일단 배우고 나면 작업할 수 있는 시스템 범위가 넓어질 것이다. 예를 들어 C++, C 같은 언어를 사용할 수 있는 모든 곳에서 러스트를 사용할 수 있으며, Node.js, 자바, 루비를 사용하는 곳에서도 사용할 수 있다. 파이썬이 수년 간 지배해 왔던 머신 러닝 생태계에도 발을 디밀기 시작했다. 또한, 러스트는 웹어셈블리(https://webassembly.org)로 컴파일하는 데 적합하며 Cosmos, Polkadot 등 다수의 최신 블록체인 구현에도 사용되었다.

코드를 작성한 경험이 많을수록 더 많은 프로그래밍 언어를 배울수록, 학습한 개념과 문제에 가장 적합한 프로그래밍 언어를 사용하는 것이 가장 중요하다는 점을 알게 된다. 이 책은 단순

---

1 **역주** 사용이 끝나 이미 해제된 메모리의 할당 영역을 또다시 해제하려는 행위로, 프로그램이 비정상적으로 종료하게 되는 주요 원인 중 하나다.

2 1판은 절판되었다.

히 HTTP 요청을 위한 러스트를 보여 주는 데 그치지 않고, 웹 서비스가 일반적으로 작동하는 방식과 비동기식 러스트의 기본 개념을 설명한다. 따라서 여러분은 자신에게 가장 적합한 TCP(Transmission Control Protocol) 추상화를 선택할 수 있을 것이다.

RUST WEB DEVELOPMENT

1.1 배터리 포함[3]: 러스트의 도구

러스트는 애플리케이션을 간단하게 시작, 유지, 구축할 수 있는 적절한 도구들을 함께 제공한다. 그림 1–1은 러스트로 애플리케이션을 작성하는 데 필요한 가장 중요한 도구들이다.

▼ 그림 1–1 러스트 애플리케이션을 작성하고 배포하는 데 필요한 도구 모음

툴체인/버전 관리자	러스트 컴파일러	코드 포매터	린터	패키지 관리자	패키지 저장소
Rustup	Rustc	Rustfmt	Clippy	Cargo	crates.io

코드 1–1처럼 터미널에서 명령을 실행하여 Rustup을 내려받고 러스트를 설치할 수 있는데, 이는 macOS(brew install rustup-init 명령 실행)나 리눅스에서만 가능하다. 윈도우의 경우에는 웹 사이트(www.rust-lang.org/tools/install)의 지침에 따라 러스트를 설치한다.

코드 1–1 러스트 설치하기

```
$ curl --proto '=https' --tlsv1.2 -sSf https://sh.rustup.rs | sh
```

명령줄 도구 curl은 URL로 데이터를 주고받는다. 물론 원격 파일을 컴퓨터에 내려받을 수도 있다. --proto 옵션은 HTTPS(Hypertext Transfer Protocol Secure)와 같은 프로토콜을 사용할 수 있도록 한다. --tlsv1.2 매개변수를 사용해 전송 계층 보안(Transport Layer Security, TLS, http://mng.bz/o5QM) 1.2 버전을 사용하도록 지정했다. 그다음은 브라우저를 열면 내려받을 셸 스크

---

3 **역주** 배터리 포함(batteries included)은 보통 전자 기기를 판매할 때 해당 제품에 건전지가 포함되었다는 의미였다. 구매 후 포장을 뜯자마자 별도로 다른 것을 사지 않고 바로 쓸 수 있다는 의미이며, 소프트웨어 용어에서는 동작하는데 필요한 모든 라이브러리, 프레임워크, 유틸리티 등이 포함되었다는 의미로도 쓰인다.

립트의 URL 주소이다. 셸 스크립트는 **파이프**(|)를 이용해 sh 명령줄 도구로 연결되어 실행된다.

코드 1–1의 셸 스크립트는 러스트를 업데이트하고 보조 구성 요소를 설치할 수 있는 Rustup 도구도 설치한다. 러스트를 업데이트하려면 rustup update 명령을 실행하면 된다.

```
$ rustup update
info: syncing channel updates for 'stable-x86_64-apple-darwin'
info: latest update on 2023-03-28, rust version 1.68.2 (9eb3afe9e 2023-03-27)
...
    stable-x86_64-apple-darwin updated - rustc 1.68.2
    (9eb3afe9e 2023-03-27)
    (from rustc 1.66.1 (90743e729 2023-01-10))
  nightly-x86_64-apple-darwin updated - rustc 1.70.0-nightly
  (17c116721 2023-03-29)
  (from rustc 1.68.0-nightly (0b90256ad 2023-01-13))

info: cleaning up downloads & tmp directories
```

그리고 그림 1–1에 언급한 코드 포매터와 같은 구성 요소를 더 많이 설치하려면 rustup 명령을 사용한다.

코드 1–2 Rustfmt 설치하기

```
$ rustup component add rustfmt
```

cargo fmt를 실행하면 스타일 가이드와 비교해 코드를 확인하고 그에 따라 코드를 정리한다. 실행할 때 대상 폴더나 파일을 지정해야 하는데, 예를 들어 프로젝트의 루트 폴더로 가서 cargo fmt . 을 실행하면 해당 폴더 아래의 모든 디렉터리와 파일을 대상으로 명령을 실행한다.

코드 1–1의 curl 명령을 실행하면 러스트 라이브러리뿐 아니라 패키지 관리자인 카고(Cargo)도 설치된다. 카고로 러스트 프로젝트를 만들고 실행할 수 있다. 이제 첫 번째 러스트 프로그램을 만들고 실행해 보자. 다음 코드를 수행하면 러스트 애플리케이션이 실행된다. cargo run 명령은 코드를 컴파일하는 rustc를 실행하고, 생성된 바이너리를 실행한다.

코드 1–3 첫 번째 러스트 프로그램 실행하기

```
$ cargo new hello
    Created binary (application) `hello` package
$ cd hello
$ cargo run
    Compiling hello v0.1.0 (/private/tmp/hello)
```

```
     Finished dev [unoptimized + debuginfo] target(s) in 0.81s
          Running `target/debug/hello`
Hello, world!
```

새로 만든 프로그램은 Hello, world!를 콘솔에 출력하며, 왜 그러는지는 바로 알 수 있다. 프로젝트 폴더 hello를 살펴보면 코드 1-4에 나열된 파일과 폴더가 있는데, cargo new 명령은 지정한 이름으로 새 폴더를 만들고 새 깃(Git) 구조를 초기화한다.

코드 1-4 새로운 러스트 프로젝트의 폴더 내용

```
$ tree .
.
├── Cargo.lock
├── Cargo.toml  ····  Cargo.toml는 서드파티 종속성 라이브러리 등을 설정하는 곳으로
├── src  ····  src 폴더는 개발할 때 핵심 지점이다. 작성한 애플리케이션의 코드는 이 안에 넣는다.
│       └── main.rs
└── target  ····  바이너리를 만들면 target 폴더를 만들고 그 안에 넣는다.
        ├── CACHEDIR.TAG
        └── debug  ····  명령줄에서 cargo run을 실행할 때 실행될 바이너리 파일은 debug 폴더에 있다.
                ├── build
                ├── deps
                │       ├── hello-fcf88328ae938e7b
                ├── examples
                ├── hello
                ├── hello.d
                └── incremental
                        └── ...

9 directories, 24 files
```

cargo run 명령은 애플리케이션을 빌드하고 ./target/debug 폴더 안에 있는 바이너리를 실행한다. 소스 코드는 src 폴더 안에 있다. 만드는 애플리케이션의 유형에 따라 src 폴더에는 다음과 같은 내용이 포함된 main.rs이나 lib.rs 파일이 있다.

코드 1-5 생성된 main.rs 파일

```rust
fn main() {
    println!("Hello, world!");
}
```

5장에서 lib.rs와 main.rs 파일의 차이점과 카고가 언제, 어떤 파일을 생성하는지 알아볼 것이다. target 폴더에는 debug라는 또 다른 폴더가 있는데, cargo run 명령으로 생성되어 컴파일된 코드가 들어 있다. 간단하게 cargo build를 실행해도 동일한 효과를 내지만, 이 명령은 빌드만 하고 프로그램은 실행하지 않는다.

러스트 프로그램을 빌드할 때 러스트 컴파일러(Rustc)는 바이트코드를 생성하고 이를 LLVM (https://llvm.org)[4]이라는 다른 컴파일러에 전달하여 기계 코드를 만든다. 이는 LLVM이 지원하는 모든 운영체제에서 러스트를 컴파일할 수 있다는 것이다. 전체 구조는 그림 1-2에 나와 있다.

▼ 그림 1-2 Rustup을 설치하면 러스트 컴파일러가 포함된 러스트 표준 라이브러리가 컴퓨터에 설치된다

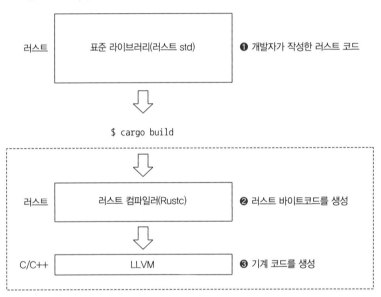

또 다른 중요한 파일은 Cargo.toml이다. 코드 1-6에서 보듯 프로젝트에 대한 전반적인 정보가 포함되며, 필요한 경우 서드파티 종속성을 지정할 수도 있다.

> Note ≡ 라이브러리를 개발할 때 Cargo.lock 파일은 깃과 같은 버전 관리 시스템에 포함되면 안 된다. 하지만 애플리케이션(바이너리)을 만들 때는 버전 관리 시스템에 이 파일을 추가해야 한다. 애플리케이션은 외부 라이브러리의 특정 버전에 의존하는 경우가 많으므로 함께 작업하는 다른 개발자가 설치하기에 안전한 버전이나 업데이트해야 하는 버전을 알아야 하기 때문이다. 반면에 라이브러리는 사용된 라이브러리의 최신 버전에서 작동해야 한다.

---

4 LLVM은 스위프트와 스칼라(Scala) 같은 언어에도 사용되며, 해당 언어 컴파일러에서 생성된 바이트코드를 운영체제에서 실행할 수 있는 기계 코드로 변환한다.

코드 1-6 Cargo.toml 파일의 내용

```
[package]
name = "hello"
version = "0.1.0"
edition = "2021"

# See more keys and their definitions
# at https://doc.rust-lang.org/cargo/reference/manifest.html

[dependencies]
```

서드파티 라이브러리를 설치하려면 [dependencies] 섹션 아래에 종속성 이름을 추가하고 cargo run 또는 cargo build를 실행한다. 그러면 러스트 패키지 저장소인 crates.io에서 라이브러리(러스트 커뮤니티에서는 **크레이트**라고 함)를 가져온다. 설치된 패키지의 실제 버전은 Cargo.lock 파일에서 볼 수 있다. Cargo.lock 파일이 프로젝트의 루트 폴더에 있으면 카고는 해당 파일에 지정된 패키지 버전을 정확히 가져온다. 이로써 개발자는 동일한 코드베이스를 가지고 서로 다른 시스템에서 작업할 수 있으며 정확히 동일한 상태를 만들 수 있다.

> **TOML 파일**
>
> TOML 파일 형식은 JSON(JavaScript Object Notation)이나 YAML(YAML Ain't Markup Language)과 같은 구성 파일 형식의 일종이다. TOML은 'Tom의 명백한 최소 언어(Tom's Obvious Minimal Language)'의 약자로, 이름에서 알 수 있듯이 구성을 읽고 파싱하기 쉽게 만들어졌다. 패키지 관리자인 카고는 이 파일을 사용하여 종속성을 설치하고 프로젝트에 대한 정보를 채운다.
>
> 러스트 핵심 멤버 중 한 사람의 말을 인용하자면 TOML은 '가장 덜 끔찍한 옵션이다(http://mng.bz/aP9J)'. 이것은 꼭 TOML이 나쁘다는 의미가 아니라 구성 파일을 처리할 때 항상 장단점이 있다는 말이다.

마지막으로 챙길 도구는 공식 코드 린터 클리피(Clippy)이다. 지금은 러스트를 설치할 때 기본으로 포함된다. 이전 버전을 사용하는 경우 수동으로 설치해야 할 수도 있다.

코드 1-7 클리피 설치하기

```
$ rustup component add clippy
```

1.2 러스트 컴파일러

다른 언어와 비교한다면 러스트의 장점은 컴파일러이다. 러스트는 코드를 실행할 때 호출되는 가비지 컬렉션이 없는 바이너리 코드로 컴파일한다. 이는 C와 같은 속도를 내지만, C와는 달리 컴파일할 때 메모리 안전성을 강제한다. 그림 1-3은 서버 프로그래밍에 널리 사용되는 여러 프로그래밍 언어와 C의 차이점을 보여 준다.

▼ 그림 1-3 러스트와 소스 코드를 컴파일하여 기계 코드를 생성하는 다른 언어와 비교

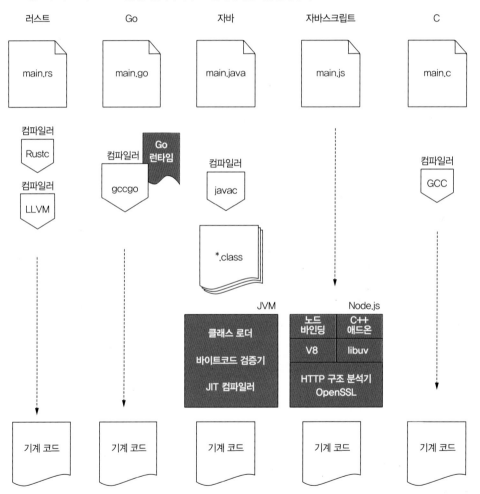

언어마다 장단점이 있다. Go는 나열된 언어 중 가장 최신 언어이며 C의 속도에 가장 가깝다. 실행할 때 가비지 컬렉션을 하므로 러스트에 비해 운영 시 부하가 약간 더 생길 수 있지만, Go 컴파일러는 Rustc보다 빠르다. 또한, Go는 단순성에 치중했기 때문에 실행 성능이 약간 저하된다.

러스트는 실행 시 부하를 일으키지 않으며, 컴파일러 덕분에 코드를 작성할 때 Go나 자바스크립트에 비해 더 편안하고 안전하다. 자바와 자바스크립트는 코드를 실행하려면 (일종의) 가상 머신이 필요한데, 이로 인해 성능이 크게 저하된다.

러스트로 프로그램을 작성하려면 러스트 컴파일러와 함께 작업하며 애플리케이션을 빌드하는 데 적응해야 한다. 스크립트 언어를 써 왔다면 이는 사고 방식을 크게 바꿔야 하는 부분이다. 몇 초 안에 애플리케이션을 시작하고 실패할 때까지 디버깅하는 대신 러스트 컴파일러는 시작하기 전에 모든 것이 제대로 작동하는지 확인한다. 다음 코드를 예로 들어 살펴보자(시연을 목적으로 이 책 뒷부분의 코드를 여기로 가져왔다).

코드 1-8 빈 ID 검사하기

```
match id.is_empty() {
    false => Ok(QuestionId(id.to_string())),
    true => Err(Error::new(ErrorKind::InvalidInput, "No id provided")),
}
```

이 코드를 이해하지 못하더라도 걱정하지 않아도 된다. 곧 읽을 수 있게 될 것이다. match 블록이 있고, 컴파일러는 가능한 모든 용례(id가 비어 있든 아니든)를 처리한다. true =>로 시작하는 한 줄을 삭제하고 코드를 컴파일하면 다음과 같은 에러가 발생한다.

코드 1-9 일치하는 패턴이 없어 일어나는 컴파일 에러

```
error[E0004]: non-exhaustive patterns: `true` not covered
    --> src/main.rs:31:15
     |
31   | match id.is_empty() {
     |       ^^^^^^^^^^^^^ pattern `true` not covered
     |
     = help: ensure that all possible cases are being handled,
       possibly by adding wildcards or more match arms
     = note: the matched value is of type `bool`
```

컴파일러는 문제가 발생한 코드의 행과 정확한 위치를 강조하여 표시하고, 그 문제를 해결하기 위한 제안을 추가로 제공한다. 내부 파서(parser) 에러를 노출하는 것이 아니라 사람이 이해하고 읽

을 수 있는 에러 메시지를 생성하도록 설계되었다.

작은 애플리케이션을 만들 때는 프로그램이 올바르게 작동하는지 매번 먼저 확인하는 것이 지루해 보일 수 있다. 하지만 더 큰 시스템을 유지보수하고 기능을 추가하거나 제거해야 할 경우에는 예전에 개발자가 고민해야 했던 문제를 이제는 컴파일러가 다뤄 주기 때문에 개발자 입장에서는 속임수를 쓰는 것처럼 편리하게 느껴질 수 있다.

그러다 보니 새로 작성한 러스트 코드를 단번에 바로 문제없이 실행할 수 있는 경우는 거의 없다. 컴파일러는 이제 루틴의 일부가 되며 코드를 개선해야 할 부분과 미처 다루지 않은 부분이 무엇인지 이해하는 데도 도움을 준다.

자바스크립트 또는 Go 같은 언어를 사용할 때와는 달리, 러스트로는 바로 개발에 뛰어들 수 없다. 먼저 기본 개념에 익숙해져야 한다. 또한, 유능한 러스트 개발자가 되려면 러스트의 다양한 측면도 배워야 한다. 다만, 시작하는 단계라면 컴파일러의 도움을 받아 배울 수 있으므로 모든 것을 알아야 할 필요는 없다. 알다시피 러스트 컴파일러는 러스트를 사용하는 중요한 이유이다.

일단 익숙해지기만 하면 게임 개발, 백엔드 서버, 머신 러닝, 그리고 곧 있으면 리눅스 커널 개발과 같은 여러 영역에서도 러스트를 사용할 수 있다(현재는 토론 및 시험 단계에 있다. https://github.com/Rust-for-Linux).

갓 입사한 새내기 러스트 프로그래머가 큰 팀에서 애플리케이션을 개발한다면 코드베이스에 기여하기 전에 컴파일러부터 먼저 통과해야 한다는 것을 알면 좋다. 컴파일러는 이미 엄청난 양의 코드를 검토하며, 어느 정도의 코드 품질을 보장한다.

1.3 / 웹 서비스를 위한 러스트

앞에서 다른 프로그래밍 언어보다 러스트를 선택해야 하는 주된 이유를 다루었다. 이제부터는 러스트를 사용하여 웹 서비스를 구축하는 법을 살펴보겠다. 놀랍게도 러스트는 Go, Node.js와 달리 HTTP와 관련한 기본적인 지원은 많지 않다. 러스트는 시스템 프로그래밍 언어이기 때문에 러스트 커뮤니티는 HTTP와 기타 기능 구현에 대한 노력을 커뮤니티에 맡기기로 결정했다.

그림 1-4는 웹 서비스의 일반적인 기술 스택과 러스트가 지원하는 정보를 보여 준다. 러스트는 맨 아래 두 계층(TCP/IP)만 기본적으로 지원한다. 러스트 표준 라이브러리는 TCP를 구현하므로 우리는 TCP(또는 User Datagram Protocol, UDP) 소켓으로 들어오는 메시지를 읽을 수 있다.

▼ 그림 1-4 러스트는 TCP를 다루지만, HTTP와 기타 더 큰 웹 프레임워크 구현은 커뮤니티에 맡긴다

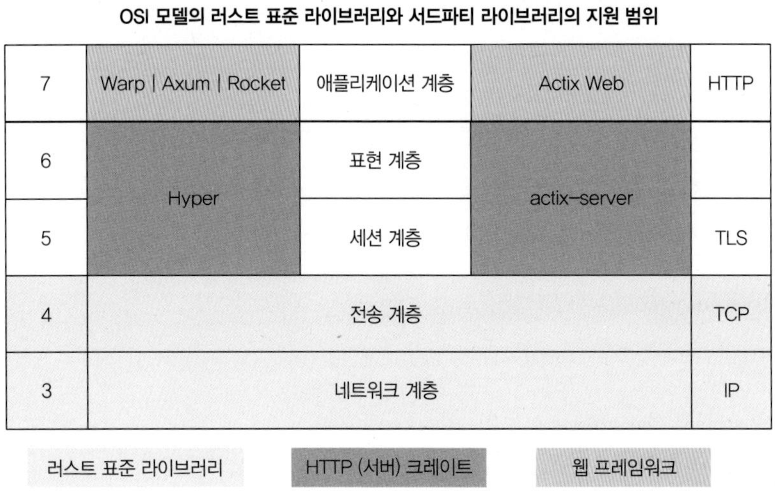

OSI 모델의 러스트 표준 라이브러리와 서드파티 라이브러리의 지원 범위

7	Warp | Axum | Rocket	애플리케이션 계층	Actix Web	HTTP
6	Hyper	표현 계층	actix-server	
5		세션 계층		TLS
4	전송 계층			TCP
3	네트워크 계층			IP

러스트 표준 라이브러리　　　HTTP (서버) 크레이트　　　웹 프레임워크

그림을 보면 러스트 표준 라이브러리가 지원하는 부분에 HTTP 구현은 없다. 따라서 순수 HTTP 서버를 작성하려면 이를 처음부터 구현하거나 서드파티 라이브러리 중 하나를 사용해야 한다(예를 들어 Hyper는 내부에서 curl을 사용한다).

웹 프레임워크를 사용할 때 이런 라이브러리는 프레임워크별로 이미 정해져 있다. 예를 들어 Actix Web 웹 프레임워크는 자체 HTTP 서버 구현인 actix-server를 사용한다. Warp, Axum, Rocket은 (소켓 열기, 대기 및 HTTP 메시지 파싱 용도로) 모두 Hyper를 웹 서버로 사용한다.

그림 1-4를 보면 TCP는 러스트 표준 라이브러리에 포함되어 있지만, 그 위 계층 전부는 커뮤니티에서 지원받고 있음을 알 수 있다. 그렇다면 이것은 코드에서 어떻게 보일까? Go를 예로 들어 보겠다. 다음 예제는 Go로 작성된 HTTP 서버이다.

코드 1-10 Go로 HTTP 서버를 만드는 간단한 예

```
package main

import (
    "fmt"
    "net/http"
)
```

```
func hello(w http.ResponseWriter, req * http.Request) {
    fmt.Fprintf(w, "hello\n")
}

func main() {
    http.HandleFunc("/hello", hello)
    http.ListenAndServe(":8090", nil)
}
```

Go는 HTTP 패키지를 제공한다는 것을 알 수 있다. 러스트는 HTTP 부분은 없고 TCP까지만 구현하게 되어 있다. 다음 예제와 같이 러스트로 TCP 서버를 만들 수는 있지만, 이를 통해 형식화된 HTTP 메시지로 응답하는 데 바로 사용할 수는 없다.

코드 1-11 러스트로 작성한 TCP 서버 예제

```
use std::net::{TcpListener, TcpStream};

fn handle_client(stream: TcpStream) {
    // 여기서 실제적인 일을 한다
}

fn main() -> std::io::Result<()> {
    let listener = TcpListener::bind("127.0.0.1:80")?;

    for stream in listener.incoming() {
        handle_client(stream?);
    }
    Ok(())
}
```

따라서 HTTP를 구현하는 것은 커뮤니티에 달려 있다. 운 좋게도 이미 많은 부분이 구현되어 있기 때문에 이 책의 뒷부분에서 웹 프레임워크를 선택할 때 해당 부분에 대해서는 걱정할 필요가 없다.

웹 서비스를 만들 때 또 다른 큰 주춧돌은 비동기 프로그래밍이다. 이를 이용하면 한 번에 여러 요청을 처리할 수 있다. 또 서버의 응답 대기 시간도 줄어든다.

웹 서버가 요청을 받으면 특정 작업(데이터베이스 접근, 파일 쓰기 등)을 수행해야 한다. 작업이 완료되기 전에 두 번째 요청이 들어오면 해당 요청은 첫 번째 요청이 완료될 때까지 기다려야 한다. 거의 동시에 들어오는 수백만 건의 요청을 상상해 보라.

그래서 어떻게든 백그라운드에서는 작업을 수행하고, 서버에서는 요청을 계속 수락할 수 있는 방법이 필요하다. 여기에서 비동기 프로그래밍이 등장한다. 다른 프레임워크와 언어(Node.js, Go 등)는 백그라운드에서 어느 정도 자동으로 비동기 작업을 수행하지만, 러스트에서는 어떤 프레임워크를 선택할지 알려면 비동기 프로그래밍의 세부적인 부분을 좀 더 이해해야 한다.

프로그래밍 언어(또는 주변 생태계)에서 다음과 같은 개념이 제공되어야 작업을 비동기식으로 처리할 수 있는 애플리케이션을 만들 수 있다.

- **구문**: 코드 조각을 비동기로 표시
- **타입**: 비동기 진행 상태를 유지할 수 있는 더 복잡한 타입
- **스레드 스케줄러(런타임)**: 스레딩을 관리하거나 작업을 백그라운드에서 실행하고 진행하는 다양한 방법
- **커널 추상화**: 백그라운드에서 비동기식 커널 메서드 사용

> **러스트에서 비동기 런타임**
>
> 여기서 말하는 **런타임**은 자바 런타임 또는 Go 가비지 컬렉션과는 다른 것이다. 컴파일하는 동안 런타임은 정적 코드로 컴파일된다. 몇몇 형태의 비동기 코드를 지원하는 개별 라이브러리나 프레임워크에는 바탕이 될 런타임이 정해져 있다. 런타임의 역할은 백그라운드에서 스레드를 처리하고 작업(태스크)을 관리하는 나름의 방식을 선정하는 것이다.
>
> 따라서 여러 런타임을 혼용하자는 결론을 낼 수도 있다. 예를 들어 Tokio 런타임을 쓰는 웹 프레임워크를 사용하면서 또 다른 런타임 위에 구축된 비동기 HTTP 요청을 수행하는 도우미(helper) 라이브러리가 있는 경우라면 기본적으로 바이너리에는 컴파일된 런타임 두 개가 들어간다. 애플리케이션 설계에 따라 부작용이 발생할 수도 있다.

러스트에서 이 부분은 어떻게 보일까? 러스트에서 웹사이트를 비동기 방식으로 가져오는 방법을 코드 1-12로 살펴보겠다. 이 코드는 책의 깃허브 저장소(https://github.com/gilbutITbook/080350)에서 찾을 수 있다. 여기서는 코드를 자세히 설명하지 않을 것이다. 좀 더 자세한 내용은 2장 이후에서 볼 수 있으므로, 일단 러스트에서 비동기 코드를 어떻게 작성하는지 첫 번째 아이디어만 살펴보자. 이 스니펫을 실행하려면 Cargo.toml 파일에서 외부 크레이트 Reqwest(이는 오타가 아니며 request라는 단어를 의미하지도 않는다)를 프로젝트에 추가해야 한다.

코드 1-12 HTTP GET 요청을 러스트에서 비동기적으로 보내기(chapter_01/minimal-reqwest/src/main.rs)

```
use std::collections::HashMap;

#[tokio::main]  ···· 런타임 사용은 애플리케이션의 main 함수 위에 정의한다.
async fn main() -> Result<(), Box<dyn std::error::Error>> {  ···· main 함수를 async로 표시하므로
                                                                   내부에서 await를 사용할 수 있다.
```

```
        let resp = reqwest::get("https://httpbin.org/ip")  ------ 여기에서 Reqwest 크레이트를 사용해
            .await?                                                 Future 타입을 반환하는 HTTP GET
            .json::<HashMap<String, String>>()                      요청을 실행한다.
            .await?;
        println!("{:#?}", resp);  ---- 응답 내용을 출력한다.
        Ok(())  ---- Ok 키워드는 Result를 반환하며, 이 경우에서는 빈 값이다.
    }
```
└┈ await 키워드를 사용해 이 함수에서 다음으로 넘어가기 전에 퓨처가 완료될 때까지 기다릴 것이라고 프로그램에 알린다.

main 함수에 #[tokio::main] 주석을 단다. Tokio는 여기서 사용하는 비동기 런타임(또는 스레드 스케줄러)이다. Tokio 자체는 이전에 언급한 운영체제의 비동기 커널 API를 (Mio라는 다른 크레이트를 통해) 이용한다.

표준 러스트 구문을 사용해 함수를 async로 표시하고 퓨처(Future, http://mng.bz/5mv1) 타입 결과를 기다릴(await) 수 있다. 러스트의 **퓨처**는 트레이트로, 다른 어떤 타입으로도 구현될 수 있다. 이 트레이트는 구현 대상이 Output(계산이 완료될 때 퓨처가 반환하는 것을 나타냄) 타입과 poll 함수(런타임이 퓨처에 작업을 수행하기 위해 호출할 수 있음)를 가져오는 것을 나타낸다. 웹 프레임워크로 작업할 때 퓨처의 실제 구현을 건드릴 일이 거의 없겠지만, 컴파일러 메시지와 프레임워크 구현이 뜻하는 바를 알려면 기본 개념을 이해하는 것이 중요하다.

다른 언어와 달리 러스트에서는 퓨처에 의한 작업이 런타임으로 전달된 후 능동적으로 수행될 때만 시작된다. 비동기 함수는 Future 타입을 반환하고, 해당 함수의 호출자는 반환된 퓨처를 런타임에 전달해 작업을 진행시킨다.

개발자는 함수를 호출할 때 .await를 추가하여 런타임에 해당 함수를 실행할 것을 지시한다. 8장에서 사용하겠지만, 퓨처를 시작하는 다른 방법(예를 들어 Tokio의 join! 매크로, http://mng.bz/694D)도 있다.

그림 1-5는 이전에 선보였고 코드 1-12에서 사용했던 구성 요소이다. 2장에서 이 주제를 더 깊이 다루겠다. 러스트는 표준 라이브러리에서 구문과 타입을 제공하고 런타임과 커널 추상화는 커뮤니티에서 구현하도록 한다.

구문: async/await	타입: Future
런타임: Tokio, async–std	
비동기 커널 추상화: Mio	
리눅스, 다윈, 윈도우 10.0, ...	

기본적으로 선택된 웹 프레임워크에 따라 어떤 런타임을 쓸지를 정한다. 해당 프레임워크에서 필요한 런타임을 지정하기 때문이다.

코드 1–13은 Warp 웹 프레임워크(이 책 뒷부분에서 선택)로 작동하는 최소한의 웹 애플리케이션이다. 이 웹 프레임워크는 Tokio 런타임 위에 구축된다. 즉, 프로젝트에 Tokio도 추가해야 한다(코드 1–14에 표시된 Cargo.toml 파일을 통함).

코드 1-13 Warp를 사용해서 러스트로 만든 최소한의 HTTP 서버(chapter_01/minimal–warp/src/main.rs)

```
use warp::Filter;

#[tokio::main]
async fn main() {
    let hello = warp::get()
        .map(|| format!("Hello, World!"));

    warp::serve(hello)
        .run(([127, 0, 0, 1], 1337))
        .await;
}
```

코드 1-14 minimal–warp 예제용 Cargo.toml

```
[package]
name = "minimal-warp"
version = "0.1.0"
edition = "2021"

[dependencies]
tokio = { version = "1.2", features = ["full"] }
warp = "0.3"
```

지금은 구문이 낯설겠지만, 모든 것이 Warp 프레임워크 뒤에 추상화되어 있고 Tokio 런타임을 표시한 유일한 부분은 main 함수 위 행뿐임을 알 수 있다. 우리가 선택한 프레임워크와 선택한 방법, 이유에 대해서는 2장에서 더 자세히 이야기하겠다.

러스트에는 비동기 코드를 처리하기 위한 표준 런타임이 없고 표준 라이브러리에 HTTP가 포함되어 있지 않는데도, 러스트로 웹 서비스를 만드는 것이 왜 합리적인지가 의문일 것이다. 이 문제는 언어 기능과 커뮤니티로 귀결된다.

커뮤니티가 항상 무언가를 개선하거나 여러 문제에 솔루션을 다양하게 제공하는 데 기여해야 하기 때문에, 표준적인 HTTP 구현이나 런타임이 없는 게 향후에 발생할 수 있는 변화에 더욱 잘 대비할 수 있다고 주장할 수 있다. 러스트 언어의 타입 안전성, 속도와 정확성은 애플리케이션에서 비동기 작업을 처리하고 엄청난 양의 트래픽을 처리하는 환경에서 중요한 역할을 한다. 빠르고 안전한 언어는 장기적으로 이득이 될 것이다.

1.4 / 러스트 애플리케이션의 유지보수성

러스트 컴파일러가 견고한 소프트웨어를 작성하는 데 도움이 되는 한편, 다른 언어 기능은 러스트를 유용하게 유지보수하는 데 도움을 준다. 예를 들어 문서화 기능이 언어 자체에 내장되어 있다. 5장에서는 기본으로 제공되는 도구를 사용하여 코드를 적절하게 문서화하는 방법을 자세히 살펴볼 것이다. 패키지 관리자인 카고에는 코드 주석으로 문서를 생성하는 명령이 있고, 이 문서는 로컬에서 볼 수 있으며, 라이브러리를 crates.io로 내보낼 때 기본적으로 만들어진다. 코드 문서에 포함된 코드는 미리 생성된 HTML 문서에 표시될 뿐만 아니라 테스트로 실행할 수 있으므로 예제가 구식이 될 일이 없다.

문서화 다음으로는, 각 부분을 함께 그룹화하거나 재사용할 수 있는 코드를 자체 크레이트로 추출할 때 도움을 주는 코드베이스 모듈화를 들 수 있다. 러스트는 Cargo.toml의 [dependencies] 섹션을 이용해서 공식 crates.io 저장소나 원하는 다른 위치에 있는 로컬 라이브러리를 쉽게 가져올 수 있다.

러스트는 테스트도 기본으로 지원한다. 테스트를 만들고 실행하기 위한 추가 크레이트 또는 기타 도우미 도구가 필요하지 않다. 이렇게 기본으로 제공되고 표준화된 기능 덕택에 개발팀은 불필요한 마찰과 논쟁을 줄이고 문서나 테스트 작성을 위한 새로운 도구를 찾는 대신 코드 작성과 구현에만 집중할 수 있다.

이후 도움이 필요할 때 팀에 전문가가 없다면 수십 개의 디스코드(Discord) 채널, 레딧(Reddit) 포럼, 스택 오버플로 태그를 통해 도움을 받을 수 있다. 예를 들어 런타임 Tokio와 Warp 웹 프레임워크에 대한 도움말은 각 도구에 대한 채널이 있는 Tokio 디스코드 서버(https://discord.com/invite/tokio)에서 찾을 수 있다. 도움을 요청하거나 다른 사람의 의견을 읽으며 사용 중인 도구를 자세히 알아볼 수 있는 좋은 방법이다.

1.5 요약

RUST WEB DEVELOPMENT

- 러스트는 바이너리를 만드는 시스템 프로그래밍 언어이다.

- 유용한 에러 메시지가 포함된 엄격한 컴파일러가 함께 제공되므로 실수나 개선점을 쉽게 발견할 수 있다.

- 러스트 관련 도구는 설치할 때 함께 제공되거나 공식적인 권장 사항이 있으므로 계속 새로운 도구를 찾고, 토론하고, 배우지 않아도 되어 시간을 절약할 수 있다.

- 러스트는 Go, Node.js와는 달리 비동기 관련 런타임을 포함하지 않기 때문에 비동기 코드를 작성할 때 적합한 런타임을 선택해야 한다(2장에서 다루겠다).

- 웹 프레임워크는 런타임 위에 구축되므로 웹 프레임워크에 대한 선택은 나중에 선택할 런타임 프레임워크에 의해 결정된다.

- 러스트의 속도, 안전성, 정확성은 소규모부터 대규모 웹 서비스 및 코드베이스까지 유지보수할 때 엄청난 도움이 될 것이다.

- 문서와 테스트가 언어 자체에 내장되어 있어 코드를 유지하고 관리하기가 훨씬 쉬워진다.

memo

2^장

기초 쌓기

이 장에서 다룰 핵심 내용

- 러스트 타입 알아보기
- 러스트 소유권 시스템 이해하기
- 사용자 타입의 고유한 동작 구현하기
- 비동기 생태계의 구성 요소 이해하기
- 러스트로 웹 서비스를 구축하기 위해 서드파티 라이브러리 선택하기
- 러스트로 작동하는 기본 웹 서비스 설정하기

1장에서는 러스트와 함께 제공되는 기능과 웹 서비스를 만들기 위해 추가해야 하는 도구에 대해 알아보았다. 이 장에서는 1장에서 배운 내용을 좀 더 깊고 자세히 알아보고자 한다. 2.1절에서는 러스트로 고유한 타입과 함수를 만드는 방법을 설명하고, 2.2절에서는 사용자에게 응답을 보내는 웹 서버를 만들어 보겠다.

앞서 언급했듯이 〈러스트 프로그래밍 공식 가이드〉를 1장에서 6장까지 읽어 보기를 바란다. 물론 러스트에 대한 사전 지식이 없더라도 이 책을 보는 데 필요한 개념 정도는 이 장에서 충분히 설명한다. 그러나 언어 자체의 적절한 기초를 갖기 위해서라도 〈러스트 프로그래밍 공식 가이드〉의 처음 6개 장을 적어도 한 번은 간략하게 훑어볼 것을 다시 한번 권한다.

이 책에서는 사용자가 질문하고 답변할 수 있는 Q&A 웹 서비스를 만들 것이다. 책을 모두 읽을 때쯤이면 REST(representational state transfer) API를 만들고 서비스를 배포하고 테스트할 수 있을 것이다. 또한, 새로운 질문을 저장하고 업데이트하거나 삭제하며 답변을 게시할 수도 있다. 웹 서비스에 인증하는 방법과 정확하게 테스트하는 법은 책의 뒷부분에서 알아보겠다.

이 책은 전반적으로 웹 서비스에서의 러스트라는 주제에 초점을 맞춘다. 궁극적으로 여기서 배운 내용은 자신의 프로젝트에 어떤 웹 프레임워크를 선택하든 적용할 수 있어야 한다. 이 책의 목표는 웹 서비스를 구현하는 한 가지 방법을 알려주고 보여 주는 것이다.

다음을 꼭 명심하기 바란다. 러스트에는 두 가지 면이 있다.[1] 운영체제의 하위 수준에 대한 세세한 면까지 모두 알아야 할 필요는 없다. 그러나 운영체제가 메모리를 할당하고 함수를 어떻게 실행하는지를 많이 알면 알수록 도움이 된다. 이 또한 이 책의 목표로, 그저 또 다른 구문만 익히는 것이 아니라 시스템과 웹 서비스에 대한 전반적인 지식을 향상시키고자 한다.

이 장에서는 그 토대를 마련할 것이다. 그림 2-1은 이어지는 다음 절의 목표이다. 반복적으로 접하게 될 러스트의 영역을 이해하고 나면 이후 시간을 들여가며 해당 내용을 완벽하게 익힐 수 있다. 웹 서비스도 마찬가지다. 성능 문제에 맞닥뜨리거나 선택한 프레임워크가 마음에 들지 않을 때 러스트 생태계에서 자신에게 더 잘 맞는 크레이트를 고를 수 있는 방법도 알게 될 것이다.

지금 기초를 잘 닦아 이어지는 장에서도 계속 얻어갈 내용이 있어야 이 책을 읽는 가치가 있을 것이다. 코드보다 기본 사항에 더 중점을 두는 내용은 이 장이 마지막이며, 다음 장부터는 빠르게 속도를 높여 나갈 것이다.

구조체를 사용해 웹 서비스를 구현하기 시작하여 이 장 마지막에는 기본적인 웹 서버를 구동할 것이다. 그렇지만 핵심 목표는 이 과정에서 개념을 설명하는 것이다. 다음 장에서는 언어와 러스트 기본 생태계를 이해한다고 가정할 것이므로 이 장의 내용을 잘 익혀 두자.

---

1 **역주** 성능에 관한 저수준적인 면과 표현력에 관한 고수준적인 면을 뜻한다.

❤ 그림 2-1 러스트 웹 개발자로 성장하기 위한 이 장의 로드맵

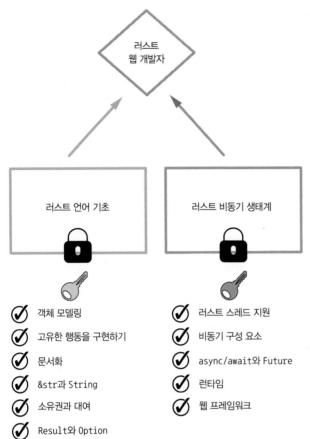

2.1 러스트 플레이북 따라 하기

러스트가 복잡한 언어이지만, 처음부터 모든 것을 알아야 할 필요는 없으며 더 큰 프로젝트를 진행하더라도 달라지지는 않는다. 컴파일러와 다른 도구(예를 들어 5장에서 자세히 살펴볼 클리피)를 사용하면 코드를 깔끔하고 멋지게 마무리지을 수 있다. 러스트 언어의 모든 면을 다루지는 않겠지만, 각 주제를 다룰 때 자신감을 가지고 부딪혀 보자.

자신 있게 러스트로 작업하려면 다음 기술을 익혀야 한다.

- 공식 러스트 문서인 docs.rs로 타입과 동작 알아보기

- 직면한 에러나 문제를 빠르게 반복하여 해결하기

- 러스트 소유권 시스템이 어떻게 작동하는지 이해하기

- 매크로를 식별하고 사용하기

- 구조체로 고유한 타입을 만들고 impl로 동작 방식을 구현하기

- 기존 타입에 트레이트와 매크로 구현하기

- Option과 Result로 함수형 러스트 작성하기

이 장에서 이러한 기본 사항을 다루고 이어지는 장에서는 더 깊이 연습할 예정이다. 앞으로 직면하게 될 복잡한 문제나 도전 과제도 앞서 배운 기술로 해결할 수 있다는 사실을 아는 것이 중요하다. 문제나 과제를 극복하려면 경험과 올바른 사고방식 정도만 있으면 된다.

러스트는 엄격한 타입을 가진 언어이므로 프로그래밍을 시작할 때 해야 할 것이 더 많다. 기존의 타입을 잘 모르거나, 알 수 없는 값을 먼저 검사한 후 처리하는 방식에 익숙하지 않다면 JSON 파일을 읽어 들이거나 간단한 프로그램을 모델링하는 데 시간을 더 많이 써야 할 것이다.

2.1.1 구조체로 리소스 모델링하기

우리는 자원을 생성하고, 읽고, 수정하고, 삭제(Create, Read, Update, Delete, CRUD)하는 경로를 제공하는 RESTful API를 만들려고 한다. 첫 번째 단계로 웹 서비스에서 처리해야 하는 모델 또는 타입을 생각해야 한다.

동작할 수 있는 최소한의 애플리케이션으로 시작하는 것이 현명한 방법이다. 여기에는 구현하려는 사용자 정의 데이터 타입과 해당 동작(메서드)이 포함된다. 우리가 만들 애플리케이션에는 다음과 같은 내용이 필요하다.

- Users(사용자)

- Questions(질문)

- Answers(답변)

사용자는 시스템에 등록하고 로그인할 수 있고, 그 후에는 질문하고 그 질문에 대한 또 다른 질문과 답변을 쓰고 볼 수 있다. 이 책의 뒷부분에서 애플리케이션의 인증과 권한 부여에 대해 이야기할 때 사용자에 초점을 맞출 것이다. 지금은 비밀번호나 사용자 ID를 확인하지 않고 각 경로를 구

현해 보겠다.

그림 2-2는 러스트에서 사용자 정의 타입을 만들고 구현하는 데 필요한 것이다. Question 타입을 구현하는 것부터 시작해서 과정 내내 만나는 모든 문제점과 추가로 필요한 타입을 살펴볼 것이다. struct 키워드를 사용하고 여기에 필드를 추가하여 고유한 타입을 만든다. 그런 다음 impl 블록을 사용해 함수 형태로 동작을 추가한다.

▼ 그림 2-2 사용자 정의 타입은 구조체를 이용해서 만들 수 있으며, 전용 메서드는 impl 블록에 추가한다

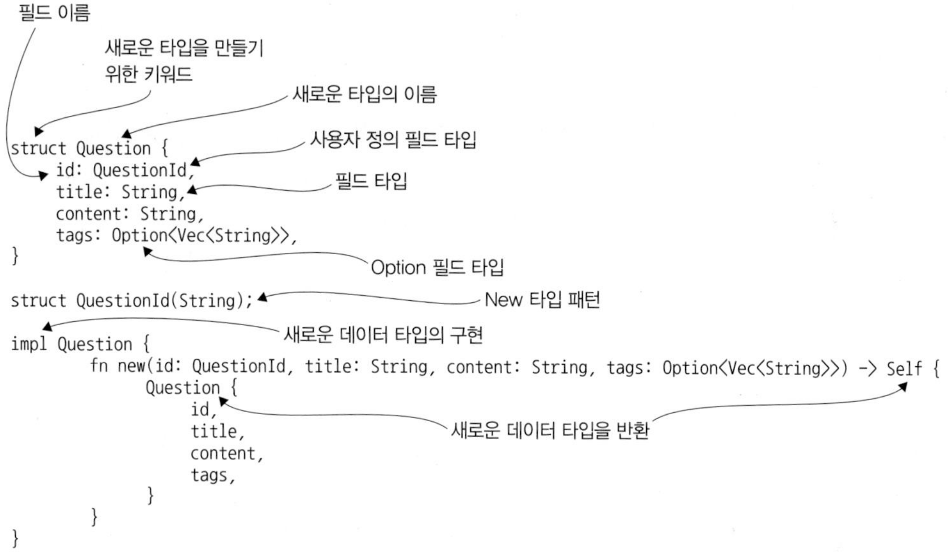

main.rs에서 질문과 답변을 만드는 것부터 러스트로 사용자 정의 타입을 만드는 생명주기까지 살펴보자.

코드 2-1 Question 타입의 생성과 구현

```
struct Question {
    id: QuestionId,
    title: String,
    content: String,
    tags: Option<Vec<String>>,
}
struct QuestionId(String);

impl Question {
    fn new(
        id: QuestionId,
        title: String,
```

```
            content: String,
            tags: Option<Vec<String>>)
        -> Self {
            Question {
                id,
                title,
                content,
                tags,
            }
        }
    }
```

Question 타입을 만들면서 각 질문을 구분하기 위해 id를 사용한다(지금은 수동으로 ID를 생성하지만 이 책의 뒷부분에서 자동 생성된 ID로 변경할 것이다). 각 질문에는 title이 있으며 실제 질문은 content 필드에 있다. 또한, tags로 특정 질문을 함께 묶는다. Option이 무엇을 의미하는지는 2.1.2절에서 설명하겠다. 함수는 다른 프로그래밍 언어의 함수와 매우 유사하다. 그림 2-3은 러스트의 함수 서명(signature)과 각 요소의 의미를 설명한다.

▼ 그림 2-3 값을 반환하는 러스트 함수 서명의 세부 설명

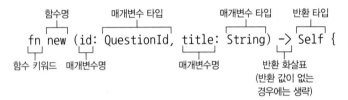

러스트에서 사용자 정의 데이터를 다음과 같은 단계로 만든다.

1 struct Question {...}으로 새 구조체를 만든다.

2 타입이 있는 필드를 해당 구조체에 추가한다.

3 러스트는 생성자에 기본 이름 같은 것이 없으므로[2] new라는 메서드를 사용하는 것이 가장 좋다.

4 impl 블록을 사용하여 사용자 정의 타입에 동작을 추가한다.

5 이 타입의 새로운 객체를 인스턴스화하려면 Self 또는 Question을 반환해야 한다.

또한, **뉴 타입 패턴**(New Type pattern, http://mng.bz/o5Zr)의 사용법을 볼 수 있는데, 단순

---

2 **역주** 보통 자바나 C++같은 객체 지향 언어에서는 클래스의 이름을 기본 생성자 이름으로 사용하지만, 러스트에는 이러한 개념이 없다.

히 문자열을 질문 ID로 사용하는 것이 아니라 QuestionId 구조체로 캡슐화한다. 매개변수를 전달하거나 새 질문을 만들 때 문자열을 전달하는 대신 새 QuestionId를 만들어야 한다. 사용자 정의 타입을 사용하면 그 목적이 명확해지며, 이는 컴파일러가 강제할 수 있다.

지금은 불필요해 보이지만, 더 큰 애플리케이션에서는 사용자 정의 타입을 갖는 것이 매개변수에 더 많은 의미를 부여할 수 있다. 사용자 정의 타입마다 그에 맞는 ID를 정의했다면 (지금 만드는 것 같은) 애플리케이션 내에서 Question의 ID를 받는 함수나 Answer의 ID를 처리하는 함수를 상상해 볼 수 있다. 구조체에 기본 타입을 캡슐화하면 의미가 명확해지고, 인스턴스를 만들 때 유연해진다.

2.1.2 Option 이해하기

러스트에서 **Option**은 중요하다. Option은 null 값이 반환되지 않도록 명확하게 할 수 있다. Option 열거 타입을 이용하면 제공된 값의 여부를 항상 확인할 수 있고, 제공된 값이 없는 경우에도 이를 처리할 수 있다. 더 좋은 점으로, Option 열거 타입을 사용하면 컴파일러가 모든 경우 (Some 또는 None)를 처리한다는 것이다. 또한, 필수적이지 않은 필드를 선언할 수도 있다. 예를 들어 새 질문을 만들 때 tags 필드를 필요에 따라 넣거나 넣지 않을 수 있다.

데이터를 받고 싶을 때 특정 필드를 선택적으로 표시할 수 있는 것은 외부 API로 작업할 때 유용하다. 러스트에서는 타입이 엄격하게 지정되므로 어떤 타입의 필드 값이 있을 거라 예상하고, 그렇지 않다면 컴파일러는 에러를 낸다. 또한, 기본으로 모든 구조체의 필드는 값을 지정하는 것이 필수이다. 따라서 필요하지 않은 필드가 Option<Type>으로 선언되었는지 일일이 확인해야 한다.

러스트 플레이그라운드

러스트를 배울 때 중요한 것 중 하나가 아이디어를 빠르게 테스트하는 도구이다. 러스트 플레이그라운드 웹사이트 (https://play.rust-lang.org/)는 작은 프로그램을 빠르게 반복하여 테스트할 수 있도록 러스트 컴파일러와 가장 많이 사용하는 크레이트를 제공한다. 그러니 특정 주제를 진행할 때 굳이 항상 로컬에 러스트 프로젝트를 만들지 않아도 된다.

보통 match 키워드를 사용해 Option에 값이 있는지를 확인한다. 러스트 플레이그라운드(http://mng.bz/neZg)에 코드 2-2를 복사해 붙여넣고 실행할 수 있다. 코드 2-2는 match 블록을 사용해 선택적인 값을 처리하는 예이다. 이 예제는 match 블록을 어떻게 사용하는지 보여 줄 목적으로 아주 간결하게 작성하였다.

코드 2-2 Option 값에 match 사용하기

```rust
fn main() {
    struct Book {
        title: String,
        isbn: Option<String>,
    }

    let book = Book {
        title: "Great book".to_string(),
        isbn: Some(String::from("1-123-456")),
    };

    match book.isbn {
        Some(i) => println!("The ISBN of the book: {} is: {}", book.title, i),
        None => println!("We don't know the ISBN of the book"),
    }
}
```

이외에도 표준 라이브러리는 Option 값(http://mng.bz/Xa7G)에서 사용할 수 있는 매우 다양한 메서드와 트레이트를 제공한다. 예를 들어 코드 2-2에서 book.isbn.is_some은 값의 여부를 true 또는 false로 알려준다.

2.1.3 에러를 해결하기 위해 문서 사용하기

간단한 설정으로 기본적인 러스트의 동작과 기능을 많이 접할 수 있다. 코드 2-1의 Question 구조체에서 구현한 생성자를 사용하여 프로그램에서 새 질문을 생성해 보자(코드 2-3을 참조하고, 러스트 플레이그라운드에서 디버그하려면 http://mng.bz/yaNG를 사용하라). 이 코드를 컴파일하면 실패와 함께 몇 가지 에러(코드 2-4)를 볼 수 있는데, 나중에 함께 수정하겠다.

```rust
struct Question {
    id: QuestionId,
    title: String,
    content: String,
    tags: Option<Vec<String>>,
}

struct QuestionId(String);

impl Question {
    fn new(
        id: QuestionId,
        title: String,
        content: String,
        tags: Option<Vec<String>>
    ) -> Self {
        Question {
            id,
            title,
            content,
            tags,
        }
    }
}

fn main() {
    let question = Question::new(
        "1",
        "First Question",
        "Content of question",
        ["faq"]
    );
    println!("{}", question);
}
```

이 코드를 main.rs 파일에 추가하고 실행한다. 이중 콜론(::)을 사용해 Question에서 new 메서드를 호출하는 것을 주목하자. 러스트에는 타입에 함수를 구현하는 방식이 두 가지 있다.

- 연관 함수(associated function)

- 메서드(method)

연관 함수는 &self를 매개변수로 사용하지 않으며 호출할 때 이중 콜론(::)을 붙인다. 다른 프로그래밍 언어의 정적 함수와 거의 동일하다. 명칭에 **연관**이라는 단어가 있지만, 특정한 인스턴스에 연관되어 있는 것은 아니다. 반면에 **메서드**는 &self를 매개변수로 취하고 호출할 때는 간단히 마침표(.)를 붙인다. 그림 2-4에서 이 두 방식을 구현하는 것과 호출하는 것의 차이점을 보여 준다.

▼ 그림 2-4 연관 함수(상단의 new)는 &self 매개변수를 사용하지 않으며 이중 콜론을 써서 호출한다. 메서드(하단의 update_title)는 &self 매개변수를 사용하며 마침표를 써서 호출한다. impl 블록 내에서 다른 함수를 호출할 때는 블록 이름을 붙인다(이 경우에는 Question::new(...))

```
impl Question {
    fn new(id: QuestionId, title: String, …) -> Self {
        Question {
            id,
            title,
            content,
            tags,    let q = Question::new(QuestionId("1".to_string()), "title".to_string(), …);
        }
    }

    fn update_title(&self, new_title: String) -> Self {
        Question::new(self.id, new_title, self.content, self.tags)
    }
}               q.update_title("better_title".to_string());
```

터미널에서 cargo run 명령으로 애플리케이션을 실행하면 긴 에러 목록을 보게 된다. 이런 경험은 여러 해 동안 러스트를 사용한다 하더라도 좀처럼 없어지지 않을 것이다. 컴파일러는 엄격하므로 빨간색 에러의 바다와 친해져야 한다.

러스트는 안전하고 올바른 코드를 생성하려 하므로 컴파일할 때 깐깐하게 대상을 검증한다. 코드 작성 방법을 알려주고 훌륭한 에러 메시지를 제공하여 어디가 잘못되었는지 확인할 수 있는 것은 이런 깐깐함 덕분이다.

코드 2-4 코드를 컴파일할 때 나오는 에러 메시지

```
error[E0308]: arguments to this function are incorrect
  --> src/main.rs:27:20
   27 |      let question = Question::new(
      |                     ^^^^^^^^^^^^^^^ ···· 러스트 컴파일러는 문제가 어디에 있고 무엇인지 정확히 보여 준다.
   28 |          "1",
      |          --- expected struct `QuestionId`, found `&str` ···┌···· 큰따옴표 사이에 텍스트를
   29 |          "First Question",                                  넣으면 해당 타입은 String이
      |          ---------------- expected struct `String`, found `&str`    아니라 &str이다.
   30 |          "Content of question",
      |          -------------------- expected struct `String`, found `&str`
      |
   note: expected enum `Option`, found array `[&str; 1]`
   --> src/main.rs:31:3
      |
```

```
31 |           ["faq"]
   |            ^^^^^^^
   = note: expected enum `Option<Vec<String>>`
```
           found array `[&str; 1]` ···· 컴파일러는 tags 값으로 배열 대신 enum Option을 기대한다.
```
note: associated function defined here
  --> src/main.rs:11:8
   |
11 |       fn new(
   |          ^^^
12 |           id: QuestionId,
   |           --------------
13 |           title: String,
   |           -------------
14 |           content: String,
   |           ---------------
15 |           tags: Option<Vec<String>>
   |           -------------------------
help: try using a conversion method
   |
29 |           "First Question".to_string(),
   |                           ++++++++++++
help: try using a conversion method
   |
30 |           "Content of question".to_string(),
   |                                ++++++++++++

error[E0277]: `Question` doesn't implement `std::fmt::Display`
  --> src/main.rs:33:20
   |
33 |       println!("{}", question);
   |                      ^^^^^^^^ `Question` cannot
```
           be formatted with the default formatter ···· question을 콘솔에 출력할 수 없다.
```
   |
   = help: the trait `std::fmt::Display` is not implemented for `Question`
   = note: in format strings you may be able to use `{:?}` (or {:#?}
   for pretty-print) instead
   = note: this error originates in the macro `$crate::format_args_nl`
   which comes from the expansion of the macro `println`
   (in Nightly builds, run with -Z macro-backtrace for more info)


Some errors have detailed explanations: E0277, E0308.
For more information about an error, try `rustc --explain E0277`.
error: could not compile `playground` due to 2 previous errors
```

이러한 에러 메시지로 언어와 해당 기능을 자세히 알 수 있어 견고한 웹 애플리케이션을 구축하는데 도움이 된다. 두 문제로 일부 에러가 발생했으며, 다른 에러는 동일한 실수로 인한 것이므로 한가지만 수정하면 다른 것도 해결된다.

언제나 먼저 표시된 에러부터 살펴보는 것이 가장 좋다. 이 에러가 나중에 나온 에러의 원인이 될수도 있기 때문이다. 첫 번째 문제를 보고 어떻게 해결할 수 있는지 살펴보자.

코드 2-5 첫 번째 컴파일 에러

```
--> src/main.rs:27:20
   |
27 |     let question = Question::new(
   |                    ^^^^^^^^^^^^^^
28 |         "1",
   |         --- expected struct `QuestionId`, found `&str`
```

여기에는 두 문제가 있다. 먼저 &str 대신 사용자 정의 QuestionId 타입을 전달해야 한다. 코드 2-3의 구조체 정의대로라면 &str 대신 String을 캡슐화해야 한다.

이참에 &str(https://doc.rust-lang.org/std/primitive.str.html) 문서를 열고 이 문제를 해결하기 위해 무엇을 할 수 있는지 확인해 보자. 러스트 문서를 처음 여는 것이 겁날 수 있지만, 단지 익숙해지는 데 시간이 걸릴 뿐이니 걱정하지 말자. 그림 2-5를 보자.

▼ 그림 2-5 러스트 문서는 복잡하지만, 빨리 탐색할 수 있고 방대한 정보를 제공한다

문서는 메인 창에 있으며, 왼쪽에는 사이드바가 있다. 메인 창은 보통 타입을 소개하고, 사이드바에는 세부적인 구현에 대한 정보와 타입에 구현된 메서드, 트레이트의 목록이 있다. 다음 사항을 훑어보는 것이 중요하다.

- 메서드
- 트레이트 구현
- 자동 트레이트 구현
- 포괄적 구현

로컬과 오프라인에서 문서 찾아보기

기차나 비행기 등으로 이동 중이거나 로컬에서 러스트 문서를 갖고 싶다면 rustup으로 docs 구성 요소를 설치한다.

```
$ rustup component add rust-docs
```

이제 기본 브라우저에서 표준 라이브러리의 문서를 열 수 있다.

```
$ rustup doc --std
```

코드에서 문서를 생성할 수 있으며, 생성된 문서에는 코드에 포함된 모든 카고 종속성이 함께 포함된다.

```
$ cargo doc --open
```

정의한 구조체와 함수에 대한 문서를 명시적으로 만들지 않았더라도 이들에 대한 정보 역시 포함된다.

이전 작업에 이어 &str을 String으로 변환하는 메서드를 고르기 전에, 둘의 차이점과 러스트에서 이들을 다르게 처리하는 이유를 먼저 알아보자.

2.1.4 러스트에서 문자열 다루기

러스트에서 String(http://mng.bz/M0w7)과 &str(https://doc.rust-lang.org/std/primitive. str.html)의 주요 차이점은 문자열 크기의 조정 여부이다. **문자열**(String)은 벡터로 구현되는 바이트 모음이다. 다음 소스 코드에서 정의를 살펴볼 수 있다.

코드 2-6 표준 라이브러리의 String 정의(https://doc.rust-lang.org/src/alloc/string.rs.html#365–367)

```
pub struct String {
    vec: Vec<u8>,
}
```

문자열은 String::from("popcorn"); 같은 방식으로 만들어지며, 만든 후에 변경할 수 있다. String은 벡터를 기반으로 하기 때문에 원하는 대로 벡터에 u8 값을 제거하고 삽입할 수 있다.

&str(문자열 리터럴)은 수정할 수 없는 u8 값(텍스트)의 표현이다. 주어진 문자열에 대한 고정 크기를 가진 표현이라고 할 수 있다. 다음 절에서 러스트의 소유권 개념을 설명하겠지만, 중요한 점은 String을 가진다면 메모리의 조각을 '소유'하고 수정할 수 있다는 점이다.

&str을 다룬다면 메모리 공간에 대한 포인터를 처리하고 읽을 수 있지만, 수정할 수는 없다. 따라서 &str을 사용하면 메모리를 더 효율적으로 사용할 수 있다. 경험적으로 터득한 규칙은 다음과 같다. 함수를 만들 때 단순히 문자열 값을 읽는다면 매개변수 타입을 &str으로 사용하고, 문자열을 소유하고 수정하려면 매개변수 타입을 String으로 사용한다.

그림 2-6에서 볼 수 있듯 문자열 리터럴과 문자열은 모두 힙(heap)에 있지만, 스택(stack)에는 다른 포인터가 할당되어 있다. 힙과 스택의 개념을 자세히 이해할 필요는 없지만, 앞으로 컴파일러 에러를 더 잘 이해하려면 개념에 익숙해지는 것이 좋다. 다음 '스택 대 힙'에서 주요 개념을 설명한다.

▼ 그림 2-6 기본 타입은 러스트의 스택에 저장되는 반면 더 복잡한 타입은 힙에 저장된다. String과 &str은 좀 더 복잡한 데이터 타입(UTF-8 값 모음)을 가리킨다. &str에는 힙 위치를 나타내는 팻 포인터(fat pointer, 메모리 주소와 길이 필드가 같이 있는 포인터)가 있는 반면 String 포인터에는 주소와 길이 외에 용량 필드도 있다

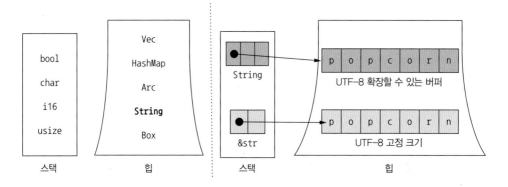

스택 대 힙

운영체제는 변수와 함수로 수행하는 모든 작업에 메모리를 할당한다. 함수를 저장하고 호출해야 하며 데이터를 처리하고 재사용해야 한다. 이 작업에 스택과 힙, 두 개념이 사용된다.

스택은 보통 프로그램에 의해 제어되며 각 스레드에는 자체 스택이 있다. 주소, 레지스터 값, 프로그래밍 값(변수, 매개변수, 반환 값)을 저장한다. 기본으로 고정된 크기를 가진(또는 정규적인 크기가 되도록 여분 데이터가 붙은) 모든 항목은 스택에 저장할 수 있다.

힙은 다른 메모리 영역에 비해 특징적이고(힙이 여러 개 있을 수 있음) 힙에서 작업하려면 오버헤드가 더 많이 발생한다. 데이터는 크기가 고정되어 있지 않고 여러 블록으로 분할될 수 있으므로 읽는 데 시간이 더 많이 걸린다.

> **잠깐, str이 뭐야?**
>
> 앰퍼샌드 기호가 없는 &str은 우리가 다루는 실제 데이터 타입인 str일 뿐이다. 그러나 str은 길이가 고정되지 않으며, 값을 바꿀 수 없는 일련의 UTF-8 바이트이다. 길이를 알 수 없기 때문에 포인터로만 처리할 수 있다(참고로 스택 오버플로에서 매우 훌륭한 설명을 볼 수 있다. http://mng.bz/aP9z).
>
> 또는 러스트 문서를 인용하자면, '문자열 슬라이스'라고도 하는 str 타입은 가장 원시적인 문자열 타입이다. 일반적으로 대여된 형태인 &str(https://doc.rust-lang.org/std/primitive.str.html)로 볼 수 있다. 2.1.5절에서 러스트 **대여**에 대해 자세히 설명하겠다.

빠른 요약

- 텍스트를 소유하고 수정해야 하는 경우 String 타입을 만든다.

- 기본 텍스트를 단지 보기만 할 때는 &str을 사용한다.

- 구조체로 새 데이터 타입을 만들 때 문자열은 보통 String 필드 타입으로 만든다.

- 문자열/텍스트를 함수에 전달할 때 일반적으로 &str을 사용한다.

2.1.5 이동, 대여, 소유권에 대해 훑어보기

처음에는 간단히 시작했는데 String과 &str을 더 파고들면 러스트의 주요 개념 중 하나인 소유권까지 이르게 된다. 단적으로 말해서 러스트는 가비지 컬렉터를 사용하지 않고, 개발자의 많은 주의를 필요로 하는 수동 작업을 하지 않더라도 메모리를 안전하게 관리하고자 한다.

모든 컴퓨터 프로그램은 가비지 컬렉터로 메모리를 정리해 빈 값을 가르키는 변수가 없게 하거나, 개발자가 이 프로세스를 철저히 꿰고 수동으로 관리하는 방식으로 메모리를 관리한다. 러스트는 이 가운데 어느 방안도 아닌 다른 개념을 도입한다.

다음 예제(코드 2-7에서 2-9까지)는 러스트 플레이그라운드에서 시험해 볼 수 있다(http://mng.bz/gRml). 다양한 조합으로 에러를 직접 수정해 보자.

코드 2-7 &str 값 할당하기

```
fn main() {
    let x = "hello";
    let y = x;

    println!("{}", x);
}
```

이 프로그램을 실행하면 콘솔에 hello가 출력된다. 이제 String으로 똑같이 해 보자.

코드 2-8 String 값 할당하기

```
fn main() {
    let x = String::from("hello");
    let y = x;

    println!("{}", x);
}
```

그러면 다음과 같이 에러가 나온다.

```
error[E0382]: borrow of moved value: `x`
    --> src/main.rs:5:20
     |
2 |     let x = String::from("hello");
     |         - move occurs because `x` has type `String`,
        which does not implement the `Copy` trait
3 |     let y = x;
     |             - value moved here
4 |
5 |     println!("{}", x);
     |                    ^ value borrowed here after move
     |
```

에러가 왜 일어날까? 코드 2-7에서 &str 타입으로 새 변수를 만들었다. hello라는 값을 가지는 문자열 슬라이스(str)에 대한 참조(&)이다(https://doc.rust-lang.org/std/primitive.str.html). 이 변수를 새 변수에 할당(y = x)하면 동일한 메모리 주소의 새 포인터를 만든다. 이제 동일한 기본값을 가리키는 포인터가 두 개 생겼다.

그림 2-6에서 봤듯이 문자열 슬라이스는 생성된 후에는 값을 바꿀 수 없다. 즉, 불변(immutable)하다. 이제 두 변수를 모두 출력할 수 있고, 이 변수는 유효하며 hello라는 단어가 담긴 기본 메모리를 가리킨다.

문자열에 대한 참조 대신 실제 문자열을 처리한다면 상황이 달라진다. 코드 2-8은 복합 타입인 String을 생성한다. 러스트 컴파일러는 이제 단일 소유권 원칙을 적용한다. 이전과 같이 y = x로 String을 재할당하면 소유권이 변수 x에서 y로 옮겨지게 된다.

소유권이 x에서 y로 옮겨졌기 때문에 x는 범위를 벗어나고, 러스트는 내부적으로 이를 uninit로 표시한다(https://doc.rust-lang.org/nomicon/drop-flags.html). 그림 2-7에서 이 개념을 나타내고 있다. 변수 x를 출력하려고 하면 소유권이 y로 옮겨졌기 때문에 x는 더 이상 존재하지 않으며 x에는 값이 없다.

❤ 그림 2-7 복잡한 타입을 새 변수에 재할당할 때 러스트는 포인터 정보를 복사하고 새 변수에 소유권을 부여한다. 기존의 것은 더 이상 필요하지 않으며 범위를 벗어난다

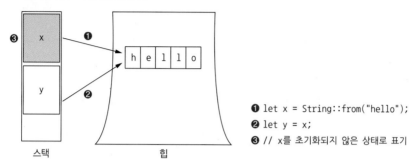

```
❶ let x = String::from("hello");
❷ let y = x;
❸ // x를 초기화되지 않은 상태로 표기
```

러스트의 소유권 원칙을 이해해야 하는 또 다른 영역인 함수도 살펴보자. 함수에 변수를 전달하면 기본 데이터의 소유권이 함수에 전달된다. 러스트에서는 이를 다루기 위한 서로 다른 방법이 있다.

- 소유권을 함수로 이동하고 함수에서 새 변수 반환하기
- 소유권을 유지하기 위해 변수의 참조 전달하기

코드 2-9는 함수로 String 객체를 수정하는 예이다. 함수의 매개변수로 변경 가능한 String을 전달한다. 이제 함수는 기본 데이터에 접근하고 수정할 수 있다. 함수가 완료되면 소유권을 다시 main 내부로 가져오므로 주소를 출력할 수 있다.

다음 플레이그라운드 링크(http://mng.bz/epBz)로 이 예제의 다양한 옵션을 시험해 볼 수 있다.

코드 2-9 함수에서 소유권을 다루기

```
fn main() {
    let address = String::from("Street 1");  ···· 변수를 선언하고 String 값을 할당한다.

    let a = add_postal_code(address);  ···· address를 함수에 전달하고 반환되는 값을 변수 a에 할당한다.
    println!("{}", a);  ···· 변경된 주소 값을 출력한다.
}

fn add_postal_code(mut address: String) -> String {  ┆···· 함수 매개변수는 수정할 수 있도록 가변
                                                      └ 타입으로 선언(mut address: String)한다.
    address.push_str(", 1234 Kingston");  ···· push_str 메서드는 String을 직접 변경한다.
    address  ···· 수정된 String을 반환(address)한다.
}
```

이 예를 자세히 살펴보자. 먼저, 새 변수는 기본으로 읽기 전용이며, 이를 변경하려면 새 변수를 만들 때 let 키워드에 mut를 추가해야 한다. 그런 다음 방금 만든 String 객체에 우편 번호를 추가하는 add_postal_code 함수를 호출한다.

add_postal_code 함수에 address를 전달하면 소유권이 add_postal_code 함수로 이동한다. 이 줄 뒤에 address를 출력하려면 코드 2-8과 같은 소유권 관련 에러가 발생한다. add_postal_code 함수는 (매개변수의 mut 키워드로) 변경할 수 있는 String 객체를 예상하고 .push_str 함수로 새 문자열을 추가한다. 그런 다음 변수 a에 다시 할당하여 업데이트된 String을 반환한다.

새 변수에 이름을 새로 지정하는 대신 이전과 정확히 동일한 이름인 address를 사용할 수도 있다. 이를 **변수 섀도잉**(variable shadowing, http://mng.bz/p6ZG)이라고 하며, 러스트의 기능이다. 변수 섀도잉을 사용하면 수정하려는 변수의 이름을 새롭게 계속 찾을 필요가 없다.

코드 2-10은 러스트 코드에서 더 자주 볼 수 있는 조금 다른 방식이다. address 값을 전달하고 소유권을 잃는 대신 참조를 전달한다. 따라서 소유권을 유지하고 필요할 때만 함수에 소유권을 빌려준다.

코드 2-10 참조 전달하기

```
fn main() {
    let mut address = String::from("Street 1");  ···· 가변 변수를 선언하고 String 값을 할당한다.

    add_postal_code(&mut address);  ···· add_postal_code 함수에 address 참조를 전달한다.

    println!("{}", address);  ···· 수정된 address를 출력한다.
}

fn add_postal_code(address: &mut String) {  ···· 함수 매개변수는 String의 가변 타입 참조를 기대한다.
    address.push_str(", 1234 Kingston");  ···· push_str 메서드는 String을 직접 변경한다.
}
```

---

add_postal_code 함수는 함수 범위 내에서 해당 소유권을 대여받는다. 따라서 main 함수의 address 변수는 (이전과는 달리) 출력을 시도하기 전에는 범위를 벗어나지 않는다.

이로써 String과 &str을 간단히 비교해 보고 러스트의 소유권 원칙을 요약했다. 간단한 에러로 러스트의 많은 내부 역학 관계를 살펴보았다. 이제 코드 2-5에서 초기 에러(&str 타입 대신 QuestionId를 예상)를 수정하는 방법을 이해했을 것이다.

2.1.6 트레이트를 사용하고 구현하기

컴파일러는 &str 타입 대신 QuestionId를 찾는다고 알려줬다. &str의 문서(https://doc.rust-lang.org/std/primitive.str.html)를 열어서 String 타입으로 변환하는 방법을 찾아보자. 이 문서에서 ToString이라는 트레이트 구현 방법을 수록하고 있다. 자세한 내용을 보려면 ToString 옆의 [+]를 클릭한다(그림 2-8 참조). ToString을 클릭하면 to_string 함수 정의로 이동한다. to_string 함수는 ToString 트레이트를 구현한 타입(이 경우에는 &str)에서 사용할 수 있다.

▼ 그림 2-8 사이드바에는 특정 타입에 사용할 수 있는 모든 메서드가 있으며 구현 세부 정보를 찾으려면 때때로 깊이 탐색할 필요가 있다.

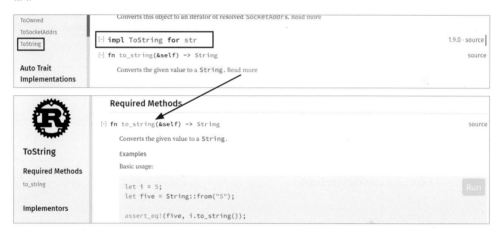

> **트레이트**
>
> 러스트에서는 공통된 동작을 구현할 때 트레이트를 사용한다. 트레이트는 대략적으로 다른 언어의 인터페이스에 비유할 수 있다. 대신 러스트에서는 사용자 본인이 정의하지 않은 타입에도 트레이트를 구현할 수 있다.
>
> 트레이트를 사용하여 애플리케이션에서 둘 이상의 타입에 공통으로 필요한 동작을 만들 수 있다. 트레이트를 써서 동작을 표준화할 수도 있다. 예를 들어 (표준 라이브러리의 ToString 트레이트를 사용했던 것처럼) 한 타입을 다른 타입으로 변환할 때 트레이트를 사용할 수 있다.
>
> 트레이트의 또 다른 장점은 타입을 다른 맥락에서도 사용할 수 있다는 점이다. 특정 방식으로 동작하는 모든 타입을 허용하는 제네릭 형태로 러스트 프로그램을 작성할 수 있다.
>
> 이런 식당을 상상해 보라. 이 식당에서는 테이블 아래에 들어갈 수 있으며 물을 마실 수 있는 모든 동물을 받아준다. 러스트 프로그램의 함수는 이 식당에 비유할 수 있다. 우리가 만든 함수에서 특정 트레이트를 가진 타입을 반환할 수 있다고 하자. 어떤 타입이 그 트레이트를 구현하기만 하면 해당 함수에서 반환할 수 있다.
>
> 예를 들어 사용자 정의 구조체를 콘솔에 출력하고 싶다면 러스트에서 트레이트를 사용해 신속하게 구현할 수 있다(컴파일 시간 동안 모든 수동 트레이트 구현을 작성해 주는 derive 매크로를 이용하면 된다).

to_string을 사용하면 &str을 String으로 변환할 수 있다. to_string 메서드는 매개변수로 &self
를 사용하는데, 우리가 정의한 모든 &str에서 마침표를 통해 호출하고 String을 반환한다는 말이
다. 이제 기존의 많은 에러가 해결될 것이다. 또한, ID를 구조체에서 정의한 방식대로 QuestionId
로 캡슐화한다.

코드 2-11 &str을 String으로 전환(chapter_02/src/main.rs)

```rust
struct Question {
    id: QuestionId,
    title: String,
    content: String,
    tags: Option<Vec<String>>,
}

struct QuestionId(String);

impl Question {
    fn new(
        id: QuestionId,
        title: String,
        content: String,
        tags: Option<Vec<String>>
    ) -> Self {
        Question {
            id,
            title,
            content,
            tags,
        }
    }
}

fn main() {
    let question = Question::new(
        QuestionId("1".to_string()),
        "First Question".to_string(),
        "Content of question".to_string(),
        ["faq".to_string()],
    );
    println!("{}", question);
}
```

명령줄에서 cargo run을 실행하면 상황이 조금 진척된 것을 볼 수 있다. 에러가 두 가지로 줄었다. 첫 번째 에러부터 다시 보자.

코드 2-12 벡터 대신 배열을 반환해 생긴 에러

```
error[E0308]: mismatched types
  --> src/main.rs:25:9
     |
25 |          ["faq".to_string()],
     |          ^^^^^^^^^^^^^^^^^^^
              expected enum `Option`,
              found array of 1 element
     |
  = note: expected enum `Option<Vec<String>>`
          found array `[String; 1]`
```

이것도 하나의 원인 때문에 일어난 두 개의 에러 같다. 컴파일러는 Vec이 포함된 Option 열거 타입을 예상했지만, 배열을 찾았다고 한다. docs.rs(https://doc.rust-lang.org/std/option/index.html)에서 Option을 찾아 참고하라.

코드 2-12를 보면 Some에 태그를 캡슐화해야 함을 알 수 있다. 그리고 Question 구조체 안에는 문자열 배열이 아니라 문자열 벡터가 필요함을 알 수 있다. 러스트에서 벡터와 배열이 동일하지는 않지만, 다른 언어에서의 배열 같은 기능이 필요하다면 러스트에서는 Vec을 쓴다.

러스트에서 벡터를 생성하는 방법이 두 가지 있다. Vec::new로 벡터를 생성한 다음 .push로 요소를 삽입하거나 vec! 매크로를 사용하는 방법이다. vec! 매크로를 사용하여 코드를 수정하자.

코드 2-13 벡터를 생성하고 캡슐화하기

```
...
fn main() {
    let question = Question::new(
        QuestionId("1".to_string()),
        "First Question".to_string(),
        "Content of question".to_string(),
        Some(vec!["faq".to_string()]),
    );
    println!("{}", question);
}
```

프로그램을 실행하면 에러가 하나만 남는다.

코드 2-14 트레이트 구현을 누락해 생긴 마지막 에러

```
error[E0277]: `Question` doesn't implement `std::fmt::Display`
  --> src/main.rs:27:20
   |
27 |        println!("{}", question);
   |                       ^^^^^^^^ `Question` cannot
          be formatted with the default formatter
   |
   = help: the trait `std::fmt::Display` is not implemented for `Question`
   = note: in format strings you may be able to use `{:?}` (or {:#?}
   for pretty-print) instead
   = note: this error originates in the macro `$crate::format_args_nl`
   which comes from the expansion of the macro `println`
   (in Nightly builds, run with -Z macro-backtrace for more info)

error: aborting due to previous error
```

std::fmt::Display라는 트레이트 구현을 빠뜨렸다. 러스트에서는 println!로 변수를 출력할 수 있으며, 출력하려는 각 변수에 맞추어 중괄호({})를 넣는다.

```
println!("{}", variable_name);
```

그러면 Display 트레이트 구현(http://mng.bz/O6wn)에서 fmt 메서드가 호출된다. 이 에러 메시지에서는 일반적인 중괄호 {} 대신 {:?}를 사용할 것을 제안했다. 다음 'Display 대 Debug'에서 차이점을 알아보자.

Display 대 Debug

Display 트레이트는 러스트의 모든 기본 타입(http://mng.bz/YKZN)에 구현된다. 이 트레이트는 사람이 읽을 수 있는 형식으로 데이터를 표시하는 구현이 제공되도록 해당 타입을 설정한다. 숫자와 문자열이라면 간단하지만 벡터라면 조금 복잡해진다. Vec<T>는 데이터 타입의 일반적인 컨테이너이기 때문에 벡터 안에는 무엇이든 들어갈 수 있다. 이러한 상황(벡터와 같은 복잡한 데이터 구조)에서 러스트 표준 라이브러리는 Debug 트레이트를 사용한다.

둘 중 하나를 사용할 때 개발자에게 있어 Display와 Debug의 차이점은 다음과 같다. 문자열과 숫자를 처리할 때는 중괄호({})를 쓴다(예를 들어 println!("{}", 3)). 구조체 또는 JSON 값과 같은 더 복잡한 데이터 구조를 처리할 때는 {:?}를 사용할 수도 있으며, 이때는 Debug 트레이트를 호출한다(예를 들어 println!("{:?}", question)).

Debug 트레이트는 derive 매크로로 파생되며, 여러분이 만든 구조체 위에 놓는다. 이렇게 하면 별도의 트레이트를 구현할 필요 없이 해당 데이터 구조를 출력할 수 있다.

```
#[derive(Debug)]
struct Question {
    title: String,
    ...
}
```

#을 추가하여 좀 더 예쁘게 출력할 수도 있다. println!("{:#?}", question) 이렇게 하면 긴 문자열 하나 대신 여러 줄로 데이터 구조를 출력해 준다.

앞에서 본 ToString 트레이트와 마찬가지로, Display 트레이트는 라이브러리의 모든 기본 타입에 구현된 표준 러스트 트레이트이다. Display를 이용해서 컴파일러는 데이터 타입을 사람이 읽을 수 있도록 변환하여 출력한다. 사용자 정의 타입은 표준 라이브러리의 일부가 아니므로 이 트레이트를 구현하지 않는다.

트레이트를 직접 구현하는 방법을 어떻게 찾을 수 있을까? 대답은 또 러스트 문서에 있다. Display(http://mng.bz/G1wq)를 찾아 오른쪽 상단의 [source]를 클릭하면 구현을 찾을 수 있다. 주석 부분에서 구현된 예가 있다.

코드 2-15 Display 트레이트 구현의 예(https://doc.rust-lang.org/src/core/fmt/mod.rs.html#673-693)

```
/// Formats the value using the given formatter.
///
/// # Examples
///
/// ```
/// use std::fmt;
///
/// struct Position {
///     longitude: f32,
///     latitude: f32,
/// }
///
/// impl fmt::Display for Position {
///     fn fmt(&self, f: &mut fmt::Formatter<'_>) -> fmt::Result {
///         write!(f, "({}, {})", self.longitude, self.latitude)
///     }
/// }
///
/// assert_eq!("(1.987, 2.983)",
///             format!("{}", Position {
///                 longitude: 1.987, latitude: 2.983,
```

```
///                  }));
/// ```
```

러스트 문서에 있는 코드 예제(코드 2-15)에서 자신의 타입으로 어떻게 구현할지 찬찬히 알아낼 수 있다. 코드 예제를 복사하고 예제 구조체(이 경우 Position)를 Question으로 대체한다. 다음은 Question의 Display 트레이트 구현 코드이며, 변경 사항은 음영으로 표시하였다.

```
impl std::fmt::Display for Question {
    fn fmt(&self, f: &mut std::fmt::Formatter) -> Result<(), std::fmt::Error> {
        write!(
            f,
            "{}, title: {}, content: {}, tags: {:?}",
            self.id, self.title, self.content, self.tags
        )
    }
}
```

println! 매크로로 질문을 출력하면 위에 구현한 fmt 함수를 호출한다. fmt 함수는 콘솔에 텍스트를 출력하는 write! 매크로를 호출하며, 여기에 출력할 내용을 정의한다.

그러나 두 가지 주의 사항이 있다. Question 구조체에는 기본으로 Display 트레이트를 구현하지 않는 QuestionId라는 사용자 정의 구조체가 있고, 태그에는 더 복잡한 구조를 가진 벡터가 있다. 벡터와 같은 더 복잡한 구조에는 Display 트레이트를 사용할 수 없으며, 대신 Debug 트레이트를 사용해야 한다. 다음 main.rs 파일에 Display와 Debug 트레이트를 구현했다.

코드 2-16 Question에 Display 트레이트 구현하기

```
...
impl std::fmt::Display for Question {
    fn fmt(&self, f: &mut std::fmt::Formatter)
        -> Result<(), std::fmt::Error> {
        write!(
            f,
            "{}, title: {}, content: {}, tags: {:?}",
            self.id, self.title, self.content, self.tags
        )
    }
}

impl std::fmt::Display for QuestionId {
```

```
        fn fmt(&self, f: &mut std::fmt::Formatter)
            -> Result<(), std::fmt::Error> {
            write!(f, "id: {}", self.0)
        }
    }

    impl std::fmt::Debug for Question {
        fn fmt(&self, f: &mut std::fmt::Formatter<'_>)
            -> Result<(), std::fmt::Error> {
            write!(f, "{:?}", self.tags)
        }
    }
    ...
```

Debug 트레이트의 구현은 Display 트레이트와 매우 닮았다. 여기에서는 write! 매크로에 {} 대신 {:?}를 사용한 것만 다르다. 사용자 정의 타입을 구현하고 표시할 때마다 이 코드를 모두 작성하는 것은 상당히 번거로운 일이다.

러스트 표준 라이브러리의 derive라는 절차적 매크로를 사용하면 이런 번거로운 문제를 해결할 수 있다. #[derive] 애너테이션을 구조체 정의 위에 놓기만 하면 된다. Display 트레이트에 대한 문서에서도 중요한 사실을 알 수 있다. 문서에는 'Display는 Debug와 유사하지만, Display는 사용자가 보기 위한 출력용이므로 파생(derive)될 수 없다'라는 내용이 있다.

이제 우리는 Debug 트레이트를 파생시킨다. 그런 다음 println!에서 {} 대신에 {:?}를 사용해서 Debug를 사용한다. 업데이트된 코드는 다음과 같다. 프로그램을 실행하면 콘솔에서 질문 내용을 볼 수 있다(지금은 경고를 무시한다).

```rust
#[derive(Debug)]
struct Question {
    id: QuestionId,
    title: String,
    content: String,
    tags: Option<Vec<String>>,
}

#[derive(Debug)]
struct QuestionId(String);

impl Question {
    fn new(
        id: QuestionId,
        title: String,
        content: String,
        tags: Option<Vec<String>>
    ) -> Self {
        Question {
            id,
            title,
            content,
            tags,
        }
    }
}

fn main() {
    let question = Question::new(
        QuestionId("1".to_string()),
        "First Question".to_string(),
        "Content of question".to_string(),
        Some(vec!["faq".to_string()]),
    );
    println!("{:?}", question);
}
```

아직 개선할 여지가 남아 있다. QuestionId 구조체 안에 있는 질문 ID를 추상화했지만, 여전히 이 구조체가 String을 입력으로 사용한다. 구현의 세부 사항을 숨기고 질문에 대한 id를 더 간편하게 생성하게 할 수 있다.

러스트에는 범용으로 사용되는 기능에 대한 트레이트가 있다. 그중 하나는 앞에서 설명한 ToString 트레이트와 유사한 FromStr 트레이트이다. 다음과 같이 FromStr을 사용할 수 있다.

```
let id = QuestionId::from_str("1").unwrap();     // from_str()은 실패할 수 있다
```

간단히 얘기하자면 '&str에서 X 타입을 만들어라'라는 것이다. 러스트는 암묵적 타입 변환이 없으며, 오직 명시적인 것만 있다. 그러니 한 타입에서 다른 타입으로 바꾸려면 이를 지정해야 한다.

코드 2-18 QuestionId에 FromStr 트레이트 구현하기

```
use std::io::{Error, ErrorKind};
use std::str::FromStr;

...

impl FromStr for QuestionId {
    type Err = std::io::Error;

    fn from_str(id: &str) -> Result<Self, Self::Err> {
        match id.is_empty() {
            false => Ok(QuestionId(id.to_string())),
            true => Err(
                Error::new(ErrorKind::InvalidInput, "No id provided")
            ),
        }
    }
}

...
```

트레이트의 서명으로 &str 타입을 가져다 자체 타입(QuestionId)을 반환하거나 ID가 비어 있는 경우에 에러를 반환할 수 있다. 매개변수 이름을 id라 하고 &str 타입으로 지정한다(이것이 우리가 받게 될 것이다). 매개변수 이름(이 경우에는 id)은 사실 무엇이든 상관없다. 그런 다음 id가 비어 있지 않다면 구조체에서 지정한 대로 String으로 변환하여 이를 포함하는 QuestionId 타입으로 반환한다.

다음으로 main 함수에서 질문 ID를 만드는 방식을 바꾼다. .to_string을 사용하는 대신 QuestionId에서 ::from_str을 호출한다. 트레이트 구현을 보면 from_str이 &self를 취하지 않으므로 마침표(.)를 사용해 호출할 수 있는 메서드가 아니라 이중 콜론(::)을 사용해 호출하는 연관 함수임을 알 수 있다.

```
...
fn main() {
    let question = Question::new(
        QuestionId::from_str("1").expect("No id provided"),
        "First Question".to_string(),
        "Content of question".to_string(),
        Some(vec!["faq".to_string()]),
    );
    println!("{:?}", question);
}
```

2.1.7 Result 다루기

그런데 코드 2-19에서 왜 함수 뒤에 .expect를 추가하는 것일까? 자세히 살펴보면 FromStr 트레이트 구현이 Result를 반환하는 것을 볼 수 있다. **Result**는 Option과 거의 비슷하며 값은 성공 또는 에러, 두 가지 중 하나다. 성공의 경우, Ok(value)로 값을 캡슐화한다. 에러의 경우에는 Err(error)로 캡슐화한다. Result 타입도 열거 타입으로 구현되며 다음과 같다.

코드 2-20 러스트 표준 라이브러리의 Result 정의

```
pub enum Result<T, E> {
    Ok(T),
    Err(E),
}
```

Option과 마찬가지로 Result에는 다양한 메서드와 트레이트가 구현되어 있다. 이러한 메서드 중 하나는 expect로, 문서에 따르면 포함된 Ok 값을 반환한다. Ok에 쌓인 QuestionId를 실제로 반환한다는 것을 알 수 있으며, expect는 해당 값을 반환하든지 아니면 지정한 에러 메시지와 함께 패닉 상태를 반환한다.

적절히 에러를 처리하려면 match 문이 필요하다. 예제 from_str 함수에서 에러를 수신하고 이를 어떤 모양이나 타입으로 처리한다. 그러나 예제처럼 간단한 코드라면 여기서 수행하는 방식으로도 충분하다. 또 다른 일반적인 방법은 unwrap이다. 이 방법은 읽기에 좋지만, 사용자가 지정한 에러 메시지 없이 패닉 상태가 된다.

실제 서비스에서는 unwrap이나 expect를 사용하지 않는 것이 좋다. 패닉이 발생할 것이고 애플리케이션이 충돌할 것이다. 항상 match로 에러 사례를 처리하거나, 그렇지 않으면 에러를 포착하고 정상적으로 반환하는지 확인해야 한다.

우리 함수에도 Result 열거 타입을 쉽게 사용할 수 있다. 반환 서명은 -> Result<T, E>와 같다. 여기서 T는 반환하려는 데이터 타입이고, E는 에러 타입이다(사용자 정의 또는 표준 라이브러리에서 가져온 것일 수 있음).

Result는 Option과 동일한 것처럼 보인다. 주요 차이점은 Error 변형이다. Option은 데이터가 있어도 되고 없어도 된다(단, 누락된 데이터가 문제를 일으키지 않는 경우이어야 한다). Result는 실제로 데이터가 있을 것으로 예상하며 그렇지 않은 경우를 적극적으로 관리하여 사용해야 된다.

간단한 예는 앞서 살펴본 코드이다. 태그가 없어도 질문을 만들 수 있으므로 Question 구조체에서 태그를 선택 사항으로 정의했다. 반면에 ID는 필수이고 QuestionId 구조체가 &str에서 이를 생성할 수 없는 경우에는 생성을 실패하고 이 메서드를 호출하는 사람에게 에러를 반환해야 한다. 기본 구조와 타입이 구현되었으니 애플리케이션에 웹 서버를 추가하여 사용자에게 첫 번째 더미 데이터를 제공할 수 있게 되었다.

RUST WEB DEVELOPMENT

2.2 / 웹 서버 만들기

우리는 웹 서비스를 구축할 때 러스트가 제공하는 기능과 제공하지 않는 기능을 살펴보았다. 핵심을 요약하면 다음과 같다.

- 러스트는 비동기 백그라운드 작업을 처리할 수 있는 런타임을 기본으로 포함하지 않는다.
- 러스트는 비동기 코드 블록을 표현하는 구문이 있다.
- 러스트는 상태와 반환 타입이 있는 결과에 대한 Future 타입을 포함한다.
- 러스트는 TCP(및 UDP)를 구현하지만, HTTP를 구현하지 않는다.
- 선택한 웹 프레임워크에는 HTTP 및 다른 모든 것이 구현되어 함께 제공된다.
- 런타임은 우리가 선택한 웹 프레임워크에 의해 결정된다.

우리의 웹 프레임워크는 런타임, HTTP를 통한 추상화(및 HTTP 서버 구현), 경로 핸들러에 요청을 전달하는 방법에 대한 설계 등 많은 것을 뒤에서 정한다. 따라서 특정 웹 프레임워크가 정한 설계 결정과 정해진 런타임에 익숙해져야 한다.

이 장의 끝에서 보게 될 완성된 예제인 코드 2-21로 우리가 논의할 구문과 주제를 미리 살펴보자. 이 장의 마지막 부분을 읽고 나면 이 코드의 기능을 이해하게 될 것이다. 일부 영역만 보여 주겠다.

코드 2-21 Warp를 이용한 최소한의 러스트 웹 서버

```rust
use warp::Filter;

#[tokio::main]
async fn main() {
    let hello = warp::get()
        .map(|| format!("Hello, World!"));

    warp::serve(hello)
        .run(([127, 0, 0, 1], 1337)).await;
}
```

코드의 3행 #[tokio::main]은 사용하는 런타임을 나타낸다. 2.2.1절에서 런타임을 설명하겠다. 이런 식으로 러스트 소스 코드에서 런타임이 설정된다고 보면 된다. 다음으로 4행이 우리가 비동기로 표시한 main 함수이다. 우리는 (런타임의 도움을 받아) 동시에 여러 요청을 처리하도록 함수를 비동기로 정의한다. 비동기 함수 내에서는 .await 키워드를 사용하여 함수가 본질적으로 비동기이며, 결과를 즉시 반환하지 않게 한다. 지금까지의 내용은 러스트에서 비동기를 이루는 구성요소 네 개 중 세 개에 속한다.

2.2.1 동시에 다수 요청을 다루기

서버 애플리케이션을 작성할 때 일반적으로 한 번에 둘 이상의 클라이언트에 서비스를 제공해야 한다. 모든 연결이 정확히 같은 밀리초에 도착하지 않더라도 데이터베이스에서 읽거나 하드 드라이브에서 파일을 여는 데는 시간이 걸린다.

각 프로세스가 완전히 끝날 때까지 기다리면서 수백, 아니 수천 개의 다른 요청이 대기하고 쌓이게 하는 대신 프로세스(예를 들어 데이터베이스 쿼리)를 트리거하고, 완료되면 알림을 받는 쪽을 선택할 수 있다. 그동안 다른 고객에게 서비스를 제공할 수 있다.

> **그린 스레드**
>
> 비동기 프로그래밍을 논할 때 스레드는 항상 거론된다. **스레드**는 프로세스에 의해 생성(**재생성**)되고 프로세스 내부에 존재한다. 보통 운영체제(커널 내부)에서 처리하므로 (커널의 지속적인 중단으로 인해) 사용자 관점에서 관리하는 데 비용이 많이 든다.
>
> 그래서 **그린 스레드**(http://mng.bz/nemK)라는 개념이 나왔다. 그린 스레드는 완전히 사용자 공간에 상주하며 런타임에 의해 관리된다.

비동기 애플리케이션을 작성하면 정확히 이런 작업을 수행한다. 1장(chapter_01/minimal-tcp/src/main.rs)의 minimal-tcp 코드를 보면 블로킹 방식으로 각각의 스트림을 처리했다. 다음 스트림으로 이동하기 전에 하나의 스트림 처리를 완료하는 식이다.

다중 스레드 환경에서 각 스트림을 여러 스레드에 분배하고 백그라운드에서 계산한 다음 다시 포그라운드로 돌려보내 응답을 요청 클라이언트에 보낸다. 또 다른 방식은 단일 스레드를 사용해서 가능할 때마다 작업을 선택하는 방식이다. 여기서 핵심은 실행 시간이 긴 메서드라면 런타임에 제어권을 양보하고 완료하는 데 더 오래 걸린다는 신호를 보낼 수 있다는 점이다. 그런 다음 런타임은 다른 계산을 수행할 수 있으며, 실행 시간이 긴 메서드가 계산을 완료했는지 다시 확인한다.

들어오는 HTTP 요청을 비동기식으로 처리하려면 비동기 개념을 이해해야 하며, 비동기식으로 실행할 수 있는 타입과 구문을 제공하는 프로그래밍 언어가 필요하다. 그리고 우리는 우리의 코드를 가져와서 논블로킹 방식[3]으로 실행할 수 있는 런타임이 필요하다. 그림 2-9에 이를 정리했다.

▼ 그림 2-9 비동기 프로그래밍 환경이 작동하려면 네 가지 요소(구문, 타입, 런타임, 커널 추상화)가 필요하다

구문	타입
런타임 + 스레드 풀	
커널 API	
커널	

요약하면 비동기 프로그래밍 환경을 이루는 네 가지 요소는 다음과 같다.

- epoll, select, poll을 통해 커널의 비동기 읽기 및 쓰기 API를 사용한다(자세한 내용은 http://mng.bz/09zx를 참조).

---

3 **역주** 한 함수를 처리 중에 다른 함수가 호출되더라도 제어권이 넘어가지 않는 방식이다.

- 사용자 공간에서 실행 시간이 긴 작업을 다른 곳으로 넘기고, 작업이 완료되면 작업을 진행할 수 있도록 알려주는 메커니즘이 있다. 그린 스레드를 만들고 관리하는 런타임이 이를 담당한다.
- 프로그래밍 언어 내의 구문으로, 컴파일러가 비동기 블록으로 수행할 작업을 이해할 수 있도록 코드에서 비동기 블록을 표시할 수 있다.
- 상호 배타적인 접근과 수정을 위한 표준 라이브러리의 특정 타입이다. 정해진 값을 저장하는 number와 같은 타입 대신 비동기 프로그래밍을 위한 타입은 값과 함께 실행 시간이 긴 작업에서의 현재 상태를 저장해야 한다.

초창기에 러스트는 그린 스레드를 사용했지만, 런타임의 부담이 계속 늘어나 이를 제거했다. 따라서 러스트에는 런타임이나 비동기 커널 API에 대한 추상화 같은 것이 없다. 기본 런타임이나 커널 API에 대한 추상화가 함께 제공되는 Node.js나 Go와는 반대이다.

러스트는 구문과 타입을 제공한다. 러스트 자체는 비동기 개념을 이해하고 커널 API를 통해 런타임 및 추상화를 구축할 수 있는 충분한 요소를 제공한다.

2.2.2 러스트의 비동기 환경

러스트가 좀 더 작은 공간을 차지하도록, 러스트 개발자는 커널 비동기 API에 대한 런타임이나 추상화를 포함하지 않기로 결정했다. 이로써 프로그래머는 프로젝트의 요구 사항에 맞는 런타임을 선택할 수 있게 되었다. 이는 또한 향후 런타임에서 엄청난 발전이 발생할 경우를 대비하여 언어의 미래를 보장하게 되었다.

이미 그림 2-9에서 비동기와 관련한 주요 요소를 보았다. 러스트는 구문과 타입이 함께 제공된다. 잘 테스트된 런타임 옵션(예를 들어 Tokio나 async-std)과 Mio를 사용한 비동기 커널 API에 대한 추상화도 사용할 수 있다. 그림 2-10은 러스트 생태계에서 파생된 구성 요소이다.

▼ 그림 2-10 비동기 러스트 생태계를 이루는 구성 요소

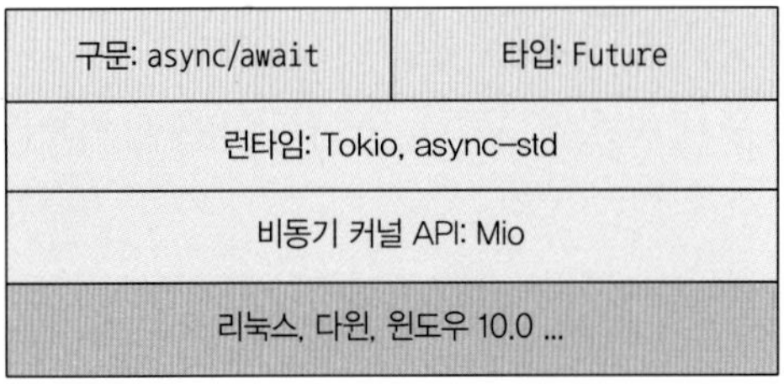

구문: async/await	타입: Future
런타임: Tokio, async-std	
비동기 커널 API: Mio	
리눅스, 다윈, 윈도우 10.0 ...	

러스트에서는 구문 키워드로 async와 await를 조합해 사용할 수 있다. 함수 내부에서 await를 사용할 수 있도록 해당 함수를 async로 표시한다. 함수는 실행에 성공하면 반환하는 값의 타입이 있는 Future 타입을 기다리며(await), 다른 한편으로는 실행 시간이 긴 프로세스를 실행하고 Pending 또는 Ready를 반환하는 poll 메서드를 반환한다. Ready 상태는 Error 또는 성공했을 때의 반환 값을 가질 수 있다.

때로는 Future 타입을 자세히 이해할 필요는 없다. 기본 시스템을 더 깊이 이해하면 시스템을 만드는 데 더 도움이 되겠지만 처음에는 기본 시스템이 존재하는 이유, 나머지 생태계와 어떻게 작동하는지 아는 것만으로도 충분하다.

러스트의 모든 비동기 애플리케이션에서 가장 중요한 결정은 런타임을 선택하는 것이다. 런타임에는 이미 커널 API(대부분의 경우 Mio라는 라이브러리)에 대한 추상화가 포함되어 있지만 그래도 먼저 러스트에서 제공하는 구문과 타입을 살펴보자.

2.2.3 러스트에서 async/await 다루기

런타임 위에는 러스트에 통합된 두 구성 요소가 있다. 첫 번째는 async/await 구문이다. 1장에서 이미 본 비동기 HTTP 호출을 수행하는 코드를 살펴보자.

코드 2-22 async HTTP 호출 예제

```
use std::collections::HashMap;

#[tokio::main]
async fn main() -> Result<(), Box<dyn std::error::Error>> {
    let resp = reqwest::get("https://httpbin.org/ip")
        .await?
        .json::<HashMap<String, String>>()
        .await?;
    println!("{:#?}", resp);
    Ok(())
}
```

이 코드가 작동하려면 Cargo.toml 파일에 Tokio와 Reqwest 크레이트를 추가해야 한다. 많은 러스트 크레이트는 로직을 기능으로 분할하여 필요한 경우 더 작은 요소만 포함시키는데, 이는 애플리케이션에 필요하지 않은 코드가 포함되지 않도록 하기 위함이다.

```
[dependencies]
reqwest = { version = "0.11", features = ["json"] }
tokio = { version = "1", features = ["full"] }
```

기능 플래그

Cargo.toml 파일 내 종속성에 Tokio를 추가할 때는 **기능 플래그**(feature flag)를 추가해야 한다. 기능 플래그를 사용하면 개발자가 크레이트의 하위 집합만 포함할 수 있으므로 프로젝트를 컴파일하는 시간을 절약하고 프로젝트 크기를 줄일 수 있다.

모든 크레이트가 기능 플래그를 지원하는 것은 아니지만, 몇몇은 지원한다. 크레이트를 포함해서 특정 기능을 사용하려는 경우, 컴파일러는 해당 기능이 Cargo.toml 파일에 포함되어 있지 않더라도 이를 알려주지 않기 때문에 주의해야 한다. 가장 안전한 방법은 크레이트의 모든 기능을 포함하고 개발을 완료한 후 특정 기능만 가져와 사용하여 코드의 양을 줄이는지 확인하는 것이다.

기능 플래그의 이름은 표준화되지 않았으며 기능 이름을 지정하는 것은 순전히 크레이트 소유자에게 달려 있다. Tokio를 쓰는 경우 full 기능 플래그를 사용한다는 의미이다.

```
tokio = { version = "1", features = ["full"] }
```

reqwest::get("https://httpbin.org/ip") 함수를 호출하면 반환 타입을 감싼 퓨처를 반환한다. 이 호출은 키와 값이 있는 객체 형식으로 현재 IP 주소를 반환한다. 러스트에서 이는 해시 맵을 통해 표현할 수 있다(예를 들어 HashMap<String, String>). Reqwest 크레이트는 기본으로 퓨처를 반환한다(https://docs.rs/reqwest/latest/reqwest/#making-a-get-request). HTTP 요청을 블로킹 방식으로 만들려면 reqwest::blocking 클라이언트를 사용해야 한다(https://docs.rs/reqwest/latest/reqwest/blocking/index.html).

우리는 응답으로 해시 맵을 감싼 퓨처를 예상한다(예를 들어 Future<Output=HashMap<String, String>>). 그런 다음 퓨처에서 await를 호출할 수 있으므로 런타임은 이를 선택하고 그 내부의 기능을 실행하려고 한다. 이 작업은 시간이 오래 걸릴 것으로 예상되기 때문에 런타임은 백그라운드에서 작업을 처리하고 해당 파일을 읽어 변수의 내용을 채운다.

러스트와 웹 서비스로 작업할 때 적어도 처음에는 보통 자신만의 퓨처를 정의하지 않는다. 크레이트나 다른 사람의 코드를 사용할 때 그들의 함수가 async로 표시되어 있으면 await로 기다려야 한다는 것을 아는 것이 중요하다.

이 구문의 의도는 비동기 러스트 코드를 작성하는 것이 프로그래머에게 동기 블로킹 코드처럼 느껴지도록 하는 것이다. 백그라운드에서 러스트는 이 코드 조각을 상태 머신(state machine)으로 변환한다. 해당 상태 머신에서 각 await는 상태를 나타낸다. 모든 상태 머신에서 상태가 준비되면 함수는 마지막 줄까지 마저 진행하고 결과를 반환한다.

블로킹되는 동시성 프로세스처럼 보이는 구문을 사용하면 여간해서는 비동기 프로그래밍의 특성에 골머리를 썩거나 함정에 빠지지 않을 것이다. 제대로 된 첫 번째 애플리케이션을 구현할 때는 더 깊이 들어갈 것이다. 지금은 개별 재료를 이해하는 것만으로도 충분하다. 우리가 무엇을 다루고 있는지 또는 우리가 사용하는 런타임이 무엇을 다루고 있는지 이해하기 위해 퓨처의 내부를 살펴보자.

2.2.4 러스트의 퓨처 타입 사용하기

코드 2-22에서 await 함수가 resp 변수에 저장된 무언가를 반환하는 것을 볼 수 있다. 여기에서 Future 타입이 등장한다. 언급한 대로 Future는 다음과 같은 서명이 있는 더 복잡한 타입이다(코드 2-23). 무엇을 하는지 완전히 이해할 필요는 없지만 코드 스니펫에는 두 링크가 포함되어 있으니 더 자세히 알아볼 수 있다. 주요 기능을 바로 설명하겠다.

코드 2-23 러스트의 퓨처 트레이트
(https://doc.rust-lang.org/std/future/trait.Future.html, https://doc.rust-lang.org/src/core/future/future.rs.html#37-106)

```
pub trait Future {
    type Output;

    fn poll(self: Pin<&mut Self>, cx: &mut Context<'_>)
        -> Poll<Self::Output>;
}
```

Future에는 파일 또는 문자열이 될 수 있는 Output이라는 연관 타입(associated type)과 poll 메서드가 있다. poll 메서드는 퓨처가 준비되었는지 확인할 때 자주 호출되며, Pending 또는 Ready 값을 갖는 Poll 타입을 반환한다. 준비되면 poll은 두 번째 줄에 지정된 타입 또는 에러를 반환한다. 그리고 퓨처가 준비되면 결과를 반환하고 변수에 할당된다.

Future는 트레이트이므로 프로그램에 있는 모든 타입에 Future 트레이트를 구현할 수 있다는 이점이 있다.

러스트의 두드러진 특징은 적극적으로 시작되는 퓨처가 없다는 것이다. Go 또는 자바스크립트와 같은 다른 언어에서는 프로미스(promise)에 변수를 할당하거나 고루틴[4]을 만들 때 각 런타임이 즉시 실행된다. 러스트에서는 퓨처에 poll을 적극적으로 적용해야 하며, 이는 런타임이 맡아서 한다.

---

4 **역주** Go 언어에서 동시에 실행되는 모든 활동을 고루틴이라고 한다. 일종의 경량 스레드이다.

2.2.5 런타임 고르기

런타임(runtime)은 비동기 웹 서비스의 핵심이다. 설계와 성능은 애플리케이션의 기본 성능과 보안에 있어 중요하다. Node.js에는 작업을 처리할 Google V8 엔진이 있고, Go에는 구글에서 개발한 자체 런타임이 있다.

런타임이 작동하는 방식과 비동기 코드를 실행하는 방식을 자세히 알지 않아도 되지만, 최소한의 용어와 이를 둘러싼 개념을 살펴보는 편이 좋다. 나중에 코드에서 문제가 발생했을 때 선택한 런타임의 작동 방식을 잘 알지 못한다면 문제를 해결하거나 코드를 다시 작성하기 어려울 수 있다.

많은 사람들은 러스트가 모든 웹 서비스의 핵심인 런타임을 함께 제공되지 않는다고 비판한다. 하지만 요구 사항에 맞는 특정 런타임을 선택할 수 있다면 애플리케이션을 성능이나 플랫폼 요구 사항에 맞게 조정할 수 있다.

가장 인기 있는 런타임 중 하나인 Tokio는 업계 전반에서 널리 사용된다. 따라서 여러분의 애플리케이션에 대한 첫 번째 안전한 선택지이다. 이 책에서는 예제로 Tokio를 선택했으며, 필요에 따라 런타임을 선택하는 방법은 나중에 자세히 설명하겠다.

런타임은 스레드를 생성하고, 퓨처를 폴링하고, 완료까지 담당한다. 또한, 작업을 커널에 전달하고 비동기 커널 API를 사용해 병목 현상이 발생하지 않도록 하는 역할도 한다. Tokio는 운영체제 커널과 비동기 통신하기 위해 Mio 크레이트(https://github.com/tokio-rs/mio)를 사용한다. 개발자인 당신은 아마 Mio의 코드를 건드리지는 않을 것이다. 그러나 러스트로 웹 서버를 개발할 때 어떤 타입의 크레이트와 추상화 레이어를 프로젝트로 가져오는지 정도는 아는 것이 좋다.

그림 2-11에서 볼 수 있듯이 런타임은 웹 서비스에서 상당히 큰 역할을 한다. 코드를 async로 표시하면 컴파일러는 그 코드를 런타임에 전달한다. 그런 다음 구현에 따라 작업을 얼마나 빠르고 정확하며 에러 없이 실행할 수 있는지를 결정한다.

▼ 그림 2-11 완전한 비동기 러스트 환경

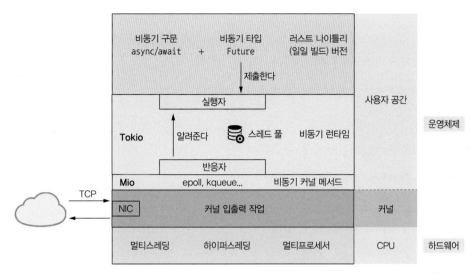

백그라운드에서 무슨 일이 일어나고 있는지 알아보기 위해 예를 들어 보자. 그림 2-12를 참조한다.

1 러스트 코드에서 함수를 async로 표시한다. 함수 반환이 이루어지는 부분에 await를 붙이면 컴파일할 때 해당 함수가 Future 타입을 반환한다고 런타임(tokio 등)에 알려준다.

2 런타임은 이 코드 조각을 가져와 실행자에게 넘긴다. 실행자는 Future에서 poll 메서드를 호출할 책임을 진다.

3 네트워크 요청인 경우 런타임은 커널에 비동기 소켓을 생성하는 Mio에 요청을 전달하고 작업을 완료하는 데 필요한 CPU 시간을 요청한다.

4 커널이 작업(예를 들어 요청 보내기와 응답 받기)을 완료하면 소켓에서 대기 중인 프로세스에 알린다. 그런 다음 반응자는 실행자를 깨워 커널에서 반환된 결과로 계속 계산하게 한다.

▼ 그림 2-12 백그라운드에서 비동기 HTTP 요청이 실행되는 모습

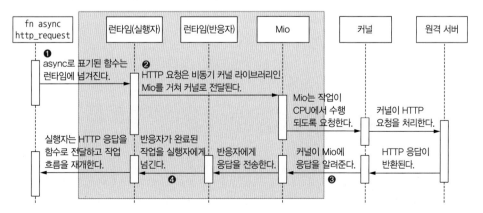

2.2.6 웹 프레임워크 고르기

러스트가 여전히 웹 서비스에서는 새로운 얼굴이다 보니 다양한 이슈를 마주할 것이며, 이 이슈를 해결하려면 개발팀과 주변 커뮤니티의 도움이 필요할 것이다.

다음은 러스트가 제공하는 상위 네 개의 웹 프레임워크이다.

- **Actix Web**은 가장 완벽하고 적극적으로 사용되는 웹 프레임워크이며 많은 기능을 담고 있다. 때때로 독자적인 부분이 있을 수 있다.
- **Rocket**은 매크로를 사용하여 경로 핸들러를 표기하고, JSON 파싱 기능이 내장되어 있다. 견고한 웹 서버를 작성하는 데 필요한 모든 기능이 포함된 완전한 프레임워크이다.
- **Warp**는 러스트를 위한 최초의 웹 프레임워크 중 하나다. Tokio 커뮤니티와 밀접하게 개발되었으며 상당히 자유롭다. 가장 기본적인 프레임워크로, 개발자에게 설계 결정을 많이 맡긴다.
- **Axum**은 최신 프레임워크이며 Tokio 생태계의 기존 크레이트와 Warp 및 다른 프레임워크에서 배운 설계 교훈을 바탕으로 최대한 많은 것을 구축하려고 한다.

Actix Web은 자체 런타임을 제공한다(하지만 Tokio를 선택할 수도 있음). Rocket, Warp, Axum 프레임워크는 Tokio를 사용한다.

이 책에서는 Warp를 선택했다. 부담스럽지 않을 정도로 작고, 사용자가 많아 잘 관리되며, 매우 활발한 디스코드 채널도 있다. 실제 적용하는 회사나 프로젝트에 따라 얻을 수 있는 이점이 달라질 수 있다. 프레임워크가 어디서 시작하고 어디서 끝나는지, 순수한 러스트란 무엇인지, 선택한 프레임워크가 코드에 어디까지 영향을 미치는지 등을 이해하는 것이 중요하다.

대부분의 책과 코드는 프레임워크에 구애 받지 않는다. 서버를 설정하고 경로 핸들러를 추가하면 우리는 다시 순수한 러스트 영역에 있게 되며, 이후에는 프레임워크의 많은 부분은 찾아볼 수 없다. 이 책에서는 이러한 부분을 명확하게 강조하고 있으며, 여러분은 프레임워크를 선택한 후에 어느 부분에서 어떻게 작업할지 잘 알게 될 것이다.

▼ 그림 2-13 Warp를 사용하면 HTTP 추상화와 내부 서버로 런타임 Tokio와 Hyper를 상속 받는다

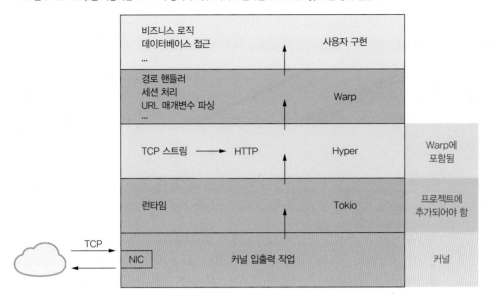

그림 2-13에서 볼 수 있듯이 들어오는 TCP 요청은 커널과 직접 통신하는 런타임 Tokio로 전달되어야 한다. Hyper 라이브러리는 HTTP 서버를 시작하고, 들어오는 TCP 스트림을 받아들인다. 또한, Warp는 HTTP 요청을 올바른 경로 핸들러로 전달하는 것과 같은 프레임워크 기능을 래핑한다. 코드 2-24는 이 모든 작업을 보여 준다.

코드 2-24 Warp를 이용한 최소한의 러스트 HTTP 서버

```
use warp::Filter;

#[tokio::main]
async fn main() {
    let hello = warp::path("hello")
        .and(warp::path::param())
        .map(|name: String| format!("Hello, {}!", name));  ┄┄┄ .map 함수는 이전 함수에서
                                                                (가능한) 인수를 가져와
                                                                변환하는 Warp 필터이다.
    warp::serve(hello)
        .run(([127, 0, 0, 1], 1337))
        .await;
}
```

.map(||...) 서명은 클로저(||)를 사용하여 환경에서 변수를 가져와 함수(map) 내에서 접근할 수 있게 한다. 코드 2-24에서는 map 함수 내부에 어떤 변수도 사용하지 않는다. 그러나 HTTP GET 요청에 매개변수가 있는 경우에는 클로저로 map 내부에서 매개변수를 가져와 처리할 수 있다. 〈러스트 프로그래밍 공식 가이드〉에서 클로저를 자세히 설명한다(https://doc.rust-lang.org/book/ch13-01-closures.html).

동작하는 웹 서버로 이 장을 마무리하고자 다음 코드를 넣도록 한다. 지금까지 우리의 main 함수는 다음과 같다.

코드 2-25 현 시점의 main 함수

```rust
fn main() {
    let question = Question::new(
        QuestionId::from_str("1").expect("No id provided"),
        "First Question".to_string(),
        "Content of question".to_string(),
        Some(vec!["faq".to_string()]),
    );
    println!("{:?}", question);
}
```

question 생성 부분을 제거하고(question을 JSON으로 반환하는 방법은 3장에서 설명하겠다) 프로젝트에 런타임과 Warp 서버를 추가하고 main 함수에서 서버를 시작한다. 프로젝트에 두 종속성을 추가해야 한다. Hyper 크레이트는 Warp에 포함되어 있지만, Tokio는 수동으로 프로젝트에 추가해야 한다. 다음은 업데이트된 Cargo.toml 파일이다.

코드 2-26 Tokio와 Warp가 추가된 Cargo.toml 파일

```toml
[package]
name = "ch_02"
version = "0.1.0"
edition = "2021"

[dependencies]
tokio = { version = "1.2", features = ["full"] }
warp = "0.3"
```

추가된 Tokio 종속성으로 우리는 main 함수에 애너테이션을 달아 Tokio 런타임을 사용하고 그 안에 Warp가 요구하는 비동기 코드를 작성할 수 있다. 다음은 chapter_02 폴더에 있는 업데이트된 main.rs 파일이다.

코드 2-27 main.rs에서 Warp 서버 시작하기(chapter_02/src/main.rs)

```rust
use std::io::{Error, ErrorKind};
use std::str::FromStr;

use warp::Filter;

...

#[tokio::main]
async fn main() {
    let question = Question::new(
        QuestionId::from_str("1").expect("No id provided"),
        "First Question".to_string(),
        "Content of question".to_string(),
        Some(vec!("faq".to_string())),
    );
    println!("{:?}", question);

    let hello = warp::get()
        .map(|| format!("Hello, World!"));
    warp::serve(hello)
        .run(([127, 0, 0, 1], 3030))
        .await;
}
```

명령줄에서 cargo run으로 서버를 시작할 수 있다(지금은 경고가 나겠지만 무시한다). 이전 question을 명령줄에 출력하는 대신 서버를 시작한다. 브라우저를 열고 주소 127.0.0.1:3030을 넣으면 Hello, World!가 출력된다.

서버가 정상으로 동작하면 REST 엔드포인트(endpoint) 구현이 시작되고 자체 구조체를 직렬화하여 요청하는 클라이언트에 적절한 JSON을 반환하는 한편, 엔드포인트에서 쿼리 매개변수를 받을 수도 있다. 이것과 관련된 훨씬 더 많은 내용이 3장에서 우리를 기다리고 있다.

2.3 / 요약

- 항상 구조체를 통해 리소스를 매핑하는 것으로 시작하고 타입 간의 관계를 생각한다.

- 타입에 new나, 타입을 다른 타입으로 변환하는 도우미 메서드를 추가하여 단순화한다.

- 러스트의 소유권, 대여 원칙과 이것이 코드 작성 방식에 어떤 영향을 미치고 이에 따라 컴파일러가 어떤 에러를 던질 수 있는지 이해하라.

- 트레이트를 사용하면 기능을 추가해 사용자 정의 데이터 타입이 당신이 선택한 프레임워크와 잘 작동하도록 할 수 있다.

- derive 매크로를 사용하여 범용 사용 사례에 대한 트레이트를 구현하면 작성해야 하는 코드를 많이 절약할 수 있다.

- 타입과 프레임워크의 기능을 찾는 데 자주 사용하므로 러스트 문서와 친해져야 한다. 이는 언어를 더 잘 이해하는 데도 도움이 된다.

- 러스트는 비동기 구문과 타입이 함께 제공되지만, 비동기 애플리케이션을 작성하려면 더 많은 것이 필요하다.

- 런타임은 동시에 여러 계산을 처리하면서 비동기 커널 API에 대한 추상화를 제공한다.

- 적극적으로 유지보수되고 대규모 커뮤니티와 지원이 있으며 대기업에서 사용하는 웹 프레임워크를 선택한다.

- 우리가 선택한 웹 프레임워크는 HTTP 구현, 서버 및 런타임을 추상화하므로 애플리케이션의 비즈니스 로직 작성에 집중할 수 있다.

제 2 부

시작하기

2부에서는 비즈니스 로직을 다루고 다양한 API 엔드포인트가 있는 웹 애플리케이션을 구성한다. 데이터베이스 접근, 로깅, 서드파티 API 접근을 다룬다. 또한, 웹 애플리케이션을 정리하고 분할한다. 2부를 읽은 후에는 러스트 웹 애플리케이션을 개발하는 일상적인 모습을 보게 되고, 추가 정보를 찾을 수 있는 곳을 알게 될 것이다.

3장에서 첫 번째로 경로 핸들러와 HTTP GET 엔드포인트를 설정한다. 웹 프레임워크 Warp와 들어오는 HTTP 요청을 경로 핸들러로 전달하는 방법, 적절한 HTTP 응답을 다시 보내는 방법과 에러 발생 시 수행할 작업에 익숙해질 것이다.

4장에서는 이러한 주제를 확장해 API에 대한 POST, PUT, DELETE 엔드포인트를 구현한다. 매개변수를 받아들이고, JSON을 파싱하고, 질문과 답변으로 메모리 내 저장소를 채우는 방법을 배운다.

많은 비즈니스 로직을 작성했다면 이제 정리할 차례이다. 5장에서 러스트 모듈 시스템을 자세히 설명한다. 보조 크레이트를 생성할지, 만약 생성한다면 언제 할지를 정하거나 로직을 독립된 모듈로 분할하고 애플리케이션 전체에서 접근하는 법을 배운다.

웹 서비스 실행이 실패할 수 있고, 사용자가 문제를 보고할 수 있으며, 버그가 발견될 수도 있다. 프로덕션 환경에서 애플리케이션을 개발하고 실행할 때 검사하는 작업은 높은 우선 순위를 갖는다. 6장에서는 로깅, 비동기 동작 추적, 애플리케이션 로컬 디버깅에 필요한 모든 도구와 기술을 갖추었는지 확인한다.

웹 애플리케이션은 일반적으로 API 엔드포인트를 여는 데 그치지 않고, 다른 서비스나 데이터베이스와도 통신한다. 이것이 2부의 마지막 두 장에서 수행할 작업이다. 7장에서는 메모리 내 저장소를 PostgreSQL 데이터베이스로 대체하고, 데이터베이스에 연결하고 경로 핸들러 간에 연결을 공유한다.

8장에서 서드파티 API에 접근하는 것으로 2부를 마무리한다. 여기에서는 한 번에 여러 비동기 호출을 처리하고, 들어오는 JSON 본문을 구조체로 파싱하고, 이러한 호출에서 시간 초과가 발생할 때 이를 처리하는 방법을 완벽하게 소개한다.

3^장

첫 경로 핸들러 만들기

이 장에서 다룰 핵심 내용
- 서버에 경로 핸들러 추가하기
- Warp의 **Filter** 트레이트 이해하기
- 데이터를 JSON으로 직렬화하기
- 적절한 HTTP 응답 반환하기
- 다양한 HTTP 에러 코드 다시 보내기
- CORS 처리 설정하기

이 장 앞부분에서는 필요한 모든 도구를 사용해 이 책에서 계속 만들어 갈 웹 서비스의 기초를 만든다. 뒷부분에서는 웹 서버에서 CORS(cross-origin resource sharing) 처리를 구현하는 법을 알아본다. CORS를 처리함으로 우리 서비스와 동일한 도메인이 아닌 곳에서 직접 요청해 서비스에 접근할 수 있다.

이 장에서는 Warp로 작업하기 위한 기초를 쌓고, 다음 장에서는 계속 확장할 웹 서버를 기본 설정한다. 필터 시스템을 통해 Warp로 HTTP 요청을 처리하는 방법을 알아보며, 이를 통해 다음 장에서는 미들웨어를 추가하고 상태를 전달한다.

이제부터는 방향을 정하고 그 방향으로만 진행한다. 2장에서 언급한 것처럼 웹 프레임워크로 Warp를 사용한다. 이제부터 나오는 모든 코드는 이 책의 깃허브 저장소(https://github.com/gilbutITbook/080350)에서 찾을 수 있다.

그림 3-1로 프레임워크에 포함된 기술 스택을 복습하자. HTTP 서버를 추상화하는 런타임이나 라이브러리는 항상 묶어서 선택해야 한다. HTTP 라이브러리 Hyper는 Warp에 이미 포함되어 있지만, Tokio는 Cargo.toml 파일에 추가해야 한다.

❤ 그림 3-1 웹 프레임워크 Warp에는 런타임으로 Tokio가 포함되어 있고, HTTP 서버 라이브러리로 Hyper가 포함되어 있다

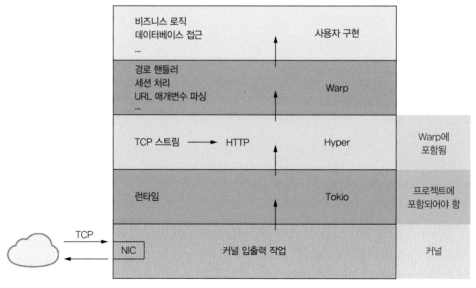

이 책을 진행하면서 사용자가 질문을 게시하고 답변하는 Q&A 서비스를 만들고자 한다. 회사 제품, 프로세스, 코드베이스에 대한 정보를 제공하는 내부 Q&A 웹사이트를 만들고자 한다면 참고가 될 것이다.

3.1 웹 프레임워크에 대해 알아보기: Warp

다음 네 가지 이유로 Warp를 웹 프레임워크로 선택했다.

- 꼭 필요한 기능만 가지고 있어 작고 활발하게 유지보수되고 있으며, 커뮤니티가 활성화되어 있다.
- 사실상 현재 러스트 생태계의 표준 런타임인 Tokio 런타임을 기반으로 한다.
- 잘 활성화된 디스코드 채널에서 프로젝트의 창시자와 다른 사용자가 질문에 답변을 잘 해 준다.
- 깃허브에서 활발하게 개발되고 문서화되고 업데이트된다.

Warp가 선택한 모든 설계가 마음에 들지 않더라도 이 네 가지 사항은 너무 중요해서 무시하기 어렵다. 러스트 웹 서비스를 개발, 배포, 유지하는 과정 내내 혼자 모든 일을 하지 않아도 된다는 점이 중요하다. 경험이 풍부한 커뮤니티의 도움을 받을 수 있다는 점은 일상적인 개발 경험에서 매우 중요하다. 이제 Warp를 실행하는 데 필요한 외부 크레이트와 강력한 필터 시스템을 사용하는 방법 등 Warp로 할 수 있는 일을 살펴보겠다.

3.1.1 Warp에 있는 기능

러스트는 표준 라이브러리에 HTTP 구현을 포함하지 않는다는 점을 기억하자. 따라서 웹 프레임워크는 자체적으로 HTTP 구현을 만들어내거나 다른 크레이트를 사용해야 한다. 여기서 Warp는 Hyper 크레이트를 사용한다. **Hyper**는 러스트로 작성된 HTTP 서버로 HTTP/1, HTTP/2, 비동기 개념을 지원하기 때문에 웹 프레임워크의 기반으로는 완벽하다.

앞서 1~2장에서 모든 비동기 작업에는 런타임이 필요하다는 것과 러스트는 표준 라이브러리에 비동기 프로그래밍을 위한 런타임을 넣지 않기로 결정했다는 것을 배웠다. 따라서 Hyper(결과적으로 Warp)는 커뮤니티 라이브러리 중 하나를 기반으로 구축해야 한다. Warp는 Tokio를 선택했다. Warp로 작업할 때 Hyper를 명시적으로 포함할 필요가 없다. 그러나 종속성 항목에 Tokio를 추가해야 하고 프로젝트에 수동으로 추가해야 한다.

Hyper를 포함하지 않아도 되는 이유는 Warp 자체가 Hyper를 자체 코드베이스로 가져오고 Hyper 크레이트 위에서 빌드되기 때문이다. 그러나 Tokio 크레이트를 사용해 main 함수에 애너테이션을 붙여야 하므로 (그리고 이 책의 뒷부분에서 다른 Tokio 매크로와 함수를 사용해야 하므로) 종속성을 별도로 설정해야 한다.

따라서 모든 Warp를 이용하는 프로젝트에는 종속성으로 최소 Warp와 Tokio 두 크레이트를 가져야 한다. 이제 Warp가 필요로 하는 크레이트를 이해했으니 웹 서비스를 구축하면서 Warp가 작동하는 방식을 확인해 보자.

3.1.2 Warp의 필터 체계

어느 웹 프레임워크라도 처음 두 단계는 동일하다.

1 특정 포트(1024 이상)에서 서버를 시작한다.

2 지정된 경로, HTTP 메서드, 매개변수가 포함된 HTTP 요청에 맞는 경로 핸들러 함수를 제공한다.

Warp에서 **경로**(route)는 함께 연결된 필터의 집합이다. 각 요청은 만들어 놓은 필터와 대응시켜 보고, 일치하지 않으면 다음 필터로 이동한다. 코드 3-1은 이 과정이다. 여기서 Warp로 서버를 시작한 다음(Warp는 HTTP 서버를 만들고 시작하기 위해 내부적으로 Hyper를 사용함) ::serve 메서드에 필터 객체를 전달한다.

모든 코드는 이 책의 깃허브 저장소(https://github.com/gilbutITbook/080350)에서 찾을 수 있다.

코드 3-1 경로 필터 객체를 붙여 Warp 시작하기

```
...
// warp에서 Filter 트레이트를 가져온다
use warp::Filter;
...
#[tokio::main]
async fn main() {
    // 경로 필터를 만든다
    let hello = warp::path("hello").map(|| format!("Hello, World!"));

    // 서버를 시작하고 경로 필터를 서버에 전달한다
    warp::serve(hello).run(([127, 0, 0, 1], 3030)).await;
}
```

::path()에 대한 문서(http://mng.bz/82XP)를 보면 해당 함수가 Warp의 filter 모듈의 일부임을 알 수 있다. 경로 hello를 ::serve 메서드에 전달하면 Warp는 주어진 IP 주소와 포트에서 들어오는 HTTP 요청을 받은 후 요청 각각을 주어진 필터와 맞춰 본다. 여기에서는 http://127.0.0.1:3030/hello로 요청한다. 서버를 실행한 후 브라우저를 열고 이 URL로 이동하면 Hello, World!가 브라우저 창에 표시된다.

Warp는 들어오는 요청이 암묵적으로 HTTP GET이라고 가정한다. 어떤 HTTP 메서드를 찾을지 명시적으로 지정하려면 Warp에서 .get 또는 .post와 같은 메서드 필터를 사용하면 된다.

이 필터 시스템은 처음에는 별것 아닌 것처럼 보이지만, 경로에서 수행하는 모든 작업이 필터로 수행된다는 점을 유의해야 한다. 헤더, (쿼리) 매개변수, JSON 본문 추출 등 모든 작업을 필터로 수행한다. 4장에서는 서버에 로컬 데이터베이스를 추가하고 다양한 경로 핸들러 간에 이 데이터베이스에 대한 접근을 공유할 것이다. 이것도 Warp의 필터 시스템을 통해서 수행된다.

3.2 첫 JSON 응답을 GET 요청으로 받기

RUST WEB DEVELOPMENT

기초를 다뤘으니 애플리케이션 작업을 시작한다. 단계마다 러스트 언어와 그 생태계에 대해 점점 더 깊이 파고들 것이다. 이제 Warp 라이브러리가 힘든 작업을 대신 해 주므로 비즈니스 로직에만 집중할 수 있다.

HTTP 요청이 들어올 때마다 프레임워크는 몇 가지 단계로 요청을 처리한다.

1 HTTP 요청 내부의 요청 경로를 확인한다.

2 HTTP 메서드(ⓒ GET, PUT, POST)를 확인한다.

3 경로와 타입을 담당하는 경로 핸들러로 요청을 전달한다.

4 경로 핸들러로 요청을 전달하기 전에 인증 헤더와 같은 항목을 확인하거나 미들웨어를 이용해 경로 핸들러로 전달되는 요청에 정보를 추가할 수 있다.

그림 3-2는 전체적인 흐름이다. 네모 상자 옆에는 요청을 처리하기 위해 Warp에서 수행하는 메서드 호출이 있다. POST, PUT, DELETE 호출은 비슷하지만 약간 다르다.

어떤 프레임워크를 사용하든 모두 동일한 설계 원칙을 따른다. 그러나 실제 구현과 특정 부분을 언제, 어떻게 호출하는지는 조금씩 다를 수 있다.

▼ 그림 3-2 HTTP GET 요청을 Warp에 보내고, 파싱하고, 응답하는 작업 흐름

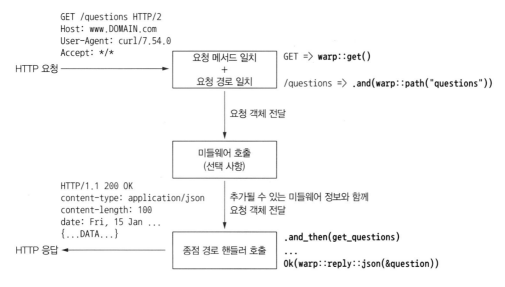

3.2.1 프레임워크가 생각하는 대로 따르기

프레임워크로 API를 구현하는 첫 번째 단계는 가능한 한 가장 작은 작업을 구성하는 것이다. 그런 다음 가장 간단한 경로를 구현해 선택한 프레임워크가 어떻게 작동하고 요청하는지 확인한다.

2장 끝에서 프로젝트에 Tokio와 Warp를 추가했던 것을 기억하기 바란다. 다음 코드는 현 단계에서의 main 함수이다.

코드 3-2 main 함수의 현재 상태

```
...
#[tokio::main]
async fn main() {
    let hello = warp::path("hello")
        .map(|| format!("Hello, World!"));
    warp::serve(hello)
    .run(([127, 0, 0, 1], 3030))
    .await;
}
```

warp와 tokio를 Cargo.toml 파일의 [dependencies] 아래에 추가했다.

코드 3-3 종속성이 추가된 Cargo.toml

```
...
[dependencies]
tokio = { version = "1.2", features = ["full"] }
warp = "0.3"
```

프레임워크가 다음과 같은 내용을 수행하는지에 대한 점검 사항을 작성하자.

- 들어오는 PATH와 HTTP 메서드를 어떻게 파싱하는가?
- HTTP 본문에서 직접 JSON 요청을 파싱할 수 있는가?
- 요청에서 URI(uniform resource identifier) 매개변수를 어떻게 파싱하는가?
- 인증이나 로깅 같은 미들웨어는 어떻게 추가하는가?
- 데이터베이스 연결과 같은 객체를 경로 핸들러에 어떻게 전달하는가?
- HTTP 응답을 반환하려면 어떻게 해야 하는가?
- 내장 세션 또는 쿠키 처리 기능이 있는가?

이 목록은 웹 프레임워크를 사용할 때 확인해야 하는 기본 질문이므로 목록을 살펴보고 선택한 프레임워크가 이러한 질문을 어떻게 지원하는지 확인한다. 하나 이상이 누락되었다면 이 특정 부분을 직접 구현하는 것이 얼마나 어려울지 파악해 보자. 다음 장에서 우리가 선택한 프레임워크에 대해 해당 목록을 확인해 볼 것이다.

좋은 태도는 '모르지만 알아봅시다!'하는 것이다. 코드를 읽고 이해하지 못하는 부분이 있다면 메모해 보자. 이런 것이 처음에는 많겠지만, 열린 마음을 갖고 프레임워크의 문서를 읽는 것만으로도 코드가 무엇에 대한 것인지를 빠르게 배우는 데 도움이 된다.

프레임워크는 어떻게 HTTP 요청을 수락, 파싱, 응답할지 처음부터 지침을 준다. 중간에 있는 모든 것(애플리케이션의 주요 부분)은 당신에게 달려 있다. 엄격한 타입을 가진 언어를 사용하는 장점은 프레임워크의 타입을 사용하고 구현하여 자신의 함수와 타입을 쉽게 확장할 수 있는 데 있다.

3.2.2 성공 경로 처리하기

웹 애플리케이션은 HTTP GET 메시지를 수신하고 응답을 다시 보내는 것에서 시작한다. 그다음부터 이 간단한 솔루션을 확장하고 수정한다. 코드 3-4는 들어오는 HTTP 요청을 전달하는 경로 핸들러를 만드는 방법과 Warp에서 경로를 만드는 방법이다.

이미 눈치챘을 수도 있겠지만, 이 책의 철학은 바로 작동하는 예를 보여 주는 대신 에러를 가진 채로 실행해 보는 것이다. 이 코드는 컴파일되지 않는데 그 **이유**가 중요하다. 요청이 왔을 때 Question을 직렬화할 수 없다. 이를 수정하는 방법은 다음 절에서 설명하겠다.

코드 3-4 첫 경로 핸들러의 추가, question 출력은 삭제

```
use warp::Filter;

...
                                            Warp가 사용할 수 있게 회신과 거부를
                                            반환하는 첫 번째 경로 핸들러를 만든다.
async fn get_questions() -> Result<impl warp::Reply, warp::Rejection> {
    let question = Question::new(  ---- 요청하는 클라이언트에 반환할 새로운 question을 생성한다.
        QuestionId::from_str("1").expect("No id provided"),
        "First Question".to_string(),
        "Content of question".to_string(),
        Some(vec!["faq".to_string()]),
    );

    Ok(warp::reply::json(  ---- Warp의 json 응답을 사용해 question의 JSON 버전을 반환한다.
        &question
    ))
}

#[tokio::main]
async fn main() {
    let get_items = warp::get()  ---- 하나 이상의 필터를 결합하는 Warp의 .and 함수를 사용해
        .and(warp::path("questions"))    큰 필터 하나를 생성하고 get_items에 할당한다.
        .and(warp::path::end())  ----- path::end를 써서 정확히 /questions(예를 들어 /questions/further
        .and_then(get_questions);        /params 같은 것은 안 됨)에서만 수신을 받겠다고 신호를 보낸다.

    let routes = get_items;  ---- 나중의 편의를 위해 경로 변수 routes를 정의한다.

    warp::serve(routes)  ---- routes 필터를 Warp의 serve 메서드로 전달하고 서버를 시작한다.
        .run(([127, 0, 0, 1], 3030))
        .await;
}
```

앞서 살펴본 바와 같이 Warp에서 핵심 개념은 Filter이다. 트레이트로 Warp에서 구현되며 데이터를 파싱, 변경, 반환할 수 있다. 사용할수록 용법을 더 쉽게 이해할 것이다.

and 키워드로 필터를 연결할 수 있다. GET 메서드로 들어오는 모든 HTTP 요청을 필터링하는 get 필터부터 시작한다. 다음에 호스트 URL 뒤에 오는 매개변수로 HTTP 요청을 필터링하는 경로를 추가한다. 코드 3-4를 예로 들자면 localhost:3030/questions에 대한 모든 GET 요청을 필터링한다. path::end 필터를 써서 정확히 /questions 요청만 받는다(예를 들어 /questions/more/deeper로 들어오는 요청은 받지 않는다). 각 요청은 각 필터를 거치며, 해당되는 경우 경로 핸들러 get_questions를 호출하는 .and_then 부분을 호출한다.

경로 핸들러에는 고정된 반환 서명이 있어야 한다. 다음을 반환해야 한다.

- 결과
- 성공하는 경우에는 warp::Reply
- 에러가 일어나는 경우에는 warp::Rejection

그 사이에 일어나는 모든 일은 우리가 해야 한다. 올바른 응답 타입으로 프레임워크에 보내 주기만 하면 된다. 지금은 /questions 경로의 HTTP GET 요청 필터 조합에만 할당하는 routes 객체를 만든다.

get_questions 함수의 끝에서 Warp의 JSON 함수를 호출하여 JSON 형식으로 질문을 반환한다. 지금 이것은 마술처럼 보인다. 컴파일러는 Question의 JSON 구조가 어떻게 보일지 알 수 있는가? 관련 문서(http://mng.bz/E0wJ)를 확인하면 다음과 같은 함수 서명을 볼 수 있다.

코드 3-5 Warp의 json 함수 서명

```
pub fn json<T>(val: &T) -> Json
where
    T: Serialize,
...
```

이는 우리가 함수에 전달하는 모든 값이 참조(val: &T)이어야 하고 Serialize를 구현해야 함을 보여 준다. 문서에서는 **직렬화**(serialize)라는 단어를 강조하여 표시하며, 이 단어를 클릭하면 Serde라는 라이브러리에 대한 문서가 표시된다.

3.2.3 Serde의 도움 받기

Serde 라이브러리는 직렬화 및 역직렬화 메서드를 프레임워크 하나로 묶은 것이다. 기본으로 러스트 생태계의 표준 직렬화(및 역직렬화) 프레임워크이다. 구조체를 JSON, TOML, BSON(Binary JSON)과 같은 형식으로 변환하고 다시 역변환할 수도 있다. 그러나 먼저 Cargo.toml에 Serde를 추가해야 한다.

코드 3-6 프로젝트에 Serde 추가하기

```
...
[dependencies]
...
serde = { version = "1.0", features = ["derive"] }
```

데이터 구조마다 적절한 JSON 형식을 만드는 매핑 기능을 지겹게 작성하는 대신 구조체 위에 매크로를 배치하기만 하면 된다. 컴파일러는 컴파일 중에 Serde 라이브러리를 호출하고 올바른 직렬화 정보를 생성한다.

이것이 바로 Question 구조체에 수행해야 하는 작업이다. derive 매크로를 사용하여 애너테이션에 있는 Debug 트레이트 옆에 Serialize 트레이트를 추가한다.

코드 3-7 JSON 반환에 Serde의 Serialize 사용하기

```
use serde::Serialize;

...

#[derive(Debug, Serialize)]
struct Question {
    id: QuestionId(String),
    title: String,
    content: String,
    tags: Option<Vec<String>>,
}

#[derive(Debug, Serialize)]
struct QuestionId(String);

...
```

use 키워드로 Serialize 트레이트를 임포트해 우리가 사용하는 파일에서 Serialize 트레이트를 사용할 수 있도록 한다. 그런 다음 구조체에 해당 트레이트를 추가한다.

구조체에 다른 사용자 정의 객체를 포함하는 경우, 해당 객체도 구조체 정의 위에 Serialize를 추가해야 한다. Question 구조체에 String과 같은 기본 러스트 표준(std) 타입이 없으면, 역시 Serialize 트레이트를 구현해야 한다.

Serialize 트레이트를 추가하면 Warp의 JSON 함수가 충족된다. 우리가 전달하는 값은 새로운 질문에 대한 참조로 Serialize를 구현해야 한다.

```
async fn get_questions() -> Result<impl warp::Reply, warp::Rejection> {
    let question = Question::new(
        QuestionId::from_str("1").expect("No id provided"),
        "First Question".to_string(),
        "Content of question".to_string(),
        Some(vec!["faq".to_string()]),
    );

    Ok(warp::reply::json(
        &question
    ))
}
```

4장에서는 이 부분을 다른 방식으로 구현하는 방법을 알아보겠다. JSON 데이터를 받아 로컬 구조체로 변환하기 위해 무엇을 해야 하는지 살펴보자. 힌트를 주겠다. JSON을 사용자 정의 데이터 구조에 매핑하는 방법을 컴파일러에 알리려면 구조체 위에 Serde의 Deserialize 트레이트만 추가하면 된다.

지금까지는 새 Question을 만들어 요청 클라이언트에 반환할 수 있다고 가정했다. 그런데 새로운 객체를 만들 수 없거나 브라우저나 다른 서버에서 요청하는 경로가 존재하지 않으면 어떻게 해야 할까?

3.2.4 우아하게 에러 처리하기

기본으로 Warp의 모든 것은 필터라는 점을 기억해야 한다. 필터가 요청을 필터의 정의대로 매핑할 수 없으면 해당 요청은 거부된다. Warp 문서에는 '기본으로 제공된 필터는 대부분 적절한 거부와 함께 요청을 자동으로 거부한다'라고 명시되어 있다. 필터가 여러 개인 경우 각각 거부를 반환할 수 있으므로 다른 필터들이 자신들에게 적합한 요청인지 확인할 수 있다는 점을 명심해야 한다.

체인의 마지막 필터마저 요청을 매핑할 수 없는 경우에는 Warp HTTP 서버는 거부를 요청 클라이언트에 반환하고, 404 에러 코드를 발생시킨다. 때때로 404가 아닌 다른 값으로 실패한 필터를 처리해야 할 수도 있으니 이 점도 알아 두어야 한다. 그림 3-3은 들어오는 요청이 설정된 경로로 필터링되는 방식과 일어날 수 있는 거부가 복구되는 방식을 보여 준다.

따라서 Warp는 이전 필터에서의 모든 거부(함수에서 거부를 반환하는 방법은 코드 3-9에 표시됨)를 선택해 자체적인 메서드로 반복해 처리하는 recover 필터를 제공한다. recover 필터는 다수의 필터 체인 끝에 추가할 수 있다. 코드 3-9는 이에 대한 예제이다.

▼ 그림 3-3 HTTP 요청이 각 필터를 통과할 때 거부될 가능성이 있으면 이러한 거부는 Warp의 recover 메서드에 의해 선택되어 사용자 정의 HTTP 응답으로 보낼 수 있다

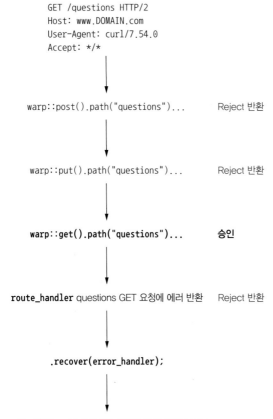

그러나 복구 핸들러에서 사용자 정의 에러를 반환하려면 먼저 세 가지 작업을 수행해야 한다.

1 사용자 정의 에러 타입을 만든다.

2 이 타입에 Warp의 Reject 트레이트를 구현한다.

3 경로 핸들러에서 사용자 정의 타입을 반환한다.

결과 코드는 다음과 같다.

코드 3-8 사용자 정의 에러를 더하고 반환하기

```rust
use warp::{Filter, reject::Reject};

...

#[derive(Debug)]
struct InvalidId;
impl Reject for InvalidId {}

async fn get_questions() -> Result<impl warp::Reply, warp::Rejection> {
    let question = Question::new(
        QuestionId::from_str("1").expect("No id provided"),
        "First Question".to_string(),
        "Content of question".to_string(),
        Some(vec!["faq".to_string()]),
    );

    match question.id.0.parse::<i32>() {
        Err(_) => {
            Err(warp::reject::custom(InvalidId))
        },
        Ok(_) => {
            Ok(warp::reply::json(
                &question
            ))
        }
    }
}
...
```

먼저 에러 타입에 대한 빈 구조체를 만든다. Warp가 이 타입을 사용할 수 있도록 Debug 매크로를 추가하고 방금 생성한 구조체에 Reject를 구현해야 한다. 이렇게 하면 나중에 꽤 깔끔하게 에러를 처리할 수 있다.

메서드 안에서는 question_id(튜플 구조체로 0인 인덱스로 접근할 수 있다)의 문자열을 i32 타입으로 파싱할 수 있는지 확인한다. 이후의 애플리케이션에서는 이렇게 생성된 객체를 더 복잡한 유효성 검사기에 전달하는 것을 상상할 수 있다. 지금은 ID가 유효한 숫자인지 확인하는 것만으로도 충분하다.

&str 타입을 숫자로 파싱할 수 없으면 사용자 정의 에러를 생성하고 Err(warp::reject::custom(InvalidId))로 해당 요청을 거부한다. 이로써 Warp에게 다음 Filter로 가라고 지시한다. 그 다음 recover 필터로 모든 거부를 가져오고 다시 보내야 하는 HTTP 메시지를 확인한다. 다음 코드와 같이 get_items 경로를 수정하고 마지막에 recover 필터를 추가한다.

코드 3-9 경로 필터에서 우리의 에러 필터 사용하기

```
...

#[tokio::main]
async fn main() {
    let get_items = warp::get()
        .and(warp::path("questions"))
        .and(warp::path::end())
        .and_then(get_questions)
        .recover(return_error);

    let routes = get_items;

    warp::serve(routes)
        .run(([127, 0, 0, 1], 3030))
        .await;
}

...
```

이제 return_error 함수 안에서 더 많은 에러를 처리할 수 있다.

```
use warp::{Filter, reject::Reject, Rejection, Reply, http::StatusCode};

...

async fn return_error(r: Rejection) -> Result<impl Reply, Rejection> {
    if let Some(_InvalidId) = r.find::<InvalidId>() {
        Ok(warp::reply::with_status(
            "No valid ID presented",
            StatusCode::UNPROCESSABLE_ENTITY,
        ))
    } else {
        Ok(warp::reply::with_status(
            "Route not found",
            StatusCode::NOT_FOUND,
        ))
    }
}

...
```

r.find로 특정한 거부를 찾을 수 있다. 해당하는 내역을 찾았다면 좀 더 구체적인 HTTP 코드와 메시지로 바꿔 보낼 수 있다. 그렇지 않다면 경로를 찾을 수 없는 상황이므로 기본 404 Not Found HTTP 메시지를 반환한다.

전체 프로세스를 그림 3-4에서 다시 확인한다. warp::serve로 서버를 시작하고 해당 서버로 HTTP 메시지가 들어온다. 프레임워크는 HTTP 메시지를 보고 생성된 모든 경로(필터)를 거치면서 HTTP 요청의 메서드와 경로가 필터와 일치하는지 검사한다. 일치하는 필터가 있다면 이 특정 필터(route_handler)의 엔드포인트에서 호출하는 함수로 라우팅된다. 함수 내에서 warp::Reply 또는 warp::Rejection을 반환하고 .recover에서 에러를 처리한다. 여기에서 요청자에게 사용자 정의의 에러를 반환한다.

cargo run으로 코드를 실행하면 localhost:3030/questions에서 HTTP 요청을 실행할 수 있다 (코드 3-11 참조). Postman과 같은 서드파티 앱을 사용하거나 다른 터미널 창을 열고 curl 명령을 실행한다.

코드 3-11 서버에서 질문을 얻는 curl 요청

```
$ curl http://localhost:3030/questions
```

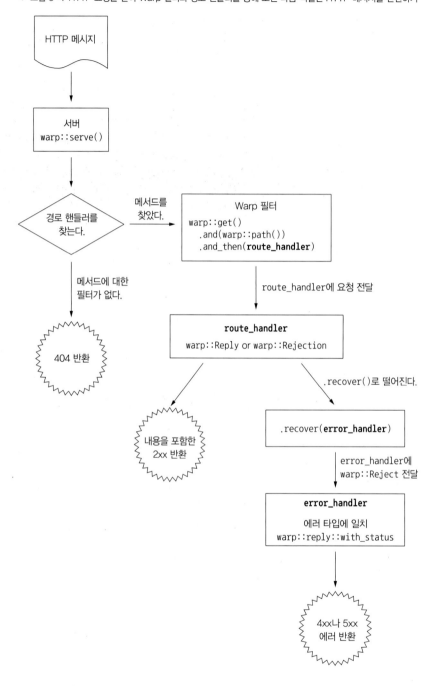

JSON 응답은 다음과 같다.

코드 3-12 서버에서 JSON 응답

```
{ "id":"1","title":"First Question","content":"Content of question","tags":["faq"] }
```

지금까지의 코드를 가지고 더 많은 질문을 구현하고, 코드에 다른 것을 넣어 연습하고, 일부분을 변경할 수 있다. 예를 들어 유효하지 않은 JSON을 반환하거나 다른 성공 또는 에러 코드를 반환할 수 있다.

러스트의 장점은 모든 것에 대한 타입이 엄격하기 때문에 Warp와 같은 라이브러리에서 기능을 찾거나, 반환 객체가 어떤 형식이어야 하는지 이해하고, 리팩터링할 때 실수를 찾아내는 것 같은 모든 것이 간단하게 컴파일러에 의해서 처리된다는 점이다.

나머지 경로 핸들러를 만들고 스레드 간 데이터 공유와 같은 다른 흥미로운 주제를 다루는 4장으로 가기 전에, CORS를 활성화하여 웹 서버 설정을 완료하도록 하자. 이렇게 하면 이 작은 서버를 다른 시스템이나 서버에 배포하고 요청을 실행해 볼 수 있다(자세한 절차는 10장에서 다루겠지만, 지금은 일단 모든 것을 적당하게 설정할 시기라고 본다).

3.3 / CORS 헤더 다루기

더 많은 대중이 사용할 수 있는 API를 개발할 때는 **CORS**(cross-origin resource sharing)에 대해 생각해야 한다. MDN Web Docs의 CORS 항목(http://mng.bz/N5wD) 페이지를 참조하기 바란다. 웹 브라우저에는 도메인 A에서 시작된 요청을 도메인 B에서는 허용하지 않는 보안 메커니즘이 있다. 개발이나 실제 운용 환경에서 웹사이트를 서버에 배포하고 로컬에서 브라우저로, 또는 다른 도메인에서 요청을 보내려고 하면 실패한다.

이런 상황에 대응하기 위해 CORS가 발명되었다. 동일 출처 정책(same-origin policy, http://mng.bz/DDwE)에 대한 제약을 완화해서 브라우저가 다른 도메인에 요청을 할 수 있도록 한다. 이게 어떻게 가능할까? 예를 들자면 HTTP PUT 요청을 바로 보내는 대신 HTTP OPTIONS 요청인 **실행 전(preflight) 요청**을 서버로 보낸다. 그림 3-5는 실행 전 요청과 관련된 내용이다.

▼ 그림 3-5 CORS 워크플로에서 사용자는 브라우저 내에서 POST 요청을 시작하고, 브라우저는 먼저 허용된 도메인(원본), 메서드, 헤더로 응답해야 하는 서버에 대한 실행 전 HTTP OPTIONS 요청을 수행한다

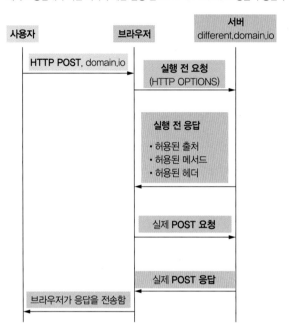

OPTIONS 요청은 요청을 보내도 괜찮을지 서버에 묻고, 서버는 헤더에 허용된 메서드로 응답한다. 브라우저는 허용된 메서드를 읽고 PUT이 포함된 경우에 본문의 실제 데이터로 두 번째 HTTP 요청을 수행한다.

하지만 예외도 있다. CORS 표준은 이전 버전의 서버에는 통용되지 않으므로 다음 헤더를 사용하는 경우에는 실행 전 요청이 없다.

- application/x-www-form-urlencoded
- multipart/form-data
- text/plain

그리고 다음 HTTP 요청에도 쓰이지 않는다.

- HTTP GET
- HTTP POST
- HTTP HEAD

서버에서는 들어오는 모든 요청을 여전히 검증해야 한다. 하지만 이에 더해서 API를 외부에 공개

하려면 HTTP OPTIONS 요청에 대한 응답으로, 서버에서 허용되는 메서드와 응답을 받는 위치를 모두 보내주어야 한다.

이 부분은 대부분 인프라 수준에서 수행된다. 서버 애플리케이션의 규모가 계속 커지면 각 애플리케이션에서 CORS를 구현하는 것이 아니라 API 게이트웨이에서 인프라 전체에 반영해 구현하는 것이 합리적이다.

그러나 애플리케이션의 단일 인스턴스만 실행하고 API를 공개하려는 경우라면 애플리케이션에서 CORS를 처리해야 한다. 다행히도 Warp는 이미 CORS를 기본으로 지원한다.

3.3.1 애플리케이션 레벨에서 CORS 헤더를 반환하기

Warp에서 cors 필터를 사용하고 조정할 수 있다. 예제에서는 모든 출처를 허용하지만, 실제 운영 환경에서는 이렇게 해서는 안 된다. allow_origin 필터(http://mng.bz/lRZy)로 허용하는 출처를 지정할 수 있다.

코드 3-13 정확한 CORS 헤더를 반환할 수 있도록 애플리케이션 준비하기

```
use warp::{Filter, reject::Reject, Rejection, Reply, http::StatusCode, http::Method};
...
#[tokio::main]
async fn main() {
    let cors = warp::cors()
        .allow_any_origin()
        .allow_header("content-type")
        .allow_methods(&[Method::PUT, Method::DELETE, Method::GET, Method::POST
        ]);

    let get_items = warp::get()
        .and(warp::path("questions"))
        .and(warp::path::end())
        .and_then(get_questions);

    let routes = get_items.with(cors).recover(return_error);

    warp::serve(routes)
        .run(([127, 0, 0, 1], 3030))
        .await;
}
```

Warp 프레임워크에서 http::Method를 임포트해 out_allow_methods 배열에 사용한다. CORS 작동 방식에 대한 지식을 바탕으로, 예를 들어 브라우저는 PUT 요청을 가로채서 OPTIONS 요청을 먼저 보낸 후에 다음과 같은 정보를 기대하는 것을 알 수 있다

- 허용된 헤더

- 허용된 방법

- 허용된 출처

3.3.2 CORS 응답 검사

설정에 관련한 부분은 모두 마쳤다. 이제 OPTIONS 요청을 localhost:3030/questions 경로로 보내면서 다른 서버에서 보낸 것처럼 해 보자.

코드 3-14 OPTIONS 요청을 curl을 통해 보내기

```
$ curl -X OPTIONS localhost:3030/questions \
    -H "Access-Control-Request-Method: PUT" \
    -H "Access-Control-Request-Headers: content-type" \
    -H "Origin: https://not-origin.io" -verbose
```

다음과 같은 응답을 받게 된다.

코드 3-15 curl OPTIONS 요청에 대한 응답

```
*   Trying 127.0.0.1:3030...
* Connected to localhost (127.0.0.1) port 3030 (#0)
> OPTIONS /questions HTTP/1.1
> Host: localhost:3030
> User-Agent: curl/8.0.1
> Accept: */*
> Referer: rbose
> Access-Control-Request-Method: PUT
> Access-Control-Request-Headers: content-type
> Origin: http://not-origin.io
>
< HTTP/1.1 200 OK
< access-control-allow-headers: content-type
< access-control-allow-methods: POST, DELETE, GET, PUT
< access-control-allow-origin: http://not-origin.io
```

```
< content-length: 0
< date: Tue, 18 Apr 2023 06:27:00 GMT
<
* Connection #0 to host localhost left intact
```

브라우저는 이 응답을 허용으로 받아들이고 원래 사용자의 PUT 요청을 이어 보낸다. 이제 거부되는 경로도 구현해 보자. 코드에서 헤더 허용 부분을 지우고 println!을 에러 처리 구문에 추가한 후 curl을 다시 실행해 보자.

코드 3-16 CORS가 실패할 때 받는 에러 타입을 디버깅하기

```
...
async fn return_error(r: Rejection) -> Result<impl Reply, Rejection> {
    println!("{:?}", r);
    if let Some(InvalidId) = r.find() {
        Ok(warp::reply::with_status(
            "No valid ID presented",
            StatusCode::UNPROCESSABLE_ENTITY,
        ))
    } else {
        Ok(warp::reply::with_status(
            "Route not found",
            StatusCode::NOT_FOUND,
        ))
    }
    ...
}
...
#[tokio::main]
async fn main() {
    let cors = warp::cors()
        .allow_any_origin()
        .allow_header("not-in-the-request")
        .allow_methods(
            &[Method::PUT, Method::DELETE, Method::GET, Method::POST]
        );
    ...
    let get_items = warp::get()
        .and(warp::path("questions"))
        .and(warp::path::end())
        .and_then(get_questions);
```

```
    let routes = get_items.with(cors).recover(return_error);
}
```

해당 러스트 코드를 실행하는 쪽에서는 다음과 같은 에러가 콘솔에 출력된다.[1]

코드 3-17 서버에서 보이는 curl 요청의 에러 응답

```
Finished dev [unoptimized + debuginfo] target(s) in 8.63s
    Running target/debug/practical-rust-book
Rejection(CorsForbidden(HeaderNotAllowed))
```

curl 요청에 대한 응답은 다음과 같다.

코드 3-18 서버에 요청을 하는 쪽에서 얻는 curl 에러 응답

```
$ curl -X OPTIONS localhost:3030/questions \
    -H "Access-Control-Request-Method: PUT" \
    -H "Access-Control-Request-Headers: content-type" \
    -H "Origin: https://not-origin.io" -verbose

*    Trying 127.0.0.1:3030...
* Connected to localhost (127.0.0.1) port 3030 (#0)
> OPTIONS /questions HTTP/1.1
> Host: localhost:3030
> User-Agent: curl/8.0.1
> Accept: */*
> Referer: rbose
> Access-Control-Request-Method: PUT
> Access-Control-Request-Headers: content-type
> Origin: http://not-origin.io
>
< HTTP/1.1 404 Not Found
< content-type: text/plain; charset=utf-8
< content-length: 15
< date: Fri, 19 May 2023 00:28:19 GMT
<
* Connection #0 to host localhost left intact
Route not found
```

---

1 **역주** 원서 코드에서는 cors 에러를 recover로 처리하지 못하는 순서여서, 여기에서는 cors 에러에 대해 recover를 하도록 코드 순서를 변경했다.

이는 서버에서 Access-Control-Request-Headers: content-type 헤더를 받는 cors가 구성되지 않아 발생한다. 현재 OPTIONS 요청을 거부하는 경우의 에러 상황을 처리하지 않으므로 return_error 핸들러에서 기본적으로 404 Not Found 메시지를 사용한다.[2] Warp에는 CorsForbidden 거부 타입이 포함되어 있으므로 에러 핸들러에서 임포트하여 사용한다.

코드 3-19 CORS가 허용되지 않을 때 의미 있는 에러를 추가하기

```
use warp::{Filter, reject::Reject, Rejection, Reply, http::StatusCode, http::Method,
filters::{
        cors::CorsForbidden,
    }
};

...

async fn return_error(r: Rejection) -> Result<impl Reply, Rejection> {
    if let Some(error) = r.find::<CorsForbidden>() {
        Ok(warp::reply::with_status(
            error.to_string(),
            StatusCode::FORBIDDEN,
        ))
    } else if let Some(InvalidId) = r.find() {
        Ok(warp::reply::with_status(
            "No valid ID presented".to_string(),
            StatusCode::UNPROCESSABLE_ENTITY,
        ))
    } else {
        Ok(warp::reply::with_status(
            "Route not found".to_string(),
            StatusCode::NOT_FOUND,
        ))
    }
}
...
```

이제 curl은 제대로 된 에러 메시지를 반환한다.[3]

---

2 **역주** 이 부분도 cors와 recover 순서를 재조정함으로써 해결되었다. 원서의 깃허브 코드는 여전히 동일한 문제가 발생한다.

3 **역주** 원서 코드에서 cors와 recover_error 순서를 routes에 맞춰 변경해 주는 것으로 해당 이슈를 처리했다.

```
$ curl -X OPTIONS localhost:3030/questions \
    -H "Access-Control-Request-Method: PUT" \
    -H "Access-Control-Request-Headers: content-type" \
    -H "Origin: https://not-origin.io"

CORS request forbidden: header not allowed
```

content-type 헤더를 원래대로 되돌려 놓은 후 코드를 다시 실행하면 정상적인 결과를 볼 수 있다.

3.4 요약

RUST WEB DEVELOPMENT

- 선택한 라이브러리에서 어떤 스택을 다루는지 이해하는 것이 중요하다.

- 일반적으로 선택한 웹 프레임워크의 비동기 작업 방식을 지원하려면 런타임을 포함해야 한다.

- 모든 웹 프레임워크는 적절한 HTTP 메시지를 반환하는 웹 서버와 타입을 함께 제공한다.

- 선택한 프레임워크가 가지고 있는 철학을 이해하고 몇 가지 사용 사례와 이러한 철학을 바탕으로 구현하는 방법을 생각해 본다.

- 처음에는 문제없이 성공하는 작은 경로에서 시작하고, 보통 특정한 자원에 대한 GET 요청으로 시작한다.

- Serde 라이브러리를 사용해 생성한 구조체를 직렬화 및 역직렬화한다.

- 먼저 실패하는 경로 등의 방식을 고려한 후 사용자 정의 에러 처리를 구현한다.

- 브라우저에서 HTTP 요청이 들어오고 서버가 배포된 도메인과 다른 도메인에서 시작하는 경우, CORS 워크플로의 일부인 OPTIONS 요청을 처리해야 한다.

- Warp 프레임워크에는 요청에 적절하게 응답할 수 있는 cors 필터가 내장되어 있다.

4장

Restful API 구현하기

이 장에서 다룰 핵심 내용

- 애플리케이션에 인메모리 스토리지 추가하기
- 경로 핸들러에 상태 전달하기
- 스레드 간 인메모리 스토리지에서 읽기
- 스레드 안전한 방식으로 인메모리 스토리지 업데이트하기
- JSON과 url-form에서 데이터 파싱하기
- 쿼리 매개변수에서 정보 추출하기
- 애플리케이션에 사용자 정의 에러 추가하기

이전 장에서 Q&A 웹 서비스를 구축하기 시작했다. 첫 번째 사용자 정의 타입인 Question과 QuestionId를 만들었고, 에러가 발생하면 해당 에러 정보를 가공해 사용자에게 반환하는 작업을 했다. 지금까지 /questions에 대한 GET 경로를 구현했으며 다른 경로나 메서드가 요청되면 404를 반환했다. 이 장에서는 기능을 확장하여 빠진 부분을 구현할 것이다. 책의 코드는 깃허브 저장소를 참조하기 바란다.

누락된 모든 HTTP 메서드(POST, PUT, DELETE)를 추가하고 답변을 위한 Answer 타입도 추가할 것이다. 이 장에서 구현할 엔드포인트의 개요를 그림 4-1에 실었다.

▼ 그림 4-1 3장에서 질문에 대한 GET 경로를 구현했다. 이 장에서는 POST, PUT, DELETE, POST를 사용한 코멘트 작성 부분을 다룬다

```
API routes
GET     /questions (empty body; return JSON)
POST    /questions (JSON body; return HTTP status code)
PUT     /questions/:questionId (JSON body, return HTTP status code)
DELETE  /questions/:questionId (empty body; return HTTP status code)
POST    /answers  (www-url-encoded body; return HTTP status code)
```

인메모리 스토리지를 추가할 것이며 책의 뒷부분에서 실제 데이터베이스로 대체할 것이다. 2장에서 간단한 비동기 설정을 설명하고, 다른 스레드로 TCP 연결을 처리하는 런타임에 대해 이야기했다.

해당 개념을 이용해 다중 스레드 간에 데이터를 공유해야 한다. 스레드에서 안전한 방식으로 애플리케이션에 데이터를 전달하는 방법을 살펴보자.

모든 API가 REST 모델을 따라 구현되지는 않지만, 코드를 작성하면서 직면하게 될 문제는 어느 디자인 패턴에서든 유사하다. 그러니 자신의 애플리케이션에서 다른 방법으로 HTTP 요청을 수신하고 응답하더라도 이 장에서의 지식은 여전히 매우 유용할 것이다.

구상 상태 전송(Representational State Transfer, REST)

RESTful 서비스(로이 필딩(Roy Fielding)이 2000년에 도입했다.)[1]를 설계할 때는 제공하는 데이터에 접근하고 수정하는 데 상태 비저장(stateless) 방식을 사용한다. RESTful API는 보통 리소스별로 그룹화된 HTTP 엔드포인트로 GET, UPDATE, CREATE, DELETE하는 방법이다.

예를 들어 질문을 관리하는 경우, HTTP GET 요청을 사용해 질문 목록을 가져오고 ID를 전달하면 질문 하나에만 접근할 수 있다. UPDATE(HTTP PATCH 또는 HTTP PUT 사용), CREATE(HTTP POST 사용), DELETE(HTTP DELETE 사용)도 마찬가지다.

이렇게 하면 사용자에게 제공하는 API의 표현대로 데이터베이스 내부의 데이터 모델을 추상화할 수 있다. 심지어 데이터베이스의 모델 없이도 요청하는 사용자의 정보를 즉시 수집해 이를 전달할 수도 있다.

이 장에서의 모든 요청과 응답은 프레임워크의 도움으로 이루어지므로 웹 프레임워크에 많이 의존한다. 그러나 그 외는 웹 프레임워크에 의존하지 않는 순수한 러스트 코드이다. 이 장에서는 코드베이스를 점진적으로 개선해 나아갈 것이다. 4.1.3절까지 진행된 코드는 깃허브 저장소에서 확인할 수 있다.

4.1 인메모리 스토리지에서 질문 가져오기

API를 정의할 때 부담스럽게 실제 데이터베이스로 시작하는 것보다는 해시 맵이나 배열로 시작하는 것이 항상 현명하다. 데이터베이스를 매번 마이그레이션하지 않고도 개발 단계에서 데이터 모델을 신속하게 변경할 수 있기 때문이다.

또 다른 이유는 **인메모리 데이터베이스**(애플리케이션 시작할 때마다 초기화되는 캐시 구조)를 쓰면 지속적으로 모의 서버로 테스트할 수 있기 때문이다. JSON 파일의 데이터 집합을 파싱해서 벡터와 같은 로컬 구조로 읽을 수 있다. 이전 장에서는 HTTP GET 요청에 대한 예제 질문을 반환했다.

코드 4-1 GET /questions 경로 핸들러

```
...
async fn get_questions() -> Result<impl Reply, Rejection> {
    let question = Question::new(
        QuestionId::from_str("1").expect("No id provided"),
        "First Question".to_string(),
        "Content of question".to_string(),
        Some(vec!["faq".to_string()]),
    );

    match question.id.0.parse::<i32>() {
        Err(_) => {
            Err(warp::reject::custom(InvalidId))
        },
        Ok(_) => {
            Ok(warp::reply::json(
                &question
```

---

1 역주 https://www.ics.uci.edu/~fielding/pubs/dissertation/rest_arch_style.htm

```
            ))
        }
    }
}
...
```

질문 하나를 생성해서 반환하는 대신 이 장의 뒷부분에서 질문을 반환하고 제거하고 변경하고 추가하는 데 쓰일 질문 저장소를 만들어 보겠다.

4.1.1 모의 데이터베이스 설정하기

보통 인메모리 저장소를 만들려면 객체 배열을 만들어서 store라는 변수에 할당하는 방식을 쓴다. 질문뿐만 아니라 사용자, 답변 등을 저장하는 더 복잡한 저장소 구조도 같은 방식으로 만들 수 있다. 배열 대신 해시 맵을 이용하면 ID로 질문에 직접 접근할 수 있어 특정한 질문을 찾을 때마다 모든 질문 목록을 순차적으로 찾아보지 않아도 된다.

코드 4-2 질문에 대한 로컬 저장소를 만들기

```
use std::collections::HashMap;
...
struct Store {
    questions: HashMap<QuestionId, Question>,
}
...
```

러스트 문서에는 HashMap에서 호출할 수 있는 메서드가 잘 정리되어 있다. 예를 들어 insert를 사용하면 맵에 새로운 항목을 추가할 수 있다. 그러므로 다음 세 가지 메서드로 저장소를 구현해 보자.

- new
- init
- add_question

new를 이용해 값에 접근하고 전달할 수 있는 새로운 저장소 객체를 만들고, init 메서드를 이용해 로컬 JSON 파일이나 코드로 예시 질문으로 초기화하고, 이후에 더 많은 질문을 추가하기 위해 add_question 메서드를 사용한다.

이전 장에서 러스트에는 생성자를 생성하는 표준화된 방법이 없다고 배웠다. 따라서 new 키워드를 사용하여 새로운 Store를 만들고 반환한다.

코드 4-3 저장소에 생성자 추가하기

```rust
use std::collections::HashMap;
...
impl Store {
    fn new() -> Self {
        Store {
            questions: HashMap::new(),
        }
    }
}
...
```

HashMap은 러스트 prelude[2]에 포함되지 않는다. 따라서 표준 라이브러리에서 따로 임포트해야 한다. 해시 맵에 질문을 추가하려면 insert 메서드를 사용해야 한다. 그리고 impl Store 블록 내부에 store.add_question(&question)을 추가해 모든 새로운 저장소 객체에서 사용할 수 있도록 한다.

코드 4-4 질문을 추가하는 메서드를 저장소에 추가하기

```rust
...
impl Store {
    ...

    fn add_question(mut self, question: Question) -> Self {
        self.questions.insert(question.id.clone(), question);
        self
    }
}
...
```

매개변수로 질문 항목과 mut self를 전달한다(mut를 사용해야 질문을 추가하여 self를 변경할 수 있음). 반환 값은 Self이며, 이 경우 Store를 의미한다.

HashMap 메서드인 insert를 써서 본문에 질문을 추가한다. 해시 맵은 첫 번째 인수(question의

---

2 역주 라이브러리, 모듈, 크레이트를 가져올 때 기본으로 포함시켜야 할 항목을 모아 놓은 모듈이다.

id를 삽입하는 데 사용)에 문자열을 받고, 두 번째 인수에 질문 내용을 받는다. 반환 값은 업데이트된 questions 해시 맵을 가지는 Store 구조를 생성해 반환한다.

id의 부분적인 소유권과 question의 전체 소유권을 store에 넘겨야 하기 때문에 id를 복제했다. clone을 제거하면 다음 같은 에러가 발생한다.

```
error[E0382]: use of partially moved value: `question`
    --> src/main.rs:38:44
     |
38   |          self.questions.insert(question.id, question);
     |                                -----------  ^^^^^^^^ value used here after
partial move
     |                                     |
     |                                     value partially moved here
     |
     = note: partial move occurs because `question.id` has type `QuestionId`, which
does not implement the `Copy` trait

For more information about this error, try rustc --explain E0382.
```

저장 기능이 추가된 코드를 실행하면 컴파일러 에러가 하나 발생한다. 전체 에러 메시지를 계속 읽어 보면 insert 메서드가 **트레이트 바운드**(trait bounds)를 만족하지 않는다고 알려준다. 또한, QuestionId 구조체에 구현해야 하는 트레이트 목록도 알려준다.

```
error[E0599]: the method `insert` exists for struct `HashMap<QuestionId, Question>`,
but its trait bounds were not satisfied
    --> src/main.rs:23:24
     |
23   |          self.questions.insert(question.id.clone(), question);
     |                                 ^^^^^^
...
37   | struct QuestionId(String);
     | ----------------
     | |
     | doesn't satisfy `QuestionId: Eq`
     | doesn't satisfy `QuestionId: Hash`
     | doesn't satisfy `QuestionId: PartialEq`
     |
     = note: the following trait bounds were not satisfied:
         `QuestionId: Eq`
         `QuestionId: PartialEq`
         which is required by `QuestionId: Eq`
```

```
        `QuestionId: Hash`
help: consider annotating `QuestionId` with `#[derive(Eq, Hash, PartialEq)]`
   |
37 | #[derive(Eq, Hash, PartialEq)]
   |

For more information about this error, try `rustc --explain E0599`.
error: could not compile `warp_server` due to previous error
```

일단 에러를 수정한 다음 처음에 에러가 발생한 이유를 알아보기로 하자. 다음과 같이 Eq, Hash를 derive 매크로에 추가한다.

코드 4-5 derive 매크로에 비교 트레이트 구현하기

```
#[derive(Serialize, Debug, Clone, Eq, Hash)]
struct QuestionId(String);
...
```

그러나 러스트 컴파일러는 여전히 에러를 낸다. 두 트레이트를 추가하면 새로운 에러 메시지가 나온다.

```
error[E0277]: can't compare `QuestionId` with `QuestionId`
  --> src/main.rs:14:35
   |
14 | #[derive(Serialize, Debug, Clone, Eq, Hash)]
   |                                   ^^ no implementation
   |                                      for `QuestionId == QuestionId`
   |
   ::: /Users/bgruber/.rustup/toolchains/
       stable-x86_64-apple-darwin/lib/rustlib/src/
       rust/library/core/src/cmp.rs:264:15
   |
264 | pub trait Eq: PartialEq<Self> {
   |               -------------- required by this bound in `Eq`
   |
   = help: the trait PartialEq is not implemented for `QuestionId`
   = note: this error originates in a derive macro
       (in Nightly builds, run with -Z macro-backtrace for more info)

error: aborting due to previous error
```

이제 컴파일러는 QuestionId에 Eq 구현이 없다고 하면서 동시에 PartialEq도 설명해 준다. 러스

트로 개발한 경험이 쌓인 후라면 이러한 에러가 지금처럼 낯설지는 않을 것이며, 컴파일러가 제안하는 트레이트를 추가하면 문제 대부분이 해결된다는 것을 알 것이다. 나중에 에러 메시지에 대해 더 많이 질문하고, 무언가를 추가해야 하는 이유와 시기도 알게 될 것이다. 지금은 제안된 트레이트를 추가한다.

코드 4-6 QuestionId 구조체에 PartialEq 트레이트 추가하기

```
#[derive(Serialize, Debug, Clone, Eq, Hash, PartialEq)]
struct QuestionId(String);
...
```

다음으로 넘어가기 전에, 먼저 이 세 가지 트레이트가 필요한 이유를 알아보자. QuestionId를 해시 맵의 인덱스로 사용하려고 하면 되지 않는다. 우리가 만든 사용자 정의 구조체에 PartialEq, Eq, Hash를 파생(derive)시켜야 한다. 인덱스로 값을 가져올 때 해시 맵은 사용 가능한 모든 인덱스(키)를 내부에서 비교하여 요청한 인덱스를 찾아야 한다. 따라서 전달한 키와 해시 맵 내부의 키 각각의 해시 값을 이용해 비교한다.

HashMap의 키/인덱스로 사용되는 모든 객체는 Eq, PartialEq, Hash 트레이트가 필요하다. 우리의 경우, 키/인덱스(QuestionId)는 String 타입이고 이미 세 가지 트레이트를 구현하고 있으므로 QuestionId 선언에서 derive로 선언하기만 하면 된다. 컴파일러에서 나온 모든 에러를 수정했으니 cargo run을 실행해 서버를 다시 실행하면 /questions 경로로 결과를 보내줄 것이다.

4.1.2 테스트 데이터를 준비하기

다음으로 init 메서드를 호출하면 코드 내에 직접 작성한 값을 넣거나 JSON 파일을 파싱해 결과를 만들어 놓은 로컬 데이터베이스 구조에 넣는다. 이 메서드를 기존에 작성한 impl 블록에 추가한다.

코드 4-7 init 메서드를 Store에 추가하고 예제 질문 추가하기

```
....
impl Store {
    ...
    fn init(self) -> Self {
        let question = Question::new(
            QuestionId::from_str("1").expect("Id not set"),
            "How?".to_string(),
```

```
            "Please help!".to_string(),
            Some(vec!["general".to_string()]),
        );
        self.add_question(question)
    }

    fn add_question(mut self, question: Question) -> Self {
        ...
    }
}
...
```

self 매개변수로 이전 데이터베이스 객체에 추가한 내부 add_question 메서드를 호출할 수 있다.
여기에서는 question만 전달하면 된다. add_question 메서드에서 사용하는 self 매개변수는 전
체 컨텍스트에서 자동으로 가져오기 때문이다.

넣어야 할 데이터를 직접 코드에 넣어 지저분하게 만드는 것보다 JSON 파일을 읽어 질문을 초기
화하는 편이 더 쉽다. 이렇게 하면 나중에 질문을 추가하고 변경할 때 더 편리하다.

이를 위해 프로젝트의 루트 폴더(Cargo.toml 파일이 있는 곳)에 questions.json 파일을 만든다.
파일 구조와 내용은 다음과 같다.

코드 4-8 예제 질문을 넣은 questions.json 파일 만들기

```json
{
    "1" : {
        "id": "1",
        "title": "How?",
        "content": "Please help!",
        "tags": ["general"]
    }
}
```

애플리케이션으로 데이터를 읽으려면 3장에서 소개한 Serde 라이브러리를 사용해야 한다. 다만,
이번에는 Serde JSON을 사용할 것이다. Serde JSON 라이브러리를 사용하면 JSON 파일을 파
싱해 올바른 구조로 자동 파싱할 수 있다. Cargo.toml 파일에 종속성을 추가한다.

코드 4-9 Serde JSON 라이브러리 추가하기

```toml
[dependencies]
serde = { version = "1.0", features = ["derive"] }
```

```
warp = "0.3"
tokio = { version = "1.2", features = ["full"] }
serde_json = "1.0"
```

이제 코드를 상당히 단순화할 수 있다. 수동으로 질문을 추가하는 대신 파일에서 파싱해 한 번에 저장소를 초기화한다. Store에 새로운 impl 블록은 다음과 같다.

코드 4-10 JSON 파일에서 질문을 읽어 저장소에 넣기

```
use serde::{Serialize, Deserialize};
...
impl Store {
    fn new() -> Self {
        Store {
            questions: Self::init(),
        }
    }

    fn init() -> HashMap<QuestionId, Question> {
        let file = include_str!("../questions.json");
        serde_json::from_str(file).expect("can't read questions.json")
    }

    fn add_question(mut self, question: Question) -> Self {
        self.questions.insert(question.id.clone(), question);
        self
    }

}

#[derive(Serialize, Debug, Deserialize)]
struct Question {
    id: QuestionId,
    title: String,
    content: String,
    tags: Option<Vec<String>>,
}

#[derive(Serialize, Debug, Clone, PartialEq, Eq, Hash, Deserialize)]
struct QuestionId(String);
...
```

Store 구현에서 add_question을 제거하고 새로운 생성자에서 바로 init를 호출한다. init 안에서 반환 값을 Self에서 HashMap으로 바꾼다. init 메서드의 반환 값을 Store의 questions 속성에 직접 할당한다.

또한, Serde의 Deserialize 트레이트를 Question, QuestionId 구조체에 derive로 구현해야 한다. JSON 파일에서 질문을 읽어야 하기 때문에 러스트가 JSON을 역직렬화하는 방법과 이를 질문 객체로 구성하는 방법을 알고 있어야 한다. 다음 단계에서 스토리지를 설정하고 경로 핸들러로 저장소에서 읽는 방법을 다룰 것이다.

4.1.3 가짜 데이터베이스에서 읽어 들이기

러스트 애플리케이션의 시작점은 main 함수이다. 여기에서 다른 작업보다 먼저 스토리지를 설정할 수 있다. 이전 절에서 스토리지를 새로 만든 덕분에 실제 설정하는 작업은 간단해졌다. 우리가 해야 할 일은 Store 구조체에서 new를 호출하여 새로운 스토리지를 반환 받고, 이를 새로운 변수에 할당하는 것이다.

코드 4-11 서버 시작 전에 저장소의 새 인스턴스 생성하기

```
#[tokio::main]
async fn main() {
    let store = Store::new();
    ...
}
```

이제 새로 생성된 객체를 경로 핸들러에 전달해야 한다. 여기서 우리는 Warp 프레임워크의 방식을 따라야 한다. 앞서 필터의 개념을 알아보았는데, 바로 우리가 이것을 만들어야 한다. 각 HTTP 요청은 우리가 설정한 필터로 실행되며 그 과정에서 데이터가 추가되거나 수정된다. Warp로 상태를 처리하려면 저장소를 갖는 필터를 만들고 접근하려는 각 경로에 전달해야 한다.

코드 4-12 저장소 필터를 만들어 경로에 전달하기

```
...
#[derive(Clone)]
struct Store {
    questions: HashMap<QuestionId, Question>,
}
```

```
...
#[tokio::main]
async fn main() {
    let store = Store::new();
    let store_filter = warp::any().map(move || store.clone());
    ...
    warp::serve(routes)
        .run(([127, 0, 0, 1], 3030))
        .await;
}
...
```

추가된 코드의 의미는 다음과 같다.

- warp::any를 사용하면 any 필터에 별도의 제약이 없으므로 모든 요청과 일치하여 모든 요청을 실행한다.
- .map을 사용하면 필터에서 map을 호출하여 받는 함수에 값을 전달한다.
- map 내부에서는 러스트 클로저를 사용한다. move 키워드는 **값으로 가로챔**(capture by value)을 나타낸다. 즉, 값을 클로저로 이동시켜 소유권을 가져온다.
- Warp 필터가 적용되는 모든 함수가 저장소를 사용할 수 있도록 저장소의 복제본을 반환한다. 지금은 경로가 하나뿐이어서 복제할 필요까지는 없다. 그러나 이 다음에 경로 핸들러를 여러 개 만들고 이들 모두가 저장소에 접근해야 하므로 복제해야 한다.

이제 경로 핸들러에 필터를 적용한다.

코드 4-13 /questions 경로와 경로 핸들러에 저장소 추가하기

```
...
#[tokio::main]
async fn main() {
    let store = Store::new();
    let store_filter = warp::any().map(move || store.clone());
    ...
    let get_questions = warp::get()
        .and(warp::path("questions"))
        .and(warp::path::end())
        .and(store_filter)
        .and_then(get_questions)
        .recover(return_error);
```

116

```
    let routes = get_questions.with(cors);

    warp::serve(routes).run(([127, 0, 0, 1], 3030)).await;
}
...
```

.and(store_filter)로 필터를 필터 체인에 연결한다. Warp 프레임워크는 이제 저장소 객체를 경로 핸들러에 추가할 것이다. 즉, get_questions 함수는 매개변수 하나를 받게 된다. 그리고 이제 설정된 질문을 반환하는 대신 저장소에서 읽는다.

이 변경으로 테스트용으로 넣었던 질문을 만드는 코드를 삭제할 수 있고, Question의 impl 블록과 에러 처리도 삭제할 수 있다. 삭제된 코드는 취소선으로 표시했다.

코드 4-14 get_questions 경로 핸들러로 저장소에서 질문 읽기

```
use std::str::FromStr;
use std::io::{Error, ErrorKind};
...
// Clone 트레이트를 추가해서
// get_questions 함수에서 사용
#[derive(Deserialize, Serialize, Debug, Clone)]
struct Question {
    id: QuestionId,
    title: String,
    content: String,
    tags: Option<Vec<String>>,
}

impl Question {
    fn new(
        id: QuestionId,
        title: String,
        content: String,
        tags: Option<Vec<String>>
    ) -> Self {
        Question {
            id,
            title,
            content,
            tags,
        }
```

```rust
        }
    }
    ...
    #[derive(Debug)]
    struct InvalidId;
    impl Reject for InvalidId {}

    impl FromStr for QuestionId {
        type Err = std::io::Error;

        fn from_str(id: &str) -> Result<Self, Self::Err> {
            match id.is_empty() {
                false => Ok(QuestionId(id.to_string())),
                true => Err(Error::new(ErrorKind::InvalidInput, "No id pro- vided")),
            }
        }
    }

    async fn get_questions(store: Store) -> Result<impl Reply, Rejection> {
        let question = Question::new(
            QuestionId::from_str("1").expect("No id provided"),
            "First Question".to_string(),
            "Content of question".to_string(),
            Some(vec!["faq".to_string()]),
        );

        match question.id.0.parse::<i32>() {
            Err(_) => {
                Err(warp::reject::custom(InvalidId))
            }
            Ok(_) => {
                Ok(warp::reply::json(
                    &question
                ))
            }
        }

        let res: Vec<Question> = store.questions.values().cloned().collect();
        Ok(warp::reply::json(&res))
    }

    async fn return_error(r: Rejection) -> Result<impl Reply, Rejection> {
        if let Some(error) = r.find::<CorsForbidden>() {
```

```
        Ok(warp::reply::with_status(
            error.to_string(),
            StatusCode::FORBIDDEN,
        ))
    } else if let Some(InvalidId) = r.find() {
        Ok(warp::reply::with_status(
            "No valid ID presented".to_string(),
            StatusCode::UNPROCESSABLE_ENTITY,
        ))
    } else {
        Ok(warp::reply::with_status(
            "Route not found".to_string(),
            StatusCode::NOT_FOUND,
        ))
    }
}
...
```

여전히 이 경로에서 현재 가지고 있는 모든 질문 목록을 반환하고 싶다. 따라서 HashMap의 values 메서드를 사용하여 해시 맵의 키(QuestionId)는 빼고 해시 맵의 값(Question) 전부를 복제해야 한다. 다음 메서드인 collect를 사용하려면 단순한 참조가 아닌, 값의 소유권을 가져야 하므로 값을 복제해야 한다.

4.1.4 쿼리 매개변수 파싱하기

쿼리 매개변수로 해당 경로에 좀 더 많은 명세(specification)를 추가할 수 있다. 예를 들어 해당 플랫폼에 있는 모든 질문을 요청할 때 반환 받을 값의 수를 제한할 수 있다. 이런 경우, 다음과 같이 HTTP GET을 호출한다.

```
localhost:3030/questions?start=1&end=200
```

이는 클라이언트 또는 요청하는 쪽에서 처음 질문 200개를 요청하는 것이다. 첫 번째 질문 집합을 출력한 후에 사용자가 아래로 스크롤하면 다음 집합을 출력할 때는 다음과 같이 요청할 것이다.

```
localhost:3030/questions?start=201&end=400
```

매개변수를 추가한 경우라면 반드시 애플리케이션에서 확인해야 한다. 새 경로를 추가할 필요는 없고 필터만 추가한다.

```
...
#[tokio::main]
async fn main() {
    let store = Store::new();
    let store_filter = warp::any().map(move || store.clone());
...
    let get_questions = warp::get()
        .and(warp::path("questions"))
        .and(warp::path::end())
        .and(warp::query())
        .and(store_filter)
        .and_then(get_questions);
        .recover(return_error);
...
}
...
```

여기에서 컴파일러와 싸우는 대신 함께 작업하는 법을 배워 보자. 필터를 추가하면 다음과 같은
에러가 발생한다.

```
error[E0593]: function is expected to take 2 arguments,
but it takes 1 argument
    --> src/main.rs:147:19
    |
79  | async fn get_questions( store: Store) ->
    |     Result<impl warp::Reply, warp::Rejection> {
    | ----------------------------------- takes 1 argument
...
147 |         .and_then(get_questions);
    |                   ^^^^^^^^^^^^^ expected function
    |                                 that takes 2 arguments
    |
    = note: required because of the requirements
        on the impl of `warp::generic::Func<(_, Store)>` for
        `fn(Store) -> impl Future {get_questions}`
```

컴파일러는 expected function that takes 2 arguments가 있는 줄에서 Warp가 get_questions 함
수를 호출할 때 추가 매개변수가 있어야 한다고 알려준다. 필터 체인(코드 4-15)에 warp::query
를 추가하여 마지막 and_then에서 호출하는 함수에 해시 맵을 매개변수로 추가한다.

warp::path::end 뒤에 and를 query 필터와 함께 추가하고 그 뒤에 store_filter를 추가한다. get_questions에 매개변수를 추가할 때는 필터의 순서를 따라야 한다.

코드 4-16 쿼리 매개변수 HashMap을 경로 핸들러에 추가하기

```
...
async fn get_questions(
    params: HashMap<String, String>,
    store: Store
) -> Result<impl warp::Reply, warp::Rejection> {
    let res: Vec<Question> = store.questions.values().cloned().collect();
    Ok(warp::reply::json(&res))
}
...
```

이제 코드가 컴파일되고 실행될 것이다. HTTP 요청에 무엇이 있는지 콘솔에 출력하여 새로운 매개변수를 어떻게 처리하면 좋을지 알아보자.

코드 4-17 구조를 알아보기 위해 매개변수 디버깅하기

```
...
async fn get_questions(
    params: HashMap<String, String>,
    store: Store
) -> Result<impl warp::Reply, warp::Rejection> {
    println!("{:?}", params);
    let res: Vec<Question> = store.questions.values().cloned().collect();

    Ok(warp::reply::json(&res))
}
...
```

println! 매크로에 {} 대신 {:?}를 넣었다. 이는 HashMap은 복잡한 데이터 구조이기 때문에 컴파일러에 Display 대신 Debug 양식을 사용하도록 하기 위해서다. HTTP GET 요청을 다음과 같이 보낸다.

```
$ curl "http://localhost:3030/questions?start=1&end=200"
```

그러면 다음과 같은 결과가 콘솔에 출력된다(println! 부분은 음영으로 표시했다).

```
Finished dev [unoptimized + debuginfo] target(s) in 4.33s
     Running target/debug/practical-rust-book
{"end": "100", "start": "1"}
```

해시 맵의 키와 값이 모두 문자열이다. 지금 상태로 처리해도 문제는 없다. 언젠가는 이런 형태의
값을 사용해야 할 수도 있겠지만, 지금은 문자열 대신 숫자 값이 필요하다. 다행히 러스트에는 파
싱하는 방법이 있다. 단계별로 살펴보자.

1 매개변수의 HashMap에 원하는 값이 있는지 확인한다.

2 값이 들어 있다면 start 키에 대응하는 String 값을 숫자로 파싱한다.

3 실패하면 에러를 반환한다.

match를 사용하면 해시 맵에 필요한 값이 있는지 확인할 수 있다.

코드 4-18 매개변수에 값이 들어 있는지 패턴 검사하기

```
...
async fn get_questions(
    params: HashMap<String, String>,
    store: Store
) -> Result<impl warp::Reply, warp::Rejection> {

    match params.get("start") {
        Some(start) => println!("{}", start),
        None => println!("No start value"),
    }
    println!("{:?}", params);


    ...
}
...
```

패턴 검사의 결과가 None이라면 콘솔에 No start value를 출력한다. 잘 살펴보면 None 관련 부
분을 완전히 없애고, 해시 맵에 start라는 매개변수가 있을 때만 무언가를 하면 된다. 러스트에는
이런 경우 다음처럼 match 표현식의 가지(arm)로 더 짧은 형식을 쓸 수 있다.

코드 4-19 start를 출력하여 구조 알아보기

```
async fn get_questions(
    params: HashMap<String, String>,
    store: Store,
```

```
    ) -> Result<impl warp::Reply, warp::Rejection> {

        if let Some(n) = params.get("start") {
            println!("{}", n);
        }
        match params.get("start") {
            Some(start) => println!("{}", start),
            None => println!("No start value"),
        }
        ...
    }
    ...
```

짧은 버전을 풀어 쓰면 다음과 같다. HashMap에 start 키에 대한 Some 값이 있으면 Some으로 값을 추출하고 변수 n을 만든다. HashMap에 start 키가 없으면 if는 실패하고 컴파일러는 다음 행으로 넘어간다.

다음 단계는 들어 있는 문자열을 숫자로 파싱하고 어떤 이유로든 실패하면 바로 되돌아가는 것이다. HashMap::get 함수는 Option<&String>을 반환하므로 (값이 있는 경우) 문자열에 대한 참조를 얻는다. 이 타입에는 사용할 수 있는 parse 메서드가 있다. 해당 메서드를 호출할 때는 예상되는 타입을 지정해야 한다. 다음 예제를 살펴보자.

코드 4-20 start 매개변수를 usize 타입으로 파싱하기

```
...
async fn get_questions(
    params: HashMap<String, String>,
    store: Store,
) -> Result<impl warp::Reply, warp::Rejection> {

    if let Some(n) = params.get("start") {
        println!("{:?}", n.parse::<usize>());
    }
    ...
}
...
```

parse 메서드는 Result를 반환하므로 Debug({:?})로 다시 전환하는 것이다. 콘솔에 결과를 출력하는 대신 에러 처리를 추가하고 시작 값을 할당한다.

```
...
async fn get_questions(
    params: HashMap<String, String>,
    store: Store,
) -> Result<impl warp::Reply, warp::Rejection> {

    let mut start = 0;

    if let Some(n) = params.get("start") {
        start = n.parse::<usize>().expect("Could not parse start");
    }

    println!("{}", start);
    ...
}
...
```

기본값이 0인 변경 가능한 변수 start를 추가한다. if 블록에서는 여전히 매개변수의 HashMap에서 start 항목을 파싱하지만, 이번에는 Result 객체에서 .expect 메서드를 호출한다. 테스트를 위해 숫자를 출력했다.

start 항목을 숫자로 파싱할 수 없으면 애플리케이션은 비정상적으로 종료된다.[3]

```
Finished dev [unoptimized + debuginfo] target(s) in 7.77s
    Running target/debug/practical-rust-book
thread 'tokio-runtime-worker' panicked at
    'Could not parse start:
        ParseIntError { kind: InvalidDigit }', src/main.rs:83:34
note: run with RUST_BACKTRACE=1 environment variable
    to display a backtrace
```

요청에 매개변수 두 개만 추가해도 에러가 많이 발생할 수 있다는 것을 알았다. 하나만 존재하거나 둘 중 하나를 파싱할 수 없어도 에러가 난다. 다양한 에러에 대응하도록 해당 로직을 전용 함수로 옮기고, 전용 에러 타입을 추가하고 처리해 보자.

---

3 **역주** 다른 명령 프롬프트에서 curl "http://localhost:3030/questions?start=a&end=200" 코드를 입력하면 된다.

4.1.5 전용 에러 반환하기

HTTP 요청을 한 대상에게 적절한 에러를 반환하고자 한다. 여기에서 가능한 두 가지 에러에 대해서는 앞에서 이미 살펴보았다.

- 매개변수에서 숫자를 파싱할 수 없다.

- start나 end 매개변수가 누락되었다.

이 두 가지 상황을 모두 포함하는 열거 타입으로 만든다.

코드 4-22 사용자 정의 Error 열거 타입 추가하기

```
...
#[derive(Debug)]
enum Error {
    ParseError(std::num::ParseIntError),
    MissingParameters,
}
...
```

새로 만든 Error 열거 타입에 Debug 트레이트 구현을 파생시켰고, 해당 열거 타입에 두 가지 변형 (Variant, 열거 값이라고도 부름) ParseError와 MissingParameters를 추가했다. 이전 에러 메시지에서 본 것처럼 러스트가 문자열을 숫자로 파싱할 수 없으면 ParseIntError를 반환한다. 우리는 이 메시지를 사용자에게 보내서 무엇이 잘못되었는지 알리고자 한다. 반환된 값을 Error 타입의 괄호 안에 캡슐화하면 된다.

코드에서 이러한 사용자 정의 에러를 구현하려면 다음 두 단계를 추가해야 한다.

1 Display 트레이트를 구현해 러스트가 에러를 문자열로 출력하게 한다.

2 Warp 경로 핸들러에서 반환하도록 에러에 Warp의 Reject 트레이트를 구현한다.

사용자 정의 타입에 새로운 기능을 추가하거나, 다른 프레임워크와 더불어 작동시킬 때는 필요한 트레이트를 구현하면 된다. 트레이트를 구현하는 것은 러스트 세계에서 새로운 행동이나 기술을 배우는 것과 같다. 표준 라이브러리의 Display 트레이트부터 시작한다.

코드 4-23 Error 열거 타입에 Display 트레이트 추가하기

```
...
impl std::fmt::Display for Error {
```

```
    fn fmt(&self, f: &mut std::fmt::Formatter) -> std::fmt::Result {
        match *self {
            Error::ParseError(ref err) => {
                write!(f, "Cannot parse parameter: {}", err)
            }
            Error::MissingParameters => write!(f, "Missing parameter"),
        }
    }
}
    ...
```

표준 라이브러리의 트레이트를 구현하는 방법은 러스트 문서에 잘 정리되어 있다(https://doc.rust-lang.org/std/fmt/trait.Display.html). 앞 예제에서 우리가 만든 타입인 self와 표준 라이브러리의 Formatter를 인수로 사용한다. 그런 다음 서로 다른 열거 타입에 대한 패턴 매칭을 통해서 읽을 수 있는 에러 값이 들어올 때마다 write! 매크로를 통해 컴파일러에 무엇을 출력할지 알려준다.

코드 4-24에서 볼 수 있듯이 Warp 프레임워크에서 Reject는 딱 한 줄로 구현할 수 있다. Warp의 Reject 트레이트는 **마커 트레이트**(marker trait)[4]이다. 내용이 비어 있지만 특정 속성을 충족한다는 일종의 확인을 컴파일러에 알려주어야 할 때 마커 트레이트를 사용한다. 러스트 문서(https://doc.rust-lang.org/std/marker/index.html)와 트레이트에 대한 공식 블로그 게시물(https://blog.rust-lang.org/2015/05/11/traits.html)에 마커에 대한 내용이 자세히 실려 있다.

코드 4-24 사용자 정의 에러를 Warp의 Reject 트레이트로 구현하기

```
...
impl Reject for Error {}
...
```

이것으로 Warp의 경로 핸들러에서 에러를 받을 수 있다. 여기서 다음 두 가지를 보완해야 한다.

- 전용 함수에서 매개변수 처리 부분 추출하기
- get_questions 경로 핸들러 내에서 함수를 호출하여 발생한 에러를 return_error 함수로 보내 처리하기

코드와 데이터에 더 많은 의미를 주기 위해서 start와 end 두 속성이 있는 새로운 Pagination 구

---

4 **역주** 타입을 구분하기 위한 표시 목적의 트레이트이다.

조체를 만든다. Pagination 구조체를 사용하면 적절한 타입을 경로 핸들러에 되돌려 줄 수 있다.

코드 4-25 Pagination 구조체를 추가하여 받는 쿼리 매개변수를 구조화한다

```
...
#[derive(Debug)]
struct Pagination {
    start: usize,
    end: usize,
}
...
```

#[derive(Debug)]를 사용하면 구조체를 println!로 출력할 수 있고, 다른 방식으로도 내용을 출력할 수 있다. 다음 단계는 매개변수 HashMap을 전달하는 extract_pagination 함수를 만드는 것이다.

코드 4-26 쿼리 추출 코드를 전용 함수로 옮기기

두 매개변수가 모두 있으면 Result를 반환(return Ok())한다. 바로 돌아가기 위해서 return 키워드를 사용한다.

```
...
fn extract_pagination(
    params: HashMap<String, String>           HashMap에 .contains 메서드를 써서
) -> Result<Pagination, Error> {              두 매개변수가 모두 있는지 확인한다.
    if params.contains_key("start") && params.contains_key("end") {
        return Ok(Pagination {      ---- 새로운 Pagination 객체를 만들고 start와 end 번호를 설정한다.
            start: params
                .get("start")       ------------------- HashMap의 .get 메서드로 옵션을 반환한다.
                .unwrap()                              해당 메서드로는 키가 확실히 존재하는지 보증할 수 없기
                .parse::<usize>()                      때문이다. 몇 줄 전에 HashMap에 매개변수가 두 개인지
                .map_err(Error::ParseError)?,          먼저 확인했으므로 안전하지 않은 .unwrap을 사용해도 된다.
            end: params                                HashMap의 &str 값을 usize 정수 타입으로 파싱한다.
                .get("end")                            파싱 결과로 Result를 반환하며, 값을 풀어 내거나
                .unwrap()                              파싱에 실패했을 때는 .map_err와 줄 끝의 물음표를
                .parse::<usize>()                      이용해 에러를 반환한다.
                .map_err(Error::ParseError)?,
        });
    }
    Err(Error::MissingParameters)       ------ 그렇지 않은 경우 if 절은 실행되지 않고 바로 Err로 이동하여
}                                              사용자 정의 MissingParameters 에러를 반환한다.
...                                            여기서 이중 콜론(::)을 사용하여 Error 열거 타입에서 접근한다.
```

이제 이 메서드를 get_questions 경로 핸들러에서 사용해 이전 코드를 대체한다.

코드 4-27 전달한 매개변수에 따라 다른 질문 반환하기

```
async fn get_questions(
    params: HashMap<String, String>,
    store: Store,
) -> Result<impl warp::Reply, warp::Rejection> {
    if !params.is_empty() {
        let pagination = extract_pagination(params)?;
        let res: Vec<Question> = store.questions.values().cloned().collect();
        let res = &res[pagination.start..pagination.end];
        Ok(warp::reply::json(&res))
    } else {
        let res: Vec<Question> = store.questions.values().cloned().collect();
        Ok(warp::reply::json(&res))
    }
    let mut start = 0;

    if let Some(n) = params.get("start") {
        start = n.parse::<usize>().expect("Could not parse start");
    }

    println!("{}", start);

    let res: Vec<Question> = store.questions.values().cloned().collect();
    Ok(warp::reply::json(&res))
}
```

먼저 매개변수의 HashMap이 비어 있지 않은지 확인한 다음 extract_pagination 함수에 전달한다. 이 함수는 Pagination 객체를 반환하거나 끝에 있는 물음표(?)로 사용자 정의 에러를 반환한다. 그런 다음 start와 end 매개변수를 사용하여 Vec에서 슬라이스를 가져와 사용자가 지정한 질문을 반환한다.

매개변수가 유효하지 않으면 3장에서 만들었던 return_error 함수로 에러를 처리한다. else if 블록을 추가하고 Rejection 필터에서 사용자 정의 에러를 찾게 한다.

```
use warp::{http::StatusCode, reject::Reject, Filter, Rejection, Reply};
...
async fn return_error(r: Rejection) -> Result<impl Reply, Rejection> {
    if let Some(error) = r.find::<Error>() {
        Ok(warp::reply::with_status(
            error.to_string(),
            StatusCode::RANGE_NOT_SATISFIABLE,
        ))
    } else if let Some(error) = r.find::<CorsForbidden>() {
        Ok(warp::reply::with_status(
            error.to_string(),
            StatusCode::FORBIDDEN,
        ))
    } else {
        Ok(warp::reply::with_status(
            "Route not found".to_string(),
            StatusCode::NOT_FOUND,
        ))
    }
}
...
```

그런데 벡터 길이보다 더 큰 값으로 end 매개변수를 지정하면 어떻게 될까? start가 20이고, end 가 10이면 어떻게 될까? 애플리케이션을 훨씬 더 완벽하게 만들려면 이러한 경우도 처리해야 한 다. 이 부분은 연습으로 여러분에게 맡긴다. 지금까지 배운 것으로 해결할 수 있을 것이다.

cargo run으로 애플리케이션을 시작하면 이전과 정확하게 똑같이 출력한다. 그러나 내부적으로 는 다음과 같이 크게 개선되었다.

- 로컬 JSON 파일에서 읽기
- 많은 양의 코드를 제거하기
- 경로 핸들러에 상태 전달하기
- 사용자 정의 에러 처리 추가하기

다음으로 PUT, POST 요청을 통해 JSON 구조를 인메모리 스토리지에 추가해 보자. 앞으로 몇 가지 과제가 더 남아 있으니 바로 시작한다.

4.2 질문을 POST, PUT, DELETE하기

스토리지를 수정하는 데 몇 가지 새로운 작업이 필요하다.

- 매개변수가 있는 HTTP PUT 요청에 대한 경로 열기
- HTTP POST 요청에 대한 경로 열기
- PUT, POST 요청 본문에서 JSON을 받아와 읽기
- 스레드에 안전한 방식으로 인메모리 스토리지 수정하기

처음 세 개는 선택한 프레임워크에 따라 다르게 구현되므로 Warp에서 각각에 맞게 경로를 생성하는 법을 익혀야 한다. 마지막은 러스트에 한정된 것이다. 이미 스토리지를 설정했지만 여러 요청이 동시에 들어오기 때문에 쓰기 작업이 오래 진행되는 동안 스토리지를 업데이트하려는 또 다른 요청이 들어올 수 있다.

마지막 항목부터 시작해서 로컬 상태(Store)를 조정하는 방법과 그 이유를 먼저 이해해 보자. 그런 다음에 빠진 경로 핸들러를 추가하고 서버에 새로운 API 엔드포인트를 열 것이다.

4.2.1 스레드에 안전한 방식으로 데이터를 수정하기

먼저 알아야 할 것은 비동기식 웹 서버를 운영할 때는 요청 수천 개(또는 그 이상)가 동시에 들어올 수 있고, 각 요청에서 저마다 데이터를 읽고 쓰려 한다는 것이다. 지금은 애플리케이션의 상태를 제공하는 단일한 데이터 구조가 있다. 이때 요청 두 개 이상이 동일한 구조에 쓰거나 읽으려 한다면 어떻게 될까?

우리는 저장소에 대한 접근 권한을 각 요청에 개별적으로 부여하여 Store에서 이전 요청의 읽기나 쓰기가 완료될 때까지 기다리라고 알려야 한다. 프로세스 두 개 이상이 동일한 데이터 구조를 업데이트한다고 하자. 이때 한 번에 한 프로세스만 데이터를 변경할 수 있도록 다른 프로세스를 대기 목록에 올려야 한다.

또한, 3장에서 러스트가 소유권에 대한 고유한 관점을 가지고 있다는 것을 배웠다. 러스트에서는 한 인스턴스 또는 프로세스만 특정 변수나 객체에 대한 소유권을 가질 수 있다. 이는 경합 상태나 더 이상 존재하지 않는 데이터를 참조하는 널 포인터에 의한 문제를 방지하기 위한 것이다. 그런

데 Store의 소유권을 다음 요청으로 전달하려면 요청 하나가 완료될 때까지 기다려야 하는 것 같다. 이는 비동기식 사고 방식과는 완전히 반대되는 것이다.

지금 우리는 두 가지 문제에 직면해 있다.

- 프로세스 둘 이상이 동시에 데이터를 변경하는 것을 방지해야 한다.
- 변경이 필요한 경우 각 경로 핸들러에 데이터 저장소의 소유권을 부여해야 한다.

데이터를 변경하기 위해 Store에 대기 명단을 두는 것을 고민하기 전에, 먼저 러스트가 상태의 소유권을 공유할 수 있는지 확인하자. 그럼 먼저 두 번째 문제를 해결해 보자.

이전 장에서 우리는 코드에서 변수를 전달할 때 러스트가 소유권을 이전하는 방법에 대해 설명했다. 그림 4-2는 복잡한 값(예를 들어 String)을 다른 변수에 전달할 때 컴파일러가 이를 uninit(https://doc.rust-lang.org/nomicon/drop-flags.html)로 표시하는 방법이다. 러스트는 힙에 있는 이 구조의 소유권을 스택에 있는 여러 포인터 중 하나만 가질 수 있도록 한다. 그리고 소유권을 가진 포인터만 수정할 수 있다.

▼ 그림 4-2 다른 변수에 String 같은 복잡한 데이터 타입을 재할당하려면 내부적으로 소유권을 새로운 변수로 옮기고 기존의 것은 없애는 작업이 필요하다

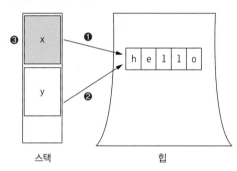

❶ let x = String::from("hello")
❷ let y = x;
❸ // x를 초기화되지 않은 상태로 표시한다

지금은 소유권 개념이 문제가 된다. 스레드 간의 단순한 데이터 공유가 러스트의 안정성 평가 때문에 막힌다. 값을 새로운 함수에 전달할 때마다 이 값의 소유권을 옮기고, 다시 가져올 때까지 기다려야 하기 때문이다. 두 가지 옵션을 고려할 수 있다.

- 경로 핸들러마다 저장소 사본을 만든다.
- 경로 핸들러 하나가 끝날 때까지 기다렸다가 저장소 소유권을 돌려준다. 그리고 다음 경로 핸들러에 넘긴다.

그러나 어느 쪽도 근본적인 답이 아니다. 첫 번째 답은 메모리를 상당히 오염시킬 것이고 그럼에 도 여전히 저장소 내부의 데이터를 변경하지도 못한다. 두 번째는 비동기식 접근 방식에 반하는 것이다.

다행히도 러스트는 이런 문제를 처리할 수 있는 기능을 갖고 있다. 다음을 특히 잘 살펴보자.

- Rc<T>

- Arc<T>

Rc, Arc 타입은 기본 데이터 구조 T를 힙에 배치하고 스택에 포인터를 생성한다. 그러면 동일한 데 이터를 참조하는 해당 포인터의 복사본을 만들 수 있다. Rc는 단일 스레드 시스템에서만 작동하 고, Arc는 다중 스레드를 위한 것으로 여러 스레드 간에 데이터를 공유할 수 있다는 것이 이 둘의 차이점이다. 그림 4-3은 Arc를 복제하는 개념과 내부 작동 방식을 보여 준다.

▼ 그림 4-3 러스트는 x 값을 삭제하는 대신 Arc의 카운트를 증가시킨다. x 또는 y가 범위를 벗어날 때마다 0이 될 때까지 카운트를 감소시킨 다음 .drop을 호출하여 힙에서 값을 제거한다

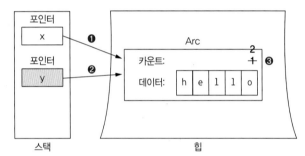

❶ let x = Arc::new(String::from("hello"));
❷ let y = Arc::clone(&x);
❸ // Arc의 카운트를 1 증가시킨다.

Arc 타입은 **원자적 참조 카운터**(atomic reference counter)이다. 안에 감싼 데이터를 힙으로 옮기고 스 택에 포인터를 생성하는 컨테이너로 볼 수 있다. Arc를 복제할 때는 힙에 있는 동일한 데이터 구 조를 가리키는 포인터를 복제하고 내부적으로 Arc의 카운트를 증가시킨다. 내부 카운트가 0에 도 달하면(변수를 가리키는 모든 변수가 범위를 벗어날 때) Arc는 값을 삭제한다. 이렇게 하면 여러 변수 간에 힙에 있는 복잡한 데이터를 안전하게 공유할 수 있다.

우리는 (Tokio를 통한) 멀티스레딩을 사용한다. 다시 말해, Arc<T>를 사용하여 데이터 저장소를 래핑해야 한다. 하지만 이것은 솔루션의 일부분이다. 동일한 Store를 읽는 것은 괜찮지만, 변경 할 수도 있어야 한다. 한 스레드의 HTTP POST 요청으로 질문을 추가할 수 있고 다른 스레드의 HTTP PUT 요청으로 기존 질문을 변경하려고 할 수도 있다.

그러니 다른 솔루션을 찾아야 한다. 러스트는 이런 상황에도 대응할 수 있는 기능을 가지고 있다. 다음 두 가지 타입 중 하나를 사용할 수 있다.

- Mutex
- RwLock

둘 다 읽는 주체와 쓰는 주체가 해당 데이터에 대한 고유한 권한을 가지고 있는지 확인한다. 쓰는 주체나 읽는 주체가 접근을 요청하면 바로 데이터를 잠그고 이전의 작업이 완료되면 다음 작업을 위해서 잠금을 풀어 준다. 차이점은 Mutex가 한 번에 쓰기나 읽기 하나만 허용하고 나머지는 차단하는 반면, RwLock은 읽기를 여러 개 허용하고 쓰기는 하나만 허용한다는 점이다.

그러나 조심해야 한다. Rc, Arc 두 타입 모두 동기 작업에 중점을 둔 std::sync 모듈의 일부이므로 비동기 환경에는 적합하지 않다. 비동기 환경에서는 RwLock 타입의 구현을 사용할 수 있으므로 이를 프로젝트에 추가해야 한다.

Tokio에서 RwLock(https://docs.rs/tokio/latest/tokio/sync/struct.RwLock.html)을 구현한다. 먼저 질문을 Arc로 캡슐화하여 데이터를 힙에 배치하면 데이터에 대한 포인터를 여럿 가질 수 있다. 또한, 질문 구조를 RwLock으로 래핑하여 동시에 여러 개를 쓰는 것을 방지한다.

코드 4-29 스레드에 안전한 HashMap 만들기

```
...
use std::sync::Arc;
use tokio::sync::RwLock;
...
#[derive(Clone)]
struct Store {
    questions: Arc<RwLock<HashMap<QuestionId, Question>>>,
}
impl Store {
    fn new() -> Self {
        Store {
            questions: Arc::new(RwLock::new(Self::init())),
        }
    }
    ...
}
...
```

마찬가지로 get_questions 함수로 Store에서 질문을 읽는 방식을 고쳐야 한다.

```
...
async fn get_questions(
    params: HashMap<String, String>,
    store: Store,
) -> Result<impl warp::Reply, warp::Rejection> {
    if !params.is_empty() {
        let pagination = extract_pagination(params)?;
        let res: Vec<Question> = store.questions
            .read()
            .await
            .values()
            .cloned()
            .collect();
        let res = &res[pagination.start..pagination.end];
        Ok(warp::reply::json(&res))
    } else {
        let res: Vec<Question>
            = store.questions.read().await.values().cloned().collect();
        Ok(warp::reply::json(&res))
    }
}
...
```

questions에 대한 읽기(read)는 RwLock에 읽기를 요청하는 것으로도 충분하다. 다른 프로세스가 현재 동일한 데이터에 접근하는 중이라 잠겨 있을 수도 있으므로 읽을 때(read) 기다려야(.await) 한다. 래핑된 Store 구조를 염두에 두고, 수정과 삽입 기능을 만들 것이다.

4.2.2 질문 추가하기

스레드에 안전한 방식으로 상태를 처리하는 문제를 해결했다. 이제 나머지 API 경로를 구현하여 HTTP 요청에서 내용을 파싱하고 URL에서 매개변수를 읽어 들일 수 있다. 첫 번째로는 /questions 경로에 대한 HTTP POST 요청을 만든다. 그림 4-4는 지금까지 진행한 내역과 구현할 POST 엔드포인트에서 필요로 하는 것을 보여 준다.

```
API routes

GET     /questions (empty body; return JSON)
POST    /questions (JSON body; return HTTP status code)
PUT     /questions/:questionId (JSON body, return HTTP status code)
DELETE  /questions/:questionId (empty body; return HTTP status code)
POST    /answers  (www-url-encoded body; return HTTP status code)
```

코드 4-31은 add_question 경로 핸들러이다. 저장소와 질문이 함수로 전달된다. 그런 다음 Store(저장소)에서 구현한 RwLock을 사용할 수 있고, write를 이용해 쓰기를 요청한다. 이전 read 와 마찬가지로 write 함수를 대기(.await)시킨다. 해당 경로에 접근할 때마다 해시 맵에 새 질문을 삽입(insert)할 것이다.

코드 4-31 저장소에 질문을 추가하는 경로 핸들러 추가하기

```
...
async fn add_question(
    store: Store,
    question: Question,
) -> Result<impl warp::Reply, warp::Rejection> {
    store.questions.write().await.insert(question.id.clone(), question);

    Ok(warp::reply::with_status(
        "Question added",
        StatusCode::OK,
    ))
}
...
```

insert 메서드는 해시 맵의 인덱스와 저장하려는 값, 두 인수를 받는다. 여기에서도 러스트의 소유권 원칙을 볼 수 있다. 첫 번째 매개변수는 질문 ID에 접근하는데, 이렇게 하면 질문의 소유권을 해시 맵의 insert 메서드로 보낸다. 함수 다른 곳에서 질문을 사용하지 않는다면 괜찮겠지만, 두 번째 인수로 질문을 받아 해시 맵에 저장하려고 한다.

따라서 첫 번째 매개변수의 question.id를 복제(clone)하여 사본을 만든 다음, 두 번째 매개변수 질문의 소유권을 insert 메서드에 넘긴다.

```
...
#[tokio::main]
async fn main() {
    ...
    let get_questions = warp::get()
        .and(warp::path("questions"))
        .and(warp::path::end())
        .and(warp::query())
        .and(store_filter.clone())
        .and_then(get_questions);

    let add_question = warp::post()
        .and(warp::path("questions"))
        .and(warp::path::end())
        .and(store_filter.clone())
        .and(warp::body::json())
        .and_then(add_question);

    let routes = get_questions
        .or(add_question)
        .with(cors)
        .recover(return_error);
    warp::serve(routes).run(([127, 0, 0, 1], 3030)).await;
}
```

주석:
- `let add_question = warp::post()` ----- 새로운 변수를 만들어 warp::post로 HTTP POST 요청에 대한 필터를 만든다.
- `.and(warp::path("questions"))` ---- 아직은 동일한 최상위 경로 /questions에서 요청을 받는다.
- `.and(warp::path::end())` ---- 경로 정의를 마친다.
- `.and(store_filter.clone())` ---- 이 경로에 저장소를 추가해서 나중에 경로 핸들러에 전달한다.
- `.and(warp::body::json())` ---- 내용을 JSON으로 추출한다. 추출한 내용은 매개변수로 추가된다.
- `.and_then(add_question);` ---- 저장소와 추출한 json 값으로 add_question을 실행한다.

경로 변수에 새로운 경로 두 개를 추가했다. Not Found 경로로 끝나기 전에 다른 경로로 전달하기 위해 get_questions 필터 끝에 있던 recover를 삭제하고 경로 끝에 추가했다는 점에 주의한다. 다음과 같이 curl로 테스트하면 add_question 경로 핸들러가 실패하는 것을 확인할 수 있다(의도적으로 JSON에 id 항목을 빼고 넣었다).

```
$ curl --location --request POST 'localhost:3030/questions' \
    --header 'Content-Type: application/json' \
    --data-raw '{
        "title": "New question",
        "content": "How does this work again?"
    }'
Route not found
```

4.2.3 질문 업데이트하기

이전 절에서 테스트한 것처럼 HTTP 요청 안에 JSON이 담겨 전송되어야 한다. 이번에는 POST 대신 PUT 메서드가 필요하다. 또 다른 차이점은 대상 경로에 질문 ID가 있어야 한다는 것이다. 이는 URL로 원하는 정확한 리소스에 접근하고 업데이트된 데이터를 내용으로 전달하는 REST의 전형적인 방식이다. 웹 프레임워크 Warp는 URL 매개변수를 파싱해서 경로 핸들러로 전달해야 한다. 그래야 나중에 해시 맵을 인덱싱해서 값을 업데이트할 수 있다. 그림 4-5는 지금까지의 진행 상황과 앞으로 진행될 일이다.

▼ 그림 4-5 PUT 메서드에는 Warp에서 파싱하게끔 URL 매개변수가 추가되어 경로 핸들러에 추가된다

```
API routes

GET     /questions (empty body; return JSON)
POST    /questions (JSON body; return HTTP status code)
PUT     /questions/:questionId (JSON body, return HTTP status code)
DELETE  /questions/:questionId (empty body; return HTTP status code)
POST    /answers  (www-url-encoded body; return HTTP status code)
```

먼저 update_question 코드를 살펴보자. 함수에 Store를 전달하는 것 외에도 question_id와 question도 추가된다. 단순해 보이는 변경 때문에 새로운 문제가 생긴다. 사용자가 요청한 질문이 없으면 어떻게 될까? 해시 맵이 질문을 찾지 못하는 경우를 처리해야 한다. 다음 코드는 경로 핸들러 update_question과 Error 열거 타입에 추가되는 새로운 에러에 대한 것이다. 추가된 새로운 에러에 대응하는 Display 트레이트도 같이 구현한다.

코드 4-33 질문을 수정하고 질문을 찾지 못하면 404를 반환한다

```
#[derive(Debug)]
enum Error {
    ParseError(std::num::ParseIntError),
    MissingParameters,
    QuestionNotFound,
}

impl std::fmt::Display for Error {
    fn fmt(&self, f: &mut std::fmt::Formatter) -> std::fmt::Result {
        match *self {
            Error::ParseError(ref err) => {
                write!(f, "Cannot parse parameter: {}", err)
            }
            Error::MissingParameters => write!(f, "Missing parameter"),
```

```
                Error::QuestionNotFound => write!(f, "Question not found"),
            }
        }
    }

    async fn update_question(
        id: String,
        store: Store,
        question: Question,
    ) -> Result<impl warp::Reply, warp::Rejection> {
        match store.questions.write().await.get_mut(&QuestionId(id)) {
            Some(q) => *q = question,
            None => return Err(warp::reject::custom(Error::QuestionNotFound)),
        }
        Ok(warp::reply::with_status(
            "Question updated",
            StatusCode::OK
        ))
    }
    ...
```

HashMap 객체에 직접 쓰던 add_question 경로 핸들러와 달리 질문의 변경 가능한 참조를 요청해 내용을 변경한다. match 블록을 사용하여 HashMap 객체에 전달하려는 ID에 맞는 질문이 있는지 확인한다.

match 표현식의 가지(arm)를 사용해서 찾은 질문을 풀어낸 후 *q = question으로 내용을 덮어쓴다. 질문이 없으면 즉시 중단하고 사용자 정의 에러인 QuestionNotFound를 반환한다. 경로의 모든 에러를 포착하는 return_error 함수로 변경할 수 있지만, 지금은 기본 404를 사용한다. 이런 경우를 처리하는 법을 알아보는 것도 훌륭한 연습 거리이다.

다음 코드에서 경로 핸들러를 서버에 추가한다. 이전 add_question과 거의 비슷하지만, 한 가지 작은 차이점이 있다. Warp 프레임워크에서 새로운 매개변수 필터를 추가하여 PUT 경로를 지정하는 것이다.

코드 4-34 /questions/:questionId에 PUT 경로 추가하기

```
    ...
    #[tokio::main]
    async fn main() {
        let get_questions = warp::get()
            .and(warp::path("questions"))
```

```
        .and(warp::path::end())
        .and(store_filter.clone())
        .and_then(get_questions);

    let add_question = warp::post()
        .and(warp::path("questions"))
        .and(warp::path::end())
        .and(store_filter.clone())
        .and(warp::body::json())
        .and_then(add_question);

    let update_question = warp::put()   ┄┄ 새로운 변수를 만들고 warp::put을 사용해
        .and(warp::path("questions"))   ┄┄ HTTP PUT 요청에 대한 필터를 구성한다
        .and(warp::path::param::<String>())  ┄┄┄┄┄ String 매개변수를 추가하여 /questions/1234
        .and(warp::path::end())   ┄┄ 경로 정의를 끝낸다    같은 경로에서 동작하도록 한다
        .and(store_filter.clone())   ┄┄ 이 경로에 저장소를 추가해서 나중에 경로 핸들러로 전달한다
        .and(warp::body::json())   ┄┄ JSON 내용을 추출해서 매개변수로 추가한다
        .and_then(update_question);   ┄┄ 저장소와 JSON을 매개변수로 하여 update_question을 호출한다

    let routes = get_questions
        .or(add_question)
        .or(update_question)
        .with(cors)
        .recover(return_error);

    warp::serve(routes).run(([127, 0, 0, 1], 3030)).await;
}
...
```

Warp 프레임워크에는 다른 필터도 있다. warp::path::end로 경로 구성을 끝내기 전에 새로운 필터인 warp::path::param::<String>을 추가했다. 이를 통해 app.ourdomain.io/questions/42와 같은 경로의 요청을 받을 수 있다. 새로 만든 경로에 PUT 요청을 실행할 때 ID를 누락했다면 HTTP 메서드와 경로에 대응하는 Warp 경로가 없으므로 서버는 404를 반환한다.

```
$ curl --location --request PUT 'localhost:3030/questions' \
    --header 'Content-Type: application/json' \
    --data-raw '{
        "id": "1",
        "title": "NEW TITLE",
        "content": "OLD CONTENT"
    }'
Route not found
```

그렇다면 일부 필드가 없거나 전혀 질문처럼 보이지 않는 질문을 POST 또는 PUT 경로로 보내면 어떻게 될까?

4.2.4 잘못된 요청 처리하기

HTTP POST 또는 PUT 요청 내용에서 JSON을 파싱할 때 엄격한 타입 검사를 가진 프로그래밍 언어의 장점을 확인할 수 있다. 내용의 유효성을 자동으로 검사하기 때문에 우리가 해야 할 일은 return_error 메서드에서 BodyDeserializeError를 확인해 적절한 에러를 클라이언트에 다시 반환하기만 하면 된다.

코드 4-35 PUT 요청 내용에서 질문을 읽지 못할 때 에러 추가하기

```
...
use warp::{
    filters::{body::BodyDeserializeError, cors::CorsForbidden},
    http::Method,
    http::StatusCode,
    reject::Reject,
    Filter, Rejection, Reply,
};

async fn return_error(r: Rejection) -> Result<impl Reply, Rejection> {
    if let Some(error) = r.find::<Error>() {
        Ok(warp::reply::with_status(
            error.to_string(),
            StatusCode::RANGE_NOT_SATISFIABLE,
        ))
    } else if let Some(error) = r.find::<CorsForbidden>() {
        Ok(warp::reply::with_status(
            error.to_string(),
            StatusCode::FORBIDDEN,
        ))
    } else if let Some(error) = r.find::<BodyDeserializeError>() {
        Ok(warp::reply::with_status(
            error.to_string(),
            StatusCode::UNPROCESSABLE_ENTITY,
        ))
    } else {
        Ok(warp::reply::with_status(
            "Route not found".to_string(),
```

```
            StatusCode::NOT_FOUND,
        ))
    }
  }
  ...
```

우리는 Warp에서 BodyDeserializeError를 가져와 Rejection에 이러한 타입의 에러가 있는지 return_error 함수에서 확인한다. 해당 에러가 있다면 에러 메시지를 String 객체로 반환하고 응답에 StatusCode를 추가한다.

예를 들어 content 필드가 누락된 질문을 추가하는 경우 애플리케이션에서 에러를 돌려준다.

```
$ curl --location --request POST 'localhost:3030/questions' \
    --header 'Content-Type: application/json' \
    --data-raw '{
        "id": "5",
        "title": "NEW TITLE"
    }'
Request body deserialize error: missing field content at line 4 column 1
```

이것은 좀 더 전진할 수 있는 좋은 연습이었다. 에러를 포착한 후 더 읽기 쉽고 해석하기 좋은 메시지를 반환하는 것을 상상해 보자. 이 부분을 추가적으로 실험해 보고 더 깊이 진행하는 것은 여러분에게 맡기겠다.

4.2.5 저장소에서 질문 삭제하기

CRUD 애플리케이션에서 마지막으로 남은 부분은 삭제 부분이다. 적어도 질문과 관련해서는 그렇다. 저장소에서 질문을 삭제하기 위해 경로 핸들러가 어떻게 생겼는지, 어떤 정보가 필요한지 생각하는 것으로 다시 시작한다. 그런 다음 Warp로 이동하고 요청에서 정보를 추출하기 위해 필요한 필터를 만든다. 그림 4–6을 보면 DELETE가 /questions 경로의 마지막 엔드포인트이다.

❤ 그림 4–6 질문 관련 항목을 완성하는 마지막 메서드는 HTTP DELETE이다

```
API routes
GET    /questions (empty body; return JSON)
POST   /questions (JSON body; return HTTP status code)
PUT    /questions/:questionId (JSON body, return HTTP status code)
DELETE /questions/:questionId (empty body; return HTTP status code)
POST   /answers  (www-url-encoded body; return HTTP status code)
```

이번에는 함수에 질문을 전달할 필요가 없다. 간단하게 ID만 필요하며, 이를 통해 질문을 제거할 수 있다. 다음 코드는 해당 내용을 구현한 것이다. String 객체인 ID와 저장소 객체를 전달해 성공하면 200을 반환하고, 질문을 찾지 못하면 404를 반환한다.

코드 4-36 질문을 삭제하는 경로 핸들러 추가하기

```
...
async fn delete_question(
    id: String,
    store: Store
) -> Result<impl warp::Reply, warp::Rejection> {
    match store.questions.write().await.remove(&QuestionId(id)) {
        Some(_) => {
            return Ok(
                warp::reply::with_status(
                    "Question deleted",
                    StatusCode::OK
                )
            )
        },
        None => return Err(warp::reject::custom(Error::QuestionNotFound)),
    }
}
...
```

update_question 함수와 마찬가지로 HashMap에서 키로 값을 가져올 때 match를 쓰는데, 그 이유는 질문을 찾지 못할 수도 있기 때문이다. .remove를 사용할 때 질문 ID를 전달할 수 있으며, 무언가를 찾으면 올바른 상태 코드, 메시지와 함께 0k를 반환하며, 여기에서 언더스코어(_)는 반환되는 값이 필요 없음을 알려준다.

서버에 새로운 경로를 추가하는 것으로 구현을 마무리한다. 이번에는 본문을 파싱하지 않는다는 점을 제외하면 update_question 경로와 묘하게 비슷하다.

코드 4-37 질문 삭제를 위한 경로 추가하기

```
...
#[tokio::main]
async fn main() {
    let store = Store::new();
    let store_filter = warp::any().map(move || store.clone());
```

```
...
let update_question = warp::put()
    .and(warp::path("questions"))
    .and(warp::path::param::<String>())
    .and(warp::path::end())
    .and(store_filter.clone())
    .and(warp::body::json())
    .and_then(update_question);

let delete_question = warp::delete()
    .and(warp::path("questions"))
    .and(warp::path::param::<String>())
    .and(warp::path::end())
    .and(store_filter.clone())
    .and_then(delete_question);

let routes = get_questions
    .or(update_question)
    .or(add_question)
    .or(delete_question)
    .with(cors)
    .recover(return_error);
    ...
}
...
```

이것으로 질문 리소스가 완성되었다. 이제 질문을 추가, 수정, 삭제할 수 있을 뿐만 아니라 애플리케이션에서 사용 가능한 모든 질문을 요청할 수 있다. 더 세분화하는 것은 여러분에게 맡긴다. ID로 단일 질문을 요청하는 것도 괜찮다. 질문을 요청할 때는(업데이트 질문 예제에서) URL 매개변수를 전달하고 파싱하는 방법을 보았지만, 해시 맵에서 질문을 업데이트하는 대신 반환해야 한다.

아직 끝나지 않았다. 지금까지 우리는 HTTP 요청에서 JSON 값을 처리했지만, 웹은 더 복잡하며 HTTP로 정보를 전달하는 또 다른 일반적인 형식을 살펴보고자 한다.

4.3 url-form-encoded로 answers POST 요청하기

URL 매개변수를 처리하는 방법(/questions/:questionId 경로에 질문 ID 전달)과 JSON 내용의 형태를 Warp에서 파싱하는 방법을 살펴보았다. 일반적인 웹 애플리케이션에서는 또 다른 일반 적인 상호 작용 형식인 application/x-www-form-urlencoded를 처리해야 한다. 그림 4-7에서 볼 수 있듯이 이것이 우리가 구현할 마지막 엔드포인트이다.

▼ 그림 4-7 마지막으로 구현하는 경로: POST와 www-url-encoded 내용으로 답변 추가하기

```
API routes

GET     /questions (empty body; return JSON)
POST    /questions (JSON body; return HTTP status code)
PUT     /questions/:questionId (JSON body, return HTTP status code)
DELETE  /questions/:questionId (empty body; return HTTP status code)
POST    /answers  (www-url-encoded body; return HTTP status code)
```

이 예에서는 answers라는 새로운 리소스(경로)를 사용한다. 새로운 타입을 만드는 법과 경로 핸들 러를 구현하는 법을 알고 있으니, 이번에는 Warp로 새로운 형식을 파싱하는 법에 대해 알아본다.

4.3.1 url-form-encoded와 JSON의 차이점

url-form-encoded와 JSON 모두 장단점이 있다. 어떤 쪽을 선호하는지, 둘 중 하나를 이미 사용하는 환경에서 작업하는지, 기존 시스템에서 동작하는 새로운 애플리케이션이나 서비스를 만들어야 하는지 등에 따라 하나를 선택한다.

POST 요청을 보내는 예를 살펴보겠다.

```
POST /test HTTP/1.1
Host: foo.example
Content-Type: application/x-www-form-urlencoded
Content-Length: 27

field1=value1&field2=value2
```

전달되는 값은 키와 값의 조합이며, 중간에 &를 사용해 구분한다.

application/x-www-form-urlencoded 요청을 보내는 POST curl의 예는 다음과 같다.

```
$ curl --location --request POST 'localhost:3030/questions' \
    --header 'Content-Type: application/x-www-form-urlencoded' \
    --data-urlencode 'id=1' \
    --data-urlencode 'title=First question' \
    --data-urlencode 'content=This is the question I had.'
```

JSON으로 보내는 POST 요청은 다음과 같다(차이점은 음영으로 표시함).

```
$ curl --location --request POST 'localhost:3030/questions' \
    --header 'Content-Type: application/json' \
    --data-raw '{
        "id": "1",
        "title": "New question",
        "content": "How and why?"
    }'
```

무엇을 사용하든 선호도의 문제로 귀결된다. 특히 JSON 전송은 데이터가 더 복잡해질 때 이점이 있다.

이제 서버 애플리케이션은 어느 엔드포인트에서 이러한 쿼리 매개변수가 쓰이는지를 파악해야 한다. 그래야 해당하는 경로로 매개변수를 제대로 보낼 수 있다. URI 매개변수와는 별도로 파싱해야 한다. 질문 ID 예제에서 보았던, 4.1.4절의 쿼리 매개변수를 전달하는 것과도 다르다. 다행히도 Warp는 기본으로 이를 지원한다.

4.3.2 url-form-encoded로 answers 추가하기

먼저 새로운 구조체 Answer를 추가해 시스템에서 답변이 어떻게 보여야 하는지에 대한 요구 사항을 지정한다. 또한, Store에 새로운 answers 구조체를 추가한다. answers 구조체는 질문 속성과 동일한 서명을 가진다. 답변을 저장하기 위한 HashMap을 읽기-쓰기 잠금(RwLock)으로 래핑하여 데이터 무결성을 보장하고, 스레드 간에 구조를 전달할 수 있도록 Arc로 래핑한다.

이전 절에서 HTTP 내용에서 키-값 쌍을 전달 받았다. 러스트에서는 키와 값을 String으로 갖는 HashMap이다. 다음 코드는 Answer 구조체를 만들고, 저장소에 추가하고, add_answer 경로 핸들러를 구현한 것이다.

```
...
#[derive(Deserialize, Serialize, Debug, Clone, PartialEq, Eq, Hash)]
struct AnswerId(String);

#[derive(Serialize, Deserialize, Debug, Clone)]
struct Answer {
    id: AnswerId,
    content: String,
    question_id: QuestionId,
}

...

#[derive(Clone)]
struct Store {
    questions: Arc<RwLock<HashMap<QuestionId, Question>>>,
    answers: Arc<RwLock<HashMap<AnswerId, Answer>>>,
}

impl Store {
    fn new() -> Self {
        Store {
            questions: Arc::new(RwLock::new(Self::init())),
            answers: Arc::new(RwLock::new(HashMap::new())),
        }
    }
    fn init() -> HashMap<String, Question> {
        let file = include_str!("../questions.json");
        serde_json::from_str(file).expect("can't read questions.json")
    }
}

...

async fn add_answer(
    store: Store,
    params: HashMap<String, String>,
) -> Result<impl warp::Reply, warp::Rejection> {
    let answer = Answer {
        id: AnswerId("1".to_string()),
        content: params.get("content").unwrap().to_string(),
        question_id: QuestionId(params.get("questionId").unwrap().to_string()),
    };

    store.answers.write().await.insert(answer.id.clone(), answer);
```

```
    Ok(warp::reply::with_status("Answer added", StatusCode::OK))
}
...
```

이 함수는 ID를 직접 구현하기 때문에 확장하기가 어렵다. 이 부분은 책 뒷부분에서 개선하겠지만, 지금은 새로운 답변을 만들 때 고유 ID를 생성하는 방법을 찾아 연습해 보는 것이 좋다.

핵심 부분은 해시 맵에서 매개변수를 읽는 것이다. 여기서는 실제 운용 목적이 아니어서 unwrap을 사용했다. 매개변수를 찾을 수 없으면 러스트 애플리케이션은 패닉 상태가 되어 비정상 종료된다. 그러므로 match를 사용하여 누락된 매개변수에서 발생하는 에러를 개별적으로 반환해야 한다. 일단 작업을 끝내야 하니 새로운 경로를 만들고 이를 main 함수의 경로 핸들러에 연결한다.

코드 4-39 url-form으로 답변를 추가하는 경로 핸들러 추가하기

```
#[tokio::main]
async fn main() {
    let store = Store::new();
    let store_filter = warp::any().map(move || store.clone());

    ...

    let add_answer = warp::post()
        .and(warp::path("answers"))
        .and(warp::path::end())
        .and(store_filter.clone())
        .and(warp::body::form())
        .and_then(add_answer);

    let routes = get_questions
        .or(update_question)
        .or(add_question)
        .or(add_answer)
        .or(delete_question)
        .with(cors)
        .recover(return_error);

    warp::serve(routes)
        .run(([127, 0, 0, 1], 3030))
        .await;
}
```

여기에서 처음 나오는 유일한 새 필터는 warp::body::form이다. add_question 핸들러에서 사용한 warp::body::json처럼 작동한다. 해당 필터는 힘든 작업을 모두 수행하고 add_answer 함수의

매개변수에 HashMap<String, String>을 추가한다.

이 장에서 설명이 많았다. 하지만 세세한 부분은 전부 다루지 않았으며, 설계와 관련한 결정은 달라질 수도 있다. 그러니 기술을 더 다듬어서 다음을 연습해 보기 바란다.

- 수작업으로 만드는 대신 임의의 고유한 ID를 만든다.
- 필요한 필드가 없는 경우 에러 처리를 추가한다.
- 답변을 게시하려는 질문이 있는지 확인한다.
- 답변 경로를 /questions/:questionId/answers로 바꾼다.

4.4 요약

- 로컬 HashMap 객체를 인메모리 스토리지로 삼는 것으로 시작한다. 실제 데이터베이스로 진행하기 전에 개념 설계를 더 빠르게 진행할 수 있다.
- Serde JSON 라이브러리를 사용하여 외부 JSON 파일을 파싱하고 사용자 정의 데이터 타입에 매핑할 수 있다.
- 해시 맵은 인메모리 스토리지로는 쓸 만하지만, 사용하는 키는 서로 비교할 수 있도록 트레이트 세 개(PartialEq, Eq, Hash)를 **반드시** 구현해야 하는 것을 명심해야 한다.
- 상태를 전달하려면 객체의 복사본을 반환하는 필터를 만들어서 경로 핸들러 둘 이상에 전달해야 한다.
- HTTP로 받은 데이터는 Warp의 필터로 파싱할 수 있으며 프레임워크의 json, query, param, form을 사용할 수 있다.
- 경로에서 데이터를 추출하려면 더 많은 필터를 추가해야 하며, Warp는 마지막에 호출하는 함수에 추출한 데이터를 매개변수로 자동 추가해 준다.
- HTTP 내용이나 경로 매개변수에서 받아 파싱한 데이터 타입에 맞게 사용자 정의 타입을 만드는 것이 좋다.
- 문제가 생겼을 때 Warp로 반환할 수 있도록 사용자 정의 에러에 트레이트를 구현해야 한다.
- Warp에는 적절한 HTTP 응답을 반환하는 데 쓰이는 HTTP 상태 코드 타입이 포함되어 있다.

5장

코드 정리하기

이 장에서 다룰 핵심 내용

- 함수를 모듈로 그룹화하기
- 모듈을 파일로 분할하기
- 러스트 프로젝트의 실용적인 폴더 구조 만들기
- 문서 주석과 숨김 주석의 차이점 이해하기
- 주석에 예제 코드를 추가하고 테스트하기
- 클리피를 사용하여 코드 린트하기
- 카고를 사용하여 코드베이스 포맷하고 컴파일하기

러스트에는 구성, 구조화, 테스트, 주석 등을 간단하게 처리할 수 있는 다양한 도구가 있다. 러스트 생태계에서는 좋은 문서 스타일을 중시한다. 그래서 주석 시스템이 내장되어 있어 코드 문서를 즉석에서 생성하고 주석에 있는 코드를 테스트하여 문서를 항상 최신 상태로 유지한다.

널리 지원되는 클리피(Clippy)라는 린터는 러스트에서 사실상 표준이다. 미리 설정된 많은 규칙이 함께 제공되어 모범 사례나 누락된 구현을 파악하는 데 도움이 된다. 또한, 패키지 관리자인 카고는 미리 정의된 규칙에 따라 코드를 자동으로 형식화해 준다.

이전 장에서 Q&A 애플리케이션용 API 경로를 구축하고 URL 매개변수에서 정보를 추출했으며, 가장 중요한 자체적인 데이터 구조와 에러 구현, 처리를 추가했다. 이 모든 것을 main.rs 파일에 추가했는데, 모든 경로 핸들러를 넣다 보니 파일이 매우 커졌다.

확실한 것은 파일 하나가 너무 많은 일을 한다는 점이다. 대규모 애플리케이션이라고 하더라도 main.rs 파일은 실제 구현 논리 대신 애플리케이션의 다른 부분을 서로 연결하고 서버를 시작하는 정도로 작아야 한다. 또한, 몇 가지 설명을 목적으로 사용자 정의 코드를 많이 추가했다. 러스트가 가진 내장 기능을 이용해 코드를 분할하고 문서화할 수 있다.

코드를 분할하는 방법과 코드를 공개 또는 비공개로 만들기 위해 먼저 모듈 시스템을 살펴보는 것으로 시작한다. 나중에는 주석을 추가하고, 문서 주석에 예제 코드를 넣고, 코드를 린트하고 형식을 지정하는 법을 알아보겠다.

5.1 코드 모듈화

지금까지 우리는 프로젝트의 모든 코드를 main.rs 파일에 넣었다. 이는 서비스 아키텍처 내에서 실행하고 유지하는 작은 규모의 모의 서버에는 적합할 수 있다. 유지보수가 더 쉽고 처음에 만들고 나서 변경해야 할 점이 많지 않기 때문이다.

그러나 더 크고 활발하게 유지되는 프로젝트라면 논리적 구성 요소를 함께 그룹화하여 이를 그룹별 폴더와 파일로 옮기는 것이 더 좋다. 이렇게 하면 애플리케이션의 여러 부분에서 동시에 더 쉽게 작업할 수 있고, 자주 변경되는 부분에 더 집중할 수 있다.

러스트는 애플리케이션과 라이브러리를 구분한다. cargo new APP_NAME으로 새로운 애플리케이션을 생성하면 main.rs 파일이 생성된다. 새로운 라이브러리 프로젝트는 --lib를 사용하여 만들며 main.rs 대신 lib.rs 파일을 생성한다.

애플리케이션과 라이브러리의 주된 차이점으로, 라이브러리 크레이트는 실행 파일(바이너리)을 생성하지 않는다. 제공하는 기능에 대한 공용 인터페이스를 제공하는 것이 라이브러리의 목적이다. 반면에 애플리케이션을 시작하는 main.rs 파일을 가지는 바이너리 크레이트는 애플리케이션을 실행하고 시작하는 바이너리를 생성한다. 우리의 경우 웹 서버의 시작을 main 함수에 두었다. 나머지 경로 핸들러, 에러, 매개변수 파싱 같은 다른 모든 항목은 각자의 논리 단위와 파일로 옮길 수 있다.

5.1.1 러스트의 내장 mod 시스템 사용하기

러스트는 **모듈**(module)로 코드를 그룹화한다. mod 키워드는 새로운 모듈을 정의하는데, 이름이 있어야 한다. 에러와 에러 처리를 함께 그룹화하는 방법을 살펴보자.

코드 5-1 main.rs 내에서 에러 처리를 그룹화한 error 모듈

```
...
mod error {
    #[derive(Debug)]
    enum Error {
        ParseError(std::num::ParseIntError),
        MissingParameters,
        QuestionNotFound,
    }

    impl std::fmt::Display for Error {
        fn fmt(&self, f: &mut std::fmt::Formatter) -> std::fmt::Result {
            match *self {
                Error::ParseError(ref err) => write!(f, "Cannot parse parameter: {}", err)
                Error::MissingParameters => write!(f, "Missing parameter"),
                Error::QuestionNotFound => write!(f, "Question not found"),
            }
        }
    }

    impl Reject for Error {}
}
...
```

명명 규칙에 따르면 러스트에서 모듈 이름을 지정할 때는 소문자 단어를 언더스코어로 구분하는 형식인 스네이크 케이스(snake_case)를 사용한다. 따라서 모듈 이름을 Error 대신 error로 지정했다.

이 방식은 쉬워 보이며, 실제로도 그렇다. 그러나 코드를 컴파일해 보면 에러가 발생한다(중요한 부분은 음영으로 표시했고, 중복된 부분은 …로 표시했다).

```
$ cargo build
   Compiling ch_04 v0.1.0 (/private/code/ch_04/final)
error[E0433]: failed to resolve: use of undeclared type `Error`
    --> src/main.rs:110:26
     |
110  |                    .map_err(Error::ParseError)?,
     |                             ^^^^^ use of undeclared type `Error`

error[E0433]: failed to resolve: use of undeclared type `Error`
    --> src/main.rs:115:26
     |
...
error[E0405]: cannot find trait `Reject` in this scope
   --> src/main.rs:76:10
     |
76   |     impl Reject for Error {}
     |          ^^^^^^ not found in this scope
     |
help: consider importing one of these items
     |
60   |     use crate::Reject;
     |
60   |     use warp::reject::Reject;
     |
...
error[E0412]: cannot find type `Error` in this scope
    --> src/main.rs:80:35
     |
80   |     if let Some(error) = r.find::<Error>() {
     |                                   ^^^^^ not found in this scope
     |
help: consider importing one of these items
     |
1    | use core::error::Error;
     |
1    | use core::fmt::Error;
     |
1    | use serde::__private::doc::Error;
```

```
     |
1    | use serde::__private::fmt::Error;
     |
          and 10 other candidates
...
Some errors have detailed explanations: E0405, E0412, E0433.
For more information about an error, try `rustc --explain E0405`.
warning: `ch_04` (bin "ch_04") generated 1 warning
error: could not compile `ch_04` due to 8 previous errors; 1 warning emitted
```

두 가지 컴파일러 에러로 러스트의 모듈 시스템에 대해 많은 것을 알 수 있다.

- 동일한 파일 내에서 가져오더라도 error 모듈 내에서는 Warp에서 Reject 트레이트에 접근할 수 없다(76행의 에러).

- Error 열거 타입이 독자적인 모듈로 옮겨졌기 때문에 애플리케이션의 다른 부분에서 해당 열거 타입을 찾을 수 없다(110행과 80행의 에러).

첫 번째 항목(Reject:not found in this scope)으로 모듈이 별도의 새로운 범위에서 작동하고 있음을 알 수 있다. 필요한 모든 것은 별도로 임포트해야 한다.

코드 5-2 main.rs의 Rejct 트레이트 Warp를 error 모듈로 옮기기

```
use warp::{
    filters::{body::BodyDeserializeError, cors::CorsForbidden},
    http::Method,
    reject::Reject,
    http::StatusCode,
    Filter, Rejection, Reply,
};

mod error {
    use warp::reject::Reject;
    #[derive(Debug)]
    enum Error {
        ParseError(std::num::ParseIntError),
        MissingParameters,
        QuestionNotFound,
    }
    ...
}
...
```

main.rs 파일의 시작 부분에서 Reject를 임포트하는 부분을 빼 error 모듈로 옮긴다. 다른 곳에서는 Reject를 사용하지 않으니 관련 컴파일러 에러가 사라지고, 이제 에러 원인 중 한 가지만 남는다.

Error 열거 타입을 모듈 뒤로 옮기므로 나머지 코드에서 더 이상 해당 열거 타입을 찾을 수 없게 되었다. 나머지 코드에서 이에 대한 경로를 수정해야 한다. 이에 대한 완벽한 예가 extract_pagination 함수로, 코드를 새로운 모듈에 맞춰 수정하는 프로세스를 볼 수 있다. 에러 반환 값을 Error에서 error::Error로 변경하는 것으로 시작한다. 모듈 뒤에 있는 엔티티에 접근하려면 모듈 이름을 쓰고, 이중 콜론(::)을 써서 모듈 뒤에 있는 열거 타입에 접근한다.

코드 5-3 네임스페이스를 추가하여 Error 열거 타입을 새로운 error 모듈에서 임포트하기

```
fn extract_pagination(
    params: HashMap<String, String>
) -> Result<Pagination, error::Error> {
    ...
    Err(error::Error::MissingParameters)
}
```

그러면 이제 다른 새로운 에러가 나온다.

```
...
enum `Error` is private
...
```

해당 에러는 Error 열거 타입이 비공개라고 알려준다. 러스트에서는 모든 타입과 함수는 기본으로 비공개이며, 외부에 노출하려면 pub 키워드를 써야 한다.

코드 5-4 Error 열거 타입에 pub 키워드를 추가해 다른 모듈에서 접근할 수 있도록 한다

```
...
mod error {
    use warp::reject::Reject;

    #[derive(Debug)]
    pub enum Error {
        ParseError(std::num::ParseIntError),
        MissingParameters,
        QuestionNotFound,
    }
    ...
}
```

프로그램 논리 일부분이 error 모듈 외부에 위치한다. return_error 함수가 그러한데, error 모듈 안에 옮기는 것이 합리적이다.

코드 5-5 return_error와 필요한 항목을 error 모듈 안으로 옮기기

```rust
mod error {
    use warp::{
        filters::{body::BodyDeserializeError, cors::CorsForbidden},
        http::StatusCode,
        reject::Reject,
        Rejection, Reply,
    };

    . . .

    async fn return_error(r: Rejection) -> Result<impl Reply, Rejection> {
        if let Some(error) = r.find::<Error>() {
            Ok(warp::reply::with_status(
                error.to_string(),
                StatusCode::UNPROCESSABLE_ENTITY,
            ))
        } else if let Some(error) = r.find::<CorsForbidden>() {
            Ok(warp::reply::with_status(
                error.to_string(),
                StatusCode::FORBIDDEN,
            ))
        } else if let Some(error) = r.find::<BodyDeserializeError>() {
            Ok(warp::reply::with_status(
                error.to_string(),
                StatusCode::UNPROCESSABLE_ENTITY,
            ))
        } else {
            Ok(warp::reply::with_status(
                "Route not found".to_string(),
                StatusCode::NOT_FOUND,
            ))
        }
    }
}
. . .
```

이것이 전부다. 해당 컴파일러 에러는 없어졌고, 이제 다음으로 넘어간다. 나머지 컴파일러 에러를 해결하려면 코드의 모든 Error 열거 타입 사용 앞에 error::를 추가하기만 하면 된다.

StatusCode, Reply, Rejection과 여기서만 사용했던 두 Warp 필터를 모듈 내부로 옮기고, main.rs 파일의 시작 부분에 있는 전체 임포트 부분에서 제거한다(StatusCode는 경로 핸들러 함수에도 사용하므로 제외).

여기까지 한 후 에러 두 가지를 더 수정해야 한다.

- return_error 함수를 공개한다.
- 경로를 생성할 때 return_error 대신 error::return_error를 호출한다.

코드 5-6 다른 모듈에서 접근할 수 있도록 return_error 함수 공개하기

```
...
mod error {

    ....

    pub async fn return_error(r: Rejection) -> Result<impl Reply, Rejection> {
        println!("{:?}", r);
        if let Some(error) = r.find::<Error>() {
            Ok(warp::reply::with_status(
                error.to_string(),
                StatusCode::RANGE_NOT_SATISFIABLE,
            ))
            ...
        }
    }
}

...

#[tokio::main]
async fn main() {
    let store = Store::new();
    let store_filter = warp::any().map(move || store.clone());
    ...
    let routes = get_questions
        .or(update_question)
        .or(add_question)
        .or(add_answer)
        .or(delete_question)
        .with(cors)
        .recover(error::return_error);
```

```
    warp::serve(routes)
        .run(([127, 0, 0, 1], 3030))
        .await;
}
```

코드를 단순화하고 그룹화하는 첫 번째 단계를 완료했다. 에러와 관련된 모든 것은 이제 자체 모듈로 이동했다. 또한, 이렇게 하면 다른 라이브러리나 우리 애플리케이션에서 임포트해야 할 타입이 어떤 것인지를 알아볼 수 있는 이점이 있다. error 모듈은 애플리케이션 코드에 매여 있지 않은 듯 보인다. 따라서 이 코드를 라이브러리로 만들 수 있고, 다른 팀에서 유지보수할 수 있으며, 둘 이상의 다른 작은 서비스에서 가져다 쓸 수도 있다.

5.1.2 다양한 경우를 위한 실용적인 폴더 구조

다음 단계로 main.rs 파일에서 코드를 자체 폴더 또는 단일 파일로 옮긴다. 어느 방향으로 갈지는 함께 그룹화하려는 코드의 복잡성에 달려 있다. error라는 폴더에 각 에러 타입과 함수별로 파일을 넣을 수 있다. 또는 error.rs라는 단일 파일만 두고, 앞서 모듈에 넣든 코드를 여기에 담을 수도 있다. 먼저 후자를 따라 main.rs와 같은 위치에 파일 error.rs를 생성해 보자.

코드 5-7 main.rs의 error 모듈을 새로 만든 error.rs 파일로 옮기기

```
mod error {
    use warp::{
        filters::{
            body::BodyDeserializeError,
            cors::CorsForbidden
        },
        reject::Reject,
        Rejection,
        Reply,
        http::StatusCode,
    };

    #[derive(Debug)]
    pub enum Error {
        ParseError(std::num::ParseIntError),
        MissingParameters,
        QuestionNotFound,
    }
```

```
    ...
}
```

코드에는 error.rs의 내용이 표시되어 있다. 딱히 파일 내부에 새로운 것은 없다. 그렇지만 main. rs 파일에서 이 모듈을 제외하면 새로운 컴파일러 에러가 많이 발생한다. 컴파일러는 더 이상 에러 구현을 찾을 수 없다. 다른 파일의 코드를 참조하려면 mod 키워드를 사용해야 한다.

코드 5-8 error 모듈을 종속성 트리에 추가하여 main.rs에 넣기

```
...
use std::sync::Arc;
use tokio::sync::RwLock;

mod error;
...
```

코드가 다른 파일에 있으므로 해당 파일의 모든 내역은 러스트에서 기본적으로 비공개이다. pub 을 모듈 정의 앞에 붙여야 한다.

코드 5-9 다른 모듈이 error 모듈에 접근하도록 pub 키워드를 붙이기

```
pub mod error {
...
}
```

코드를 업데이트하면 이렇게 했을 때의 단점을 오히려 더 빠르게 볼 수 있다. 함수에서 Error 열 거 타입을 반환하려면 이제 먼저 error라는 참조를 두 개 사용해야 한다.

코드 5-10 현재 구조에서는 동일한 이름의 모듈 두 개가 필요하다

```
fn extract_pagination(
    params: HashMap<String, String>) -> Result<Pagination, error::error::Error> {
    ...
}
```

mod {}를 사용하면 파일 안에 해당 모듈만 있더라도 파일명을 따르는 고유한 범위가 만들어진다. 그 범위에는 추가 파일명인 error::가 필요하다. 그러므로 error.rs 내부에 있는 모듈 선언을 제 거한다.

```rust
pub mod error {
    use warp::{
        filters::{
            body::BodyDeserializeError,
            cors::CorsForbidden
        },
        reject::Reject,
        Rejection,
        Reply,
        http::StatusCode,
    };

...

    pub async fn return_error(r: Rejection) -> Result<impl Reply, Rejection> {
        println!("{:?}", r);
        if let Some(error) = r.find::<Error>() {
            Ok(warp::reply::with_status(
                error.to_string(),
                StatusCode::UNPROCESSABLE_NETITY,
            ))
        } else if let Some(error) = r.find::<CorsForbidden>() {
            println!("{:?}", error);
            Ok(warp::reply::with_status(
                error.to_string(),
                StatusCode::FORBIDDEN,
            ))
        } else if let Some(error) = r.find::<BodyDeserializeError>() {
            Ok(warp::reply::with_status(
                error.to_string(),
                StatusCode::UNPROCESSABLE_ENTITY,
            ))
        } else {
            Ok(warp::reply::with_status(
                "Route not found".to_string(),
                StatusCode::NOT_FOUND,
            ))
        }
    }
}
```

그러면 main.rs에서 아무것도 변경하지 않고도 코드가 작동한다. 그렇다면 왜 별도의 파일로 작업할 때는 use 대신 mod를 사용할까? mod 키워드는 컴파일러에게 모듈 경로를 알려주고 나중에 사용할 수 있도록 저장한다. use 키워드는 모듈을 사용하고 컴파일러에 '모듈을 사용할 수 있으며 이 파일에서 사용할 수 있는 경로가 여기에 있다'고 알려준다.

main.rs 파일의 일부를 계속해서 새 폴더와 파일로 이동하면 더 명확해진다. 전체 코드를 보려면 이 책의 깃허브 저장소를 살펴보면 된다.[1] 여기에 표시하려면 페이지를 너무 많이 차지하기 때문에 전체 코드를 넣지 않았다. 그렇지만 모드 시스템이 다른 파일 및 폴더와 어떻게 작동하는지는 보여 주겠다.

store 로직을 자체 파일로 옮기고 error와 마찬가지로 mod store로 main.rs 내부에 선언한다. types 폴더에는 모든 모델이나 타입을 넣는다. 또한, 계속해서 경로 핸들러를 routes라는 폴더로 옮기고 answer와 question 핸들러에 대한 파일을 각각 생성한다. 전체 구조는 다음과 같다.

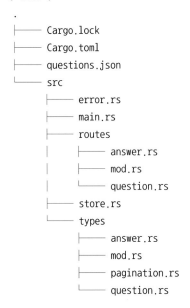

```
$ tree .
.
├── Cargo.lock
├── Cargo.toml
├── questions.json
└── src
    ├── error.rs
    ├── main.rs
    ├── routes
    │   ├── answer.rs
    │   ├── mod.rs
    │   └── question.rs
    ├── store.rs
    └── types
        ├── answer.rs
        ├── mod.rs
        ├── pagination.rs
        └── question.rs

3 directories, 13 files
```

이번 예제로 러스트가 다양한 파일 내부의 로직을 서로 연결하고 공개하는 방식을 설명할 수 있다. mod 키워드를 사용하여 모듈을 main.rs에 넣는다.

---

1 5장 실습 완료 파일을 참고하기 바란다.

```
use warp::{
    Filter,
    http::Method,
};

mod error;
mod store;
mod types;
mod routes;

#[tokio::main]
async fn main() {
    let store = store::Store::new();
    let store_filter = warp::any().map(move || store.clone());
    ...
}
```

로직이 저장된 파일명을 기준으로 error, store를 포함시켰다. 이 파일들은 main.rs 파일과 동일한 계층에 있다. 그러므로 error.rs와 store.rs 내부에는 특별한 pub mod {}가 필요하지 않다. 그림 5-1은 mod.rs 파일과 mod 임포트로 서로 다른 파일을 연결하는 방법을 개괄적으로 보여 준다.

▼ 그림 5-1 main.rs 파일로 모든 하위 모듈(파일)을 연결하고 mod.rs 파일로 폴더 내부의 모듈(파일)을 외부에 노출한다. 여기서 pub mod FILENAME;으로 하면 애플리케이션 전체에서 사용할 수 있다

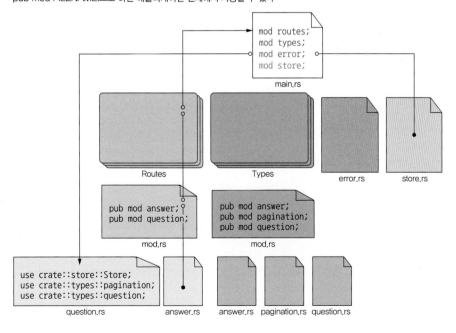

그러나 타입과 경로는 다르다. 우리는 types 폴더와 routes 폴더를 만들었고 각 폴더 안에 관련한 여러 파일을 넣었다. 각 폴더에 mod.rs 파일을 만들고 pub mod 키워드로 그 안에 있는 모듈(파일)을 노출시킨다.

코드 5-13 src/routes/mod.rs

```
pub mod question;
pub mod answer;
```

타입도 마찬가지다.

코드 5-14 src/types/mod.rs

```
pub mod question;
pub mod answer;
pub mod pagination;
```

use 키워드로 한 모듈에서 다른 모듈에 접근하고 프로젝트 계층(폴더 구조)을 사용하여 접근한다. answer.rs 파일에서 Store를 임포트하는 방법을 살펴보자.

코드 5-15 src/routes/answer.rs

```
use std::collections::HashMap;
use warp::http::StatusCode;
use crate::store::Store;
use crate::types::{
    answer::{Answer, AnswerId},
    question::QuestionId,
};
...
```

use crate::... 조합을 사용하여 자체 크레이트의 모듈에 접근한다. mod store 등으로 main.rs 파일 내부의 모든 하위 모듈을 가져왔기 때문에 가능하다. 요약하자면 다음과 같다.

- main.rs 파일은 mod 키워드로 다른 모든 모듈을 임포트해야 한다.

- mod.rs 파일로 폴더 안의 파일을 노출시키고 pub mod 키워드를 사용하여 다른 모듈(main.rs 포함)에서 사용할 수 있도록 한다.

- 하위 모듈은 다른 모듈의 기능을 use crate:: 키워드 조합으로 임포트할 수 있다.

5.1.3 라이브러리와 하위 크레이트 만들기

코드베이스가 커지면 독립적인 기능을 동일한 저장소 애플리케이션 위치에 라이브러리로 분할하는 것이 도움이 될 수 있다. 에러 구현은 애플리케이션에 구애 받지 않으며 향후 다른 애플리케이션에도 유용하다는 것을 앞서 확인했다.

> **코드는 어디에 있어야 하는가?**
>
> 큰 코드 파일 하나를 만들거나, 코드를 여러 파일로 분할하거나, 이러한 파일에 대한 폴더를 만들거나, 코드베이스의 하위 기능을 위한 완전히 새로운 크레이트를 만들 수 있다. 각각의 결정에는 각기 장점과 단점이 있다. 하위 크레이트를 사용하면 워크플로가 더 어려워질 수 있다.
>
> 경험적으로 판단 기준은 팀 크기가 될 수 있다. 특정 기능에 얼마나 많은 사람이 작업해야 하는가? 이 기능은 얼마나 자주 변경되는가? 그리고 이 코드 조각을 둘 이상의 프로젝트에서 더 큰 파일로 분리해야 하는가?
>
> 둘 이상의 프로젝트에서 필요한 공통 코드의 경우 하위 크레이트를 사용하는 것이 좋다. 다만, 하위 크레이트가 별도의 깃 저장소로 동기화되고 갱신되는 것을 염두에 두는 단점도 고려해야 한다. 다른 프로젝트에서 이 코드 조각이 필요하지 않은 경우 처음에는 폴더와 별도의 파일을 사용하는 것이 가장 좋다.
>
> 책에 실린 예제는 교육 목적으로 작성했기 때문에 여기에 나온 선택이 실제 시나리오에서 최선이 아닐 수도 있음을 기억해야 한다. 한두 개 장으로 충분히 크고 복잡한 애플리케이션을 개발할 수는 없기 때문에 하위 크레이트에서 코드를 분할하는 것은 필요한 경우 수행할 작업을 보여 주는 정도의 의미만 있다.

현재 러스트 바이너리(책 시작 부분에서 cargo new로 생성된)를 개발 중이다. 그러나 카고는 main.rs 대신 lib.rs 파일을 갖는 라이브러리를 생성할 수 있다. 5.2절에서는 라이브러리와 바이너리 크레이트 간의 더 많은 차이점을 알아보겠다. 그림 5-2는 코드베이스의 나머지 부분에 새로운 라이브러리를 추가하는 방법을 보여 준다.

프로젝트의 루트 폴더로 가서 새로운 라이브러리를 생성한다.

```
$ cargo new handle-errors --lib
```

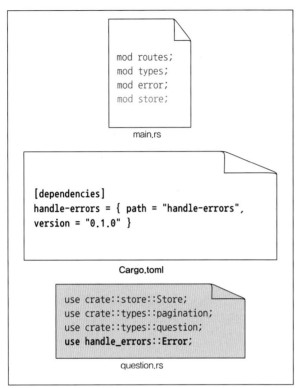

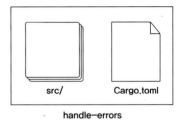

error.rs에 있는 모든 코드를 프로젝트명/handle-errors/src/lib.rs로 옮긴다.

코드 5-16 handle-errors/src/lib.rs

```
use warp::{
    filters::{body::BodyDeserializeError, cors::CorsForbidden},
    http::StatusCode,
    reject::Reject,
    Rejection, Reply,
};

#[derive(Debug)]
pub enum Error {
    ParseError(std::num::ParseIntError),
    MissingParameters,
    QuestionNotFound,
}
...
```

error.rs를 삭제하면 몇 가지 에러가 발생한다. 코드가 이 모듈에 의존하고 있기 때문이라고 예상할 수 있다. 몇 가지 단계를 거쳐야 한다.

1 러스트 컴파일러에 새로운 에러 코드를 찾을 위치를 알려준다.

2 이전 위치 대신 새 위치에서 에러 코드를 임포트한다.

Cargo.toml 파일을 사용하여 외부 라이브러리를 프로젝트로 임포트한다. handle-errors가 동일한 저장소에 있더라도 여전히 명시적으로 포함해야 하는 외부 라이브러리이다. 인터넷이나 crates.io 어딘가에 있는 깃 저장소에서 코드를 가져오는 대신 로컬 경로를 지정한다.

코드 5-17 프로젝트의 ./Cargo.toml

```
...
[dependencies]
tokio = { version = "1.2", features = ["full"] }
warp = "0.3"
serde = { version = "1.0", features = ["derive"]}
serde_json = "1.0"
# 로컬 가져오기에서는 버전 숫자는 빼도 된다
handle-errors = { path = "handle-errors" }
```

handle-errors 크레이트 역시 Warp를 종속성으로 가져야 한다. 크레이트에서 Filter나 StatusCode 같은 Warp 기능을 사용하기 때문이다.

코드 5-18 handle-errors/Cargo.toml에 Warp를 종속성으로 추가

```
[package]
name = "handle-errors"
version = "0.1.0"
edition = "2021"

[dependencies]
warp = "0.3"
```

이제 mod error를 제거할 수 있다. 이 줄로 main.rs 파일에서 필요로 하는 함수를 직접 해당 파일에서 가져올 수 있다.

코드 5-19 return_error를 새로운 handle-errors 크레이트에서 가져오기

```
use warp::{http::Method, Filter};
use handle_errors::return_error;
```

```
mod error;
mod routes;
mod store;
mod types;

#[tokio::main]
async fn main() {
    ...

    let routes = get_questions
        .or(add_question)
        .or(update_question)
        .or(delete_question)
        .or(add_answer)
        .with(cors)
        .recover(return_error);

    warp::serve(routes).run(([127, 0, 0, 1], 3030)).await;
}
```

다른 파일도 마찬가지다. 코드베이스를 살펴보고 이전에 사용했던 error를 제거한다. pagination.
rs에서는 다음과 같이 필요한 부분을 임포트한다.

코드 5-20 handle-errors 크레이트를 사용하도록 src/types/pagination.rs 수정

```
use std::collections::HashMap;
use handle_errors::Error;
...
pub fn extract_pagination(params: HashMap<String, String>) -> Result<Pagination, Error> {
    if params.contains_key("start") && params.contains_key("end") {
        return Ok(Pagination {
            start: params
                .get("start")
                .unwrap()
                .parse::<usize>()
                .map_err(Error::ParseError)?,
            end: params
                .get("end")
                .unwrap()
                .parse::<usize>()
                .map_err(Error::ParseError)?,
        });
    }
```

```
        Err(Error::MissingParameters)
    }
```

애플리케이션 내에서 더 작은 라이브러리를 생성하면 코드베이스를 모듈화하는 데 더 도움이 된
다. 그런 다음 코드에서 이 라이브러리를 완전히 제거하고 별도의 독립 실행형 라이브러리로 회사
내부 또는 더 넓은 세상에 제공할 수도 있다. 이와 같이 코드를 제거하면 다시는 변경하지 않아도
되거나, 오랫동안 변경하지 않는 코드를 포함한 더 큰 코드베이스의 버전을 항상 업데이트하지 않
아도 된다.

5.2 / 코드 문서화하기

문서화는 러스트의 일등 시민이다. 이 말은 러스트가 문서를 게시하고 제공하기 위한 내장 시스템
을 가지고 있다는 뜻이다. 또한, 문서로 만드는 **공개 주석**과 코드베이스에 남아 있는 **비공개 주석**을
구분한다.

문서가 언어와 도구에 내장되어 있기 때문에 러스트 생태계의 모든 크레이트에는 상당히 훌륭한
문서가 있다. 코드베이스에 주석을 넣지 않아도 카고는 코드에 포함된 모든 트레이트, 함수, 서드
파티 라이브러리를 나열하는 기본 문서를 생성할 수 있다.

더 많은 도움말을 추가하는 것은 라이브러리를 구축할 때뿐만 아니라 실제 애플리케이션을 문서
화할 때도 좋다. 간단한 함수라도 현장에서 몇 개월 또는 몇 년이 지난 후에는 이상하게 보일 수
있으므로 주석은 각 구성 요소를 더 잘 이해하는 데 도움이 된다.

좋은 문서의 예로 표준 라이브러리의 std::env::args를 들 수 있다(https://doc.rust-lang.
org/stable/std/env/fn.args.html). 러스트의 문서 주석은 마크다운(markdown)과도 호환되므로
링크를 사용하고 코드를 강조 표시하고 헤더를 삽입할 수도 있다.

5.2.1 문서 주석과 비공개 주석 사용하기

러스트는 문서 주석과 공개되지 않는 주석을 다음과 같이 구분한다.

- ///: 한 줄짜리 문서 주석

- /** ...*/: 블록 문서 주석

- //!과 /*! ... */: 이전 블록까지를 문서 주석으로 적용

- //: 한 줄 주석(공개되지 않음)

- /*...*/: 블록 주석(공개되지 않음)

이를 바탕으로 코드에서 직접 사용해 보자. 시작으로 Pagination 타입을 골랐다.

코드 5-21 src/types/pagination.rs 문서화하기

```
...
/// Pagination 구조체는 쿼리 매개변수에서 추출된다
#[derive(Debug)]
pub struct Pagination {
    /// 반환할 첫 번째 아이템의 인덱스
    pub start: usize,
    /// 반환될 마지막 아이템의 인덱스
    pub end: usize,
}

/// 매개변수를 /questions 경로에서 추출하기
/// # 예제 쿼리
/// 이 경로에 대한 GET 요청에는 반환 받기 원하는 질문만 반환 받도록
/// 페이지 정보가 추가될 수 있다
/// /questions?start=1&end=10
pub fn extract_pagination(params: HashMap<String, String>)
    -> Result<Pagination, Error> {
    // 나중에 더 개선할 수 있다
    if params.contains_key("start") && params.contains_key("end") {
        return Ok(Pagination {
            // start 매개변수를 쿼리에서 가져와
            // 숫자로 변환을 시도한다
            start: params
                .get("start")
                .unwrap()
                .parse::<usize>()
                .map_err(Error::ParseError)?,
            // end 매개변수를 쿼리에서 가져와
            // 숫자로 변환을 시도한다
            end: params
                .get("end")
```

```
                .unwrap()
                .parse::<usize>()
                .map_err(Error::ParseError)?,
        });
    }

    Err(Error::MissingParameters)
}
```

높은 수준의 비즈니스 관점에서 코드의 각 함수, 메서드, 기타 기능을 소개하는 것이 좋다. 그런 다음 예제 구문을 사용해 이 코드 조각이 어떻게 사용되는지 보여 주고 더 자세히 설명할 수 있다. 구조체가 있는 경우 해당 값 위에 문서 주석을 추가한다. 현재 용도가 명확하더라도 주석을 추가하면 다음 작업을 더 쉽게 수행할 수 있다.

- 나중에 프로젝트 단계에서 코드 검토하기

- 생성된 문서 전체 읽기

러스트는 몇 가지 일을 자동으로 수행한다. doc이라는 카고 명령은 코드베이스의 문서를 생성한다. 이 명령은 프로젝트 내에 새 폴더 구조(/target/doc/project_name)를 생성하고, 러스트 프로젝트를 https://crates.io에 게시하면 문서가 자동으로 소스 코드에서 빌드되어 https://docs.rs에 게시된다.

cargo doc --open을 사용하면 브라우저에서 생성된 문서가 열리므로 로컬에서 프로젝트 문서를 탐색할 수 있다. 그림 5-3은 완성된 문서가 브라우저에서 열리는 모습이다.

▼ 그림 5-3 카고 명령 cargo doc으로 우리 프로그램에 대한 문서를 생성한다

Types로 이동한 다음 Pagination으로 이동하면 pagination.rs 파일에 있는 두 가지 로직인 Pagination 구조체와 extract_pagination 함수가 표시된다. 그림 5-4는 함수에 추가된 문서 주석의 결과이다.

▼ 그림 5-4 모든 함수와 구조체는 문서에 실리며, 개발자가 만든 문서 주석으로 보강된다

5.2.2 주석에 코드 추가하기

애플리케이션을 더 많은 사람들에게 소개하거나 팀에서 풀 리퀘스트를 완료할 때 새로 추가된 함수의 기능과 사용 방법을 설명하면 도움이 된다. 많은 사람들이 이를 위해 README를 사용하거나 파일의 주석 섹션에 예제 코드를 추가한다.

러스트는 주석에 예제 코드를 추가할 것을 적극 권장한다. 게시된 문서에서 마크다운으로 강조 표시하기도 하지만, 진짜 멋진 기능은 주석의 코드가 테스트에서도 실행된다는 것이다. 이런 식으로 러스트는 예제 코드가 결코 구식이 아님을 확인할 수 있으므로 함수 서명이나 본문을 변경하면 주석의 예제도 업데이트해야 한다. 삼중 백틱(```)으로 코드를 둘러싸면 된다.

그러나 주의할 점이 있다. 현재 문서 주석의 코드는 애플리케이션(바이너리) 대신 라이브러리를 만드는 경우에만 실행된다. 우리는 표준 cargo new 명령을 사용하여 애플리케이션을 만들었다. cargo new --bin으로 생성한 것이다. 라이브러리를 생성하고 싶다면(그리고 main.rs 대신 lib.rs 파일을 생성하고 싶다면) cargo new --lib를 입력하면 된다.

이는 라이브러리가 외부 사용에 노출되고 제한된 범위와 잘 정의된 API를 갖는다는 생각에 그 원인이 있다. 이 문제는 현재 수정 중으로 러스트 바이너리를 만드는 경우, 문서 주석의 코드도 실행될 것이다.

그럼에도 코드에 예제를 추가하는 것은 도움이 된다. 다음과 같이 문서 주석에 extract_pagination 의 사용 예를 추가할 수 있다.

코드 5-22 extract_pagination에 예제 추가하기

```rust
/// 매개변수를 /questions 경로에서 추출하기
/// # 예제 쿼리
/// 이 경로에 대한 GET 요청에는 반환 받기 원하는 질문만 반환 받도록
/// 페이지 정보가 추가될 수 있다
/// /questions?start=1&end=10
/// # 사용 예
/// ```rust
/// let mut query = HashMap::new();
/// query.insert("start".to_string(), "1".to_string());
/// query.insert("end".to_string(), "10".to_string());
/// let p = types::pagination::extract_pagination(query).unwrap();
/// assert_eq!(p.start, 1);
/// assert_eq!(p.end, 10);
/// ```
pub fn extract_pagination(params: HashMap<String, String>) -> Result<Pagination, Error> {
    // 나중에 더 개선할 수 있다
    if params.contains_key("start") && params.contains_key("end") {
        return Ok(Pagination {
            // start 매개변수를 쿼리에서 가져와
            // 숫자로 변환을 시도한다
            start: params
                .get("start")
                .unwrap()
                .parse::<usize>()
                .map_err(Error::ParseError)?,
            // end 매개변수를 쿼리에서 가져와
            // 숫자로 변환을 시도한다
            end: params
                .get("end")
                .unwrap()
                .parse::<usize>()
                .map_err(Error::ParseError)?,
        });
    }

    Err(Error::MissingParameters)
}
```

cargo doc --open 명령을 다시 실행하면 구문 강조가 된 예제 코드가 추가된 화면을 볼 수 있다 (그림 5-5).

❤ 그림 5-5 마크다운을 사용해 헤더와 예제 코드에 구문 강조를 했다

예제 쿼리

이 경로에 대한 GET 요청에는 반환 받기 원하는 질문만 반환 받도록 페이지 정보가 추가될 수 있다 /questions?start=1&end=10

사용 예

```
let mut query = HashMap::new();
query.insert("limit".to_string(), "1".to_string());
query.insert("offset".to_string(), "10".to_string());
let p = types::pagination::extract_pagination(query).unwrap();
assert_eq!(p.limit, 1);
assert_eq!(p.offset, 10);
```

프로젝트 관련 문서를 자동으로 생성하는 추가 기능은 코드베이스의 미래를 보장하는 데 큰 기여를 한다. 프로젝트마다 다른 스타일의 문서가 있거나 오래된 도구를 걱정하거나 직접 문서를 수동으로 컴파일하고 게시하는 것을 걱정할 필요가 없다.

견고한 코드베이스를 만드는 다음 단계는 코드 이름 지정, 구조화, 서식 지정과 관련된 모범 사례를 사용하는지 확인하는 것이다. 그럼 바로 시작하자.

5.3 코드베이스를 린팅하고 서식화하기

러스트는 코드베이스를 린팅하는 도구 측면에서 빛을 발한다. 표준 도구나 규칙이 없는 언어를 사용한다면 기존 프로젝트나 새 프로젝트에 규칙을 적용하거나 팀이나 회사 전체에서 도구를 표준화하는 것이 어려울 수 있다. 러스트는 이를 지원하는 두 가지 표준 도구를 제공한다.

첫 번째는 클리피(Clippy)이고, 두 번째는 Rustfmt이다. 둘 다 공식 러스트 언어에서 관리하므로 커뮤니티에서 지원을 받을 수 있다. 이 두 도우미가 어떻게 우리에게 쾌적한 환경을 만들어 주는지 살펴보자.

5.3.1 클리피 설치하기

클리피는 러스트 코어에서 유지보수되며 러스트 깃허브 저장소에 있다. rustup으로 클리피를 설치한다.

```
$ rustup component add clippy
```

이 도구는 나중에 CI(지속적 통합) 파이프라인에 별도로 추가할 수도 있다. 지금은 코드베이스를 로컬에서 린팅하고 형식을 지정하는 데 중점을 두겠다. 클리피를 설치한 후 다음과 같이 실행할 수 있다.

```
$ cargo clippy
```

린팅 규칙을 포함시키는 방법으로 두 가지가 있다.

- 프로젝트 폴더(Cargo.toml 파일과 동일한 수준)에 clippy.toml 또는 .clippy.toml 파일을 생성하기[2]
- main.rs 또는 lib.rs 파일 상단에 규칙 추가하기

어떻게 하는지 살펴보자. main.rs 파일에 규칙을 추가하는 방법을 사용한다.

코드 5-23 클리피 규칙을 main.rs 파일에 추가하기

```rust
#![warn(
    clippy::all,
)]

use warp::{
    Filter,
    http::Method,
};

mod error;
mod store;
mod types;
mod routes;

#[tokio::main]
```

---

2   **역주** 공식 문서에도 나오지만, 파일로 클리피를 관리하는 방법은 불안정한 것으로 취급되며 향후에는 지원되지 않는다.

```
async fn main() {
    let store = store::Store::new();
    let store_filter = warp::any().map(move || store.clone());
    let get_questions = warp::get()
        ...
        .and_then(routes::question::get_questions);

    let update_question = warp::put()
        ...
        .and_then(routes::question::update_question);

    let delete_question = warp::delete()
        ...
        .and_then(routes::question::delete_question);

    let add_question = warp::post()
        ...
        .and_then(routes::question::add_question);

    let add_answer = warp::post()
        ...
        .and_then(routes::answer::add_answer);
}
```

이제 클리피를 실행해 코드에 개선할 여지가 있는지 확인할 수 있다. 이 도구는 때때로 cargo clippy를 실행하기 전에 cargo clean을 실행해야 하는 이상한 점이 있다. 예제를 테스트하려면 src/routes/question.rs 파일로 변경하여 다음 코드(음영으로 표시함)와 같이 매개변수를 확인해야 한다.

```
...
pub async fn get_questions(
    params: HashMap<String, String>,
    store: Store,
) -> Result<impl warp::Reply, warp::Rejection> {
    if params.len() > 0 {
        let pagination = extract_pagination(params)?;
        let res: Vec<Question> = store.questions.read().values().cloned().collect();
        let res = &res[pagination.start..pagination.end];
        Ok(warp::reply::json(&res))
    } else {
        let res: Vec<Question> = store.questions.read().values().cloned().collect();
        Ok(warp::reply::json(&res))
```

```
        }
    }
    ...
```

cargo clippy를 실행하면 다음과 같은 경고를 받는다.

```
$ cargo clean
$ cargo clippy
```

```
...
warning: length comparison to zero
    --> src/routes/question.rs:14:8
     |
14   |        if params.len() > 0 {
     |           ^^^^^^^^^^^^^^^^^ help: using `!is_empty` is clearer and more explicit:
`!params.is_empty()`
     |
     = help: for further information visit https://rust-lang.github.io/rust-clippy/
master/index.html#len_zero
note: the lint level is defined here
    --> src/main.rs:1:9
     |
1    | #![warn(clippy::all)]
     |         ^^^^^^^^^^^^
     = note: `#[warn(clippy::len_zero)]` implied by `#[warn(clippy::all)]`

warning: `warp_server` (bin "warp_server") generated 1 warning
    Finished dev [unoptimized + debuginfo] target(s) in 0.15s
```

question.rs 파일에서 .len() > 0으로 확인하는 대신 is_empty를 사용해야 한다고 알려준다. 트리거한 린팅 규칙과 추가 정보를 찾을 수 있는 위치도 알려준다. 제시된 웹사이트(https://rust-lang.github.io/rust-clippy/master/index.html#len_zero)를 열면 다음 정보를 얻을 수 있다.

```
What it does
Checks for getting the length of something via .len() just to compare to zero, and
suggests using .is_empty() where applicable.

Why is this bad?
Some structures can answer .is_empty() much faster than calculating their length.
So it is good to get into the habit of using .is_empty(), and having it is cheap.
Besides, it makes the intent clearer than a manual comparison in some contexts.
```

계속해서 다음처럼 코드를 변경하고 cargo clippy를 다시 실행한다.

```
...
pub async fn get_questions(
    params: HashMap<String, String>,
    store: Store,
) -> Result<impl warp::Reply, warp::Rejection> {
    if !params.is_empty() {
        ....
    }
}
...
```

클리피는 코드에 만족하여 더 이상 경고를 보내지 않는다.

```
$ cargo clippy
    Finished dev [unoptimized + debuginfo] target(s) in 0.15s
```

가능한 모든 린팅 규칙 목록(https://rust-lang.github.io/rust-clippy/master/index.html)
을 일일이 알아보고 싶지 않다면 다음 나열한 규칙을 사용한다.

- clippy::all: 기본으로 켜져 있는 모든 린트(정확도, 의심, 스타일, 복잡성, 성능)

- clippy::correctness: 완전히 잘못되었거나 쓸모없는 코드

- clippy::suspicious: 잘못되었거나 쓸모없는 코드

- clippy::style: 좀 더 관용적인 방식으로 작성해야 하는 코드

- clippy::complexity: 단순한 것을 복잡한 방식으로 작업을 수행하는 코드

- clippy::perf: 더 빠르게 실행하도록 작성하는 코드

- clippy::pedantic: 다소 엄격하거나 가끔 잘못됨을 허용하는 린트

- clippy::nursery: 아직 개발 중인 새로운 린트

- clippy::cargo: 카고 매니페스트용 린트

엄격한 규칙으로 연습하면 언어를 더 잘 배울 수 있다. 러스트는 내부적으로 복잡한 언어라 능숙
해지는 데는 시간이 꽤 걸린다. 클리피의 안내를 받으면 관용적인 러스트를 작성하는 데 자신감을
갖게 될 것이다.

5.3.2 Rustfmt로 코드 서식화하기

Rustfmt는 클리피와는 약간 초점이 다른 도구로서, 클리피처럼 rustup으로 설치할 수 있다.

```
$ rustup component add rustfmt
```

Rustfmt는 코드 서식 지정에 중점을 둔다. 예를 들어 항목 사이에 적용할 빈 줄 수와 주석 너비를 지정할 수 있다. 이 모든 것은 프로젝트 폴더의 rustfmt.toml 파일(Cargo.toml 파일과 동일한 수준에 있어야 함)을 통해 조정할 수 있다. 모든 옵션 목록은 필터링 가능한 웹사이트에서 찾을 수 있다(https://rust-lang.github.io/rustfmt).

터미널에서 프로젝트 폴더로 이동하고 다음 명령을 실행해 표준 형식 설정에 따라 코드 형식을 자동으로 지정할 수 있다.

```
$ cargo fmt
```

RUST WEB DEVELOPMENT

5.4 / 요약

- 모듈과 mod 키워드로 코드를 더 작은 조각으로 나눌 수 있다.
- 모듈을 파일로 이동하면 코드베이스를 분리하는 데 도움이 된다.
- 러스트는 자동으로 파일 이름을 모듈 이름으로 가정한다. 즉, 새로운 파일마다 mod MODULENAME {}을 추가하지 않아도 되며 대신 기본으로 파일 이름을 모듈 이름으로 사용할 수 있다.
- 폴더에 mod.rs 파일이 있으면 하위 모듈을 main.rs 파일에 노출할 수 있다.
- 모든 모듈을 main.rs 파일로 가져와야 use 키워드로 다른 파일에서 가져와서 사용할 수 있다.
- 러스트에는 비공개 주석(//)과 문서 주석(///)이 있으며 cargo doc으로 프로젝트 문서를 자동으로 게시한다.
- 러스트는 공식적으로 지원되는 린팅 도구로 클리피를 제공한다.

- 클리피에 대한 규칙 컬렉션이나 컬렉션에 대한 개별 규칙을 임포트할 수 있다.
- Rustfmt 도구는 TOML 파일로 스타일을 조정하여 코드베이스의 형식을 지정한다.

6장

6 로그, 추적, 디버깅

이 장에서 다룰 핵심 내용
- 웹 서비스에서 로깅, 추적, 디버깅 사용하기
- 러스트의 로깅 옵션 이해하기
- 외부 크레이트를 사용해 로깅 향상시키기
- 웹 서비스에서 Tracing 크레이트 사용하기
- 러스트 웹 서비스를 위한 디버깅 환경 설정하기
- 러스트로 작성된 웹 서비스 디버깅하기

1~5장까지 러스트 웹 서비스를 구현하는 법, 비동기 개념을 구현하는 이유와 방법, 러스트 코드를 모듈과 라이브러리로 분할하는 방법 등을 다뤘다. 이것만으로도 코드를 읽고 이해할 수 있으며, 향후 변경 사항을 빠르게 구현할 수도 있다. 또한, 컴파일러의 엄격한 특성을 사용해 에러를 발견하고 코드를 개선하는 방법도 배웠다.

이 장에서는 웹 서비스의 계측을 다룬다. 계측(instrumentation)은 정보를 추적하고 에러를 진단하는 것을 의미한다. 개발 중에도 HTTP 호출이나 함수 내부의 에러를 검사하기 위해 콘솔에 정보를 기록해 봤을 것이다. 그러나 애플리케이션 로깅과 추적으로 이런 방식을 더 확장하고 간소화할 수 있다.

러스트 컴파일러는 애플리케이션이 컴파일되기 전에 에러 대부분을 찾아내지만, 발생 가능한 모든 버그를 설명해 주지는 못한다. 어떤 경우에는 코드가 괜찮아 보이지만, 원하는 방식으로 작동하지 않기도 한다. 또한, 컴파일러는 웹 서비스의 비즈니스적인 면에 대해서는 전혀 알지 못한다. 여러분은 웹 서비스를 실행할 때 HTTP 요청이 언제 들어오는지, 어떻게 생겼는지, 웹 서비스가 어떻게 응답했는지 알고 싶을 것이다. 더 자세히 알아보기 위해서 모든 로그인, 등록 시도, 에러 사례(예를 들어 데이터베이스에서 읽을 수 없는 경우)나 실행 중인 애플리케이션을 더 잘 이해하는 데 필요한 기타 정보를 기록할 수 있다. 들어오는 요청에서 나가는 응답까지 전체 흐름은 그림 6-1에 나와 있다.

❤ 그림 6-1 동작 중인 웹 서비스는 다양한 부분에서 에러가 일어난다. 각 단계는 추후 조사를 위해 로그를 충분히 만들어야 한다

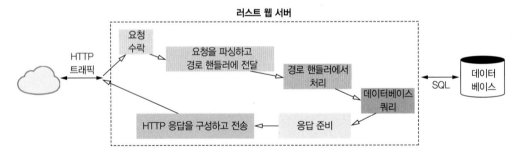

이 장에서는 먼저 러스트에서 콘솔이나 파일을 이용한 로깅을 다룬 다음 추적을 알아본다. 추적이 의미하는 것과 이를 사용해 실행 중인 애플리케이션을 계측하고 비동기 코드에서 에러를 발견하는 방법을 알아본다. 이 장의 마지막 부분에서는 디버깅을 다룬다. 때때로 개발 중에 특정 변수가 설정되거나 설정되지 않은 이유, 루프가 원하는 결과를 생성하지 않는 이유 등이 궁금할 것이다. 러스트 애플리케이션을 디버깅하면 특정 코드 부분이 언제, 어떻게 실행되고 어떤 값으로 실행되는지 정확히 알 수 있다.

6.1 / 러스트 애플리케이션 로깅하기

실행 중인 웹 서비스는 HTTP 요청을 받고, 정보를 보내고, 데이터베이스에서 데이터를 가져오고, 연산을 수행한다. 웹 서비스의 모든 내부 작업은 기록되어 어딘가에 저장된다. 상황에 따라 다른 수준으로 자가 진단을 해야 한다.

애플리케이션에서 어느 날 대량의 신규 가입이 들어오고, 이러한 요청이 적합한지 확인한다고 가정해 보자. 이 요청은 서비스를 악용하는 로봇일 수 있다. 또 다른 경우는 애플리케이션에 더 이상 로그인할 수 없다는 수백 건의 새로운 지원 요청 티켓이 들어올 수도 있다. 시스템에서 무슨 일이 일어나고 있는지 파악하려면 무엇을 해야 할까?

첫 번째 단계는 로그를 살펴보는 것이다. 그러고 나면 '사용자 여정에서 적절한 순간에 로그를 남겼는지'를 '쉽게 검색할 수 있도록 로그를 어딘가에 저장했는지'로 질문을 바꿀 수 있다.

stdout 대 stderr

애플리케이션이 시작되면 저마다 다른 입력, 출력 스트림을 연결한다. 이 스트림은 애플리케이션과 해당 환경 간의 통신 채널이다.

터미널은 컴퓨팅 초기에는 실제 물리적 장치였지만, 유닉스는 이를 추상화하여 애플리케이션이 시작된 터미널에 기본으로 연결할 수 있었다. 즉, 터미널을 이용해 표준 입력(stdin)으로 애플리케이션에 명령을 입력할 수 있었고, 애플리케이션은 표준 출력(stdout)과 표준 에러(stderr)로 진단 결과를 보낼 수 있었다.

러스트에서는 println!으로 콘솔에 출력할 때 stdout에 연결하지만, logging 라이브러리는 stderr에 정보를 보낸다. 둘 다 기본으로 터미널에서 끝나지만 stderr의 위치를 변경할 수 있다(예를 들어 파일이나 원격 서버로 지정). 러스트에는 eprintln! 매크로도 있다. 이 매크로(https://doc.rust-lang.org/std/macro.eprintln.html)는 stderr에 기록하며 에러와 진행 메시지에만 사용해야 한다.

어떤 것을 사용할지는 각자에게 달려 있지만, 권장하는 방식은 진단에는 stderr를 사용하고, 일반 출력에는 stdout을 사용하는 것이다.

로깅은 단순히 터미널에서 텍스트를 출력하는 것과 다르다.

- 로깅에는 더 많은 정보와 고정된 구조가 있어야 한다.
- print!는 애플리케이션에서 출력 스트림으로 stdout을 사용한다.
- 로깅은 보통 출력을 stderr로 보낸다(stdout에도 로깅할 수 있지만, 라이브러리에서 표준으로 채택했다).
- 터미널, 파일, 서버에 로깅하도록 선택할 수 있다.

- 로깅에는 다양한 수준이 있다(정보에서 치명적인 수준까지).[1]

- 로그를 기기가 관리할 경우(예를 들어 로그 정보를 처리하는 등) 로깅 형식으로 JSON을 사용하는 것이 좋다.

- 주로 사람이 사용하기 위해 로그를 사용하는 경우, 쉼표나 공백으로 구분된 표준 텍스트를 사용하는 것이 좋다.

러스트의 로깅은 **파사드 패턴**(facade pattern)으로 처리된다. 이 패턴은 소프트웨어 아키텍처의 디자인 패턴을 다루는 Gang of Four의 책에 설명되어 있다. 〈GoF의 디자인 패턴〉(프로텍미디어, 2015)을 인용하자면 다음과 같다.

(파사드 패턴은) 클라이언트를 하위 시스템 구성 요소로부터 보호하여 클라이언트가 처리하는 객체 수를 줄이고 하위 시스템을 사용하기 쉽게 만든다.[2]

이는 실제 구현하는 입장에서 봤을 때 파사드 크레이트/객체에서 공개된 함수를 호출하는 것이 내부적으로는 다른 크레이트의 실제 로직을 호출하는 것과 같다. 이 패턴을 이용해 로깅 방식을 변경하고 싶다면 logging 크레이트만 교체하면 되고, 실제 코드는 그대로 유지할 수 있다는 장점이 있다.

러스트에서 로깅할 때 주로 로그(log)라는 파사드 크레이트를 사용한다. 따라서 코드에서는 파사드(log)와 실제 로깅 구현(필요에 맞는 또 다른 로깅용 크레이트)을 하는 두 라이브러리를 임포트한다. 그림 6-2에서 env-logger는 log 크레이트를 파사드로 사용하고 있다.

▼ 그림 6-2 로깅을 위한 크레이트를 이용할 때 로그 크레이트의 로깅 매크로를 쓸 확률이 높다

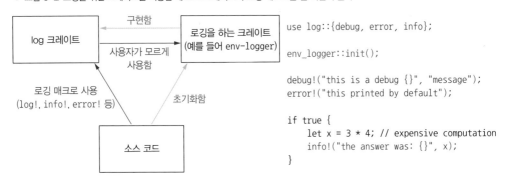

---

1 역주 많은 logging 라이브러리는 보통 TRACE, INFO, DEBUG, WARN, ERROR 등 다양한 수준을 제공한다.

2 역주 이 번역이 국내 번역서와 얼마나 다른지는 알 수 없다. 다만, 파사드 패턴은 하위 시스템의 다양한 구성 요소에 대해 직접적으로 처리를 담당하는 파사드를 만들어서, 파사드의 인터페이스 부분만 외부에 노출하고 복잡한 실무 작업은 파사드 내부에 숨기는 방식이라고 이해하면 충분할 것이다. 일종의 저택의 집사나 회사의 비서 같은 개념이라고 생각할 수 있다.

러스트에는 다양한 수준의 로그가 있다. 모든 logging 라이브러리가 모든 수준을 다 지원하지는 않는다. 사용 가능한 로깅 수준은 다음과 같다(로그 크레이트를 이용해 사용할 수도 있으며, https://docs.rs/log/0.4.16/log/#macros를 참고한다).

- debug: 개발 중 디버깅에 사용한다.

- info: 정보 제공의 목적으로만 사용한다.

- warning: 심각한 문제가 아님을 나타낸다.

- error: 데이터베이스 연결 끊김과 같은 일반적인 에러를 나타낸다.

- trace: 일회성 디버깅 또는 빌드에 사용되며 세분화하여 로깅한다.

- critical: 즉시 해결해야 하는 미션 크리티컬 에러를 나타낸다.

코드에서는 다음과 같이 사용한다.

코드 6-1 로그 수준

```
use log::{info, warn, error, debug}

info!("User {} logged in", user.id);
warn!("User {} logged in {} times", user.id, login_count);
err!("Failed to load User {} from DB", user.id);
debug!(
    "User {} access controls: {}, {}",
    user.id, user.admin, user.supervisor
);
```

로그에서 다양한 수준을 사용하면 유용한 정보를 쉽게 찾을 수 있다. 어느 시점에서는 로그를 수집해 에러 여부를 알고 싶을 것이다. 웹 서버를 기동할 때 "에러만 보여 줘. 디버그나 정보 로그는 신경 쓰지 않겠어" 같은 지시를 넣으면 해당 로그는 실행 시 나오지 않을 수 있다. 이런 식으로 동작시키려면 보통 환경 변수를 설정해 logging 크레이트와 컴파일러에 특정 수준(예를 들어 warn, info, error)의 로그만 포함하도록 지시해야 한다. 이렇게 하면 로그가 정리되고 프로덕션에 배포하기 전에 로그를 출력하는 코드를 일일이 제거하지 않아도 된다.

stderr 스트림에 단순 텍스트를 넣는 것 외에도 JSON 형식으로 정보를 기록할 수 있으므로 다른 서비스에서 더 쉽게 파싱할 수도 있다. 이 장을 진행하면서 라이브러리로 어떻게 다양한 구조를 가진 로그를 만드는지 살펴보겠다. 이 지식을 바탕으로 첫 번째 로깅 메커니즘을 구현할 것이며, 이를 반복하여 개선해 나갈 것이다.

6.1.1 웹 서비스에 로깅 구현하기

그림 6-2에서 보았듯이 새로운 크레이트가 두 개 필요하다. 처음에는 실제 logger 구현체로 env_logger 크레이트를 사용한 다음, 나중에 다른 항목도 살펴보겠다. 또한, 로깅 매크로라고 부르는 로깅 파사드 로그도 필요하다. 다음과 같이 두 가지를 Cargo.toml 파일에 추가한다.

코드 6-2 Cargo.toml에 로그 종속성 추가

```
[package]
name = "practical-rust-book"
version = "0.1.0"
edition = "2021"

[dependencies]
tokio = { version = "1.2", features = ["full"] }
warp = "0.3"
serde = { version = "1.0", features = ["derive"]}
serde_json = "1.0"
# 로컬 가져오기에서는 버전 숫자는 빼도 된다
handle-errors = {path = "handle-errors"}
log = "0.4"
env_logger = "0.9"
```

main.rs의 main 함수에 몇 가지 로깅 매크로를 추가하고 터미널 출력을 살펴보면서 로깅에 대한 감을 잡아 보자. 다음 코드에서 main.rs 파일과 시작하기 위해 해야 할 일을 살펴보자.

코드 6-3 애플리케이션 main.rs에 첫 번째 로그 추가하기

```
#![warn(clippy::all)]

use handle_errors::return_error;
use warp::{http::Method, Filter};

mod routes;
mod store;
mod types;

#[tokio::main]
async fn main() {
    env_logger::init();

    log::error!("This is an error");
```

```
    log::info!("This is info!");
    log::warn!("This is a warning!");

    let store = store::Store::new();
    let store_filter = warp::any().map(move || store.clone());

    let cors = warp::cors()
        .allow_any_origin()
        .allow_header("Content-Type")
        .allow_methods(&[Method::PUT, Method::DELETE, Method::GET, Method::POST]);


    ...
}
```

그림 6-2에서 실제 로깅 구현을 초기화해야 한다는 것을 보았다. 그런 다음 파사드 크레이트 로그를 사용하여 실제 로깅을 수행할 수 있다. cargo run으로 애플리케이션을 실행하면 터미널에 다음처럼 표시된다.

코드 6-4 첫 번째 로그의 터미널 출력

```
$ cargo run
    Compiling practical-rust-book v0.1.0 (/private/tmp/practical-rust-book)
        Finished dev [unoptimized + debuginfo] target(s) in 2.44s
            Running `target/debug/practical-rust-book`
[2023-04-26T11:01:49Z ERROR practical_rust_book] This is an error!
```

이상하게도 log:error!는 출력되지만 log::info!, log::warn!은 숨겨져 있거나 실행되지 않는 것처럼 보인다. 무언가 이해되지 않을 때는 자신의 문제를 파악하기 위해 연구해 보고 추론한 것을 본인에게 설명한 이후에 문서에서 답을 찾는 것이 좋다. 단순히 답을 읽는 것보다 문제에 대한 가능한 솔루션을 생각해 보고, 틀려 보는 편이 지식을 더 빨리 얻을 수 있다.

다음과 같이 각 단계를 살펴보자.

1 info, warn 매크로는 error 바로 다음에 출력된다. 그러니 컴파일러는 이를 검토한 후 화면에 무엇인가 출력해야 한다. 그렇다면 혹시 env-logger는 러스트 프로그램을 시작할 때 모든 수준의 로그를 출력하지 않는 것은 아닐까?

2 실제 프로덕션에서 모든 수준을 로깅하는 것은 너무 번거롭다. 그래서 env-logger는 error 로그만 출력하도록 기본으로 설정되어 있어 지나치게 많은 로깅을 방지한다.

3 env_logger 크레이트에 대한 문서(https://docs.rs/env_logger/latest/env_logger/index.html#enabling-logging)를 읽어 보자. 다음과 같은 인용문이 나온다.

로그 수준은 모듈별로 제어되며 기본으로 에러 수준을 제외한 모든 로깅은 비활성화된다. 로깅은 RUST_LOG 환경 변수로 제어된다.

이제 알았다! 환경 변수 RUST_LOG를 cargo run 명령에 전달하면 된다. 다시 실행하면 다음과 같은 결과를 볼 수 있다.

코드 6-5 RUST_LOG 환경 변수로 애플리케이션 실행하기

```
$ RUST_LOG=info cargo run
    Finished dev [unoptimized + debuginfo] target(s) in 0.06s
        Running `target/debug/practical-rust-book`
[2023-04-26T12:04:21Z ERROR practical_rust_book] This is an error
[2023-04-26T12:04:21Z INFO  practical_rust_book] This is info!
[2023-04-26T12:04:21Z WARN  practical_rust_book] This is a warning!
[2023-04-26T12:04:21Z INFO  warp::server] Server::run; addr=127.0.0.1:3030
[2023-04-26T12:04:21Z INFO  warp::server] listening on http://127.0.0.1:3030
```

훨씬 나아졌다. RUST_LOG=info를 cargo run 명령 앞에 추가해 로그할 수준을 애플리케이션에 전달한다. env-logger 크레이트는 이제 info, warn, error에 있는 모든 로그를 출력한다.

그런데 잠깐, 마지막 두 줄이 눈에 뜨인다. Warp 크레이트에서 나온 것으로 보이는 info 로그가 두 개 더 출력되었다. Warp의 소스 코드(https://github.com/seanmonstar/warp/blob/master/src/server.rs#L135-L141)를 살펴보면 웹 프레임워크에서 Tracing이라는 라이브러리를 사용하여 정보 로그를 콘솔에 출력하는 것을 알 수 있다. 다음 코드는 바로 그 부분이다.

코드 6-6 Warp 소스 코드 내의 tracing::info로 로깅하는 부분

```
    ...
    {
        /// Run this `Server` forever on the current thread
        ...
        pub async fn run(self, addr: impl Into<SocketAddr>) {
            let (addr, fut) = self.bind_ephemeral(addr);
            let span = tracing::info_span!("Server::run", ?addr);
            tracing::info!(parent: &span, "listening on http://{}", addr);

            fut.instrument(span).await;
        }
```

```
        ...
    }
    ...
```

RUST_LOG 환경 변수를 cargo run에 전달하면서 Warp의 내부 로깅 메커니즘도 활성화됐다. 6.2
절에서 Tracing 라이브러리를 살펴보고 앞으로 사용하려는 이유도 살펴보겠다. 지금은 로깅에 좀
더 집중해 보자.

이번에는 서버를 시작할 때 로그 수준으로 debug를 전달하도록 한다. 그다음에 HTTP 요청을 몇
개 보내고 어떤 일이 일어나는지 살펴보자.

```
$ RUST_LOG=debug cargo run
```

상황에 맞게 Postman이나 명령줄 도구인 curl로 HTTP 요청을 보낸다.

```
$ curl --location --request GET 'http://localhost:3030/questions'
```

웹 서버의 로그 수준을 디버그로 설정하여 실행한 후 HTTP GET 요청을 보내면 다음과 같은 출
력을 볼 수 있다.

코드 6-7 HTTP 요청이 들어올 때 웹 서버의 디버그 출력

```
$ RUST_LOG=debug cargo run
    Finished dev [unoptimized + debuginfo] target(s) in 0.06s
      Running `target/debug/practical-rust-book`
[2023-04-26T12:31:59Z ERROR practical_rust_book] This is an error
[2023-04-26T12:31:59Z INFO  practical_rust_book] This is info!
[2023-04-26T12:31:59Z WARN  practical_rust_book] This is a warning!
[2023-04-26T12:31:59Z INFO  warp::server] Server::run; addr=127.0.0.1:3030
[2023-04-26T12:31:59Z INFO  warp::server] listening on http://127.0.0.1:3030
[2023-04-26T12:32:09Z DEBUG hyper::proto::h1::io] parsed 3 headers
[2023-04-26T12:32:09Z DEBUG hyper::proto::h1::conn] incoming body is empty
[2023-04-26T12:32:09Z DEBUG warp::filters::query] route was called without a query
string, defaulting to empty
[2023-04-26T12:32:09Z DEBUG hyper::proto::h1::io] flushed 181 bytes
[2023-04-26T12:32:09Z DEBUG hyper::proto::h1::conn] read eof
```

새로 추가된 로그를 음영으로 표시했다(DEBUG로 표시된 코드 6-7의 마지막 다섯 줄). 이전 장에
서 러스트에 HTTP 구현이 함께 제공되지 않아서 Warp가 별도의 추상화 계층을 사용하는 것을
보았다. 내부적으로 HTTP 서버 역할을 하는 Hyper라는 크레이트를 사용하므로 Warp는 웹 프

레임워크 부분에만 집중할 수 있다.

로그 수준을 debug로 활성화하면서 Hyper 크레이트에서의 로그도 출력되었으며, Warp에 들어오는 쿼리에 대한 추가적인 로그도 있다. 웹 서버를 작성하면서 벽에 부딪히거나 들어오는 HTTP 요청에서 예상한 것과는 다른 경로나 결과가 나온다면 들어오고 나가는 항목에 대한 더 많은 통찰을 얻을 수 있도록 애플리케이션을 시작할 때 디버그 로그를 활성화하는 것이 좋다.

다른 트릭을 시도해 보자. 이 장의 시작 부분에서 기본적으로 크레이트는 로깅을 프로그램이 시작되는 터미널인 stderr에 한다고 배웠다. 일반적인 유닉스 지식을 사용하면 출력을 파일로 리디렉션할 수 있다. 앞에서 설명된 대로 각 프로그램은 세 스트림(stdin, stdout, stderr)을 여는데, 이 스트림에는 숫자 값이 순서대로 0, 1, 2로 할당된다. 그러므로 스트림 2를 다음처럼 파일로 보낼 수 있다.

```
$ RUST_LOG=info cargo run 2> logs.txt
```

서버를 시작하면 무언가 문제가 있는 것처럼 화면에 아무것도 출력되지 않는다. 새로운 파일 logs.txt가 생겼는지 확인해 보자. 해당 파일을 확인해 보면 다음과 같은 결과를 볼 수 있다.

코드 6-8 stderr를 로그 파일로 리디렉션하기

```
$ cat logs.txt
    Finished dev [unoptimized + debuginfo] target(s) in 0.04s
        Running `target/debug/practical-rust-book`
[2023-04-26T13:49:33Z ERROR practical_rust_book] This is an error
[2023-04-26T13:49:33Z INFO  practical_rust_book] This is info!
[2023-04-26T13:49:33Z WARN  practical_rust_book] This is a warning!
[2023-04-26T13:49:33Z INFO  warp::server] Server::run; addr=127.0.0.1:3030
[2023-04-26T13:49:33Z INFO  warp::server] listening on http://127.0.0.1:3030
```

카고에 대한 출력 역시 로그 파일에 있다. 일단 완벽하지는 않지만 지금부터 시작이다. env-logger로 할 수 있는 일이 한계에 다다랐다. 파일이나 다른 출력 스트림에 로그를 기록하는 방법이 기본으로 제공되지 않는다. 로그를 파일에 저장하는 옵션과 더불어 컴파일된 바이너리를 호출할 때마다 환경 변수를 붙이지 않는 대신 설정하고 조정하기 쉬운 설정 파일(또는 코드)을 이용하고자 한다.

지금 작동 중인 파사드 패턴이 있으니 다른 logging 라이브러리로 전환해야 한다. log4rs 크레이트를 사용해 볼 수 있는데, log4rs 크레이트에는 구성 파일로 파일에 기록하거나 로그 수준을 구성할 수 있는 옵션이 제공된다.

따라서 코드 6-9와 같이 라이브러리를 Cargo.toml 파일에 추가한다. 또한 env-logger 크레이트를 제거했지만, 나중에 둘을 비교하기 원한다면 계속 유지할 수도 있다.

코드 6-9 Cargo.toml에 log4rs 추가하기

```
[package]
name = "practical-rust-book"
version = "0.1.0"
edition = "2021"

[dependencies]
tokio = { version = "1.2", features = ["full"] }
warp = "0.3"
serde = { version = "1.0", features = ["derive"]}
serde_json = "1.0"
# 로컬 가져오기에서는 버전 숫자는 빼도 된다
handle-errors = {path = "handle-errors"}
log = "0.4"
env_logger = "0.9"
log4rs = "1.0"
```

log4rs 라이브러리는 설정 파일이 필요하다. 그리고 로거를 시작할 때 init 함수에 설정 파일의 위치를 넣어 주어야 한다. 다음 코드는 예제를 위한 설정 파일이다.

코드 6-10 프로젝트 루트 디렉터리에 위치한 log4rs.yaml 설정 파일

```
refresh_rate: 30 seconds
appenders:
    stdout:
        kind: console
    file:
        kind: file
        path: "stderr.log"
        encoder:
            pattern: "{d} - {m}{n}"
root:
    level: info
    appenders:
        - stdout
        - file
```

log4rs 크레이트는 새 로그가 로그 파일에 추가될 때 너무 커지면 새 로그를 생성하는 **롤링 로그 파일**(rolling log file)을 지원한다. 설정을 살펴보면 세 가지 주요 옵션이 있다.

- refresh_rate: 서버를 다시 시작하지 않고 운영 중에 구성을 변경하려는 경우, 해당 시간마다 설정을 검사하도록 설정한다.
- appenders: 여기에서 출력을 설정할 수 있다. stdout과 파일에 기록한다.
- root: 로깅하려는 로그 수준, appenders 조합으로 로거를 설정한다.

코드에서 log4rs를 초기화해야 하지만, 그 외에는 아무것도 변경할 필요가 없다. 이것이 파사드 패턴의 아름다움이다. 모든 실제 로그는 동일하게 유지되면서도 백그라운드에서는 logging 라이브러리를 다른 라이브러리로 교체했다.

코드 6-11 main.rs에서 log4rs 초기화하기

```
...
#[tokio::main]
async fn main() {
    log4rs::init_file("log4rs.yaml", Default::default()).unwrap();

    log::error!("This is an error");
    log::info!("This is info!");
    log::warn!("This is a warning!");
    ...
}
```

log4rs::init_file("log4rs.yaml"...)로 새로운 로거를 설정하고, 사용할 구성 파일의 위치를 지정한다. cargo run(이번에는 RUST_LOG 환경 변수 없이)으로 서버를 시작하고 어떤 일이 발생하는지 확인해 보자.

코드 6-12 로거 변경 후 터미널 출력

```
$ cargo run
    Compiling practical-rust-book v0.1.0 (/private/tmp/warp_server)
        Finished dev [unoptimized + debuginfo] target(s) in 1m 02s
            Running `target/debug/practical-rust-book`
2023-04-28T19:54:05.061026+09:00 ERROR practical_rust_book - This is an error
2023-04-28T19:54:05.061466+09:00 INFO practical_rust_book - This is info!
2023-04-28T19:54:05.061550+09:00 WARN practical_rust_book - This is a warning!
2023-04-28T19:54:05.062222+09:00 INFO warp::server - Server::run; addr=127.0.0.1:3030
2023-04-28T19:54:05.062324+09:00 INFO warp::server - listening on http://127.0.0.1:3030
```

로그가 약간 다르게 보이지만, 로그와 로그 수준은 여전히 이전과 동일하게 작동한다. 또한, 이제 콘솔에 표시되는 것과 동일한 로그를 프로젝트의 루트 디렉터리에 있는 stderr.log 파일에서도 볼 수 있다. log4rs에서 appenders 두 개를 사용했기 때문이다(stdout과 file).

이제 좀 엉뚱한 실험을 해 보자. log4rs.yaml 파일에서 로그 수준을 debug로 변경하고 30초 동안 기다린 다음 서버에 HTTP 요청을 보낸다. 이제 애플리케이션을 다시 시작하지 않고도 애플리케이션에 디버그 로그가 표시되는 것을 볼 수 있다. 코드 6-13은 info 로그 수준으로 애플리케이션을 부팅하고, 런타임 동안 (구성 파일을 이용해) debug로 변경하고 HTTP GET 요청을 /questions 엔드포인트로 보낸 후 30초 동안 기다린 후의 파일 내용이다.

코드 6-13 로그 수준을 바꾸자 보이는 새로운 로그

```
2023-04-28T19:54:05.061026+09:00 ERROR practical_rust_book - This is an error
2023-04-28T19:54:05.061466+09:00 INFO practical_rust_book - This is info!
2023-04-28T19:54:05.061550+09:00 WARN practical_rust_book - This is a warning!
2023-04-28T19:54:05.062222+09:00 INFO warp::server - Server::run; addr=127.0.0.1:3030
2023-04-28T19:54:05.062324+09:00 INFO warp::server - listening on http://127.0.0.1:3030
2023-04-28T20:03:47.158400+09:00 DEBUG hyper::proto::h1::io - parsed 3 headers
2023-04-28T20:03:47.158624+09:00 DEBUG hyper::proto::h1::conn - incoming body is empty
2023-04-28T20:03:47.159060+09:00 DEBUG hyper::proto::h1::io - flushed 181 bytes
2023-04-28T20:03:47.159286+09:00 DEBUG hyper::proto::h1::conn - read eof
```

이 설정이 훨씬 보기 편하다. 하지만 이것이 끝이 아니다. 이제 로깅이 어떻게 작동하는지 알았으니 좀 더 구체적으로 알아보고 각 HTTP 요청에 대한 후속 조치를 하자. log4rs.yaml 파일에서 로그 수준을 info로 변경하고 다음 절을 계속 진행한다.

6.1.2 들어오는 HTTP 요청을 로깅하기

앞서 Warp가 이미 일부 내부 로깅을 하고 있음을 보았다. 내부 코드보다 더 많은 것이 있는지 알아보자. 어쩌면 Warp가 로깅 API를 노출해 주고 있는지도 모른다. 깃허브 저장소의 README.md 파일을 보면 Warp는 Filter 메커니즘으로 로그를 노출하도록 되어 있다. docs.rs에서 문서를 확인하고 필터의 하위 섹션(https://docs.rs/warp/0.3.1/warp/filters/index.html)을 살펴보자. 목록에는 Module warp::filters::log 페이지(https://docs.rs/warp/0.3.1/warp/filters/log/index.html)로 연결되는 로거 필터가 있다. log와 custom 두 함수를 제공한다. custom 함수에는 주석에 다음과 같이 예제 코드가 포함되어 있다.

```
use warp::Filter;

let log = warp::log::custom(|info| {
    // 로그 매크로 또는 slog나 println!을 사용한다.
    eprintln!(
        "{} {} {}",
        info.method(),
        info.path(),
        info.status(),
    );
});
let route = warp::any()
    .map(warp::reply)
    .with(log);
```

로깅 기능을 모든 경로에 추가할 필요 없이 경로 객체의 끝에 추가만 하면 된다. 이 코드 예제를
main.rs 파일에 넣고 어떻게 동작하는지 확인해 보자.

```
...
#[tokio::main]
async fn main() {
    log4rs::init_file("log4rs.yaml", Default::default()).unwrap();

    log::error!("This is an error");
    log::info!("This is info!");
    log::warn!("This is a warning!");

    let log = warp::log::custom(|info| {
        eprintln!(
            "{} {} {}",
            info.method(),
            info.path(),
            info.status(),
        );
    });
    ...
    let routes = get_questions
        .or(add_question)
        .or(update_question)
```

```
            .or(delete_question)
            .or(add_answer)
            .with(cors)
            .with(log)
            .recover(return_error);

    warp::serve(routes).run(([127, 0, 0, 1], 3030)).await;
    }
    ...
```

로그 함수 자체는 println! 대신 eprintln!을 사용한다. 앞에서 stdout과 stderr를 이야기했다. println! 매크로는 출력을 stdout으로 직접 보내는 반면 eprintln!는 stderr에 텍스트를 출력한다. Logging 라이브러리와 로그 수집기는 stderr 스트림에서 로그를 수집하는 데 사용되므로 예제(그리고 나중에도)에서는 로깅에 stderr을 사용할 것이다.

경로 객체에 with(log)로 로그 필터를 추가하고 애플리케이션을 다시 시작한다. 그런 다음 /questions에 HTTP GET 요청을 보내고 변경 사항이 있는지 로그를 모니터링한다. 다음 코드에서 서버를 시작하고 애플리케이션에 HTTP GET 요청을 보낼 때의 새로운 응답(음영으로 표시)을 볼 수 있다.

코드 6-16 사용자 정의 로그 필터를 경로 객체에 추가하면 얻어지는 로그

```
$ cargo run
    Compiling practical-rust-book v0.1.0 (/private/tmp/warp_server)
        Finished dev [unoptimized + debuginfo] target(s) in 9.99s
            Running `target/debug/practical-rust-book`
2023-04-28T20:21:48.568607+09:00 ERROR practical_rust_book - This is an error
2023-04-28T20:21:48.569120+09:00 INFO practical_rust_book - This is info!
2023-04-28T20:21:48.569187+09:00 WARN practical_rust_book - This is a warning!
2023-04-28T20:21:48.569727+09:00 INFO warp::server - Server::run; addr=127.0.0.1:3030
2023-04-28T20:21:48.569793+09:00 INFO warp::server - listening on http://127.0.0.1:3030
GET /questions 200 OK
```

우리가 기대한 것을 정확히 얻었다. 요청 메서드, 경로, 응답 상태를 기록했다. Warp에 구현된 info 구조체로 이 정보에 접근했다. 문서(https://docs.rs/warp/0.3.1/warp/filters/log/struct.Info.html)를 살펴보면 이 객체로 접근할 수 있는 다른 항목을 확인할 수 있다.

요청에 대한 경과 시간, 서버로 전송된 요청 헤더, 요청이 발생한 원격 주소가 흥미로워 보인다. 이것을 코드에 추가해 보자.

```
#[tokio::main]
async fn main() {
    log4rs::init_file("log4rs.yaml", Default::default()).unwrap();

    log::error!("This is an error");
    log::info!("This is info!");
    log::warn!("This is a warning!");

    let log = warp::log::custom(|info| {
        eprintln!(
            "{} {} {} {:?} from {} with {:?}",
            info.method(),
            info.path(),
            info.status(),
            info.elapsed(),
            info.remote_addr().unwrap(),
            info.request_headers()
        );
    });
    ...
}
```

전체 요청과 응답에 걸린 시간을 elapsed 메서드로, 요청이 들어온 곳은 remote_addr 메서드로, 받은 헤더는 request_headers로 얻는다. 값에 벡터가 포함되어 있고(remote_addr의 경우 Display 트레이트를 구현하니 제외), 타입이 Display 트레이트를 기본으로 구현하지 않아 eprintln!에서 Display({})가 아니라 Debug({:?})로 값을 출력했다. 보다 정교한 접근 방식으로 요청에서 정보를 파싱하고 특정 정보(예를 들어 요청 호스트)에 접근하고 이에 대한 Display 트레이트를 구현하는 별도 함수를 만들 수도 있다.

그렇지만 우리는 다른 솔루션을 사용했다. 이렇게 직접 구현하는 쪽이 연습하기에 더 좋다. 결과는 다음과 같다.

```
$ cargo run
    Compiling practical-rust-book v0.1.0 (/private/tmp/practical-rust-book)
    ...
GET /questions 200 OK 218.679µs from 127.0.0.1:51689 with {"host": "localhost:3030",
"user-agent": "curl/7.64.1", "accept": "*/*"}
```

이를 통해 6.2절에서 다룰 최종 구현에 한 단계 더 가까워졌다. 이제 러스트에서 로깅할 수 있고, 실행 중인 애플리케이션의 열린 스트림(stdout, stderr)으로 로깅할 수 있으며, 기본 stderr(터미널로 출력)를 사용하거나 스트림을 파일로 리디렉션하거나 둘 다 수행할 수 있다는 것을 알게 되었다.

또한, 들어오는 모든 HTTP 요청을 기록하고 완료하는 데 걸리는 시간과 출처를 확인하는 옵션도 탐색했다. 이러한 모든 구성 요소는 최종 구현에 유용할 것이다.

6.1.3 구조화된 로그 만들기

지금까지 로깅을 '어떻게', '어디에' 하는 것을 고민했지만, '무엇'을 할지에는 관심을 두지 않았다. 유용한 로그를 생성하려면 문제를 해결하거나 시스템 동작에 대한 가정을 뒷받침할 충분한 증거를 수집하기 위해, 이러한 정보가 필요한 상황을 미리 생각하고 예상해야 한다.

서비스의 사용자가 처음에 질문 50개를 쿼리하려고 하지만 응답은 항상 0개가 오고 질문이 반환되지 않는다고 상상해 보자. 사용자가 버그 티켓을 열고 이메일로 보낸다. 그런 다음 무슨 일이 왜 일어났는지 알아내야 한다. 사용자는 티켓에 다음과 같은 정보를 남길 수 있다.

- 사용자 아이디
- 웹사이트를 조회한 시간
- 받은 응답(예를 들어 내용이 빈 200 응답)

이 문제를 조사하려면 어떻게 해야 할까? 대규모로 운영되는 시스템이라면 일반적으로 더 복잡한 아키텍처의 일부이며, 실행되는 모든 서비스는 중앙 집중형 로깅 인스턴스로 로그를 직접 보내거나 로깅 인스턴스가 각 서비스에서 stderr 출력이나 생성된 로그 파일을 읽는 식으로 로그를 수집할 것이다.

로그에는 적절한 양의 정보가 포함되어야 하며 다른 서비스에서 파싱해야 할 수도 있다. 따라서 우리는 로그의 구조와 형태를 더 신중하게 생각해야 한다. 이러한 요구 사항은 여러분이 직접 인프라를 설정하는 경우라면 스스로 만들어야 할 것이고, 그렇지 않다면 기존 시스템 환경에서 새로운 서비스를 구현할 때 해당하는 요구 사항을 따라야 한다.

첫 번째 단계는 로그 수집기가 정보를 더 쉽게 파싱할 수 있도록 콘솔과 파일로 보낸 텍스트 로그를 JSON으로 변환하는 것이다. 이는 log4rs 로거 구성 파일을 수정해 쉽게 할 수 있다. 업데이트된 파일은 다음과 같다.

코드 6-18 JSON 로그를 저장할 수 있도록 수정한 log4rs 설정

```
refresh_rate: 30 seconds
appenders:
    stdout:
        kind: console
        encoder:
            kind: json
    file:
        kind: file
        path: "stderr.log"
        encoder:
          kind: json
root:
    level: info
    appenders:
        - stdout
        - file
```

stdout appender에 json 타입의 새 encoder를 추가한다. file appender의 경우 pattern encoder
를 제거하고 동일한 json encoder로 교체한다. cargo run으로 애플리케이션을 다시 시작하면 이
제 로그가 터미널에서 JSON으로 출력되는 것을 볼 수 있다(다음은 더 나은 가독성을 위해 형식을
맞춘 것이다. 실제 컴퓨터에서는 한 줄로 길게 출력된다).[3]

코드 6-19 로그가 출력되고 JSON으로 저장된다

```
$ cargo run
    Finished dev [unoptimized + debuginfo] target(s) in 0.26s
        Running `target/debug/practical-rust-book`
{
    "time": "2023-04-28T20:47:06.403231+09:00",
    "message": "This is an error",
    "module_path": "practical_rust_book",
    "file": "src/main.rs",
    "line": 14,
    "level": "ERROR",
    "target": "practical_rust_book",
    "thread": "main",
    "thread_id": 4584357312,
    "mdc": {}
```

---

3 [역주] 다음 내용은 JSON 출력 결과를 Json Beautifier로 재편집했다.

```
}
{
    "time": "2023-04-28T20:47:06.403547+09:00",
    "message": "This is info!",
    "module_path": "practical_rust_book",
    "file": "src/main.rs",
    "line": 15,
    "level": "INFO",
    "target": "practical_rust_book",
    "thread": "main",
    "thread_id": 4584357312,
    "mdc": {}
}
{
    "time": "2023-04-28T20:47:06.403623+09:00",
    "message": "This is a warning!",
    "module_path": "practical_rust_book",
    "file": "src/main.rs",
    "line": 16,
    "level": "WARN",
    "target": "practical_rust_book",
    "thread": "main",
    "thread_id": 4584357312,
    "mdc": {}
}
{
    "time": "2023-04-28T20:47:06.404180+09:00",
    "message": "Server::run; addr=127.0.0.1:3030",
    "module_path": "warp::server",
    "file": "/Users/siabard/.cargo/registry/src/github.com-1ecc6299db9ec823/warp-
0.3.4/src/server.rs",
    "line": 133,
    "level": "INFO",
    "target": "warp::server",
    "thread": "main",
    "thread_id": 4584357312,
    "mdc": {}
}
{
    "time": "2023-04-28T20:47:06.404286+09:00",
    "message": "listening on http://127.0.0.1:3030",
    "module_path": "warp::server",
    "file": "/Users/siabard/.cargo/registry/src/github.com-1ecc6299db9ec823/warp-
0.3.4/src/server.rs",
```

```
    "line": 134,
    "level": "INFO",
    "target": "warp::server",
    "thread": "main",
    "thread_id": 4584357312,
    "mdc": {}
}
```

동일한 정보가 애플리케이션의 루트 디렉터리에 있는 로그 파일에도 저장된다. 첫 단계치고는 꽤
괜찮다. 그럼 HTTP GET 요청을 서버로 보내면 어떻게 될까? 결과는 다음과 같다(여기서는 형식
을 맞췄지만 실제 시스템에서는 긴 줄 하나로 표시됨).

코드 6-20 HTTP GET 로그가 JSON으로 형식화되지 않았다

```
$ cargo run
    Finished dev [unoptimized + debuginfo] target(s) in 0.26s
     Running `target/debug/practical-rust-book`
...
{
    "time": "2023-04-28T20:47:06.404286+09:00",
    "message": "listening on http://127.0.0.1:3030",
    "module_path": "warp::server",
    "file": "/Users/siabard/.cargo/registry/src/github.com-1ecc6299db9ec823/warp-
0.3.4/src/server.rs",
    "line": 134,
    "level": "INFO",
    "target": "warp::server",
    "thread": "main",
    "thread_id": 4584357312,
    "mdc": {}
}
GET /questions 200 OK 220.675µs from 127.0.0.1:51787
    with {"host": "localhost:3030",
        "user-agent": "curl/7.64.1", "accept": "*/*"
    }
```

JSON이 아닌 이전 형식인 것 같다. 그리고 로그 파일을 살펴보면 HTTP GET 로그를 어디에서
도 볼 수 없다. log 크레이트의 info! 매크로를 사용하는 대신 Warp 로그를 eprintln!으로 직접
쓰기 때문이다. 그러니 다음 코드를 수정해야 한다.

```
        let log = warp::log::custom(|info| {
            eprintln!(
                "{} {} {} {:?} from {} with {:?}",
                info.method(),
                info.path(),
                info.status(),
                info.elapsed(),
                info.remote_addr().unwrap(),
                info.request_headers()
            );
        });
```

eprintln! 대신 log::info! 매크로를 써서 다음과 같이 바꾼다

```
    let log = warp::log::custom(|info| {
        log::info!(
            "{} {} {} {:?} from {} with {:?}",
            info.method(),
            info.path(),
            info.status(),
            info.elapsed(),
            info.remote_addr().unwrap(),
            info.request_headers()
        );
    });
```

변경 후에는 들어오는 HTTP 요청의 로그 출력도 JSON 형식이다(여기서도 줄을 나눴지만 실제
로는 긴 줄 하나로 출력된다).

```
    {
        "time":"2023-04-28T21:01:50.190096+09:00",
        "message":"GET /questions 200 OK 208.866µs
            from 127.0.0.1:51797 with
                {\"host\": \"localhost:3030\",
                 \"user-agent\": \"curl/7.64.1\",
                 \"accept\": \"*/*\"}",
        "module_path":"practical_rust_book",
        "file":"src/main.rs","line":19,"level":"INFO",
        "target":"practical_rust_book",
        "thread":"tokio-runtime-worker",
        "thread_id":123145465147392,"mdc":{}
    }
```

log::info!에 전달하는 사용자 정의 구조가 log4rs 출력 결과의 message 구조에서 담긴 것을 볼 수 있다. 먼저 전체 요청 경로를 처음부터 끝까지 살펴보고, 문제를 추적하거나 악의적인 활동을 검사하는 부분은 그 이후에 하도록 한다.

각 경로 핸들러나 다른 함수 호출을 살펴보고 적합하다고 생각되는 로그를 추가해야 한다. 나중에 코드에 너무 많은 군더더기를 만들지 않고, 좀 더 자동화된 방식으로 만드는 법을 살펴보겠다.

GET /questions 경로를 요청하는 것으로 시작했다. 계속해서 route/question.rs로 이동하여 다음 코드처럼 로그를 더 많이 추가한다.

코드 6-21 get_questions 경로 핸들러에 로그를 붙이기

```
...
pub async fn get_questions(
    params: HashMap<String, String>,
    store: Store,
) -> Result<impl warp::Reply, warp::Rejection> {
    log::info!("Start querying questions");
    if !params.is_empty() {
        let pagination = extract_pagination(params)?;
        log::info!("Pagination set {:?}", &pagination);
        let res: Vec<Question> =
            store.questions.read().await.values().cloned().collect();
        let res = &res[pagination.start..pagination.end];
        Ok(warp::reply::json(&res))
    } else {
        log::info!("No pagination used");
        let res: Vec<Question> =
            store.questions.read().await.values().cloned().collect();
        Ok(warp::reply::json(&res))
    }
}
...
```

이제 매번 /questions 경로를 요청할 때마다 로그가 세 줄씩 찍힌다(가독성을 위해 줄였다).

```
{"time":"2023-04-28T21:24:54.100521+09:00","message":"..."}
{"time":"2023-04-28T21:24:54.100882+09:00","message":"No pagination used",...}
{"time":"2023-04-28T21:24:54.101036+09:00","message":"GET /questions ..."}
```

그러나 이것은 요청 하나일 뿐이다. 분당 요청 수백 건을 받고 있는 웹 서버를 상상해 보자. 로그는 상당히 많아서 어떤 로그가 어떤 요청에 속하는지 파악하기가 더 어렵다. 나중에는 특정 ID로 로그를 필터링할 수 있도록 다른 매개변수인 요청 ID를 추가할 수 있다.

Uuid 크레이트는 모든 종류의 고유 ID를 만드는 데 적합하다. 간단한 ID만 생성하면 되므로 먼저 기능 플래그 v4를 넣어 크레이트를 Cargo.toml에 추가한다.

코드 6-22 Uuid 패키지가 추가된 Cargo.toml

```
...
[dependencies]
tokio = { version = "1.2", features = ["full"] }
warp = "0.3"
serde = { version = "1.0", features = ["derive"]}
serde_json = "1.0"
# 로컬 가져오기에서는 버전 숫자는 빼도 된다
handle-errors = {path = "handle-errors"}
log = "0.4"
log4rs = "1.0"
uuid = { version = "0.8", features = ["v4"]}
```

이제 새로운 Warp 필터를 생성해(정보를 경로로 전달하려면 항상 필터를 생성해야 함을 기억하라) 고유 ID를 생성할 수 있다. 다음은 해당 코드가 추가된 main.rs이다.

코드 6-23 /questions 경로에 고유 ID를 추가하기

```
#[tokio::main]
async fn main() {
    log4rs::init_file("log4rs.yaml", Default::default()).unwrap();

    log::error!("This is an error");
    log::info!("This is info!");
    log::warn!("This is a warning!");

    let log = warp::log::custom(|info| {
        log::info!(
            "{} {} {} {:?} from {} with {:?}",
            info.method(),
            info.path(),
            info.status(),
            info.elapsed(),
            info.remote_addr().unwrap(),
```

```
            info.request_headers()
        );
    });

    let store = store::Store::new();
    let store_filter = warp::any().map(move || store.clone());

    let id_filter = warp::any().map(|| uuid::Uuid::new_v4().to_string());

    let cors = warp::cors()
        .allow_any_origin()
        .allow_header("Content-Type")
        .allow_methods(&[Method::PUT, Method::DELETE, Method::GET, Method::POST]);

    let get_questions = warp::get()
        .and(warp::path("questions"))
        .and(warp::path::end())
        .and(warp::query())
        .and(store_filter.clone())
        .and(id_filter)
        .and_then(routes::question::get_questions);

    ...
}
```

다음 코드에서는 각 /questions 요청에 대한 request_id를 출력하기 위해 get_questions 경로
핸들러에서 추가된 매개변수를 사용했다.

코드 6-24 question.rs에서 고유 요청 ID를 전달받고 출력하기

```
...
pub async fn get_questions(
    params: HashMap<String, String>,
    store: Store,
    id: String,
) -> Result<impl warp::Reply, warp::Rejection> {
    log::info!("{} Start querying questions", id);
    if !params.is_empty() {
        let pagination = extract_pagination(params)?;
        log::info!("{} Pagination set {:?}", id, &pagination);
        let res: Vec<Question> =
            store.questions.read().await.values().cloned().collect();
        let res = &res[pagination.start..pagination.end];
```

```
            Ok(warp::reply::json(&res))
        } else {
            log::info!("{} No pagination used", id);
            let res: Vec<Question> =
                store.questions.read().await.values().cloned().collect();
            Ok(warp::reply::json(&res))
        }
    }
    ...
```

서버를 다시 시작(및 다시 컴파일)하면 localhost:3030/questions 경로에 대한 각 요청에 새로운 ID가 표시된다(가독성을 위해 축약).

```
...
{"time":"2023-04-28T21:38:19.434962+09:00",
 "message":"a1225541-a143-461f-9452-856a298812a1 ...}
{"time":"2023-04-28T21:38:19.435221+09:00",
 "message":"a1225541-a143-461f-9452-856a298812a1 No pagination used ...}
{"time":"2023-04-28T21:38:19.435432+09:00",
 "message":"GET /questions 200 OK ...}
```

코드를 약간 정리한 후 전역 Context 구조체를 만들어 저장소와 unique_id 생성을 추가할 수도 있다. 그러나 이런 식으로 문제를 해결하려는 방식은 올바르지 않다.

더 작은 애플리케이션의 경우에는 상관없을지 모르지만, 지금 우리가 하는 방법은 무언가를 대충 엮어서 방 안의 코끼리[4] 같은 난제를 회피하는 것에 불과하다. 비동기 애플리케이션과 그에 뒤따르는 호출 스택에 대한 로깅을 순수하게 logging 라이브러리만으로 처리하는 것은 굉장히 번거롭다. 어떤 일을 하기 위해 모자에서 토끼를 너무 많이 꺼내야 한다[5]고 느낀다면 한 걸음 물러서서 다른 각도를 취할 수 있는지 알아보는 것이 현명하다.

---

4 **역주** 방 안에 코끼리가 있는데 아무도 그에 대해 이야기하지 않는 상황같이, 크고 어려운 문제가 있어도 해결하기는 너무 어려우니 아예 언급 자체를 꺼리는 상황을 비유한 말이다.

5 **역주** 모자에서 토끼를 꺼낸다(pull a rabbit out of a hat)는 관용구는 '멋진 해결책을 제시하다'나 '불가능할 거라 생각했던 일을 하다'라는 의미로 쓰인다. 어떤 문제를 해결하기 위해 기발한 해결책을 계속해서 생각해 내야 한다면 해당 문제를 억지로 해결하고 있을 가능성이 높은 상황이다.

이 경우, Tracing 크레이트를 사용하는 게 새로운 시각이라 할 수 있다. Tracing 크레이트를 써서 애플리케이션을 계측하고 호출 스택을 따라간다. 퓨처, 비동기 애플리케이션에 최고 수준으로 지원하고, 웹 애플리케이션을 계측할 때 유용한 다양한 사용자 정의를 제공한다.

그렇다고 지금까지 했던 모든 일이 헛수고라는 말은 아니다. 로그를 남기고, 로깅이 해결할 수 있는 문제, 러스트 애플리케이션에서 로깅을 처리하는 방법을 기본적으로 살펴봤다. 구축 중인 애플리케이션이 충분히 작은 경우나, log4rs로 로그를 구조화하는 작업 같은 경우라면 지금까지 배운 것만으로도 충분히 제 역할을 해낼 것이다.

6.2 비동기 애플리케이션 추적하기

한 특정 요청을 추적할 수 있는 로그를 생성하려면 상당히 많은 과정을 거쳐야 한다는 것을 확인했다. Tracing 크레이트는 이전에 사용했던 간단한 로깅 절차와는 다른 사고 방식으로 이 문제를 해결한다.

이 장의 첫 번째 부분에서 얻은 지식을 토대로 추적이 제공하려고 하는 것과 지금까지 애플리케이션에서 logging 크레이트를 교체하려면 찾아보아야 하는 기능을 알아낼 수 있다. log4rs를 로거 구현으로 사용했고 log 크레이트를 추상화로 사용했다. Tracing을 사용하면 두 크레이트를 모두 제거하고 Tracing만 써서 모든 것을 구현할 수 있다. 우리가 해야 할 일은 이전 솔루션에서 logging 크레이트를 제거하고 Cargo.toml 파일에 Tracing과 tracing-subscriber를 추가하는 것이다.

```
...
[dependencies]
tokio = { version = "1.2", features = ["full"] }
warp = "0.3"
serde = { version = "1.0", features = ["derive"]}
serde_json = "1.0"
# 로컬 가져오기에서는 버전 숫자는 빼도 된다
handle-errors = {path = "handle-errors"}
log = "0.4"
log4rs = "1.0"
env_logger = "0.9"
uuid = { version = "0.8", features = ["v4"]}
tracing = { version = "0.1", features = ["log"] }
tracing-subscriber = { version = "0.3", features = ["env-filter"] }
```

tracing-subscriber를 추가하는 것이 낯설어 보인다. 왜 우리는 다른 두 크레이트가 다시 필요할까? Tracing 라이브러리에 들어가 '비동기 애플리케이션에서의 로깅' 문제를 푸는 방법을 살펴보자.

6.2.1 Tracing 크레이트 소개

Tracing 크레이트는 대규모 비동기 애플리케이션에서 로깅할 때 직면하는 문제를 해결하기 위해 세 가지 주요 개념을 도입했다.

- 범위(span)
- 이벤트(event)
- 구독자(subscriber)

범위는 시작과 끝이 있는 어떤 시간적 기간이다. 대부분의 경우 시작은 요청이고 끝은 HTTP 응답을 보내는 것이다. 범위를 수동으로 만들거나 Warp의 기본 내장 동작을 사용할 수 있다. 중첩된 범위를 가질 수도 있다. 예를 들어 데이터베이스에서 데이터를 가져올 때 범위를 열 수 있으며, 해당 범위는 HTTP 요청 수명 주기 자체일 수 있는 더 큰 범위에 포함된다. 이렇게 하면 나중에 로그를 구분하여 원하는 로그를 더 빠르고 쉽게 찾을 수 있다.

대부분 비동기 함수를 다루기 때문에 Tracing에는 범위를 열고 닫는 instrument(그림 6-3 참조)라는 매크로가 있다. 이 매크로로 비동기 함수에 애너테이션을 달면 다른 모든 작업은 백그라운드

205

에서 수행된다. 비동기 함수에서는 수동으로 범위를 설정해서는 안 된다. 범위에 대해 .await가 준비되지 않은(not-ready) 상태를 만들어낼 수 있어 범위가 종료되었을 때 잘못된 로그 항목으로 이어질 수 있기 때문이다.

▼ 그림 6-3 기본적인 추적 작업은 세 가지 요소로 구성된다. 로그를 작성하는 이벤트, 기간을 정의하고 시작과 끝이 있는 범위, 모든 로그를 수집하는 구독자

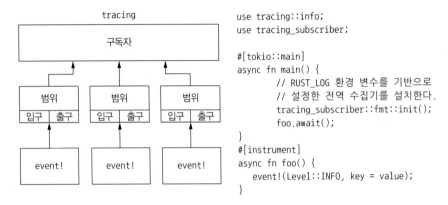

```
use tracing::info;
use tracing_subscriber;

#[tokio::main]
async fn main() {
        // RUST_LOG 환경 변수를 기반으로
        // 설정한 전역 수집기를 설치한다.
        tracing_subscriber::fmt::init();
        foo.await();
}
#[instrument]
async fn foo() {
        event!(Level::INFO, key = value);
}
```

다음으로 **이벤트**가 있다. 범위 내에서 발생하는 로그이다. 예를 들어 이벤트는 데이터베이스 쿼리에 대한 결과 반환, 비밀번호 해독의 시작과 끝, 성공 또는 실패와 같이 원하는 모든 것이 될 수 있다. 따라서 이전 info!를 event! 매크로로 대체할 수도 있다.

그리고 마지막으로 **구독자**가 있다. 우리는 이전 logging 크레이트일 때 main 함수에서 기본 로거를 초기화해야 했다. Tracing도 마찬가지다. 각 애플리케이션에는 코드베이스에서 발생하는 모든 이벤트를 수집하고 처리할 작업을 결정할 수 있는 전역 구독자가 필요하다.

기본으로 tracing-subscriber 크레이트는 콘솔에 이벤트를 형식화하고 기록하기 위한 fmt 구독자와 함께 제공된다. 다른 구독자를 원하면(예를 들어 파일에 로깅하는 것 같은) 다양하게 구비된 구독자 중 하나를 고르면 된다.

6.2.2 애플리케이션에 tracing 통합하기

코드 6-25에서 보듯이 이전 logging 크레이트를 제거하고 두 Tracing 크레이트를 추가한 후 main.rs 파일에서 구독자를 설정하면 Warp의 추적 필터를 활성화할 수 있다. 코드가 더 크더라도 logging 크레이트 대신 Tracing 크레이트를 사용하기에 너무 늦은 것은 아닌가 걱정할 필요는 없다.

추적은 로그가 제공하는 것과 동일한 매크로를 적절하게 제공하므로 logging 크레이트를 추적으로 교체할 때 전체 코드베이스를 바로 검토하지 않아도 된다. 이전에 사용한 것과 동일한 매크로를 사용할 수 있으며, 권장되는 Tracing 매크로로 하나씩 대체할 수 있다.

요약하면 추적에는 애플리케이션의 모든 로그를 수집하는 전역 구독자와 더불어 범위와 이벤트라는 개념이 있다. 범위는 하나의 시점을 말하며, 이때 이벤트가 발생할 수 있다. 그런 다음 구독자가 각 이벤트를 수집하여 모든 이벤트를 저장하고, 설정에 따라 지정한 형식(예를 들어 JSON)으로 파일 또는 stdout으로 보낸다.

우리가 고른 Warp 웹 프레임워크는 Tracing 라이브러리를 잘 지원하여 이벤트를 만들어 내는 범위를 만들 수 있게 도와준다. 더 큰 코드베이스에서 간단한 로깅 구현을 추적으로 바꾸려 한다면 로거 구현(예를 들어 env_logger)을 추적으로 교체하면 된다. info!, error! 등 여타 매크로는 교체한 후 즉시 사용할 수 있다.

첫 번째 단계는 구독자를 설정하고 init를 호출한다. 이렇게 하면 우리가 설정한 구성에서 전역 로그 수집기가 설정된다. 각 범위는 나중에 생성되어 구독자에게 로그 정보를 알려준다. 여전히 Warp 웹 프레임워크의 맥락을 따라 구현하고 있으므로 주어진 방식을 따라야 한다. 다음 코드는 이전 logging 크레이트인 log4rs를 Tracing으로 교체한 main.rs 파일이다.

코드 6-26 main.rs에서 log4rs 대신 Tracing을 사용하고, id_filter를 제거한다

```rust
#![warn(clippy::all)]

use handle_errors::return_error;
use tracing_subscriber::fmt::format::FmtSpan;
use warp::{http::Method, Filter};

mod routes;
mod store;
mod types;

#[tokio::main]
async fn main() {
    let log_filter = std::env::var("RUST_LOG")
        .unwrap_or_else(|_|
            "practical_rust_book=info,warp=error".to_owned()
        ); ···· 1 단계: 로그 수준을 추가한다.

    let store = store::Store::new();
    let store_filter = warp::any().map(move || store.clone());
```

```
let id_filter = warp::any().map(|| uuid::Uuid::new_v4().to_string());

tracing_subscriber::fmt()
    // 위에 만든 필터로 어떤 추적을 기록할지 결정한다
    .with_env_filter(log_filter)
    // 각 범위가 닫힐 때 이벤트를 기록한다
    // routes 구간에서 사용된다
    .with_span_events(FmtSpan::CLOSE)
    .init();  ---- 2 단계: 추적 구독자를 설정한다.

let cors = warp::cors()
    .allow_any_origin()
    .allow_header("Content-Type")
    .allow_methods(&[Method::PUT, Method::DELETE, Method::GET, Method::POST]);

let get_questions = warp::get()
    .and(warp::path("questions"))
    .and(warp::path::end())
    .and(warp::query())
    .and(store_filter.clone())
    .and(id_filter)
    .and_then(routes::question::get_questions)
    .with(warp::trace(|info| {
        tracing::info_span!(
            "get_questions request",
            method = %info.method(),
            path = %info.path(),
            id = %uuid::Uuid::new_v4(),
        )
    }))  ---- 3 단계: 사용자 정의 이벤트에 대한 로깅을 설정한다.
;


...
let routes = get_questions
    .or(add_question)
    .or(update_question)
    .or(delete_question)
    .or(add_answer)
    .with(cors)
    .with(log)
    .with(warp::trace::request())  ---- 4 단계: 들어오는 요청에 대한 로깅을 설정한다.
    .recover(return_error);
```

```
    warp::serve(routes).run(([127, 0, 0, 1], 3030)).await;
}
```

먼저 완전히 추적으로 바꿀 것이므로 1 단계에서 이전 log4rs 구성을 제거해야 한다. main 함수의 첫 번째 줄에 애플리케이션의 로그 수준을 추가한다. 환경 변수 RUST_LOG로 전달할 수 있지만, 해당 변수가 설정되지 않은 경우에는 기본값을 사용한다.

우리가 전달하는 기본 설정은 두 가지이다. 하나는 애플리케이션 이름(Cargo.toml 파일에서 설정)으로 표시되는 서버 구현용이고, 다른 하나는 Warp 웹 프레임워크용으로 전달한다.[6] 우리가 배운 것처럼 Warp는 내부적으로 추적을 사용하고 있으며 Warp에 error, warn, info 이벤트도 기록하도록 할 수 있다(현재는 error만 기록하려고 함).

2 단계로 추적 구독자를 설정한다. 이 구독자는 모든 내부 로그와 추적 이벤트를 수신하며 처리할 작업을 결정한다. 여기에서 설정한 fmt 구독자는 문서(https://docs.rs/tracing-subscriber/latest/tracing_subscriber/fmt/index.html#subscriber)에 따르면 다음과 같은 일을 한다.

　　FmtSubscriber는 추적 이벤트를 줄 번호 기준 로그로 형식화하고 기록한다.

더 많은 구독자 열거 값이 있지만 나중에 살펴보겠다. 다음으로 생성한 필터를 구독자에게 전달해 어떤 이벤트(info, debug, error 등)를 기록할지 알려준다. with_span_events(FmtSpan::CLOSE)라는 구성을 사용하면 구독자가 범위 종료도 기록할 수 있다. init를 호출하여 구독자를 활성화하면 지금부터 애플리케이션에서 이벤트를 기록할 수도 있다.

경로 자체에 대한 3 단계의 경우 중요한 추적 로그가 두 개 있다. Warp는 Tokio(Tracing도 마찬가지)와 밀접하게 개발되기 때문에 생태계에서 혜택을 받는다. warp::trace 필터(https://docs.rs/warp/0.3.1/warp/filters/trace/index.html)를 사용하여 사용자 정의 이벤트와 각각의 수신 요청을 기록할 수 있다. 예제에서는 둘 다 수행한다. 자신의 프로젝트에서 다른 웹 프레임워크를 사용하는 경우에는 추적 지원과 이를 활성화하는 방법(사용 가능한 경우)을 확인해야 한다. 모든 주요 웹 프레임워크는 추적을 사용하거나 미들웨어로 지원한다.

get_questions 경로에 warp::trace 필터를 연결하고, 클로저 내부에서 tracing::info_span!(로그 수준 info를 사용하여 tracing::span을 호출하는 단축 명령)을 사용하고, 로깅하려는 사용자 정의 데이터를 전달한다. 제대로 작동하려면 기록하려는 변수에 앰퍼샌드(&)를 추가해야 한다.

6　역주 애플리케이션 이름에 대시(-)를 쓰더라도 여기에서는 언더스코어(_)로 바꾸어서 써야 제대로 로그가 설정된다.

이는 데이터를 출력하기 위해 Display 트레이트를 사용한다는 것을 나타낸다(Debug 매크로를 트리거하여 콘솔에 데이터를 출력하는 물음표(?)를 사용할 수도 있음). 앰퍼샌드와 물음표 기호는 Tracing 크레이트(https://docs.rs/tracing/0.1.26/tracing/index.html#using-the-macros)에만 해당되며 러스트 매크로와는 관련 없다.

마지막으로 4단계의 경로에 warp::trace::request 필터를 추가한다. 이를 통해 들어오는 모든 요청도 기록한다. 이를 위해서는 Store에 Debug 트레이트를 추가해야 추적이 store 매개변수를 출력할 수 있다. 다음 코드에서 Debug 트레이트 파생을 볼 수 있다.

코드 6-27 src/store.rs의 Store 구조체에 Debug 트레이트 추가하기

```
...
#[derive(Debug, Clone)]
pub struct Store {
    pub questions: Arc<RwLock<HashMap<QuestionId, Question>>>,
    pub answers: Arc<RwLock<HashMap<AnswerId, Answer>>>,
}
...
```

이 설정으로 get_questions 경로 핸들러에서 이전의 로깅 메커니즘을 바꿀 수 있다. 다음은 수정된 코드이다.

코드 6-28 routes/question.rs에서 log::info를 tracing::event로 변경하기

```
use std::collections::HashMap;

use warp::http::StatusCode;
use tracing::{instrument, info};

use crate::store::Store;
use crate::types::pagination::extract_pagination;
use crate::types::question::{Question, QuestionId};

use handle_errors::Error;

#[instrument]
pub async fn get_questions(
    params: HashMap<String, String>,
    store: Store,
    id: String,
) -> Result<impl warp::Reply, warp::Rejection> {
    info!("querying questions");
```

```
    if !params.is_empty() {
        let pagination = extract_pagination(params)?;
        info!(pagination = true);
        let res: Vec<Question> =
            store.questions.read().await.values().cloned().collect();
        let res = &res[pagination.start..pagination.end];
        Ok(warp::reply::json(&res))
    } else {
        info!(pagination = false);
        let res: Vec<Question> =
            store.questions.read().await.values().cloned().collect();
        Ok(warp::reply::json(&res))
    }
}
...
```

Tracing 라이브러리에서 instrument, event, level을 가져오는 것으로 시작한다. 함수가 호출될 때 범위를 자동으로 열고 닫기 위해 instrument 매크로(https://tracing.rs/tracing/attr.instrument.html)를 사용한다. 그러면 함수 내의 모든 추적 이벤트가 자동으로 이 범위에 할당된다.

Tracing 크레이트와 매크로를 추가한 후 애플리케이션을 다시 실행하여 /questions 경로를 쿼리하면 콘솔에 다음처럼 로그가 표시된다(가독성을 위해 축약함).

```
2023-04-29T11:15:29.843599Z  INFO get_questions request{method=GET path=/questions ...
2023-04-29T11:15:29.843677Z  INFO get_questions request{method=GET path=/questions ...
2023-04-29T11:15:29.843784Z  INFO get_questions request{method=GET path=/questions ...
2023-04-29T11:15:29.843893Z  INFO get_questions request{method=GET path=/questions ...
```

instrument 매크로(#[instrument])를 get_questions 함수 위에서 빼면 로그는 다음과 같이 출력된다(가독성을 위해 축약함).

```
2023-04-29T11:16:47.631040Z  INFO get_questions request{method=GET path=/questions ...
2023-04-29T11:16:47.631118Z  INFO get_questions request{method=GET path=/questions ...
2023-04-29T11:16:47.631236Z  INFO get_questions request{method=GET path=/questions ...
```

로그가 네 개에서 세 개로 줄었다. instrument 매크로는 함수가 호출될 때 범위를 자동으로 열고 닫는다. 또한, 함수 범위의 종료도 기록한다. 그리고 함수에서 전달되고 반환되는 매개변수에 대한 모든 세부 정보를 기록한다. instrument를 사용할지 말지는 기록하려는 정보의 양에 달려 있다. instrument 매크로를 사용하면 꽤 많은 정보를 공짜로 얻을 수 있음을 명심하라.

6.3 러스트 애플리케이션 디버깅하기

6.1, 6.2절에서 로깅 메커니즘을 사용하여 애플리케이션에 대해 검사하는 법을 배웠다. 로그를 통해 코드베이스에서 더 깊이 분석하고 싶은 논리적 문제를 발견할 수 있다. 러스트 애플리케이션을 디버깅하면 로그로 남기기 어렵거나 테스트로 파악하기 어려운 문제를 발견할 수 있다.

> **디버거(LLDB와 GDB)**
>
> **디버거**(debugger)는 통제된 환경에서 다른 코드를 실행하여 검사하고 상호 작용할 수 있는 도구이다. 디버거를 사용하면 실제 작성된 코드에 중단점(breakpoint)을 설정해 애플리케이션을 시작할 수 있다.
>
> 지정된 중단점에 도달하면 애플리케이션이 중지되고, 디버거는 특정 지점에서 애플리케이션 상태에 대해 심층적으로 분석할 수 있다. '현재 변수 x에 저장된 내용'과 같은 정보를 볼 수 있다.
>
> 선택할 수 있는 디버거로는 LLDB(Low Level Debugger)와 GDB(GNU Debugger) 두 가지가 있다. LLDB는 컴파일러 도구 모음인 LLVM(Low Level Virtual Machine)의 일부이고, GDB는 GNU 프로젝트의 일부이다. 선택은 본인 취향에 달려 있다. 명령줄을 사용한다면 GDB를 사용할 수 있고, 비주얼 스튜디오 코드(Visual Studio Code)와 같은 IDE를 사용한다면 LLDB가 쉬운 선택이다.

전체적으로 보면 디버거는 다음과 같이 작동한다.

- 디버거 자체는 내부에서 실제 애플리케이션(우리가 만든 러스트 웹 서비스)을 실행하는 프로그램이다.
- 중단점으로 디버거는 행별로 프로그램 실행을 중지할 수 있다.
- 프로세스가 중단(또는 중지)되면 디버거는 이 시점에서 애플리케이션의 현재 상태에 대한 개요를 제공할 수 있다.
- 그러면 개발자는 상태를 보고 변수가 올바르게 설정되었는지 또는 호출 함수가 예상한 데이터를 반환했는지를 파악할 수 있다.

그림 6-4에서는 러스트 바이너리, 디버거, 설정 중인 중단점(커널 인터럽트) 사이의 관계를 시각화하여 보여 준다.

❤ 그림 6-4 디버깅 설정을 나타내는 도식. 디버거는 자신을 러스트 애플리케이션의 프로세스에 연결하고 커널 인터럽트 이벤트를 사용해 개입하고 프로세스를 일시 중지하고 상태를 표시한다

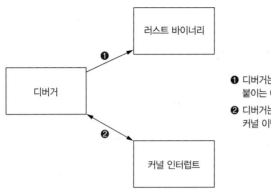

❶ 디버거는 주어진 바이너리를 실행해 자신을 해당 프로세스에 붙이는 애플리케이션이다.

❷ 디버거는 실행 중인 바이너리의 실행 프로세스를 PTRACE 커널 이벤트로 단계적으로 추적한다.

6.3.1 명령줄에서 GDB 사용하기

디버거는 러스트를 설치할 때 함께 제공되지 않는다. 여러 방법으로 설치할 수 있고 운영체제에 의존하는 독립적인 도구이다. 러스트는 rust-gdb라는 명령줄 도구가 함께 제공되는데, 소스 코드(https://github.com/rust-lang/rust/blob/master/src/etc/rust-gdb)에는 다음과 같이 설명되어 있다.

```
# Run GDB with the additional arguments that load the pretty printers
# Set the environment variable `RUST_GDB` to overwrite the call to a
# different/specific command (defaults to `gdb`).
RUST_GDB="${RUST_GDB:-gdb}"
PYTHONPATH="$PYTHONPATH:$GDB_PYTHON_MODULE_DIRECTORY" exec ${RUST_GDB} \
  --directory="$GDB_PYTHON_MODULE_DIRECTORY" \
  -iex "add-auto-load-safe-path $GDB_PYTHON_MODULE_DIRECTORY" \
  -iex "set substitute-path /rustc/$RUSTC_COMMIT_HASH $RUSTC_SYSROOT/lib/rustlib/src/
rust" \
  "$@"
```

이 도구는 러스트가 설치될 때 기본으로 함께 제공된다. 시스템에 아직 GDB가 설치되어 있지 않으면 다음과 같은 에러(또는 유사한 에러)가 표시된다.

```
$ rust-gdb
/.../.rustup/toolchains/stable-x86_64-apple-darwin/bin/rust-gdb:
    line 21: exec: gdb: not found
```

GDB를 인텔 기반의 macOS에 설치하려면 brew를 사용해야 한다.

```
$ brew install gdb
```

아치 리눅스를 예로 들면 다음과 같이 설치할 수 있다.

```
$ pacman -S gdb
```

ARM 기반 컴퓨터(예를 들어 Apple M1 칩 이상이 있는 애플 컴퓨터)를 사용하는 경우라면 운이 없다. GDB는 이 책을 쓰는 시점에서 지원되지 않으며 macOS의 기본 디버거인 LLDB(https://lldb.llvm.org)를 사용해야 한다.

설치한 후 명령줄 도구로 중단점을 설정하고 디버깅 프로세스를 시작할 수 있다. GDB가 어떻게 작동하는지 정확히 설명하는 것은 책의 범위를 넘어간다. 가장 중요한 명령과 기본 작업 방식은 다음과 같다.

이제 만들어진 바이너리를 rust-gdb로 GDB 안에서 실행할 수 있다.
애플리케이션의 이름(NAME_OF_YOUR_APPLICATIONS)은 Cargo.toml 파일 내에 있는 것을 사용한다

```
$ cargo build ···· cargo build로 애플리케이션을 먼저 빌드한다.
$ rust-gdb target/debug/NAME_OF_YOUR_APPLICATIONS
                          ···· 애플리케이션과 상호 작용할 수 있는 디버거 인터페이스를 시작한다.
(gdb) b main:11 ···· 　 b 명령은 중단점을 설정하며, main:11은 중단점을 지정하려는 파일과 줄 번호이다.
(gdb) b src/routes/question.rs:11 ···· 폴더 안에 있는 파일을 지정할 수도 있다.
(gdb) r ···· r 명령으로 애플리케이션을 실행하고 우리가 설정한 첫 번째 중단점에서 중지한다.
...
(gdb) c ······ 중단점에 도달한 후 더 많은 작업(예를 들어 변수 출력)을 수행하거나
               '프로세스를 계속 진행'하려면 c 명령을 입력한다.
...
(gdb) p store ···· p 명령은 print를 의미하며, 변수를 출력한다.
...
```

이 작업 흐름은 애플리케이션의 가장 기본적인 실행에 적합하다. 좀 더 시각적인 경험을 원한다면 기본 제공 디버거 인터페이스가 있는 비주얼 스튜디오 코드와 같은 IDE를 추천한다.

6.3.2 LLDB로 웹 서비스 디버깅하기

연습 디버깅 세션으로 println!이나 dbg!로 문제를 찾는 것과 비교해 보겠다. 디버깅은 처음에는 무섭고 상당히 불편해 보일 수 있다. 그러나 소스 코드를 볼 때 눈이 환경에 적응되면 다양한 시나리오에서 이 도구를 사용할 수 있다는 것을 알게 될 것이다.

첫 번째 연습에서는 POST 요청이 웹 서비스에 올바른 콘텐츠를 보내는지 확인할 것이다. 우리는 println!을 여기저기 뿌려서 코드에서 올바른 데이터를 검사할 수 있는 지점을 포착하거나 LLDB 디버거를 실행해 몇 가지 중단점을 설정해 볼 수 있다. 다음은 명령줄로 실행하는 방법과 그에 대한 출력이며 바로 다음은 각 단계에 대한 설명이다. 6 단계는 코드 6-29에서 볼 수 없는데, 다른 터미널 창을 열고 curl 명령을 실행하면 되고 해당 명령은 코드 다음에 설명한다.

코드 6-29 LLDB로 웹 서비스를 시작하고 중단점 사용하기

```
$ cargo build ···· 1 단계
    Finished dev [unoptimized + debuginfo] target(s) in 0.22s
$ lldb target/debug/practical-rust-book ···· 2 단계
(lldb) target create "target/debug/practical-rust-book"
Current executable set to '/private/tmp/practical-rust-book/target/debug/practical-
rust-book' (x86_64).
(lldb) b add_question ···· 3 단계
Breakpoint 1: where = practical-rust-book`practical_rust_book::routes::question::add_q
uestion::h31e900ea6140badf + 50 at question.rs:35:48, address = 0x00000001000b1702
(lldb) breakpoint list ···· 4 단계
Current breakpoints:
1: name = 'add_question', locations = 1
    1.1: where = practical-rust-book`practical_rust_book::routes::question::add_
question::h31e900ea6140badf + 50 at question.rs:35:48, address = practical-rust-
book[0x00000001000b1702], unresolved, hit count = 0


(lldb) r ···· 5 단계
Process 37754 launched: '/Users/siabard/project/rust/warp_server/target/debug/
practical-rust-book' (x86_64)
2023-04-29T11:53:05.314434Z  INFO get_questions request{method=POST path=/questions
id=eccf2486-24b2-4ebc-9c95-d41114e2d174}: practical_rust_book: close time.busy=40.2µs
time.idle=74.1µs
Process 37754 stopped ···· 7 단계
* thread #4, name = 'tokio-runtime-worker', stop reason = breakpoint 1.1
    frame #0: 0x00000001000b1702 practical-rust-book`practical_rust_book::route
s::question::add_question::h31e900ea6140badf(store=Store @ 0x000070000f1e8c00,
question=Question @ 0x000070000f1e8c58) at question.rs:35:48
    32      pub async fn add_question(
    33          store: Store,
    34          question: Question,
 -> 35      ) -> Result<impl warp::Reply, warp::Rejection> {
    36          store
    37              .questions
    38              .write()
```

```
Target 0: (practical-rust-book) stopped.
(lldb) frame variable ···· 8단계
...
    title = {
        vec = {
            buf = {
                ptr = {
                    pointer = (pointer = "question title")
                    _marker = {}
                }
                cap = 14
                alloc = {}
            }
            len = 14
        }
    }
    content = {
        vec = {
            buf = {
                ptr = {
                    pointer = (pointer = "question content")
                    _marker = {}
                }
                cap = 16
                alloc = {}
            }
            len = 16
        }
    }
    tags = {}
}
(lldb) process continue ···· 9단계
```

전체 흐름은 단계별로 다음과 같다.

1 cargo build로 LLDB에 올릴 바이너리를 만든다.

2 명령줄에서 LLDB로 바이너리를 연다.

3 b 명령과 함수명(add_question)으로 중단을 원하는 곳에 중단점을 설정한다.

4 breakpoint list 명령으로 모든 중단점을 출력한다.

5 r 명령으로 프로그램을 실행한다.

6 다른 터미널을 열고 curl로 다음을 실행한다.

```
$ curl --location --request POST 'localhost:3030/questions' \
      --header 'Content-Type: application/json' \
      --data-raw '{
      "id": "10",
      "title": "question title",
      "content": "question content"
}'
```

7 LLDB 명령줄 도구로 중단점을 검사한다.

8 frame variable로 현재 변수를 본다.

9 process continue로 LLDB에 다음 가능한 중단점까지 바이너리 실행을 속행하도록 전달한다.

LLDB가 제공해야 하는 모든 기능이 현재 러스트에서 지원되는 것은 아니다. 명확한 개요를 보려면 러스트 컴파일러 개발 가이드(https://rustc-dev-guide.rust-lang.org/debugging-support-in-rustc.html)에서 러스트의 디버깅 상태에 대한 최신 정보를 확인하도록 한다.

예를 들어 명령줄 도구로 store를 검사하고 내부에 무엇이 있는지 확인하는 것은 쉽지 않다. 컴퓨터에 비주얼 코드 편집기(예를 들어 비주얼 스튜디오 코드)가 있다면 LLDB가 플러그인으로 설치된 편집기를 사용하여 디버깅 프로세스를 탐색하는 것이 더 편할 수 있다. 다음 6.3.3절에서 이 방법을 설명한다.

6.3.3 비주얼 스튜디오 코드와 LLDB 사용하기

비주얼 스튜디오 코드를 러스트 디버거로 사용하려면 CodeLLDB라는 확장 프로그램을 설치해야 한다. 이 글을 쓰는 시점에서 이 확장 프로그램은 왼쪽에 용(dragon) 기호가 있다. 검색 표시줄을 사용하여 확장 프로그램을 찾아 설치할 수 있다. 확장 프로그램이 설치된 후에는 파일/코드의 줄 번호 옆에 빨간색 점으로 중단점을 추가할 수 있다.

이렇게 원하는 곳에 중단점을 설정하면 나중에 사용자 인터페이스(UI)로 디버거를 시작할 때 바로 거기에서 멈추고 애플리케이션의 변수와 현재 스택을 검사할 수 있다. 그림 6-5는 비주얼 스튜디오 코드에서 실행 중인 디버깅 세션이다.

▼ 그림 6-5 비주얼 스튜디오 코드에서 실행 중인 디버깅 세션. 25행에 중단점을 설정하고 왼쪽 상단의 녹색 화살표 기호를 클릭하여 디버깅 세션을 시작했다

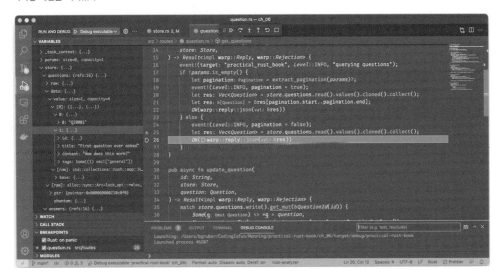

이 UI로 디버거를 사용하면 코드에서 자신의 위치를 시각적으로 바로 볼 수 있고, 왼쪽에서 현재 설정된 변수를 탐색하고 필요한 경우 호출 스택을 볼 수 있다는 이점이 있다.

비주얼 스튜디오 코드와 같은 IDE를 사용하면 중단점에 도달한 후 Step Over 버튼(그림 6-6 참조)을 클릭하여 코드의 다음 단계로 이동할 수 있어 편리하다.

▼ 그림 6-6 Step Over 버튼은 코드에서 다음 각 단계를 강조 표시하고 호출되는 다음 함수가 서드파티 라이브러리 내부에 있는 경우 내부 크레이트를 불러온다. 이렇게 하면 따라가고 있는 각 요청에 대한 내부를 훑어볼 수 있다

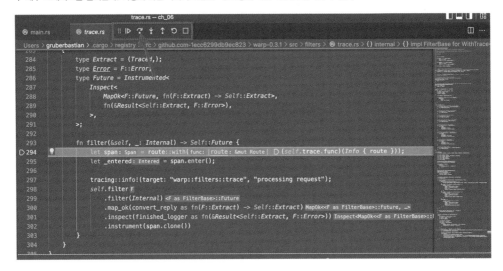

애플리케이션을 비주얼 스튜디오 코드의 디버거로 처음 실행할 때 launch.json 파일(코드 6-30)을 생성해야 한다. 비주얼 스튜디오 코드에서 기본으로 생성하지만, 나중에 더 복잡한 설정을 사용하는 경우(예를 들어 애플리케이션에 ENV 변수 전달)에는 이 파일을 찾아 설정을 바꾸어야 한다. 애플리케이션 폴더의 루트 아래에 .vscode 폴더 안에 생성된다.

코드 6-30 launch.json 파일의 예

```json
{
    "configurations": [
    {
        "type": "lldb",
        "request": "launch",
        "name": "Debug executable 'practical-rust-book'",
        "cargo": {
            "args": [
                "build",
                "--bin=practical-rust-book",
                "--package=practical-rust-book"
            ],
            "filter": {
                "name": "practical-rust-book",
                "kind": "bin"
            }
        },
        "args": [],
        "cwd": "${workspaceFolder}"
    },
    {
        "type": "lldb",
        "request": "launch",
        "name": "Debug unit tests in executable 'practical-rust-book'",
        "cargo": {
            "args": [
                "test",
                "--no-run",
                "--bin=practical-rust-book",
                "--package=practical-rust-book"
            ],
            "filter": {
                "name": "practical-rust-book",
                "kind": "bin"
            }
        },
```

```
            "args": [],
            "cwd": "${workspaceFolder}"
        }
        ]
    }
```

launch.json 파일을 사용해서 6.3.1절에서 명령줄을 GDB를 수행했던 것 대신에 비주얼 스튜디오 코드 내에서 LLDB를 사용할 수 있다. LLDB는 비주얼 스튜디오 코드 내에서 잘 지원되며, IDE는 이를 러스트 애플리케이션의 기본 디버거로 사용할 것이다. 인터넷에서 찾을 수 있는 대부분의 도움말과 요령도 비주얼 스튜디오 코드를 다룰 때 LLDB를 사용한다. 따라서 적어도 디버거와 일반적인 워크플로에 더 익숙해질 때까지는 그대로 따라 하는 것이 좋다.

6.4 요약

- 로깅은 보고된 버그를 검사하거나 악의적인 동작을 발견할 수 있기에 프로덕션에서 매우 중요하다.
- log 크레이트는 파사드 패턴을 사용하는데, 이는 log 크레이트를 API로 사용하고 실제 구현은 다른 logging 크레이트를 사용한다는 의미이다. 이렇게 하면 코드에서 동일한 로그 함수를 사용하면서 나중에 logging 크레이트를 변경할 수 있다는 이점이 있다.
- 러스트에는 파일, 콘솔, 기타 출력 스트림에 로깅할 수 있는 다양한 logging 크레이트가 있다.
- Tracing 크레이트는 비동기식 애플리케이션에 더 적합하다. 이렇게 하면 더 나은 추상화 계층을 제공하고, 함수가 임의의 순서로 호출되더라도 이를 따라갈 수 있는 기능이 제공된다.
- 디버깅은 버그를 찾거나 문제를 더 깊이 파고들 수 있는 좋은 방법이다.
- 러스트 코드를 디버깅하려면 비주얼 스튜디오 코드와 같은 IDE나 명령줄 인터페이스를 사용해야 한다.

7^장

애플리케이션에
데이터베이스 추가하기

이 장에서 다룰 핵심 내용

- 로컬 데이터베이스 설정하기
- 필요에 맞는 SQL 크레이트 선택하기
- 웹 서비스에 데이터베이스 연결 추가하기
- 구조체를 테이블에 매핑하기
- 코드 내에서 쿼리를 실행하도록 코드 확장하기
- 데이터베이스 마이그레이션 실행하기
- 새로운 데이터베이스 관리 시스템으로 전환하기

이전 장에서는 애플리케이션에 대한 측정값을 기록하는 기능을 추가했다. 코드를 여러 모듈로 추출한 다음에 견고한 웹 서비스를 만들 수 있게 되었다. 이제 우리는 새로운 웹 서비스를 만들기 시작할 때 수행할 단계를 진행할 것이다.

1~6장을 거쳐 다진 기초를 바탕으로 나머지 장에서 전체를 완성해 나갈 것이다. 우리는 프로덕션급 애플리케이션을 목표로 하는데, 거의 모든 웹 서비스가 어느 시점에서 꼭 직면하는 단계는 데이터베이스와 통신하는 것이다.

기본적인 데이터베이스 내부를 다루는 것이 이 책의 목표는 아니기에 여기서는 예제 데이터베이스를 설정하여 데이터를 저장하고 검색하는 부분까지만 알아본다. 여기에서 러스트로 데이터베이스에 연결하는 방법, 데이터베이스와의 상호 작용을 추상화해야 하는 위치, 이것이 코드에 미치는 영향 등을 이해하는 것이 중요하다.

데이터베이스를 사용하기 위해 단계별로 다음 질문에 스스로 답해야 한다.

- 객체 관계 매핑(Object Relational Mapping, ORM) 도구를 쓸 것인가? 아니면 구조화된 쿼리 언어(Structured Query Language, SQL) 명령을 직접 작성할 것인가?
- 크레이트가 동기식으로 작동해야 하는가? 아니면 비동기식으로 작동해야 하는가?
- 마이그레이션 스크립트가 필요하고 선택한 크레이트가 이를 지원하는가?
- 쿼리에 대해 추가적인 안정성(타입 검사 등)이 필요한가?
- 연결 풀링, 트랜잭션 지원, 일괄 처리가 필요한가?

이 장에서는 이러한 질문에 답해 나가며 러스트로 데이터베이스 작업을 시작할 수 있도록 준비할 것이다. 하지만 가장 먼저 해야 할 일이 있다. 데이터베이스를 설정하는 일이다.

7.1 예제 데이터베이스 설정하기

이 책에서는 PostgreSQL(버전 14.4)을 사용한다. 나중에 선택할 크레이트는 다른 데이터베이스에서도 작동하며 실제 코드는 기본적으로 데이터베이스에 관계없이 동일하다. 최소한 우리가 작성할 SQL은 빼고 모든 것이라고 할 수 있다. 데이터베이스에 따라서 SQL 코드가 약간 달라질 수 있다.

운영체제에 따라 진행 과정이 크게 달라질 수 있다. 리눅스 사용자의 경우는 패키지 관리자를 사용하여 PostgreSQL을 설치할 수 있다. macOS라면 패키지 관리자 Homebrew를 사용해 PostgreSQL을 쉽게 설치할 수 있다. 운영체제에 따라 최신 버전을 설치하려면 다운로드 페이지를 참조한다(https://www.postgresql.org/download/).

PostgreSQL을 로컬로 설정하는 작업은 언제나 조금씩 바뀐다. 이 책에서 다양한 리눅스 배포판이나 윈도우, macOS마다 바뀌는 점을 모두 설명할 수는 없다. 따라서 도커 컨테이너 내에서 PostgreSQL을 사용하거나 전체 PostgreSQL 문서를 참조하여 로컬에 설정하기를 권장한다.

일반적으로 다음 내용을 확인해야 한다.

- PostgreSQL 설치 여부

- 실행 중인 PostgreSQL 서버

- PSQL CLI 도구 설치(일반적으로 기본 PostgreSQL과 함께 제공됨)

- 데이터베이스 설정을 위한 위치/파일

- PostgreSQL이라는 데이터베이스(postgres)

내용을 확인했다면 이제부터 자신만의 사용자를 만들어 새 데이터베이스를 만들 수 있다. 이는 명령줄 유틸리티 PSQL로 수행한다.

코드 7-1 PSQL로 예제 데이터베이스 만들기

```
기본 데이터베이스 내 도구를 실행 중인 상태에서 새로운 데이터베이스를 생성할 수 있으며, rustwebdev라고 명명한다.
$ psql postgres  ···· psql은 PostgreSQL 명령줄 도구이고, postgres는 기본 데이터베이스이다.
postgres=# create database rustwebdev;
CREATE DATABASE  ···· 해당 도구는 데이터베이스가 생성되었음을 알려준다.
postgres=# \l  ···· \l 명령어로 사용할 수 있는 모든 데이터베이스의 목록을 볼 수 있다.
    Name    |  Owner  | Encoding | Collate | Ctype | Access privileges
------------+---------+----------+---------+-------+--------------------
 postgres   | bgruber | UTF8     | C       | C     |
 rustwebdev | bgruber | UTF8     | C       | C     |
(2 rows)
```

이 방법은 수동으로 데이터베이스를 만드는 방법이다. 이후 10장에서 애플리케이션을 배포할 때 빌드 스크립트나 도커(Docker) 파일에 데이터베이스 생성도 포함해야 한다.

7.2 / 첫 번째 테이블 만들기

데이터베이스 서버를 실행했고 데이터베이스를 만들었다면 다음은 실제 데이터를 넣을 테이블을 만들어야 한다. 이 장의 후반부에서 좀 더 자동화된 방식인 마이그레이션을 사용하여 테이블을 만들겠지만, 다른 모든 것과 마찬가지로 먼저 손으로 직접 해 보는 것이 배우는 데 있어 가장 좋은 방법이다. 한 번 무언가를 직접 해 본다면 다음에 좀 더 자동화된 방식으로 같은 작업을 할 때 장단점을 알 수 있기 때문이다.

PSQL을 실행한 상태에서 새로 만든 데이터베이스에 연결하고 필요한 테이블을 생성할 수 있다. questions 테이블부터 시작할 것이다. 코드 7-2에 우리 웹 서비스의 Question 구조체를 수록했다. 코드 7-4의 PostgreSQL 구조와 맞추려면 QuestionId를 String에서 i32로 바꾸어야 한다.

코드 7-2 Question 구조체

```rust
use serde::{Deserialize, Serialize};

#[derive(Deserialize, Serialize, Debug, Clone)]
pub struct Question {
    pub id: QuestionId,
    pub title: String,
    pub content: String,
    pub tags: Option<Vec<String>>,
}

#[derive(Deserialize, Serialize, Debug, Clone, PartialEq, Eq, Hash)]
pub struct QuestionId(pub i32);
```

또한, 변경 사항은 다음 코드에서 보이듯 main.rs의 경로 생성에도 영향을 주기 때문에 매개변수를 String 대신 i32로 변경한다.

코드 7-3 ID 매개변수를 String 대신 i32로 파싱하기

```rust
    ...
    let update_question = warp::put()
        .and(warp::path("questions"))
        .and(warp::path::param::<i32>())
        .and(warp::path::end())
        .and(store_filter.clone())
```

```
        .and(warp::body::json())
        .and_then(routes::question::update_question);

    let delete_question = warp::delete()
        .and(warp::path("questions"))
        .and(warp::path::param::<i32>())
        .and(warp::path::end())
        .and(store_filter.clone())
        .and_then(routes::question::delete_question);
    ...
```

Question 구조체에는 String, i32, String의 vector(또는 PostgreSQL의 배열)가 있다. 해당 테이블을 생성하는 SQL은 다음과 같다. PSQL에 직접 표시된 대로 SQL을 복사하여 붙여넣거나 직접 입력하고 Enter 를 누른다(일단 먼저 \c rustwebdev로 사용할 데이터베이스를 rustwebdev로 변경한다).

```
CREATE TABLE IF NOT EXISTS questions (
    id serial PRIMARY KEY,                         ---- PostgreSQL로 ID를 생성한다.
    title VARCHAR (255) NOT NULL,
    content TEXT NOT NULL,
    tags TEXT [],
    created_on TIMESTAMP NOT NULL DEFAULT NOW()    ---- 항목에 타임스탬프를 붙이는 것은 언제나 현명하며,
);                                                      PostgreSQL에 기본값으로 해당 항목을 생성한다.
```

주의를 환기하는 차원에서 Answer 구조체를 다음처럼 수정한다.

```
use serde::{Deserialize, Serialize};

use crate::types::question::QuestionId;

#[derive(Serialize, Deserialize, Debug, Clone)]
pub struct Answer {
    pub id: AnswerId,
    pub content: String,
    pub question_id: QuestionId,
}
```

```
#[derive(Deserialize, Serialize, Debug, Clone, PartialEq, Eq, Hash)]
pub struct AnswerId(pub i32);
```

이와 관련된 SQL 문은 다음과 같다.

코드 7-6 answers 테이블의 SQL 문

```
CREATE TABLE IF NOT EXISTS answers (
    id serial PRIMARY KEY,
    content TEXT NOT NULL,
    created_on TIMESTAMP NOT NULL DEFAULT NOW(),
    corresponding_question integer REFERENCES questions
);
```

\dt 명령으로 테이블이 제대로 생성되었는지 확인할 수 있다.

```
rustwebdev=# \dt
         List of relations
 Schema |   Name    | Type  |  Owner
--------+-----------+-------+---------
 public | answers   | table | bgruber
 public | questions | table | bgruber
(2 rows)
```

테이블을 생성해봤으니 삭제(drop)할 수 있는지도 확인해 보자. DROP [TABLE_NAME]; 명령으로 삭제해 보자.

```
rustwebdev=# drop table answers, questions;
DROP TABLE
rustwebdev=# \dt
Did not find any relations.
rustwebdev=#
```

우리는 수동으로 테이블을 만들어 보았고, 데이터베이스 작업에도 익숙해졌다. 이제 이 경험을 바탕으로 코드를 구현할 차례이다. 먼저 크레이트를 선택하고, ORM 크레이트를 사용할지 아니면 일반 SQL을 코드에 넣을지 결정해야 한다.

7.3 데이터베이스 크레이트로 작업하기

이 책에서는 ORM 크레이트 대신 SQL을 직접 작성할 것이다. 이는 취향에 따른 선택 사항이며 여러분 개인이나 팀에 따라 결정이 다를 수 있다. SQL을 쓰는 이유는 학습하는 코드가 더 깨끗하게 유지되기 때문이다. 코드가 더 장황해질 수 있지만, 새로운 언어를 배우는 경우 사용 중인 크레이트가 만들고 있는 솔루션에 영향이 많이 주지 않는 편이 좋다.

ORM 대 순수 SQL

ORM은 SQL 쿼리를 일상적인 코드로 변환하는 기술이다. 러스트 크레이트 중 디젤(https://diesel.rs)은 뒤에서 코드를 SQL 쿼리로 변환해 주는 라이브러리이다. 예를 들어 다음과 같은 코드가 있다고 하자.

```
SELECT * FROM questions
```

디젤을 이용하면 다음과 같이 쓸 수 있다.

```
questions_table.load_all();
```

이렇게 하면 개발자 관점에서 읽고 이해하기가 조금 더 수월하다. SQL 문자열을 코드에 넣는 것보다는 많은 상용구 코드를 줄일 수 있고, 코드에서 쿼리가 더 자연스럽게 느껴질 수 있다.

또 다른 부분은 애플리케이션 보안이다. ORM은 개발자가 직접 작성한 SQL보다 SQL 인젝션 같은 보안 문제를 더 잘 처리하는 경향이 있다. 사용자 입력 처리와 관련해서 ORM은 대개 개발자가 특수 문자에 대해 생각할 필요가 없게끔 도구를 충분히 갖추고 있으며 ORM 자체가 타입을 지정하므로 데이터베이스에서도 악성 코드를 제거할 수 있다.

단점으로는 데이터베이스 구조가 러스트 코드에 너무 가까워진다는 것이다. 이는 구조체가 ORM 매크로로 주석을 달수 있다는 점을 의미한다. 코드 타입에서 데이터베이스 로직을 분리하기가 더 어려워진다.

SQL은 오래되고 입증된 언어이고 인터넷에서 도움을 찾을 수 있어 SQL에 대해 추론하기 쉽다. 문제가 생기면 보통어디를 봐야 할지 알 수 있다. ORM의 경우, 기본 코드가 쿼리를 합리적인 SQL로 변환하고 올바른 작업을 수행할 것이라고 믿어야 한다.

동일한 코드를 여러 번 작성해야 하거나 SQL을 추상화하면 코드가 더 읽기 쉽고 유지보수가 쉬워진다고 느낀다면 다른 것(ORM)을 선택할지 고려할 때다.

Note ≡ ORM을 사용하고자 한다면 디젤이 유효한 선택이며 이에 대한 훌륭한 기초 자습서가 있다. 이 장을 읽은 후라면 Getting Started with Diesel(https://diesel.rs/guides/getting-started)을 참조해서 우리가 선택한 SQLx 대신 ORM인 디젤로 바꿔 볼 수도 있다.

여러분이 얼마나 전문가인지에 따라 다르겠지만, 때로 어떤 크레이트를 선택할지는 '다수가 무엇을 사용하고 있는가?'라는 기준을 따르면 답을 얻을 수도 있다. 다수의 방식을 따르는 것이 경력 전반에 걸쳐 일방적인 선택이 되어서는 안 되지만, 시작하면서 합리적인 도움을 받으려면 우선 남들이 많이 쓰는 방식을 따르고, 그 후에 필요하다면 별도의 방법을 찾아야 한다. 그림 7-1은 SQL 쿼리를 사용하기 위해 러스트 크레이트인 SQLx를 사용한 추상화의 예이다.

❤ 그림 7-1 rustwebdev 데이터베이스와 questions, answers 테이블은 SQLx과 SQL로 웹 서비스와 상호 작용한다

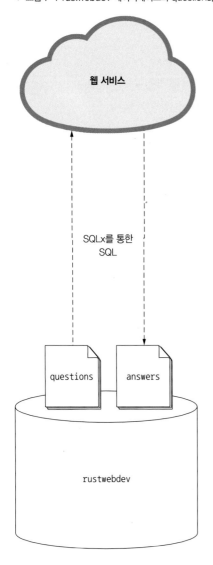

러스트 생태계에서 SQLx는 여러 가지 이유로 시작하기에 괜찮은 선택이다.

- 비동기식이다.

- PostgreSQL 드라이버는 러스트로 작성되었다.

- 여러 데이터베이스 엔진(MySQL, PostgreSQL, SQLite)을 지원한다.

- 다양한 런타임(Tokio, async-std, Actix Web)에서 작동한다.

- 커뮤니티에서 널리 사용된다.

반면에 큰 단점이 있다. SQLx는 SQL에 대한 자체적인 추상화를 제공하지 않기 때문에 올바른 SQL을 확인하는 것이 쉽지 않다. 컴파일 시간에 개발 데이터베이스에 연결하여 매크로를 써서 SQL 쿼리를 검사해야 한다. 경우에 따라서는 코드를 컴파일할 때마다 데이터베이스에 연결하고 싶지 않을 수 있기 때문에 충분히 문제가 된다.

7.3.1 프로젝트에 SQLx 추가하기

SQLx 깃허브 페이지(https://github.com/launchbadge/sqlx)에 게시된 대로 Cargo.toml에 다음과 같이 추가한다.

코드 7-7 SQLx 종속성을 Cargo.toml에 추가하기

```
[package]
name = "practical-rust-book"
version = "0.1.0"
edition = "2021"

# See more keys and their definitions at https://doc.rust-lang.org/cargo/reference/
manifest.html

[dependencies]
...
# 출력 목적으로 줄나눔한 것이다. 한 줄로 써야 컴파일된다
sqlx = {
    version = "0.5",
    features = [ "runtime-tokio-rustls", "migrate", "postgres" ]
} ---------------------- tokio, migrate, postgres 기능을 크레이트에 추가한다.
                        이렇게 하면 런타임 위에서 동작시킬 수 있고
                        이후에 마이그레이션을 코드로 실행할 수도 있다.
log = "0.4"
log4rs = "1.0"
env_logger = "0.9"
```

코드로 들어가기 전에 처음에 필요한 테이블을 직접 다시 생성해야 한다는 점을 기억해야 한다. 이 장의 뒷부분에서는 명령줄 도구를 사용하여 이 작업을 하는 마이그레이션을 실행할 것이다. 참고로 명령줄로 PSQL 도구를 열고 테이블을 만들 수 있다.

```
$ psql rustwebdev
psql (14.5 (Homebrew))
Type "help" for help.

rustwebdev=# CREATE TABLE IF NOT EXISTS questions (
    id serial PRIMARY KEY,
    title VARCHAR (255) NOT NULL,
    content TEXT NOT NULL,
    tags TEXT [],
    created_on TIMESTAMP NOT NULL DEFAULT NOW()
);
CREATE TABLE
rustwebdev=# CREATE TABLE IF NOT EXISTS answers (
    id serial PRIMARY KEY,
    content TEXT NOT NULL,
    created_on TIMESTAMP NOT NULL DEFAULT NOW(),
    corresponding_question integer REFERENCES questions
);
CREATE TABLE
rustwebdev=# \dt
        List of relations
 Schema |   Name    | Type  |  Owner
--------+-----------+-------+---------
 public | answers   | table | bgruber
 public | questions | table | bgruber
(2 rows)
```

이제 코드베이스 어디에서 인터페이스를 배치할지, 데이터베이스 어디에서 데이터를 업데이트하거나 가져올지 생각할 차례이다.

7.3.2 Store에 데이터베이스 연결하기

데이터베이스 인터페이스를 어디에, 어떻게 배치할지에 대해서는 선택지가 다양하다. 경로 핸들러에서 직접 수행하거나 Store 객체(questions과 answers를 보유하고 현재까지는 예제 JSON 파일을 읽음)에 연결하거나 자체 데이터베이스 객체를 생성하여 쿼리와 변경을 처리할 수 있다.

연결 풀 생성도 마찬가지다. main.rs 내부에서 생성한 후에 객체나 경로 핸들러에 전달하는 것이 나을까? 아니면 Store(또는 Database) 객체를 만드는 동안 연결하는 것이 더 나을까?

(큰) 코드베이스에서 데이터베이스 접근을 추상화하는 방법

데이터베이스를 사용하면 코드가 더 복잡해지는 것처럼 보일 수 있다. 그러나 아키텍처 관점에서 데이터베이스 접근은 러스트 애플리케이션에 추가된 또 다른 모듈에 불과하다. 더 큰 애플리케이션을 다루는 경우, 이 책의 작은 예제에서 한 것처럼 비즈니스 로직의 도메인이나 영역을 폴더(users, questions, answers 같이)로 분할하고 코드를 개별 파일로 구조화하여 구분(routes, types, store)할 수도 있다.

데이터베이스에 언제, 어떻게, 어디에서 연결하는지에 따라 복잡성이 생긴다. 대규모 애플리케이션에서 이를 수행하는 한 가지 방법은 Context 객체를 만드는 것이다. Context 객체는 정보(예를 들어 요청의 user_id와 database_url)로 채워지고 각 경로 핸들러로 전달된다. 그런 다음 경로 핸들러에서 Context 객체의 URL로 데이터베이스에 연결하거나 Context 객체에 미리 데이터베이스 연결을 넣어서 경로 핸들러에서 이를 통해 SQL 쿼리를 실행할 수도 있다.

따라서 더 큰 러스트 애플리케이션이더라도 데이터베이스를 추가하는 방법은 변하지 않는다. 정보를 엮는 위치와 정보를 전달하는 방법에 대한 질문이 더 많아질 뿐이다. 10장에서 책의 소스 코드를 배포할 때 코드베이스를 매개변수화하고 이러한 개념 중 일부를 사용하는 법을 살펴보겠다.

이번 예제에서는 데이터베이스 연결을 Store 객체에 직접 넣고 이를 통해 쿼리를 수행한다. 따라서 경로 핸들러를 호출하면 여전히 내부적으로 Store가 호출되지만, RAM의 벡터에서 읽고 쓰는 대신 PostgreSQL 인스턴스와 통신할 것이다.

또한, Store 내부에 데이터베이스 연결 풀을 생성한다. main.rs 내부의 상위 계층에서 이 작업을 수행한 후 다음 새로운 Store 객체를 생성할 때 전달하게끔 할 수도 있다. 어떤 것을 선택할지는 여러분의 사고 방식과 애플리케이션의 크기에 달려 있다. 나중에 꽤 많은 문제나 상충되는 선택에 마주치게 될 것이다. 다음 사항을 고려해 보기 바란다.

- 웹 서비스에 답변, 사용자, 댓글, 그 외 다른 타입의 데이터를 추가하면 어떻게 될까? Store 객체 하나로 모든 것을 처리하기에 충분한가?
- 그러면 SQL 쿼리를 경로 핸들러 자체로 옮겨야 하나?
- SQL 쿼리가 매우 복잡하고 커지면 어떻게 되는가? 경로 핸들러 내부에 너무 많은 잡음이 있는 것은 아닌가?

경험을 바탕으로 이야기하자면 시스템의 한 부분을 변경하려는 경우 실수로 다른 부분을 변경하거나 관심 없는 다른 부분을 읽고 소비하는 것을 피해야 한다. 경로 핸들러를 변경하더라도 SQL은 전혀 건드리지 말아야 한다는 뜻이다.

따라서 mod.rs, methods.rs, store.rs 파일에 포함된 데이터 타입(questions, answers, users 등)별로 폴더를 만드는 것이 현명할 수 있다. 이렇게 하면 파일이 데이터 타입이나 관심사별로 나누어진다. 지금은 큰 store.rs 파일 하나에 일단 넣는 것으로 만족하고, 나중에 사용자와 인증을 도입한 후 분할할 것이다.

SQLx가 종속성에 추가되었으므로 이제 코드베이스 내에서 사용할 수 있다. store.rs부터 시작하자. PostgreSQL 데이터베이스에 대한 연결을 초기화하는 방법, JSON 파일 대신 데이터베이스에서 질문을 쿼리하기 위해 변경해야 하는 사항에 대해 살펴보겠다.

코드 7-8 store.rs를 수정해 JSON 파일을 데이터베이스 연결로 바꾸기

```
use std::collections::HashMap;         ┊ 로컬 JSON 파일을 읽는 부분을 삭제하므로
use std::sync::Arc;                    ┊ 임포트 세 개는 필요 없다.
use tokio::sync::RwLock;
use sqlx::postgres::{PgPool, PgPoolOptions, PgRow};
use sqlx::Row;

use crate::types::{
    answer::{Answer, AnswerId},
    question::{Question, QuestionId},
};

#[derive(Debug, Clone)]
pub struct Store {
    pub connection: PgPool,    ···· questions와 answers를 Store의 필드에서 제거하고 연결 풀을 넣는다.
}

impl Store {
    pub async fn new(db_url: &str) -> Self {
        let db_pool = match PgPoolOptions::new()
            .max_connections(5)
            .connect(db_url)
            .await
        {
            Ok(pool) => pool,
            Err(e) => panic!("DB 연결을 하지 못했습니다: {}", e),   ······ 데이터베이스에 연결하지
        };                                                              못하는 경우에는 애플리케이션을
                                                                        종료하도록 한다.
        Store {
            connection: db_pool,
        }
    }
}
```

```
    fn init() -> HashMap<QuestionId, Question> {
        let file = include_str!("../questions.json");
        serde_json::from_str(file).expect("can't read questions.json")
    }
}
...
```

코드 7-8에서 코드를 많이 변경했다. 그렇지만 모두 간단한 것이니 걱정하지 않아도 된다. 먼저 파일 기반, 로컬 스토리지의 사고 방식에서 데이터베이스의 사고 방식으로 전환해야 한다. Store 구조체에서 questions, answers 필드를 제거하고 PostgreSQL 데이터베이스에 대한 연결 풀을 담는 connection 필드로 대체한다.

연결 풀

연결 풀(connection pool)은 보통 데이터베이스 연결을 동시에 두 개 이상 여는 것을 의미하는 데이터베이스 용어이다. 비동기 환경에서 운영하기 때문에 둘 이상의 데이터베이스 쿼리를 동시에 실행해야 할 수 있다. 연결을 하나만 열면 데이터베이스를 임의로 사용하려는 긴 대기열이 생길 수 있다. 대신 고정된 수의 연결을 열면 데이터베이스 크레이트가 들어오는 요청에 무료로 연결해 준다.

연결 풀을 사용하면 데이터베이스 서버에 과부하가 걸리지 않도록 연결 수를 제한할 수 있는 이점도 있다.

SQLx 깃허브 저장소 페이지(https://github.com/launchbadge/sqlx)에서 예제 코드를 가져와 Store 객체의 connection 필드에 저장할 새 연결 풀을 만든다. 이를 통해 새 저장소를 생성하고 필요에 따라 풀과 데이터베이스 쿼리의 연결을 경로 핸들러로 전달하여 사용할 수 있다. 그림 7-2는 이 개념을 보여 준다.

이제 새로운 Store를 생성할 때 &str 타입이 필요하다. 먼저 가장 간단한 솔루션(main.rs 파일에서 데이터베이스 URL을 전달)을 쓰고, 이 책의 뒷부분에서 더 나은 방식으로 구성 파일을 사용하는 방법을 살펴보겠다. 코드 7-9는 main.rs 파일에서 업데이트된 행을 보여 준다.

▼ 그림 7-2 연결 풀을 사용하면 둘 이상의 데이터베이스 연결을 열 수 있으므로 동시에 더 많은 데이터베이스 작업을 처리할 수 있다

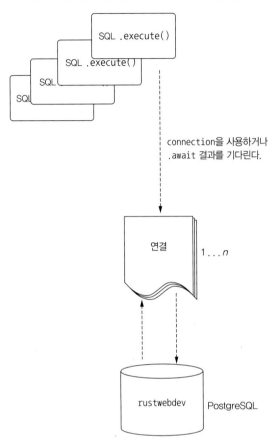

코드 7-9 데이터베이스 URL을 main.rs로 전달하기

```
...
#[tokio::main]
async fn main() {
    let log_filter = std::env::var("RUST_LOG")
        .unwrap_or_else(|_| "practical_rust_book=info,warp=error".to_owned());

    // 사용자 이름과 비밀번호를 넣어야 한다면
    // 연결 문자열은 다음과 같다
    // "postgres://username:password@localhost:5432/rustwebdev"
    let store = store::Store::new("postgres://localhost:5432/rustwebdev").await;
    let store_filter = warp::any().map(move || store.clone());
...
}
```

데이터베이스는 localhost에서 실행되며 PostgreSQL 서버는 표준 포트(5432)를 사용한다. 이전에 이름이 rustwebdev인 데이터베이스를 만들었다. 또한, 데이터베이스 연결을 여는 것은 비동기적이고 실패할 수 있기 때문에 new 함수 뒤에 await를 두어야 한다.

7.4 / 경로 핸들러 다시 구현하기

이제 코드베이스에 SQLx를 구현하고, 데이터베이스를 사용하고, 연결 풀을 제공하도록 Store를 수정했으므로 경로 핸들러에 집중할 수 있다. 핸들러에 데이터베이스 쿼리를 직접 추가하는 대신 Store 구현을 확장하고 각 데이터베이스 쿼리를 연관 함수로 추가한다.

그림 7-3에서 추상화의 중요성을 살펴볼 수 있다. 로컬 데이터 구조를 전환하고 데이터베이스로 교체하기만 하면 애플리케이션의 나머지 부분은 그대로 유지된다.

❤ 그림 7-3 로컬 Vec〈Questions〉와 Vec〈Answers〉 스토리지 객체를 PostgreSQL 데이터베이스로 교체

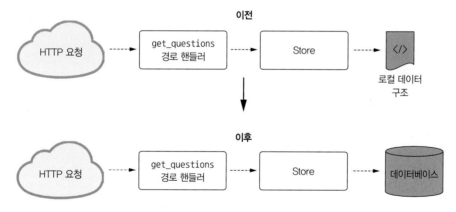

이 부분이 책의 목적에 잘 맞는다. 두 가지 타입(Question과 Answer)만 있으므로 애플리케이션 내에서 만들려는 모든 SQL 쿼리를 전역 저장소 모듈 하나에 충분히 수용할 수 있다. 그렇지만 더 큰 규모의 애플리케이션이라면 선택지가 다양하다.

애플리케이션의 각 도메인에 대해 서로 다른 폴더를 가질 수 있고 각각 내부의 구조(types, routes, store.rs)를 복제하여 store.rs 파일의 크기를 줄일 수 있다.

- 사용하는 각 데이터베이스에 대한 애플리케이션과 경로 핸들러 전체에 필요한 정보(예를 들어 user_id, db_connection_pool)를 보유하는 Context 타입을 생성할 수 있다. main.rs 파일에서 Context를 생성하고 각 경로 핸들러에 전달할 수 있다. 이렇게 하면 각 경로 핸들러가 약간 '멍청하게' 되어 테스트와 변경이 더 쉬워진다.

예를 들어 우리의 경우에는 연결을 갖고 있는 Store 객체를 전달한다. 이 방법을 사용하면 좀 더 긴밀하게 묶이기 때문에 테스트와 변경이 더 어려워진다. 이렇게 하는 한 가지 이유는 각 경로 핸들로 전달하려는 정보가 데이터베이스 연결이라는 단 하나의 정보뿐이기 때문이다. 이 방식은 겉보기에는 약간만 변경했을 뿐인데도 코드베이스 전체에 광범위한 결과를 가져올 수 있기 때문에 흥미롭다.

7.4.1 get_questions에 데이터베이스 추가하기

이제 데이터베이스 쿼리와 함께 작동하도록 경로 핸들러를 업데이트하는 방법을 알아볼 때다. 첫 번째는 get_questions이다. 다음은 변경 전의 get_questions 경로 핸들러이다.

코드 7-10 현재 /route/question.rs 안의 get_questions 경로 핸들러

```
...
pub async fn get_questions(
    params: HashMap<String, String>,
    store: Store,
) -> Result<impl warp::Reply, warp::Rejection> {
    info!("querying questions");
    if !params.is_empty() {
        let pagination = extract_pagination(params)?;
        let res: Vec<Question> =
            store.questions.read().await.values().cloned().collect();
        let res = &res[pagination.start..pagination.end];
        Ok(warp::reply::json(&res))
    } else {
        let res: Vec<Question> =
            store.questions.read().await.values().cloned().collect();
        Ok(warp::reply::json(&res))
    }
}
...
```

우리는 Store에서 질문을 읽고 있지만, HashMap 내부의 Arc 뒤에 있는 로컬 데이터 구조에 묶여 있다고 가정하고 있었다. 매개변수(질문을 쿼리할 때 페이지 매기기 사용 여부)에 따라 다른 결과 슬라이스를 반환한다. 이 방식을 꽤 많이 바꿀 것이다.

하지만 먼저 Store 내부에 get_questions 메서드를 만들어 비즈니스 로직에서 데이터베이스 로직을 분리하도록 하자. 데이터베이스에서 질문 쿼리를 마무리한 후 경로 핸들러로 돌아올 것이다.

코드 7-11 store.rs 내에 새로 추가된 get_questions 메서드

```
use sqlx::postgres::{PgPool, PgPoolOptions, PgRow};
use sqlx::Row;

use handle_errors::Error;

use crate::types::{
    answer::{Answer, AnswerId},
    question::{Question, QuestionId},
};

#[derive(Debug, Clone)]
pub struct Store {
    pub connection: PgPool,
}

impl Store {
    pub async fn new(db_url: &str) -> Self {
        let db_pool = match PgPoolOptions::new()
            .max_connections(5)
            .connect(db_url)
            .await
        {
            Ok(pool) => pool,
            Err(e) => panic!("DB 연결을 하지 못했습니다: {}", e),
        };

        Store {
            connection: db_pool,
        }
    }

    pub async fn get_questions(
```

```rust
        // 쿼리 함수를 써서 일반 SQL 문을 작성해 넣었고 쿼리에 전달할 변수에 달러 기호($)와 숫자를 추가한다.
        &self,
        limit: Option<u32>,            // limit, offset 매개변수를 함수에 전달하여
        offset: u32,                   // 클라이언트가 페이지 매기기를 원하는지 알려주고
    ) -> Result<Vec<Question>, sqlx::Error> {  // 성공했을 때는 질문의 벡터를 반환 받고,
                                               // 실패했을 때는 에러 타입을 반환 받는다.
        match sqlx::query("SELECT * from questions LIMIT $1 OFFSET $2")
            .bind(limit)      // bind 메서드는 SQL 문의 $+숫자 부분을 여기에 지정된 변수로 대체한다.
            .bind(offset)     // 두 번째 bind 항목은 offset 변수이다.
            .map(|row: PgRow| Question {      // 쿼리에서 질문 하나(혹은 전부)를 반환 받고자 하면
                id: QuestionId(row.get("id")),   // map으로 PostgreSQL에서 반환된 row 객체
                title: row.get("title"),         // 각각에서 Question을 생성하도록 한다.
                content: row.get("content"),
                tags: row.get("tags"),
            })
            .fetch_all(&self.connection)   // fetch_all 메서드는 SQL 문을 실행하고
            .await                         // 추가된 질문 모두를 반환한다.
        {
            Ok(questions) => Ok(questions),
            Err(e) => {
                tracing::event!(tracing::Level::ERROR, "{:?}", e);
                Err(e)
            }
        }
    }
}
```

우리는 밑바닥부터 시작하기로 했고, 나중에 이 결정으로 인한 모든 결과를 처리할 것이다. 새 메서드 get_questions를 만들었는데, 경로 핸들러에서 설정된 것을 토대로 이 메서드가 페이지 매김을 나타내는 매개변수를 가진다는 것을 알 수 있다. PostgreSQL에서 페이지 매김은 offset, limit 매개변수로 수행된다.

데이터베이스의 페이지 매김

일반적으로 페이지 매기기를 구현하는 일은 그리 간단하지 않다. 사용하는 방식에 따라 크게 달라지기 때문이다. 예를 들어 더 큰 데이터셋의 경우 커서(cursor)가 최적의 선택일 수 있다. 이 책에서는 성능에 신경 쓰지 않고 데이터베이스와의 상호 작용에만 집중하고자 한다. 자신의 프로젝트에서 이 동작을 구현하는 경우 데이터베이스의 자료와 제공되는 옵션 타입을 연구하는 것이 좋다.

---

offset은 쿼리를 시작할 위치를 나타내고, limit은 원하는 결과 수를 나타낸다. 데이터베이스에 질문이 100개 있는 경우, offset이 50이면 50번 질문부터 반환한다는 것이며 limit이 10이면 이

위치부터 질문 10개를 반환한다는 것이다. 따라서 우리는 limit과 offset 매개변수에는 u32 타입을 사용한다.

이 메서드는 질문 목록 또는 SQLx 에러를 반환한다. query 메서드를 사용하여 sqlx로 쿼리를 실행하고 그 안에 일반 SQL 문을 작성한다. 유일한 예외는 값을 SQL 쿼리 자체에 통합하는 것이다. SQLx 크레이트는 .bind 메서드와 함께 달러 기호($)와 숫자(1)를 사용하여 $ 기호로 표시된 자리 표시자에 변수를 할당한다.

```
sqlx::query("SELECT * from questions LIMIT $1 OFFSET $2")
    .bind(limit)
    .bind(offset)
```

PostgreSQL은 두 변수 모두에 기본 매개변수를 사용할 수 있다. limit으로 None을 전달하면 PostgreSQL은 이를 무시하고, offset으로 0을 전달하면 마찬가지로 이를 무시한다. 따라서 동일한 함수의 두 가지 버전을 작성하는 대신(하나는 이러한 매개변수가 필요한 것과 그렇지 않은 것) 나중에 Default 트레이트를 사용할 것이다. limit 매개변수가 숫자 또는 None을 담을 수 있는 Option인 이유이기도 하다. 숫자를 전달하지 않으면 limit는 None이 되고 PostgreSQL은 이를 무시한다.

쿼리는 match를 사용해서 질문으로 가득 찬 결과 Vec 또는 에러를 Result로 반환한다. 그러나 결과를 얻으려면 먼저 두 가지 작업을 수행해야 한다. 결과 행(PgRow 타입)에 대해 .map을 수행하고 그로부터 Question을 생성한 다음 실제로 쿼리를 실행하기 위해 데이터베이스 연결을 전달하는 .fetch_all을 사용해야 한다.

```
pub async fn get_questions(
    &self,
    limit: Option<u32>,
    offset: u32,
) -> Result<Vec<Question>, sqlx::Error> {
    match sqlx::query("SELECT * from questions LIMIT $1 OFFSET $2")
        .bind(limit)
        .bind(offset)
        .map(|row: PgRow| Question {
            id: QuestionId(row.get("id")),
            title: row.get("title"),
            content: row.get("content"),
            tags: row.get("tags"),
        })
        .fetch_all(&self.connection)
```

```
            .await
    {
        Ok(questions) => Ok(questions),
        Err(e) => Err(e),
    }
}
```

이 간단한 함수에는 코드베이스 나머지 부분에서 추가해야 할 두 가지가 있다.

- Error 크레이트에 아직 처리할 수 없는 새로운 에러 타입(sqlx::Error)이 있다.
- limit과 offset 두 매개변수에 대해 (a) 지금까지와는 다르게 호출해야 하고 (b) 클라이언트가 전달하지 않는 경우 기본값을 생성하는 방법을 찾아야 한다.

handle-errors 크레이트의 Cargo.toml 파일에 종속성으로 SQLx를 추가한다.

코드 7-12 handle-errors 크레이트에 sqlx 추가하기

```
[package]
name = "handle-errors"
version = "0.1.0"
edition = "2021"

[dependencies]
warp = "0.3"
sqlx = { version = "0.5", features = ["runtime-tokio-rustls"] }
```

그런 다음 코드베이스에서 sqlx::Error를 지원할 수 있도록 Error 크레이트를 확장한다. handle-errors/src/lib.rs에서 열거 타입을 확장할 것이다.

코드 7-13 Error 열거 타입을 확장하고 sqlx::Error 타입에 대한 Display 트레이트를 구현하기

```
use warp::{
    filters::{body::BodyDeserializeError, cors::CorsForbidden},
    http::StatusCode,
    reject::Reject,
    Rejection, Reply,
};

use sqlx::error::Error as SqlxError;  ------ sqlx Error를 임포트하고 자체 Error 열거 타입과
                                              혼동하지 않도록 이름을 바꾼다.

#[derive(Debug)]
pub enum Error {
```

```
        ParseError(std::num::ParseIntError),
        MissingParameters,
        QuestionNotFound,
        DatabaseQueryError(SqlxError), ---- 우리 열거 타입에 실제 sqlx Error를 담는 새로운 에러 타입을 더한다.
    }

    impl std::fmt::Display for Error {
        fn fmt(&self, f: &mut std::fmt::Formatter) -> std::fmt::Result {
            match &*self {
                Error::ParseError(ref err) => write!(f, "Cannot parse parameter: {}", err),
                Error::MissingParameters => write!(f, "Missing parameter"),
                Error::QuestionNotFound => write!(f, "Question not found"),
                Error::DatabaseQueryError(e) => {
                    write!(f, "Query could not be executed {}", e)
                }                              새로운 에러 타입을 출력하려면
            }                                  Display 트레이트를 구현해야 한다.
        }
    }
    ...
```

다음은 Pagination 타입이다. store.rs 내부의 변경 사항을 수용하려면 꽤 많이 재작성해야 한다.
다음은 업데이트된 pagination.rs 파일로, 변경 사항을 볼드로 표시했다.

코드 7-14 Default 트레이트와 이름을 변경하여 pagination.rs 수정하기

```
use std::collections::HashMap;
use handle_errors::Error;

/// Pagination 구조체는 쿼리 매개변수에서
/// 추출된다
#[derive(Default, Debug)]
pub struct Pagination {            ┌---- Pagination의 첫 번째 필드의 이름을 limit으로 바꾼다.
    /// 반환될 마지막 아이템의 인덱스 │   이 값은 None이나 숫자가 될 수 있다. None을 전달하면
    pub limit: Option<u32>, -------┘   PostgreSQL은 기본적으로 이를 무시하는데,
    /// 반환될 첫 번째 아이템의 인덱스      덕택에 여분의 if 문을 쓸 필요가 없어진다.
    pub offset: u32,  ------ 두 번째 매개변수는 offset으로 값이 0이면 PostgreSQL은 이 값을 무시한다.
}                            제한 필드와 동일하다. 덕분에 if 문을 쓰지 않아도 된다.

/// 매개변수를 /questions 경로에서 추출하기
/// # 예제 쿼리
/// 이 경로에 대한 GET 요청에는 반환 받기 원하는 질문만 반환 받도록
/// 페이지 정보가 추가될 수 있다
/// `/questions?limit=1&offset=10`
```

```rust
/// ## 사용 예
/// ```rust
/// let mut query = HashMap::new();
/// query.insert("limit".to_string(), "1".to_string());
/// query.insert("offset".to_string(), "10".to_string());
/// let p = types::pagination::extract_pagination(query).unwrap();
/// assert_eq!(p.limit, 1);
/// assert_eq!(p.offset, 10);
/// ```
pub fn extract_pagination(params: HashMap<String, String>) ->
    Result<Pagination, Error>
{
    // 나중에 더 개선할 수 있다
    if params.contains_key("limit") && params.contains_key("offset") {
        return Ok(Pagination {
            // limit 매개변수를 쿼리에서 가져와
            // 숫자로 변환을 시도한다
            limit: Some(
                params
                    .get("limit")
                    .unwrap()
                    .parse::<u32>()    ---- &str을 u32로 변환한다.
                    .map_err(Error::ParseError)?
            ),
            // offset 매개변수를 쿼리에서 가져와
            // 숫자로 변환하려고 한다
            offset: params
                .get("offset")
                .unwrap()
                .parse::<u32>()    ---- &str을 u32로 변환한다.
                .map_err(Error::ParseError)?,
        });
    }

    Err(Error::MissingParameters)
}
```

먼저 start와 end를 limit와 offset으로 바꾼다. 이는 PostgreSQL을 쿼리할 때 SQL이 예상하는 순서이기도 하다. 데이터베이스는 또한 두 필드에 대한 타입을 지정한다. limit 필드가 usize에서 Option<u32>로 변경되었다. Option은 기본값을 PostgreSQL(https://www.postgresql.org/docs/8.1/queries-limit.html)에서 None으로 설정하기 위한 것이다. offset은 u32 타입

이며, 지정하지 않으면 기본으로 0이 설정되고, PostgreSQL에 사용 가능한 모든 레코드를 반환하도록 지시한다.

러스트에는 Default라는 편리한 트레이트가 있다. 이 트레이트를 호출하면 기본값으로 특정 타입을 생성한다. 우리는 이 기능을 사용할 것이므로 별도 함수 두 개(매개변수가 있는 함수와 없는 함수)를 만들 필요가 없다. 대신 클라이언트가 limit, offset 매개변수를 전달하지 않으면 데이터베이스에서 무시되는 기본값으로 Pagination 객체를 생성한다. 유효한 매개변수를 얻으면 이를 대신 사용하여 Pagination 객체를 만든다.

extract_pagination 함수도 약간 수정하였다. SQL이 u32 숫자를 기대하므로 우리는 Some으로 limit을 래핑하고 캐스팅을 usize에서 u32로 바꾼다.

이러한 모든 사항을 수정해 다시 작성하면 마침내 get_questions 경로 핸들러는 새로운 로직을 사용할 수 있다. 다음은 수정한 코드이다.

코드 7-15 routes/question.rs에서 수정한 get_questions 경로 핸들러

```
...
use crate::types::pagination::{extract_pagination, Pagination};
use tracing::{event, info, instrument, Level};

#[instrument]
pub async fn get_questions(
    params: HashMap<String, String>,
    store: Store,
) -> Result<impl warp::Reply, warp::Rejection> {
    info!("querying questions");
    event!(target: "practical_rust_book", Level::INFO, "querying questions");
    let mut pagination = Pagination::default();    ⋯⋯⋯ 기본 매개변수 Pagination 값을 가지는
                                                        가변 변수를 만든다.

    if !params.is_empty() {
        event!(Level::INFO, pagination = true);
        let pagination = extract_pagination(params)?;   ⋯⋯⋯ 페이지 매기기 객체(pagination object)가 비어
        let res: Vec<Question> =                              있지 않은 경우, 위 가변 변수의 값을 클라이언트가
            store.questions.read().await.values().cloned().collect();  전달한 Pagination 값으로 대체한다.
        let res = &res[pagination.start..pagination.end];
        Ok(warp::reply::json(&res))
    } else {
        let res: Vec<Question> =
            store.questions.read().await.values().cloned().collect();
        Ok(warp::reply::json(&res))
    }
```

```rust
    info!(pagination = false);
    let res: Vec<Question> = match store
        .get_questions(pagination.limit, pagination.offset)
        .await
    {
        Ok(res) => res,
        Err(e) => {
            return Err(warp::reject::custom(Error::DatabaseQueryError(e)));
        }
    };

    Ok(warp::reply::json(&res))

}
...
```

> 에러의 경우, handle-errors 크레이트에서 정의한 에러 값을 에러 핸들러에 넘긴다.

오래된 코드 대부분을 삭제했다. 기본 매개변수로 Pagination 객체를 인스턴스화하고 함수가 요청에서 유효한 매개변수를 가져오는 경우 객체를 실제 값으로 업데이트하는 것으로 시작한다. 그런 다음 Store에서 get_questions 함수를 호출하여 데이터베이스를 쿼리하고 성공할 경우 질문으로 가득 찬 Vec 객체를 반환한다. 에러가 발생하면 업데이트된 에러 처리를 사용하고 데이터베이스 에러를 반환한다. 로컬 인메모리 스토리지에서 PostgreSQL 데이터베이스로 변경한 모든 주요 변경 사항은 그림 7-4에 설명되어 있다.

▼ 그림 7-4 지금까지 코드 변화에 대한 간략한 개요

이전	이후
Store는 JSON 파일을 이용해 questions Vec을 초기화한다.	Store는 PostgreSQL 연결 풀을 생성한다.
Store는 mutex를 이용해 질문과 대답을 보관한다.	Store는 데이터베이스 테이블에 직접 쿼리하기 위해 연결 풀을 사용한다.
get_questions 경로 핸들러는 읽기/쓰기를 요청한다.	get_questions는 데이터베이스에 쿼리하는 Store 함수를 호출한다.
페이지 매김 구조체(pagination struct)는 start와 end 필드를 가진다.	페이지 매김 구조체는 PostgreSQL의 용어인 limit와 offset을 이용한다.

그러면 다음으로 데이터베이스에 질문을 추가하는 add_question 경로 핸들러를 구현해 보겠다.

7.4.2 add_question 경로 핸들러 재구현하기

이전 경로 핸들러와 마찬가지로 Store 구현으로 시작한 다음 add_question 경로 핸들러로 옮겨갈 것이다. 우리는 조금만 변화해도 코드베이스 나머지에 상당한 영향을 미칠 것임을 알게 될 것이다.

다음 코드는 questions 테이블의 세부 내역이다.

```
CREATE TABLE IF NOT EXISTS questions (
    id serial PRIMARY KEY,
    title VARCHAR (255) NOT NULL,
    content TEXT NOT NULL,
    tags TEXT [],
    created_on TIMESTAMP NOT NULL DEFAULT NOW()
);
```

코드에서 id를 직접 만들거나 증가시키지는 않았지만, 데이터베이스가 그 작업을 대신 해 준다. Question 구조체를 살펴보자.

```
pub struct Question {
    pub id: QuestionId,
    pub title: String,
    pub content: String,
    pub tags: Option<Vec<String>>,
}
```

이는 Question 객체를 데이터베이스에서 질문을 생성하는 함수로 전달하는 설계에 영향을 미친다. 러스트 컴파일러는 모든 필수 필드가 객체의 일부인지 확인하고, 그렇지 않은 경우 에러를 발생시킨다. 앞에서 이야기한 대로 id를 직접적으로 만들거나 증가시키지 않기 때문에 새로 데이터를 생성할 때 id 값 없이 생성할 수 있어야 한다. 이와 관련하여 보통 NewQuestion이라는 새 타입을 만든다(그림 7-5 참조). 이 타입은 시작하는 데 필요한 모든 정보 없이 새로운 객체를 만들 때 사용하기 위한 것이다. 따라서 우리는 types 폴더에 있는 question.rs 파일을 확장한다.

코드 7-16 NewQuestion을 /types/question.rs에 추가하기

```
...
#[derive(Deserialize, Serialize, Debug, Clone)]
pub struct NewQuestion {
    pub title: String,
    pub content: String,
    pub tags: Option<Vec<String>>,
}
```

store.rs 내부의 add_question 함수에서 이를 매개변수로 사용할 것이다. 따라서 클라이언트나 우리 모두 id를 생성하고 컴파일러 검사를 수행할 필요가 없다.

▼ 그림 7-5 ID 항목이 없는 질문을 만들기 위해 NewQuestion 타입을 만든다

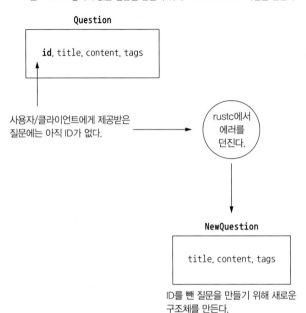

애플리케이션 내부에서 정보를 반환하거나 사용할 때는 기존의 Question 타입을 사용한다. 다음 코드에서 Store의 관련 함수를 볼 수 있다.

코드 7-17 add_question 함수를 store.rs에 추가하기

```
use crate::types::{
    answer::{Answer, AnswerId},
    question::{Question, QuestionId, NewQuestion},
};
...
impl Store {
    ...
    pub async fn add_question(
        &self,
        new_question: NewQuestion
    ) -> Result<Question, sqlx::Error> {
        match sqlx::query(
            "INSERT INTO questions (title, content, tags)
             VALUES ($1, $2, $3)
             RETURNING id, title, content, tags",
```

```
    )
    .bind(new_question.title)
    .bind(new_question.content)
    .bind(new_question.tags)
    .map(|row: PgRow| Question {
        id: QuestionId(row.get("id")),
        title: row.get("title"),
        content: row.get("content"),
        tags: row.get("tags"),
    })
    .fetch_one(&self.connection)
    .await
    {
        Ok(question) => Ok(question),
        Err(e) => Err(e),
    }
    }
}
...
```

NewQuestion을 add_question 함수에 전달한다. 반환 서명은 get_questions와 동일하다. 또한, sqlx::query의 Result에서 패턴 매칭을 반복하는데, 이 부분이 약간 다르다.

특히 title, content, tag를 삽입하고(id와 creation_date는 데이터베이스가 대신 채워주므로 제외) 실행 중 바인드 변수로 대체할 $+숫자 기호를 세 개 추가하면 SQL에서 무언가를 반환한다.

요청한 클라이언트는 우리가 생성한 id를 알고 싶어 할 수도 있다. 따라서 SQL 쿼리에서 필요한 모든 필드를 반환한 다음 나중에 결과를 Question 타입에 매핑하고, 성공할 경우 add_question 함수에서 ID를 반환할 수 있다.

이를 이용하여 다음과 같이 add_question 경로 핸들러를 다시 작성한다.

코드 7-18 routes/question.rs의 add_question 경로 핸들러 수정

```
use crate::types::question::{Question, QuestionId, NewQuestion};
...
pub async fn add_question(
    store: Store,
    new_question: NewQuestion,
) -> Result<impl warp::Reply, warp::Rejection> {
    if let Err(e) = store.add_question(new_question).await {
        return Err(warp::reject::custom(Error::DatabaseQueryError(e)));
    }
```

```
        Ok(warp::reply::with_status("Question added", StatusCode::OK))
    }
    ...
```

데이터베이스 함수를 단순히 다른 함수 안에 래핑하고 결과를 반환할 뿐이니 안티패턴이라고 할지도 모르겠다. 하지만 이 경우에는 전반적인 패턴이 있다. Warp에 대한 경로 객체에 경로 핸들러를 추가하고, 이러한 경로 핸들러는 적절한 HTTP 반환 코드를 반환한다.

우리는 Store 뒤에 있는 데이터베이스에 대한 접근을 추상화하므로 (설혹 우연히라도) 경로 핸들러를 변경해도 작동에 필요한 SQL과 기타 논리를 방해하지 않는다. 마무리하기 위해 마지막 questions 경로 핸들러 두 개를 살펴보자.

7.4.3 질문을 수정, 삭제하는 핸들러 수정하기

질문 API의 마지막 두 경로는 질문을 업데이트하고 삭제하는 것이다. 이제 store.rs에 필요한 함수를 추가하고 그에 따라 경로 핸들러를 조정하기 위한 필요한 모든 것이 준비되었다. 이전에 했던 store 내의 함수와 경로 핸들러 함수 관련한 패턴을 재사용하고, 필요에 따라 SQL 문을 조정한다. 다음 코드는 데이터베이스의 질문 항목을 업데이트하는 update_question 저장 함수이다.

코드 7-19 store.rs에서 데이터베이스의 질문을 수정하기

```
    ...
    pub async fn update_question(
        &self,
        question: Question,
        question_id: i32,
    ) -> Result<Question, sqlx::Error> {
        match sqlx::query(
            "UPDATE questions
            SET title = $1, content = $2, tags = $3
            WHERE id = $4
            RETURNING id, title, content, tags",
        )
        .bind(question.title)
        .bind(question.content)
        .bind(question.tags)
        .bind(question_id)
        .map(|row: PgRow| Question {
```

```
            id: QuestionId(row.get("id")),
            title: row.get("title"),
            content: row.get("content"),
            tags: row.get("tags"),
        })
        .fetch_one(&self.connection)
        .await
        {
            Ok(question) => Ok(question),
            Err(e) => Err(e),
        }
    }

...
```

이 함수의 매개변수로 또 다른 설계 결정에 직면한다. API에서 업데이트할 질문을 지정하는 id 매개변수와 업데이트된 질문의 JSON이 포함된 본문이 필요하다는 것을 알고 있다. 이것을 경로 핸들러와 저장 함수에 직접 전달할 수 있다. 또는 ID를 생략하고 ID가 이미 포함된 질문만 전달할 수도 있다.

id와 질문 내부의 id가 일치하지 않은 경우가 있을 수 있기 때문에 id를 함수에 전달하기로 결정했다. SQL에서 질문의 id, title, content, tags를 반환하므로 질문을 경로 핸들러로 다시 전달할 수 있으며, 경로 핸들러는 거기에서 요청한 클라이언트로 반환할 수 있다.

/questions/{id} 경로 핸들러는 다음과 같다.

코드 7-20 routes/question.rs 내의 update_question

```
pub async fn update_question(
    id: i32,  ---- id 타입을 String에서 i32로 바꾼다.
    store: Store,
    question: Question,
) -> Result<impl warp::Reply, warp::Rejection> {
    let res = match store.update_question(question, id).await {
        Ok(res) => res,
        Err(e) => {
            return Err(warp::reject::custom(Error::DatabaseQueryError(e)));
        }
    };

    Ok(warp::reply::json(&res))
}
```

Store 내 update_question 함수를 호출하고 에러 또는 결과로 업데이트된 질문을 반환한다. 질문을 삭제할 때 다른 방식으로 SQLx로 SQL을 실행해서 코드를 절약하는 방법을 고려할 수도 있다. 다음은 이 방식을 따른 Store 함수의 일부이다.

코드 7-21 store.rs 내의 delete_question

```
...
    pub async fn delete_question(&self, question_id: i32) -> Result<bool, sqlx::Error> {
        match sqlx::query("DELETE FROM questions WHERE id = $1")
            .bind(question_id)
            .execute(&self.connection)
            .await
        {
            Ok(_) => Ok(true),
            Err(e) => Err(e),
        }
    }
...
```

ID를 함수에 전달하고 SQL 명령의 WHERE 절에 사용한다. 방금 삭제한 행을 반환할 수 없기 때문에 fetch_one을 사용하는 대신 단순히 SQLx 라이브러리에서 execute를 사용한다. 다음은 질문을 삭제하기 위한 경로 핸들러이다.

코드 7-22 routes/question.rs 내의 delete_question 경로 핸들러

```
...
pub async fn delete_question(
    id: i32,
    store: Store
) -> Result<impl warp::Reply, warp::Rejection> {
    if let Err(e) = store.delete_question(id).await {
        return Err(warp::reject::custom(Error::DatabaseQueryError(e)));
    }

    Ok(warp::reply::with_status(
        format!("Question {} deleted", id),
        StatusCode::OK,
    ))
}
...
```

또 다른 작은 변화로 우리는 if-let 패턴을 사용한다. 저장 함수에서 중요한 정보를 반환하지 않기 때문에 함수가 실패했는지 확인하고, 실패하지 않았다면 200을 클라이언트에 반환한다.

7.4.4 add_answer 경로 수정하기

마지막으로 답변에 대해서도 동일하게 변경해야 한다. 먼저 NewQuestion(id가 없는 Question)이 동일한 패턴을 사용해 add_answer 경로 핸들러에 NewAnswer로 들어오는 HTTP 요청에서 form-body 본문을 파싱한다. 다음은 NewAnswer 구조체가 추가된 src/types/answer.rs 파일이다.

코드 7-23 answers 모듈에 NewAnswer 타입 추가하기(chapter_07/src/types/answer.rs)

```
use serde::{Deserialize, Serialize};

use crate::types::question::QuestionId;

#[derive(Serialize, Deserialize, Debug, Clone)]
pub struct Answer {
    pub id: AnswerId,
    pub content: String,
    pub question_id: QuestionId,
}

#[derive(Deserialize, Serialize, Debug, Clone, PartialEq, Eq, Hash)]
pub struct AnswerId(pub i32);

#[derive(Deserialize, Serialize, Debug, Clone)]
pub struct NewAnswer {
    pub content: String,
    pub question_id: QuestionId,
}
```

그리고 다음은 업데이트된 경로 핸들러 add_answer이다. 여기에서 NewAnswer를 매개변수로 예상하고 이를 저장 함수로 전달한다.

코드 7-24 add_answer 경로 핸들러에 NewAnswer 매개변수 사용하기(chapter_07/src/types/answer.rs)

```
use warp::http::StatusCode;

use crate::store::Store;
```

```
use crate::types::{
    answer::{Answer, AnswerId, NewAnswer},
    question::QuestionId,
};

pub async fn add_answer(
    store: Store,
    new_answer: NewAnswer,
) -> Result<impl warp::Reply, warp::Rejection> {
    match store.add_answer(new_answer).await {
        Ok(_) => Ok(warp::reply::with_status("Answer added", StatusCode::OK)),
        Err(e) => Err(warp::reject::custom(e)),
    }
}
```

남은 부분은 저장 함수이다.

```
use crate::types::answer::{Answer, AnswerId, NewAnswer};

...
impl Store {
    ...
    pub async fn add_answer(&self, new_answer: NewAnswer) -> Result<Answer, Error> {
        match sqlx::query(
            "INSERT INTO answers (content, question_id)
             VALUES ($1, $2)"

        )
        .bind(new_answer.content)
        .bind(new_answer.question_id.0)
        .map(|row : PgRow| Answer {
            id: AnswerId(row.get("id")),
            content: row.get("content"),
            question_id: QuestionId(row.get("corresponding_question")),
        })
        .fetch_one(&self.connection)
        .await {
            Ok(answer) => Ok(answer),
            Err(e) => {
                tracing::event!(tracing::Level::ERROR, "{:?}", e);
                Err(Error::DatabaseQueryError(e))
```

```
            }
        }
    }
}
```

cargo run으로 애플리케이션을 시작하여 구현한 것을 테스트할 수 있다. 명령줄에서 curl로 다음과 같이 테스트한다.

```
$ curl localhost:3030/questions
```

모든 것이 제대로 작동했다면 이제 빈 결과가 나온다. 데이터베이스를 쿼리하고 질문을 추가하지 않았기 때문에 아무것도 받을 수 없다. 그러나 limit와 offset 매개변수를 생략해도 코드가 여전히 작동하는 것을 볼 수 있다.

7.5 에러 처리와 데이터베이스 상호 작용 추적하기

가장 중요한 부분은 우리가 완전히 새로운 복잡성 계층을 만들어냈으며 실패할 수 있다는 것을 이해하는 것이다. 다음 몇 가지 이유로 API가 실패할 수 있다.

- 데이터베이스가 실행되지 않거나 정상 동작하지 못하는 상태이다.
- SQL 문이 잘못되었거나 오래되어 실패한다.
- 어떤 이유로든 잘못된 데이터를 반환한다.
- 유효하지 않은 데이터(잘못된 ID, 질문을 찾을 수 없음 등)를 삽입하려고 한다.

지금까지 우리는 데이터베이스 에러를 사용자에게 그대로 보내주었는데 이는 전혀 이상적이지 않으며 심지어 안티패턴이라고 말할 수 있다. 그렇지만 에러를 잃고 싶지는 않다. 가장 좋은 방법은 어딘가에 에러를 기록하고, 문제가 있는 경우 사용자에게 4xx 또는 5xx 에러를 반환하는 것이다. 그림 7-6으로 이 개념을 설명한다.

▼ 그림 7-6 Tracing 라이브러리로 실제 에러를 기록하고 handle-errors 크레이트에서 구현한 Warp 에러 핸들러로 클라이언트에 적합한 에러를 store에서 반환한다

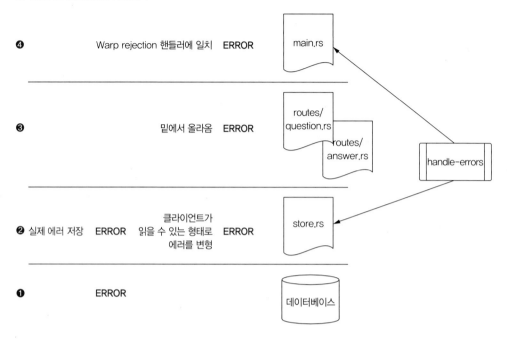

첫 번째 변경 사항은 `DatabaseQueryError`를 에러에 대한 특정 정보를 반환하지 않는 `Store`로 이동시키는 것이다. 이 정보는 로깅 메커니즘 내부에 유지되므로 에러 사례에서 Tracing 이벤트도 추가할 예정이다. 다음은 변경된 store.rs이다.

코드 7-26 store.rs 안에서 DatabaseQueryError 반환하기

```
use sqlx::postgres::{PgPool, PgPoolOptions, PgRow};
use sqlx::Row;

use handle_errors::Error;
...
impl Store {
...
    pub async fn get_questions(
        &self,
        limit: Option<u32>,
        offset: u32,
    ) -> Result<Vec<Question>, Error> {
        ...
            .await
        {
            Ok(questions) => Ok(questions),
```

```
            Err(e) => {
                tracing::event!(tracing::Level::ERROR, "{:?}", e);
                Err(Error::DatabaseQueryError)
            }
        }
    }

    pub async fn add_question(
        &self,
        new_question: NewQuestion
    ) -> Result<Question, Error> {
        ...
        .await
        {
            Ok(question) => Ok(question),
            Err(e) => {
                tracing::event!(tracing::Level::ERROR, "{:?}", e);
                Err(Error::DatabaseQueryError)
            }
        }
    }

    pub async fn update_question(
        &self,
        question: Question,
        question_id: i32,
    ) -> Result<Question, Error> {
        ...
        .await
        {
            Ok(question) => Ok(question),
            Err(e) => {
                tracing::event!(tracing::Level::ERROR, "{:?}", e);
                Err(Error::DatabaseQueryError)
            }
        }
    }

    pub async fn delete_question(
        &self,
        question_id: i32
    ) -> Result<bool, Error> {
        ...
        .await
```

```
                {
                    Ok(_) => Ok(true),
                    Err(e) => {
                        tracing::event!(tracing::Level::ERROR, "{:?}", e);
                        Err(Error::DatabaseQueryError)
                    }
                }
            }

        pub async fn add_answer(
            &self,
            new_answer: NewAnswer
        ) -> Result<Answer, Error> {
            ...
            .await {
                Ok(answer) => Ok(answer),
                Err(e) => {
                    tracing::event!(tracing::Level::ERROR, "{:?}", e);
                    Err(Error::DatabaseQueryError)
                }
            }
        }
    }
```

또한 handle-errors 크레이트에서 SQLx를 다시 제거할 것이다. 물론 다른 방법으로 handle-errors 크레이트 안에서 SQLx 에러를 처리하고 로깅도 그 안에서 구현할 수 있다. 어느 방법을 쓸지는 애플리케이션의 크기와 복잡성에 따라 정하면 된다. 코드 7-28은 handle-errors 내부의 업데이트된 lib.rs 파일이다. 일단 먼저 handle-errors 크레이트의 종속성(코드 7-27)에 Tracing 라이브러리를 추가하자.

코드 7-27 handle-errors 종속성에 Tracing 라이브러리 추가하기

```
[package]
name = "handle-errors"
version = "0.1.0"
edition = "2021"

[dependencies]
warp = "0.3"
tracing = {version = "0.1", features = ["log"]}
sqlx = { version = "0.5", features = ["runtime-tokio-rustls"] }
```

이제 Tracing 라이브러리를 크레이트 안에서 사용할 수 있다.

코드 7-28 handle-errors에서 SQLx 종속성 삭제

```
use warp::{
    filters::{body::BodyDeserializeError, cors::CorsForbidden},
    http::StatusCode,
    reject::Reject,
    Rejection, Reply,
};

use sqlx::error::Error as SqlxError;
use tracing::{event, instrument, Level};

#[derive(Debug)]
pub enum Error {
    ParseError(std::num::ParseIntError),
    MissingParameters,
    QuestionNotFound,
    DatabaseQueryError(SqlxError)
    DatabaseQueryError
}

impl std::fmt::Display for Error {
    fn fmt(&self, f: &mut std::fmt::Formatter) -> std::fmt::Result {
        match &*self {
            Error::ParseError(ref err) => write!(f, "Cannot parse parameter: {}", err),
            Error::MissingParameters => write!(f, "Missing parameter"),
            Error::QuestionNotFound => write!(f, "Question not found"),
            Error::DatabaseQueryError(e) => write!(f, "Query could not be executed {}", e)
            Error::DatabaseQueryError => {
                write!(f, "Cannot update, invalid data.")
            }
        }
    }
}

impl Reject for Error {}

#[instrument]
pub async fn return_error(r: Rejection) -> Result<impl Reply, Rejection> {
    println!("{:?}", r);
    if let Some(crate::Error::DatabaseQueryError) = r.find::<Error>() {
        event!(Level::ERROR, "Database query error");
```

7

애플리케이션에 데이터베이스 추가하기

257

```
        Ok(warp::reply::with_status(
            crate::Error::DatabaseQueryError.to_string(),
            error.to_string(),
            StatusCode::UNPROCESSABLE_ENTITY,
        ))
    } else if let Some(error) = r.find::<CorsForbidden>() {
        event!(Level::ERROR, "CORS forbidden error: {}", error);
        Ok(warp::reply::with_status(
            error.to_string(),
            StatusCode::FORBIDDEN,
        ))
    } else if let Some(error) = r.find::<BodyDeserializeError>() {
        event!(Level::ERROR, "Cannot deserizalize request body: {}", error);
        Ok(warp::reply::with_status(
            error.to_string(),
            StatusCode::UNPROCESSABLE_ENTITY,
        ))
    } else if let Some(error) = r.find::<Error>() {
        event!(Level::ERROR, "{}", error);
        Ok(warp::reply::with_status(
            error.to_string(),
            StatusCode::UNPROCESSABLE_ENTITY,
        ))
    } else {
        event!(Level::WARN, "Requested route was not found");
        println!("{:?}", r);
        Ok(warp::reply::with_status(
            "Route not found".to_string(),
            StatusCode::NOT_FOUND,
        ))
    }
}
```

우리는 더 이상 사용하지 않는 일부 오래된 코드를 정리할 수 있게 되었다(예를 들어 Question NotFoundError). 이러한 설계를 토대로 경로 핸들러 내부의 기본 에러와 관련된 모든 것을 제거할 수 있다. 단순히 에러를 채우고 상위 계층으로 전달하기만 하면 된다. 다음처럼 route/question. rs 내부에서 Error::DatabaseQueryError를 제거한다.

```rust
use std::collections::HashMap;

use tracing::{event, instrument, Level};
use warp::http::StatusCode;

use handle_errors::Error;

use crate::store::Store;
use crate::types::pagination::{extract_pagination, Pagination};
use crate::types::question::{Question, QuestionId, NewQuestion};

#[instrument]
pub async fn get_questions(
    params: HashMap<String, String>,
    store: Store,
) -> Result<impl warp::Reply, warp::Rejection> {
    event!(target: "practical_rust_book", Level::INFO, "querying questions");
    let mut pagination = Pagination::default();
    ...
    let res: Vec<Question> = match store
        .get_questions(pagination.limit, pagination.offset)
        .await
    {
        Ok(res) => Ok(warp::reply::json(&res)),
        Err(e) => Err(warp::reject::custom(e)),
    }
    Ok(warp::reply::json(&res))
}


pub async fn update_question(
    id: i32,
    store: Store,
    question: Question,
) -> Result<impl warp::Reply, warp::Rejection> {
    let res = match store.update_question(question, id).await {
        Ok(res) => Ok(warp::reply::json(&res)),
        Err(e) => Err(warp::reject::custom(e)),
    }
    Ok(warp::reply::json(&res))
}
```

```
pub async fn delete_question(id: i32, store: Store) -> Result<impl warp::Reply,
warp::Rejection> {
    if let Err(e) = store.delete_question(id).await {
        return Err(warp::reject::custom(Error::DatabaseQueryError(e)));
    }
    match store.delete_question(id).await {
        Ok(_) => Ok(warp::reply::with_status(
            format!("Question {} deleted", id),
            StatusCode::OK,
        )),
        Err(e) => Err(warp::reject::custom(e)),
    }
}

pub async fn add_question(
    store: Store,
    new_question: NewQuestion,
) -> Result<impl warp::Reply, warp::Rejection> {
    if let Err(e) = store.add_question(new_question).await {
        return Err(warp::reject::custom(Error::DatabaseQueryError(e)));
    }
    match store.add_question(new_question).await {
        Ok(_) => Ok(warp::reply::with_status("Question added", StatusCode::OK)),
        Err(e) => Err(warp::reject::custom(e)),
    }
}
```

answer 경로 핸들러 내에서도 동일한 작업을 수행한다. 경로 핸들러가 실제로 많은 일을 하지 않는다는 것을 알 수 있다. Store 로직을 핸들러로 자유롭게 이동해도 된다. 그러나 약간 더 복잡한 웹 서비스에서 경로 핸들러는 데이터를 위아래로 전달하는 것 이상을 수행하며 PostgreSQL을 다른 데이터베이스로 교체하거나 캐싱을 추가하려는 경우 경로 핸들러에서는 아무것도 건드리지 않아도 된다.

존재하지 않는 질문에 대한 답변을 추가하려고 하면 명령줄에 다음과 같이 출력된다(인쇄용으로 출력 결과를 정리함).

```
$ cargo run
    Compiling practical-rust-book v0.1.0 (/private/tmp/practical-rust-book/warp_server)
    Finished dev [unoptimized + debuginfo] target(s) in 10.15s
    Running `target/debug/practical-rust-book`
2023-05-05T06:53:31.563602Z  INFO get_questions request{method=POST path=/answers
```

```
id=051a51bc-2252-4585-a3a7-f700933f9589}: practical_rust_book: close time.busy=90.2µs
time.idle=101µs
2023-05-05T06:53:31.590757Z ERROR practical_rust_book::store: Database(PgDatabaseError
{ severity: Error, code: "23503", message: "insert or update on table \"answers\"
violates foreign key constraint \"answers_corresponding_question_fkey\"", detail:
Some("Key (corresponding_question)=(1) is not present in table \"questions\"."),
hint: None, position: None, where: None, schema: Some("public"), table:
Some("answers"), column: None, data_type: None, constraint: Some("answers_corres
ponding_question_fkey"), file: Some("ri_triggers.c"), line: Some(2539), routine:
Some("ri_ReportViolation") })
2023-05-05T06:53:31.590902Z ERROR warp::filters::trace: unable to process
request (internal error) status=500 error=Some(Rejection([DatabaseQueryError,
MethodNotAllowed, MethodNotAllowed, MethodNotAllowed]))
```

클라이언트는 다음과 같은 422 에러를 낸다.

```
$ curl -v --location --request POST 'http://localhost:3030/answers' \
    --header 'Content-Type: application/x-www-form-urlencoded' \
    --data-urlencode 'content=This is content ' \
    --data-urlencode 'question_id=1'
Note: Unnecessary use of -X or --request, POST is already inferred.
*   Trying ::1...
* TCP_NODELAY set
* Connection failed
* connect to ::1 port 3030 failed: Connection refused
*   Trying 127.0.0.1...
* TCP_NODELAY set
* Connected to localhost (127.0.0.1) port 3030 (#0)
> POST /answers HTTP/1.1
> Host: localhost:3030
> User-Agent: curl/7.64.1
> Accept: */*
> Content-Type: application/x-www-form-urlencoded
> Content-Length: 44
>
* upload completely sent off: 44 out of 44 bytes
< HTTP/1.1 422 Unprocessable Entity
< content-type: text/plain; charset=utf-8
< content-length: 28
< date: Fri, 05 May 2023 06:53:31 GMT
<
* Connection #0 to host localhost left intact
Cannot update, invalid data.* Closing connection 0
```

이제 정보 손실 없이 요청 클라이언트로 다시 보내는 HTTP 응답과 HTTP 코드에서 시스템 내부에 보관하는 정보를 분리했다. 내부적으로나 외부적으로 많이 조정할 수 있다.

- SQL 에러 코드에 따라 메시지를 변경한다.
- SQL 에러 코드를 기반으로 HTTP 에러 코드를 변경한다.
- 내부적으로 더 많거나 적은 정보를 기록한다.

이제 코드베이스는 여러 가지를 시험해 보고 필요에 따라 조정할 수 있을 만한 적절한 크기가 되었다. 이러한 작은 크기로 코드를 유지하면 향후에 여러 가지를 시험할 때 도움이 많이 된다. 일상적인 작업에 필요한 새로운 기능을 크레이트에 시험해 보고 싶을 때 적당히 큰 프로젝트의 코드라면 시간을 엄청나게 절약할 수 있을 것이다.

7.6 SQL 마이그레이션 통합하기

지금까지는 SQLx을 써서 행을 업데이트하고 삭제하기 전에 수동으로 테이블을 설정했다. 실제 상황이라면 데이터 레이아웃이 변경되었을 때 새 개발자가 애플리케이션을 실행할 수 있도록 테이블을 수동으로 만들 것을 기대하기는 어렵다.

이러한 경우 **마이그레이션**(migration)을 사용하는 것이 좋다. 마이그레이션 파일은 이름에 타임스탬프가 붙은 파일이다. 여기에는 테이블의 레이아웃을 변경하거나 처음부터 테이블을 생성하는 SQL 쿼리가 포함된다. 마이그레이션 도구는 마지막으로 실행된 마이그레이션을 추적하고 아직 처리해야 하는 마이그레이션을 파악하기 위해 별도의 테이블을 데이터베이스에 생성한다.

처음 애플리케이션을 만들 때는 questions과 answers만으로 시작했지만, 이후에는 comments와 users를 추가한다고 가정해 보자. 수동으로 테이블을 변경하고 코드를 조정하거나 마이그레이션 파일을 작성해 자동으로 변경하는 두 가지 방법이 있다.

다른 개발자가 팀에 합류하거나 애플리케이션을 새로운 클라우드 공급자에게 배포하면 이전의 모든 마이그레이션이 끝까지 실행된다. 테이블의 초기 설정부터 마지막 설정까지 users와 comments를 업데이트하거나 추가하는 마이그레이션까지 실행된다.

SQLx 크레이트는 두 가지 방법으로 마이그레이션을 실행한다. 마이그레이션을 생성하고 실행할 수 있는 CLI 도구를 쓰는 방법과 migrations 폴더에 있는 파일을 실행하는 SQLx 크레이트에 포함된 migrate! 매크로를 쓰는 방법이다.

애플리케이션을 배포할 때 도커나 기타 빌드 환경에서 SQLx CLI(https://crates.io/crates/sqlx-cli)를 사용해 데이터베이스 테이블이 최신 상태이고 현재 구조체와 일치하는지 확인할 수 있다. 또는 수동으로 마이그레이션 파일을 만들고(순서에 유의) 서버를 시작하기 전에 매크로를 사용하여 실행한다.

이 예에서는 각 방법에 대해 감을 잡기 위해 두 가지를 모두 사용할 것이다. cargo install로 SQLx CLI를 설치한다.

```
$ cargo install sqlx-cli
```

설치하면 이제 첫 번째 마이그레이션을 만들 수 있다.

```
$ sqlx migrate add -r questions_table
```

이렇게 하면 20220509150516_questions_table.up.sql과 20220509150516_questions_table.down.sql 같은 빈 파일 두 개가 프로젝트 루트 폴더 안의 migrations 폴더에 생성된다. 이름 앞의 타임스탬프는 명령을 실행하는 시점에 따라 달라진다. 파일 이름은 제목에 questions_table뿐만 아니라 up, down 키워드도 있다. 마이그레이션을 생성할 때 테이블을 생성하거나 변경할 뿐만 아니라 실행했던 SQL 명령을 되돌리기를 원하기 때문이다.

*_questions_table.up.sql 파일에서 questions 테이블을 생성한다.

```
CREATE TABLE IF NOT EXISTS questions (
    id serial PRIMARY KEY,
    title VARCHAR (255) NOT NULL,
    content TEXT NOT NULL,
    tags TEXT [],
    created_on TIMESTAMP NOT NULL DEFAULT NOW()
);
```

그리고 *_questions_table.down.sql 파일에는 반대로 questions 테이블을 삭제한다.

```
DROP TABLE IF EXISTS questions;
```

이전 questions과 answers 테이블을 우선 삭제한 다음 마이그레이션이 실제로 제대로 동작하는지 확인해 보자. PSQL로 로그인해서 questions 테이블을 삭제한다.

```
$ psql rustwebdev
psql (14.5 (Homebrew))
Type "help" for help.

rustwebdev=# drop table answers, questions;
DROP TABLE
rustwebdev=#
```

이제 명령줄에서 첫 번째 마이그레이션을 실행한다.

```
$ sqlx migrate run --database-url postgresql://localhost:5432/rustwebdev
Applied 20230505075650/migrate questions table (5.118024ms)
```

성공했다. 이제 answers에 대해서도 같은 작업을 한다.

```
$ sqlx migrate add -r answers_table
```

새로 생성된 *_answers_table.up.sql에 다음의 SQL 문을 추가한다.

```
CREATE TABLE IF NOT EXISTS answers (
    id serial PRIMARY KEY,
    content TEXT NOT NULL,
    created_on TIMESTAMP NOT NULL DEFAULT NOW(),
    corresponding_question integer REFERENCES questions
);
```

그리고 *_answers_table.down.sql에서는 answers 테이블을 삭제한다.

```
DROP TABLE IF EXISTS answers;
```

이제 마이그레이션을 실행한다.

```
$ sqlx migrate run --database-url postgresql://localhost:5432/rustwebdev
Applied 20230505080125/migrate answers table (13.668322ms)
```

PSQL로 들어가면 새로 만들어진 questions, answers 테이블과 함께 실행된 마이그레이션을 추적하는 _sqlx_migrations 테이블이 생성된 것을 볼 수 있다.

```
$ psql rustwebdev
psql (14.5 (Homebrew))
Type "help" for help.

rustwebdev=# \dt
```

```
        List of relations
 Schema  |       Name       | Type  |  Owner
---------+------------------+-------+---------
 public  | _sqlx_migrations | table | bgruber
 public  | answers          | table | bgruber
  public | questions        | table | bgruber
 (3 rows)
```

이제 변경 사항을 취소해 보자. revert를 실행할 때마다 가장 최근의 마이그레이션을 트리거하고
*.down.sql 스크립트를 실행한다.

```
$ sqlx migrate revert --database-url "postgresql://localhost:5432/rustwebdev"
Applied 20230505080125/revert answers table (8.267594ms)
$ sqlx migrate revert --database-url "postgresql://localhost:5432/rustwebdev"
Applied 20230505075650/revert questions table (5.522055ms)
```

빌드 파이프라인에 명령줄 도구를 트리거할 수 있는 설정 스크립트를 둘 수도 있다. 그러나 SQLx
크레이트의 migrate! 매크로를 이용해 코드베이스 안에서 이러한 마이그레이션을 직접 트리거할
수도 있다. 코드베이스에서 서버를 시작하기 전에 마이그레이션을 실행하도록 하고, 이를 수행할
수 없으면 일찍 실행을 취소하도록 한다. migrate!의 장점은 다른 개발자가 반드시 마이그레이션
을 실행할 수밖에 없다는 점이다. 반면에 설정 배시(bash) 스크립트는 실행하는 것을 쉽게 잊어버
릴 수 있다. 다음은 업데이트된 main.rs 파일이다.

코드 7-30 코드베이스에서 마이그레이션 실행하기

```rust
#[tokio::main]
async fn main() {
    let log_filter = std::env::var("RUST_LOG")
        .unwrap_or_else(|_| "handle_errors=warn,practical_rust_book=info,warp=error".
to_owned());

    let store = store::Store::new("postgres://localhost:5432/rustwebdev").await;

    sqlx::migrate!()
        .run(&store.clone().connection)
        .await
        .expect("Cannot run migration");

    let store_filter = warp::any().map(move || store.clone());
...
}
```

계속해서 생성된 테이블을 삭제하고 서버를 다시 실행할 수 있다. 주의해야 할 점은 모든 마이그레이션이 최신 상태인지 SQLx가 테이블을 먼저 확인하므로 항상 마이그레이션 테이블을 삭제해야 한다. 생성된 테이블을 모두 삭제하고 마이그레이션 테이블을 남기면 에러가 발생한다.

7.7 / 사례 연구: DBMS 바꾸기

애플리케이션을 개발하다가 현재 DBMS(데이터베이스 관리 시스템)가 더 이상 요구 사항을 충족하지 못한다고 가정해 보자(MySQL로 개발을 시작했는데 PostgreSQL로 바꾸려 한다고 가정해 본다). DBMS를 전환하는 것이 얼마나 어렵고 코드에 어떤 영향을 미치는지 알아보자.

이미 앞서 한 것처럼 추상화로 변경 사항을 확인하고 더 쉽게 만들 수 있다.

- 저장소 객체는 데이터베이스에 연결하는 방법에 대한 정보를 담당하며 데이터베이스 관련 정보를 가져야 한다.
- 애플리케이션의 다른 모든 부분은 저장 함수를 사용해야 한다.
- 예를 들어 경로 핸들러는 데이터베이스와 관련된 어떤 것도 알거나 건드리지 않아야 한다. 저장소 객체에서 공개한 함수를 실행해야 한다.

이렇게 하면 MySQL에서 PostgreSQL로 전환해도 비즈니스 로직에 영향을 미치지 않는다. 그러나 다음을 염두에 두어야 한다.

- 다른 DBMS를 사용하는 경우 SQL 쿼리가 약간 바뀔 수 있다.
- 데이터베이스 크레이트는 새 데이터베이스 연결과 쿼리를 지원해야 한다(예를 들어 PostgreSQL, MySQL, SQLite).
- 선택한 새 DBMS에서 일부 타입을 지원하지 않을 수 있다(예를 들어 PostgreSQL에서 SQLite로 바꾸면 배열은 더 이상 지원되지 않는다).

이 장 앞부분에서 SQLx를 선택했기 때문에 데이터베이스를 전환하려면 몇 가지 단계가 필요하다. 가능한 변경 사항을 보여 주고 몇 가지 문제를 해결하기 위해 이 책에서는 PostgreSQL을 SQLite로 바꿔보겠다. 먼저 Cargo.toml 임포트에 새로운 DBMS를 기능으로 추가해야 한다.

```
[package]
name = "practical-rust-book"
version = "0.1.0"
edition = "2021"

[dependencies]
...
# 한 줄로 써야 컴파일된다.
sqlx = { version = "0.5", features = [ "runtime-tokio-rustls", "migrate", "sqlite" ] }
```

다음으로 store.rs 파일에 가서 sqlx::postgres 부분을 sqlx::sqlite로 바꾸고, .map 함수에서
반환하는 값을 PgRow에서 SqliteRow로 바꾼다. 또 Store 구조체에 있는 연결 타입을 PgPool에서
SqlitePool로 바꾸고, new 함수의 반환 값을 SqlitePoolOptions로 바꾼다.

```
use sqlx::sqlite::{SqlitePool, SqlitePoolOptions, SqliteRow};
use sqlx::postgres::{PgPool, PgPoolOptions, PgRow};
use sqlx::Row;


...
#[derive(Debug, Clone)]
pub struct Store {
    pub connection: SqlitePool,
}

impl Store {
    pub async fn new(db_url: &str) -> Self {
        let db_pool = match SqlitePoolOptions::new()
            .max_connections(5)
            .connect(db_url)
            .await
        {
            Ok(pool) => pool,
            Err(e) => panic!("DB 연결을 하지 못했습니다: {}", e),
        };

        Store {
            connection: db_pool,
        }
    }
```

```rust
pub async fn get_questions(
    &self,
    limit: Option<u32>,
    offset: u32,
) -> Result<Vec<Question>, Error> {
    match sqlx::query("SELECT * from questions LIMIT $1 OFFSET $2")
        .bind(limit)
        .bind(offset)
        .map(|row: SqliteRow| Question {
            id: QuestionId(row.get("id")),
            title: row.get("title"),
            content: row.get("content"),
            tags: row.get("tags"),
        })
        .fetch_all(&self.connection)
        .await
    {
        Ok(questions) => Ok(questions),
        Err(e) => {
            tracing::event!(tracing::Level::ERROR, "{:?}", e);
            Err(Error::DatabaseQueryError)
        }
    }
}
...
}
```

다 된 것은 아니다. 컴파일러는 다음과 같은 에러를 낸다.

```
error[E0277]: the trait bound `Vec<std::string::String>: Type<Sqlite>` is not satisfied
   --> src/store.rs:83:27
    |
83  |     tags: row.get("tags"),
    |                   ^^^ the trait `Type<Sqlite>` is not
                           implemented for `Vec<std::string::String>`
```

SQLite는 배열을 구현하지 않으므로 이러한 제약 조건을 해결해야 한다(예를 들어 JSON 문자열로 저장하고 데이터베이스에서 가져온 후 Vec로 파싱). 누락된 배열 타입은 마이그레이션 파일에도 영향을 미친다. PostgreSQL에서 사용한 것과 동일한 SQL 또는 구조체는 사용할 수 없다. 모델을 단순화하거나(예를 들어 태그 제거) SQL을 수정해야 한다. 그 외 해야 할 것은 main.rs 내부의 데이터베이스 URL을 수정하는 것이다.

```
#[tokio::main]
async fn main() {
    let log_filter = std::env::var("RUST_LOG")
        .unwrap_or_else(|_| "handle_errors=warn,practical_rust_book=info,warp=error".
to_owned());

    let store = store::Store::new("sqlite:rustwebdev.db").await;

    sqlx::migrate!()
        .run(&store.clone().connection)
        .await
        .expect("Cannot run migration");
    ...
}
```

기본 작업을 완료했다. 비니지스 로직이나 경로 핸들러는 전혀 바꾸지 않았고, 해야 할 일은
rustwebdev.db 파일을 생성하고 서버를 다시 실행하는 것이다.

7.8 요약

RUST WEB DEVELOPMENT

- 데이터베이스 쿼리를 처리하려면 ORM을 쓸지 SQL을 직접 작성할 것인지 결정해야 한다.
- SQLx는 러스트 생태계에서 SQL 쿼리를 처리하기 위한 사실상의 표준 크레이트이다.
- 웹 서비스에 데이터베이스를 추가하면 코드베이스 설계와 관련한 결정을 할 일이 많아진다.
- 일반적으로 데이터 계층을 다른 비즈니스 로직과 분리하는 것이 좋다.
- 소규모 애플리케이션의 경우 경로 핸들러에서 데이터베이스를 직접 쿼리하는 것이 좋다.
- SQLx를 사용하면 일반 SQL 문을 직접 작성하고 결과 데이터를 애플리케이션에 전달할 수 있다.
- bind 함수를 사용하여 SQL 쿼리에 로컬 값을 추가한다.
- 데이터를 쿼리에서 반환 받을 때는 fetch/fetch_one/fetch_all을 사용하고, 데이터가 반환되지 않을 때는 execute를 사용한다.

- 완전히 새로운 복잡성 계층을 추가할 때는 데이터베이스 및 코드베이스와의 내부 상호 작용을 적절하게 계측/추적하여 에러를 찾아내야 한다.
- 마이그레이션하여 테이블을 생성, 삭제, 변경하는 것이 가장 좋다.
- 코드베이스나 명령줄 도구로 마이그레이션을 실행할 수 있다.
- DBMS를 전환해도 비즈니스 로직에는 영향을 미치지 않지만, 선택하는 새 시스템(예를 들어 SQLite 또는 MySQL)에 따라 지원되는 데이터베이스 타입에 적응해야 한다.

8장

서드파티 라이브러리와 통합하기

이 장에서 다룰 핵심 내용

- 코드베이스에서 HTTP 요청 보내기
- 서드파티 API에 인증하기
- JSON 응답을 위한 구조체 모델링하기
- 한 번에 여러 요청 보내기
- 시간 초과 및 재시도 처리하기
- 경로 핸들러에서 외부 HTTP 호출 통합하기

거의 모든 웹 서비스는 서드파티 API를 이용하거나 내부 구현으로 다른 마이크로서비스와 통신한다. 이 책에서는 외부 API에 대한 HTTP 요청을 만들어 봄으로써 코드베이스에 어떤 영향을 미치는지 보여 주겠다. Tokio로 HTTP 크레이트를 사용하는 방법을 기본적으로 이해했다면 여러분이 직접 프로토콜을 골라 통신할 수 있는 다른 크레이트를 찾을 수 있을 것이다.

HTTP 요청을 보내는 예는 다음과 같다.

- 질문과 답변의 단축 URL 공유하기

- 새 계정을 생성할 때 주소 확인하기

- 질문/답변에 주식 시세 기호를 붙이고 주식 데이터 표시하기

- 다른 사람이 질문에 대한 답변을 달았을 때 이메일이나 문자 메시지 보내기

- 계정 생성 이메일 보내기

이것들은 우리가 지금까지 구축한 작은 애플리케이션의 예일 뿐이다. 프로덕션에서 러스트를 사용할 때 HTTP 요청을 보낼 수 있다는 것이 중요하다. 또 다른 흥미로운 사용 사례는 한 번에 여러 HTTP 요청을 처리하는 것이다. 선택한 런타임(Tokio)에서 join! 매크로를 이용해 다양한 네트워크 요청을 묶어서 처리할 수 있다.

> Note ☰ join! 매크로를 사용하면 같은 런타임 스레드에서 다수의 비동기 작업을 동시에 실행할 수 있다(병렬 처리는 아님). 이러한 비동기 작업 중 하나가 스레드를 차단하면 다른 작업도 진행이 중지된다(https://docs.rs/tokio/latest/tokio/macro.join.html 참조).

외부 요청을 경로 핸들러에 붙일 때는 해당 요청을 가능한 한 빨리 완료하고 사용자에게 명확한 로깅과 HTTP 응답을 제공하는 것이 중요하다. 7장에서 데이터베이스를 추가했던 것과 마찬가지로 외부 HTTP 요청은 새로운 계층의 복잡성과 실패할 수 있는 부분이 추가된다. 따라서 여기에서 추적 기능을 사용하는 것도 중요하다. 또 하나 고려해야 할 측면은 서드파티 API 서비스를 인증하는 것이다. 보통 이는 계정을 생성하고 웹사이트에서 환경 파일로 API 토큰을 복사하는 작업을 의미한다.

러스트는 시스템 프로그래밍 언어이기 때문에 HTTP(또는 심지어 TCP) 요청을 보내고자 할 때 다양한 수준의 추상화를 선택할 수 있다. 라이브러리의 TCP 추상화 위에 모든 것을 직접 구현할 수도 있고, HTTP 추상화를 제공하지만 요청에 대한 응답을 처리하는 데는 다소 까다로운 Hyper를 선택할 수도 있다. 다음 코드는 Hyper로 GET을 구현한 것이다. 결과는 간단하게 명령줄에 출력한다.

```
use hyper::{body::HttpBody as _, Client};
use tokio::io::{self, AsyncWriteExt as _};

type Result<T> = std::result::Result<T, Box<dyn std::error::Error + Send + Sync>>;

#[tokio::main]
async fn main() -> Result<()> {
    let client = Client::new();

    let mut res = client.get("http://www.google.com".parse::<hyper::Uri>().unwrap()).await?;

    println!("Response: {}", res.status());
    println!("Headers: {:#?}\n", res.headers());

    while let Some(next) = res.data().await {
    let chunk = next?;
    io::stdout().write_all(&chunk).await?;
    }

    println!("\n\nDone!");

    Ok(())
}
```

앞 코드를 직접 실행한다면 Hyper와 Tokio를 종속성에 꼭 추가해야 한다.

```
[dependencies]
hyper = { version = "0.14", features = ["full"] }
tokio = { version = "1", features = ["full"] }
```

경우에 따라 더 가볍게 구현할 수 있으며 모든 기능이 다 필요하지 않을 수도 있다. 또 다른 크레이트는 Reqwest로, Hyper 위에 구축되어 더 많은 추상화 계층을 제공한다. 코드 8-2는 HTTP GET 요청의 예이다.

Note ≡ 선택한 웹 프레임워크를 확인하자. 이미 HTTP 클라이언트를 통합하거나 Reqwest 이외의 크레이트를 지원할 수도 있다. 예를 들어 Actix 웹 프레임워크를 사용한다면 Actix 웹 클라이언트(awc) 사용을 권장한다. https://crates.io/crates/awc를 참조하기 바란다.

```
#[tokio::main]
async fn main() -> Result<(), Box<dyn std::error::Error>> {
    let client = reqwest::Client::new();
    let res = client
        .post("http://httpbin.org/post")
        .body("the exact body is sent")
        .send()
        .await?
        .text()
        .await?;

    println!("{:?}", res);

    Ok(())
}
```

Reqwest는 위에서 호출한 text(https://docs.rs/reqwest/latest/reqwest/struct.Response. html#method.text)와 같은 함수를 제공한다. 대부분의 경우 Tokio 런타임으로 작업할 때 HTTP 요청을 보내면 Reqwest 크레이트를 선택한다. 앞 코드를 위해 필요한 종속성은 다음과 같다.

```
[dependencies]
reqwest = { version = "0.11", features = ["json"] }
tokio = { version = "1", features = ["full"] }
```

많은 크레이트는 사용자가 자신의 코드베이스에 더 가벼운 버전을 가져올 수 있는 **features** 속성을 제공한다. 전체 크레이트를 프로젝트로 가져오는 대신 특정 기능을 선택하거나 제외할 수 있다. 다만, 기능을 수동으로 설정할 때는 HTTP 워크플로에서 JSON을 써야 하는데 깜빡 잊고 Reqwest 에서 JSON 기능 세트를 임포트하는 것을 빼먹는 경우와 같이 신경 써야 하는 부분도 있다.

8.1 / 코드 준비하기

HTTP 클라이언트 크레이트로 Reqwest를 사용할 것이다. 비동기 러스트 생태계의 모든 새 크레이트와 마찬가지로, 런타임에서 HTTP 클라이언트를 지원하는지 확인해야 한다. 물론 동기식 HTTP 클라이언트를 선택할 수 있으며, 경우에 따라 이것으로 충분할 수도 있다. 그러나 우리의 경우는 1분당 다수의 HTTP 요청을 보내야 할 수도 있으며, 이를 비동기식으로 수행하면 성능이 크게 향상된다.

비동기 크레이트가 다른 런타임을 사용한다면?

Reqwest가 아니라 다른 런타임에 의존하는 크레이트를 선택한다면 결과는 어떻게 될까? Tokio 런타임은 시작하면 새 운영체제 스레드를 생성한다. 그런 다음 내부 로직을 사용하여 새 작업을 생성하고 필요한 작업을 수행한다. 이제 다른 런타임과 함께 크레이트를 사용하는 경우 이 새로운 런타임은 필요한 작업(예를 들어 커널을 통해 HTTP 요청 보내기)을 수행하기 위해 운영체제 스레드가 필요하다.

즉, 가능한 병목 현상이나 기타 문제의 원인을 알아내려면 다양한 운영체제 스레드를 모니터링해야 하기 때문에 애플리케이션이 운영체제 리소스 측면에서 더 무거워지고 디버그하기가 더욱 어려워진다. 따라서 현재 런타임이 마음에 들지 않더라도 이를 지원하는 사용 가능한 HTTP 크레이트를 사용하여 코드를 관리하는 인지적 부하보다 런타임의 복잡성으로 인한 비용이 더 커질 수 있음을 명심해야 한다.

8.1.1 API 고르기

우리가 만드는 Q&A 서비스의 경우, 다양한 서드파티 API를 써서 서비스를 향상시킬 수 있다. 서드파티 API를 사용하여 언급된 회사 옆에 주식 시세 기호를 표시하거나, 언급된 음식 옆에 영양 정보를 표시하거나, 어린이 친화적이어야 하는 사이트에서 욕설을 차단할 수 있어야 한다. 어떤 서비스를 구성하느냐에 따라 다르다.

이 책에서는 주어진 텍스트에 대해 Bad Words API를 사용해 비속어를 검사할 것이다. Bad Words API를 선택한 이유는 이 책을 다 읽고 나서 더 다양한 방식으로 구현할 수 있기 때문이며, 직접 구현하게 되면 러스트 기술을 더욱 향상시킬 수 있기 때문이다. Bad Words API의 예는 다음과 같다.

- 욕설을 차단하여 질문과 답변의 내용을 영구적으로 덮어써야 하는가? 아니면 원본과 검열본, 두 가지 버전의 텍스트를 저장해야 하는가?

- 요청한 클라이언트에게 콘텐츠를 반환할 때만 욕설을 차단하고 원본을 데이터베이스에 저장하는가?

- 로컬에서 확인해야 하는 웹사이트 설정에 따라 이러한 단어를 차단하는가? 아니면 요청별로 차단하는가?

- 나라마다 다른 단어를 검열하는가?

한 가지 워크플로를 살펴보겠다. 언급한 바와 같이 더 많은 옵션을 스스로 구현하는 것은 솔루션 설계와 관련해 재미있는 연습이 될 것이다.

제휴나 광고 없이 **APILayer**라는 회사의 Bad Words API(https://apilayer.com/marketplace/bad_words-api)를 선택했다. 이것은 이 분야에서 사용하기 위해 찾은 가장 빠르고 쉬운 API 중 하나다. 테스트 용도로는 무료 등급으로도 충분하며 문서도 잘 갖춰져 있다. 다만, 이것이 서비스에 대한 일반적인 권장 사항은 아니다. 물론 웹사이트를 탐색하고 조사하는 것은 여러분의 자유이다.

API에 대한 문서(https://apilayer.com/marketplace/bad_words-api#documentation-tab)를 열면 엔드포인트가 기대하는 요구 사항을 명확하게 확인할 수 있다(예를 들어 API 키가 포함된 헤더).

```
$ curl --request POST \
    --url 'https://api.apilayer.com/bad_words?censor_character=*' \
    --header 'apikey: xxxxxxx' \
    --data-raw '{body}'
```

받게 될 결과는 다음과 같다(여러 키-값 쌍이 있는 JSON).

```
{
    "bad_words_list": [
        {
            "deviations": 0,
            "end": 16,
            "info": 2,
            "original": "shitty",
            "replacedLen": 6,
            "start": 10,
            "word": "shitty"
        }
    ],
    "bad_words_total": 1,
```

```
        "censored_content": "this is a ****** sentence",
        "content": "this is a shitty sentence"
    }
```

다음 단계는 API 엔드포인트의 복잡성에 따라 크게 달라진다. 때로는 모든 로직을 별도의 마이크로서비스로 이동하고 데이터를 경로 핸들러로 다시 반환하기 전에 거기에서 데이터를 쿼리하고 조작하고자 할 수도 있다.

다른 문서와 마찬가지로 웹사이트의 문서가 오래되었을 수도 있다. 따라서 웹사이트를 맹목적으로 신뢰하지 말고 API의 정확한 응답을 직접 확인하는 것이 가장 좋다. 엔드포인트 결과를 확인하는 빠른 방법은 명령줄에서 curl(https://curl.se/docs/manual.html)을 사용하거나 그림 8-1처럼 Postman(www.postman.com)과 같은 애플리케이션을 사용하는 것이다. Postman에서는 나중에 쉽게 다시 쓸 수 있도록 일련의 요청을 저장하는 옵션도 제공한다.

▼ 그림 8-1 Postman과 같은 애플리케이션을 사용하면 HTTP 요청을 수집하고 저장하여 쉽게 다시 실행할 수 있으므로 엔드포인트와 워크플로를 빠르게 테스트할 수 있다

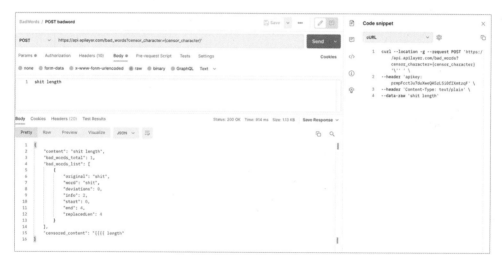

8.1.2 HTTP 크레이트 이해하기

다양하게 시도하여 얻을 수 있는 응답을 파악했다면 러스트 코드로 엔드포인트를 쿼리하고, 첫 번째 구현을 반복해 개발하여 견고한 솔루션을 만드는 방법을 확인할 차례이다. 새 크레이트를 처음 시도하는 경우 로컬 하드 드라이브에 새 카고 프로젝트를 생성하고 필요한 크레이트만 통합하여 크레이트의 깃 저장소에서 제공하는 코드 예제를 가지고 실험할 것을 권장한다.

지나치게 복잡한 크레이트가 아니라면 러스트 플레이그라운드 웹사이트에서 몇 가지를 시험해 보기 바란다. 새 크레이트를 사용할 때 예상한 응답을 얻지 못하면 코드에 문제가 있는지 또는 크레이트를 잘못 사용하고 있는지 즉시 알 수 없기 때문이다.

러스트를 사용하면 더 복잡해진다. 새 코드 예제를 추가할 때 대여 검사기(borrow checker), 소유권 모델과 씨름해야 할 수도 있다. 먼저 가장 쉬운 경로를 테스트하고 작동하는지 확인한 다음 코드베이스에 구현하도록 한다. 이미 라이브러리에 익숙하다면 이 단계를 건너뛰고 필요한 코드를 실제 코드베이스에 즉시 통합하면 된다.

크레이트 사용 시 유용한 팁

크레이트를 사용할 때는 먼저 성공 경로(가장 좋은 시나리오)를 시도하면 도움이 된다. 이를 위해 솔루션이 작동하는 데 필요하지 않은 모든 코드를 제거해야 한다. 경험상 하드 드라이브에 크레이트 이름을 딴 폴더를 만든 다음 몇 가지 예를 별도의 러스트 프로젝트로, 아니면 더 큰 프로젝트 하나로 구현하는 방식이 유용했다. 이 방식의 장점은 새로운 기능이나 작업을 수행하는 다른 방법을 '빠르게' 시도하려는 경우 개인 코드베이스에서 먼저 해 볼 수 있다는 점이다.

러스트 플레이그라운드는 코드를 저장하고 북마크할 수 있어 좋다. 코드베이스에서 문제가 발생하면 더 작은 예제 코드베이스로 이동하여 특정 크레이트 API나 기능을 테스트하고 작동 여부를 확인하면 된다.

컴파일하기 전에 코드가 거의 완벽해야 한다는 점이 러스트의 작은 단점이다. 새로운 복잡성을 추가하면 소유권 원칙과 관련된 부작용을 먼저 해결해야 하는 경우가 많다. 이는 시간이 걸리는 일이며, 가능한 솔루션을 더 빠르게 개발하고 싶다면 소규모 도우미 프로젝트를 통해 특정 워크플로가 가능한지 여부를 더 빨리 알아낼 수 있다.

그렇지만 요청하고 여러 시나리오를 시도하는 데 필요한 만큼의 크레이트만으로, 가능한 한 가장 작은 러스트 프로젝트를 만드는 것이 좋다. 이 작은 프로젝트에서 작동하는 코드를 실제 코드베이스로 옮기면 된다. 이 장의 소개 부분에서 HTTP POST 요청하는 예를 이미 보았다.

실제 API 엔드포인트를 사용하도록 예제를 수정하고 호출에 필요한 매개변수를 추가하는 방법을 알아낼 수 있다. API(무료 플랜)를 구독한 후 문서 웹사이트(https://apilayer.com/marketplace/bad_words-api#documentation-tab)를 방문하면 예제 HTTP를 호출하는 방법과 HTTP POST 요청과 함께 보내야 하는 API 키를 볼 수 있다. 이를 참고하여 코드 8-3의 예제 코드를 만들었다.

Note ≡ API 키를 소스 코드에 직접 추가하는 것은 절대 금물이다. 그러나 어느 정도 타협해야 한다. 10장에서 환경 변수와 파일로 비밀번호 등을 적절하게 처리하는 방법을 알아보겠다. 여기에 이러한 개념을 무리하게 도입하면 말하고자 하는 요점이 흐려질 것이다. 따라서 이 코드를 프로덕션 환경에는 그대로 쓰지 않기를 바란다.

```
post 메서드는 HTTP POST를 보내며 URL로 &str을 받는다.
#[tokio::main]
async fn main() -> Result<(), Box<dyn std::error::Error>> {
    let client = reqwest::Client::new();  ···· HTTP 요청을 보내는 새 클라이언트를 생성한다.
    let res = client
        .post("https://api.apilayer.com/bad_words?censor_character=*")
        .header("apikey", "xxxxxxxx")  ···· 키-값 쌍으로 인증 헤더 값을 수동으로 추가한다.
        .body("a list with shit words")  ···· 본문에는 금칙 단어를 검사할 내용을 담는다.
        .send()
        .await?  ···· send 메서드는 비동기이며 에러를 반환할 수 있으므로 .await와 ?를 뒤에 붙인다.
        .text()  ···· 전송 결과는 응답의 헤더들이다. 내용을 얻으려면 비동기로 동작하는 .text가 필요하다.
        .await?;

    println!("{}", res);

    Ok(())
}
```

cargo run으로 실행하면 다음과 같은 결과가 나온다(출력용으로 편집함).

```
{"content": "a list with shit words", "bad_words_total": 1,
"bad_words_list": [{"original": "shit", "word": "shit",
                    "deviations": 0, "info": 2,
                    "start": 12, "end": 16, "replacedLen": 4}],
                    "censored_content": "a list with **** words"}
```

성공했다. 이 간단한 예제가 작동하면 다양한 매개변수로 실험하여 코드베이스에 크레이트를 포함하기 전에 크레이트에 익숙해질 수 있다. 항상 그렇듯이 Reqwest 문서(https://docs.rs/reqwest/latest/reqwest)를 읽어 보는 것이 좋다. 몇 가지 사용 사례를 처리하는 데 익숙해지면 코드베이스에 솔루션을 통합할 수 있다.

8.1.3 Reqwest로 예제 HTTP 호출 추가하기

먼저 Cargo.toml에 크레이트를 추가해야 한다. 응답 받은 JSON을 구조체로 역직렬화하기 위해 JSON 기능을 포함시킨다.

```
[package]
name = "practical-rust-book"
version = "0.1.0"
edition = "2021"

[dependencies]
...
log4rs = "1.0"
env_logger = "0.9"
uuid = { version = "0.8", features = ["v4"]}
tracing = { version = "0.1", features = ["log"] }
tracing-subscriber = { version = "0.3", features = ["env-filter"] }
sqlx = { version = "0.5", features = [ "runtime-tokio-rustls", "migrate", "postgres",
"sqlite" ] }
reqwest = { version = "0.11", features = ["json"] }
```

다음으로 외부 API에 대한 요청을 어디서 해야 할지 생각해야 한다. 우리는 욕설을 검열하거나 표시하고자 한다. 질문이나 답변을 데이터베이스에 저장하기 전이나 질문과 답변을 표시하기 전에 해당 기능을 사용하여 프런트엔드에서 사용자가 18세 미만인 경우(또는 연령에 관계없이) 이러한 단어를 숨길 수 있다.

첫 번째 테스트를 위해 데이터베이스에 새 질문을 저장할 때 Bad Words API에 대한 호출을 넣고자 한다. 지금은 단순히 나쁜 단어를 덮어쓰고 기호로 대체한다. 다시 언급하지만, 원래 문장과 검열된 문장을 모두 저장하는 방식은 연습용으로 훌륭하다고 생각하여 남겨 두기로 한다.

바로 다음 단계는 도우미 프로젝트의 예제를 복사하여 add_question 경로 핸들러에 붙여넣고 이전과 정확히 동일한 결과를 얻을 수 있는지 확인하는 것이다. 코드 8-5는 업데이트된 코드이다. question.rs 파일에 하드 코딩된 API 키가 있다는 점에 유의하자. 10장에서 프로덕션에 배포할 코드베이스를 준비하면서 환경 파일에서 API 키를 읽는 방식으로 바꿀 것이다.

코드 8-5 routes/question.rs에서 HTTP 호출 추가

```
pub async fn add_question(
    store: Store,
    new_question: NewQuestion,
) -> Result<impl warp::Reply, warp::Rejection> {
    let client = reqwest::Client::new();
    let res = client
        .post("https://api.apilayer.com/bad_words?censor_character=*")
```

```
        .header("apikey", "*****") // 이 부분에는 위에서 얻은 API 키를 사용한다.
        .body("a list with shit words")
        .send()
        .await?
        .text()
        .await?;
    println!("{}", res);

    match store.add_question(new_question).await {
        Ok(_) => Ok(warp::reply::with_status(
            "Question added",
            StatusCode::OK
        )),
        Err(e) => Err(warp::reject::custom(e)),
    }
}
```

하지만 실제 실행하면 컴파일러는 다음과 같은 에러를 낸다.

```
error[E0277]: the trait bound `reqwest::Error: warp::reject::Reject` is not satisfied
  --> src/routes/question.rs:66:15
   |
66 |          .await?
   |                 ^ the trait `warp::reject::Reject` is not implemented for
`reqwest::Error`
   |
   = help: the trait `warp::reject::Reject` is implemented for `handle_errors::Error`
   = note: required for `Rejection` to implement `From<reqwest::Error>`
   = note: required for `Result<_, Rejection>` to implement `FromResidual<Result<Infa
llible, reqwest::Error>>`
```

이것이 앞서 간단한 코드베이스에서 시작해야 한다고 언급한 이유이다. 이러한 에러 메시지는 '이 크레이트의 동작 방식을 잘못 이해했거나 어딘가에 오타가 있는 것 같군'이라고 생각하게 만들기 때문이다. 그러나 그렇지 않다. 이 에러는 경로 핸들러에서 warp::Reject 에러를 반환해야 하지만 try! 블록(?가 해당 블록에 대한 바로 가기임)이 Reqwest 에러를 반환하기 때문에 발생한 것이다.

우리는 이전 장에서 이와 같은 것을 본 적이 있다. 이 문제를 해결하기 위해서 handle-errors 크레이트를 생성하여 에러를 결합하고 이를 Warp 에러로 변환하여 들어오는 HTTP 요청에 적절한 Warp HTTP 에러로 응답할 수 있도록 했다. 따라서 Reqwest가 에러를 반환하는 경우를 처리하는 법과 이를 내부적으로는 로그에 전달하고, 외부적으로는 사용자에게 전달하는 방법을 생각해야 한다.

8.1.4 외부 API 요청에 대한 에러 처리하기

컴파일러에서 나온 에러 메시지는 다음과 같다.

```
the trait `warp::reject::Reject` is not implemented for `reqwest::Error`
```

어떻게든 reqwest::Error 타입에 대한 Reject를 구현해야 한다. 그러나 우리가 reqwest::Error를 소유하지 않다는 것을 우선 알아야 한다. 그리고 러스트 설계에 따르면 우리는 우리가 소유하지 않은 타입에 대한 트레이트를 구현할 수 없다. 이 부분은 여러분이 만드는 솔루션 설계에 있어 깊은 의미를 내포하고 있기 때문에 기억하고 이해하는 것이 매우 중요하다.

그렇지만 다른 에러 타입을 이미 처리한 것처럼 기존 Error 열거 타입에서 reqwest::Error를 래핑할 수 있다. 이제 기존에 만든 handle-errors 크레이트로 초점을 옮겨보자. Reqwest를 종속성 항목에 추가해야 크레이트의 에러를 자체 Error 열거 타입에 캡슐화할 수 있다.

코드 8-6 handle-errors 크레이트에 Reqwest 추가하기

```
[package]
name = "handle-errors"
version = "0.1.0"
edition = "2021"

[dependencies]
warp = "0.3"
tracing = {version = "0.1", features = ["log"]}
reqwest = "0.11"
```

다음으로 lib.rs를 열어 에러 처리 부분을 확장하여 가능한 reqwest API 에러를 다룰 수 있게 한다. 다음은 handle-errors를 확장한 코드이다.

코드 8-7 가능한 reqwest::Error로 handle-errors/src/lib.rs를 확장하기

```
...
use reqwest::Error as ReqwestError;
use tracing::{event, instrument, Level};

#[derive(Debug)]
pub enum Error {
    ParseError(std::num::ParseIntError),
    MissingParameters,
    DatabaseQueryError,
```

```
        ExternalAPIError(ReqwestError),  ┈┈ 새로운 열거 타입 변형을 추가한다.
}


impl std::fmt::Display for Error {
    fn fmt(&self, f: &mut std::fmt::Formatter) -> std::fmt::Result {
        match &*self {
            Error::ParseError(ref err) => {
                write!(f, "Cannot parse parameter: {}", err)
            }
            Error::MissingParameters => write!(f, "Missing parameter"),
            Error::DatabaseQueryError => {
                write!(f, "Cannot update, invalid data.")
            }
            Error:: ExternalAPIError(err) => {
                write!(f, "Cannot execute: {}", err)  ┈┈┈ 에러를 기록하거나 출력하려면
            }                                                이 새로운 변형에 대한 Display
        }                                                   트레이트도 구현해야 한다.
    }
}


impl Reject for Error {}

#[instrument]
pub async fn return_error(r: Rejection) -> Result<impl Reply, Rejection> {
    if let Some(crate::Error::DatabaseQueryError) = r.find() {
        event!(Level::ERROR, "Database query error");
        Ok(warp::reply::with_status(
            crate::Error::DatabaseQueryError.to_string(),
            StatusCode::UNPROCESSABLE_ENTITY,
        ))
    } else if let Some(crate::Error:: ExternalAPIError(e)) = r.find() { ┈┈┈┈┈┈┈┈┈┐
        event!(Level::ERROR, "{}", e);           새로운 에러를 확인하고, 에러를 발견하면 ┈┘
        Ok(warp::reply::with_status(               세부 정보를 기록하고 클라이언트에게
            "Internal Server Error".to_string(),   500을 반환하는 if/else 블록을 확장한다.
            StatusCode::INTERNAL_SERVER_ERROR,
        ))
    } else if let Some(error) = r.find::<CorsForbidden>() {
        println!("{:?}", error);
        Ok(warp::reply::with_status(
            error.to_string(),
            StatusCode::FORBIDDEN,
        ))
...
```

서드파티 라이브러리와 통합하기

이전에 DatabaseQueryError와 여타 항목에서 했던 것과 똑같이 handle-errors 크레이트를 확장한다. 이 경우 실제 에러 메시지를 포함하는 매개변수도 예상하므로 무엇이 잘못되었는지 정확히 알 수 있다.

여기까지 완료했으면, 경로 핸들러로 다시 초점을 옮겨 Reqwest로 발생한 에러 메시지를 내부 에러 타입으로 변환하는 법을 알아보자. 알다시피 Reqwest가 기본적으로 내부 reqwest::Error 타입을 반환하지만, 에러 발생 시 경로 핸들러가 warp::Reject를 반환해야 하기 때문에 에러가 발생했다. 이에 소유하지 않은 타입에 Reject 트레이트를 구현할 수 없으므로 자체 Error 열거 타입을 구현하고 경로 핸들러에서 열거 타입의 변형을 반환한다. 그러면 Reject 트레이트가 구현되므로 Warp와 컴파일러가 만족한다.

이는 우리가 어떻게든 reqwest::Error를 우리의 Error 열거 타입으로 변환해야 한다는 것을 의미한다. 다행히 러스트에서는 Result 타입에 .map_err라는 메서드를 사용할 수 있다. .map_err 메서드는 에러를 받아 다른 것으로 바꾸어 반환할 수 있다(https://doc.rust-lang.org/nightly/std/result/enum.Result.html#method.map_err).

코드 8-8 러스트 문서에서 .map_err의 사용 예시

```
fn stringify(x: u32) -> String { format!("error code: {}", x) }

let x: Result<u32, u32> = Ok(2);
assert_eq!(x.map_err(stringify), Ok(2));

let x: Result<u32, u32> = Err(13);
assert_eq!(x.map_err(stringify), Err("error code: 13".to_string()));
```

다음 코드에서 이 개념을 코드로 전환했다.

코드 8-9 routes/question.rs 경로 핸들러에서 .map_err 사용하기

```
...
pub async fn add_question(
    store: Store,
    new_question: NewQuestion,
) -> Result<impl warp::Reply, warp::Rejection> {
    let client = reqwest::Client::new();
    let res = client
        .post("https://api.apilayer.com/bad_words?censor_character=*")
        .header("apikey", "XXXXX")
        .body("a list with shit words")
```

```
            .send()                         map_err를 사용하여 reqwest::Error를
            .await                          자체 내부 Error 열거 타입 변형으로 변환하면
                                            이 경로 핸들러에서 warp::Rejection을 반환할 수 있다.
            .map_err(|e| handle_errors::Error::ExternalAPIError(e))?
            .text()
            .await
            .map_err(|e| handle_errors::Error::ExternalAPIError(e))?;
        println!("{}", res);

        match store.add_question(new_question).await {
            Ok(_) => Ok(warp::reply::with_status("Question added", StatusCode::OK)),
            Err(e) => Err(warp::reject::custom(e)),
        }
    }
```

.await 뒤에 물음표 연산자를 사용하는 대신 .map_err 메서드를 추가하여 reqwest::Error를 자
체 에러 타입으로 래핑하고 이 타입을 (? 연산자를 통해) 조기에 반환한다. 요청이 실패하지 않으
면 계속 진행한다(지금은 결과를 명령줄에 출력한다).

이것을 테스트해 보자. 예를 들어 API 키를 잘못 입력하면 호출이 실패할 수 있다. cargo run으로
애플리케이션을 실행하고 예제 POST 요청을 보낸다.

```
$ curl --location --request POST 'localhost:3030/questions' \
    --header 'Content-Type: application/json' \
    --data-raw '{
        "title": "NEW ass TITLE",
        "content": "OLD CONTENT shit"
    }'
```

이 명령을 내리면 실패 응답을 봐야 하지만, 다음과 같은 응답을 받는다.

```
Question added
```

이 성공 메시지는 해당 파일 92번 줄에 있다.

```
    ...
        match store.add_question(new_question).await {
            Ok(_) => Ok(warp::reply::with_status(
                "Question added",
                StatusCode::OK
            )),
            Err(e) => Err(warp::reject::custom(e)),
        }
    }
```

이는 API 키를 잘못 입력하여 API 요청이 실패하더라도 여전히 데이터베이스에 질문을 저장한다는 것을 의미한다. 그렇다면 여기서 문제는 무엇일까? 이 동작을 어떻게 조사해야 할까? 항상 그렇듯이 먼저 사용 중인 크레이트의 문서를 토대로 어떤 에러가 발생해야 하는지를 확인한다(https://docs.rs/reqwest/0.11.9/reqwest/struct.RequestBuilder.html#method.send). .send 메서드를 호출하고 있기 때문에 먼저 메서드에 대한 문서를 확인한다. 그림 8–2에 에러 부분을 실었다.

▼ 그림 8-2 Reqwest 크레이트의 send 메서드 문서. 해당 메서드가 에러를 던지는 경우에 대해 쓰여 있다

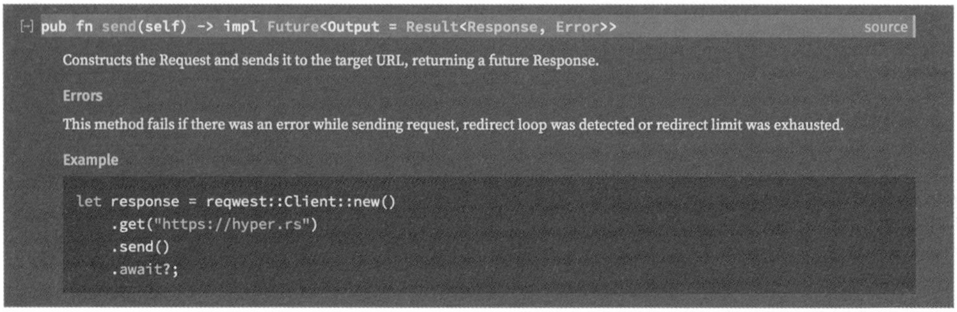

```
[-] pub fn send(self) -> impl Future<Output = Result<Response, Error>>                    source

    Constructs the Request and sends it to the target URL, returning a future Response.

    Errors
    This method fails if there was an error while sending request, redirect loop was detected or redirect limit was exhausted.

    Example

    let response = reqwest::Client::new()
        .get("https://hyper.rs")
        .send()
        .await?;
```

해당 서버 또는 이와 유사한 비즈니스 로직에서 400 또는 500 에러가 일어나는 경우는 아무것도 언급하지 않는다. 이는 호출이 실패하더라도 크레이트가 에러를 발생시키지 않지만 응답에 에러가 있음을 의미한다. 문서를 더 자세히 살펴보면 Response 타입에 error_for_status 메서드가 구현되어 있음을 알 수 있다. 즉, 클라이언트 자체에 에러가 없으면 error_for_status 메서드를 통해 API에서 가능한 에러(예를 들어 400)를 가져온다. 그림 8–3은 error_for_status 메서드에 대한 문서이다.

▼ 그림 8-3 error_for_status 문서는 우리가 찾는 가능한 API 에러를 반환하는 것으로 보인다

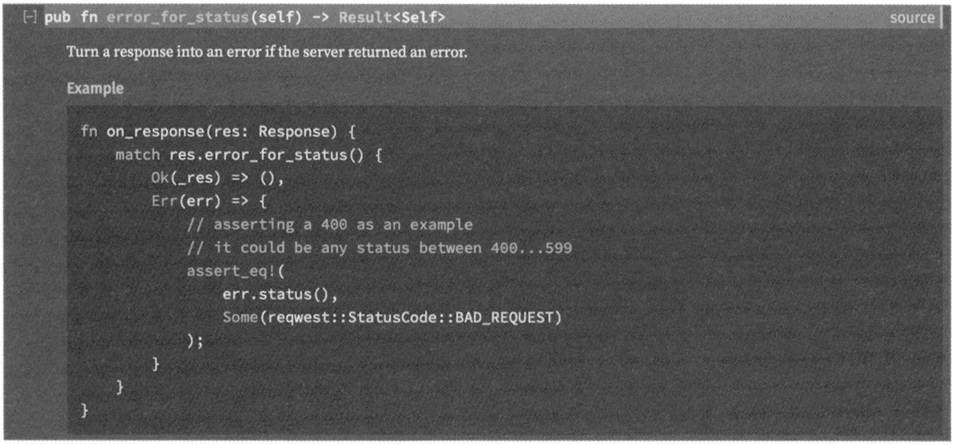

```
[-] pub fn error_for_status(self) -> Result<Self>                                         source

    Turn a response into an error if the server returned an error.

    Example

    fn on_response(res: Response) {
        match res.error_for_status() {
            Ok(_res) => (),
            Err(err) => {
                // asserting a 400 as an example
                // it could be any status between 400...599
                assert_eq!(
                    err.status(),
                    Some(reqwest::StatusCode::BAD_REQUEST)
                );
            }
        }
    }
```

따라서 add_question 경로 핸들러의 예제 코드를 변경하여 error_for_status 메서드를 사용한 결과를 확인할 수 있다.

코드 8-10 제대로 API 에러를 처리하도록 확장된 에러 처리를 사용하기

```
pub async fn add_question(
    store: Store,
    new_question: NewQuestion,
) -> Result<impl warp::Reply, warp::Rejection> {
    let client = reqwest::Client::new();
    let res = client
        .post("https://api.apilayer.com/bad_words?censor_character=*")
        .header("apikey", "XXXXX")
        .body("a list with shit words")
        .send()
        .await
        .map_err(|e| handle_errors::Error::ExternalAPIError(e))?;

    match res.error_for_status() {  ······ Reqwest가 에러를 반환하지 않는 경우에도 외부 API가 200이 아닌
        Ok(res) => {                       HTTP 상태 코드를 반환했을 가능성이 있으며,
            let res = res                  이 경우 error_for_status 메서드를 통해 확인한다.
                .text()
                .await
                .map_err(|e| handle_errors::Error::ExternalAPIError(e))?;
            println!("{}", res);
            match store.add_question(new_question).await {
                Ok(_) => Ok(warp::reply::with_status(
                    "Question added",
                    StatusCode::OK
                )),
                Err(e) => Err(warp::reject::custom(e)),
            }
        }

        Err(err) => Err(warp::reject::custom(
            handle_errors::Error::ExternalAPIError(err),
        )),
    }
}
```

에러 처리가 완벽하지 않더라도(일반적으로 미세 조정되지도 않음) 이 예제에서 러스트 타입 시스템과 에러 처리의 마법을 볼 수 있다. cargo run으로 코드를 컴파일하고 실행해서 curl을 통해 구현을 테스트한다.

```
$ curl --location --request POST 'localhost:3030/questions' \
    --header 'Content-Type: application/json' \
    --data-raw '{
        "title": "NEW ass TITLE",
        "content": "OLD CONTENT shit"
    }'
```

우리는 현재 코드에서 HTTP POST 요청 본문을 미리 채워 놓고 있다. 즉, curl이 엔드포인트에 도달하지만 본문은 아직 사용되지 않는다는 의미이다. 실패하도록 일부러 API 키를 잘못 입력했다. 요청하는 클라이언트(curl)에 대한 에러와 내부 로거(handle-errors 크레이트의 event! 매크로)에 대한 에러가 다음과 같이 출력된다.

코드 8-11 curl 요청 결과가 이제 내부 서버 에러를 제대로 반환한다

```
$ curl --location --request POST 'localhost:3030/questions' \
    --header 'Content-Type: application/json' \
    --data-raw '{
        "title": "NEW ass TITLE",
        "content": "OLD CONTENT shit"
    }'
Internal Server Error
```

다음은 서버를 시작하고 curl 요청을 처리하려고 시도한 후 터미널에 표시되는 에러 메시지이다.

코드 8-12 API 키가 잘못 설정되었다는 내부 에러 메시지

```
$ cargo run
    Compiling handle-errors v0.1.0 (/private/tmp/practical-rust-book/handle-errors)
    Compiling practical-rust-book v0.1.0 (/private/tmp/practical-rust-book)
    Finished dev [unoptimized + debuginfo] target(s) in 16.54s
        Running `target/debug/practical-rust-book`
2023-05-09T12:02:09.682199Z ERROR warp::filters::trace: unable to process request
(internal error) status=500 error=Some(Rejection([MethodNotAllowed, MethodNotAllowed,
ExternalAPIError(reqwest::Error { kind: Status(401), url: Url { scheme: "https",
cannot_be_a_base: false, username: "", password: None, host: Some(Domain("api.apilayer
.com")), port: None, path: "/bad_words", query: Some("censor_character=*"), fragment:
None } }), MethodNotAllowed]))
2023-05-09T12:02:09.682334Z ERROR handle_errors: HTTP status client error (401
Unauthorized) for url (https://api.apilayer.com/bad_words?censor_character=*)
```

이를 토대로 서로 다른 에러 메시지(내부든 외부든)가 왜 이렇게 의미 있는지를 알게 되었다. 우리는 클라이언트에게 특정 서비스에서 인증할 수 없음을 알려주지 않길 원하며, 그러므로 현재 요청을 처리할 수 없다고 (500 에러를 통해서) 우리 탓을 하면 된다. 그러나 내부적으로는 더 많은 정보가 필요하다. 로그에 에러를 빠르게 수정하는 데 필요한 만큼의 세부 정보를 작성해야 한다.

이제 예제 HTTP 요청을 외부 API에 보낼 수 있고 내부 에러와 외부 에러를 구별하여 에러를 처리할 수 있다. HTTP 크레이트에서 에러가 발생하는 시기와 이유를 파악했으며 이 에러는 연결할 수 없는 API에 의한 에러와는 다르다는 것을 알게 되었다. 이를 확인하려면 응답을 직접 살펴봐야 한다. 그림 8-4에서 다양한 에러와 에러가 발생할 수 있는 위치를 시각화하였다.

요청과 에러에 대한 더 많은 맥락을 가지고 두 가지 작업을 더 쉽게 하려면 가능한 응답과 에러에 대한 구조체를 만드는 것이 좋다. 기본적으로 API와의 상호 작용을 엄격하게 타입화하면 나중에 작업이 더 쉬워진다.

▼ 그림 8-4 흐름에서 두 가지 에러, 즉 내부 크레이트 에러와 웹 서비스의 실패(4xx, 5xx) HTTP 응답을 처리해야 한다

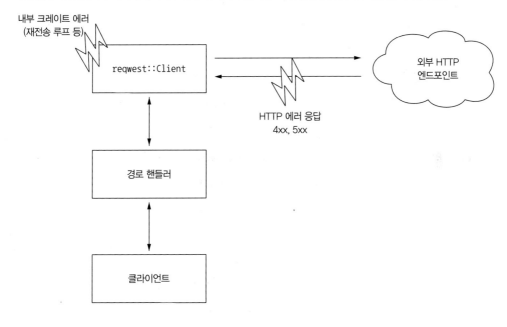

8.2 JSON 응답을 구조체로 역직렬화하기

지금은 단순히 터미널의 명령줄에 에러와 응답을 출력했다. 외부 API와 제대로 작동하려면 유형화된 응답이 있어야 한다. BadWordsError나 BadWordsResponse 같은 구조체를 만들 수 있다. 이렇게 하면 세 가지 이점을 얻을 수 있다.

- 코드를 처음 접하는 사용자는 어떤 필드가 응답의 일부인지 읽을 수 있으므로 일반적으로 코드를 더 잘 이해할 수 있다.

- 응답과 에러를 JSON으로 파싱하고, 적절한 타입을 형성할 수 있으므로 코딩 중에 컴파일러를 통해 타입을 확인할 수 있다.

- 생성된 구조체 위에 동작을 구현할 수 있으므로 그 뒤에서 동작을 확장하고 숨길 수 있다(예를 들어 get_bad_words_list와 같은 함수).

그렇다면 외부 API에서 응답을 타입화하려면 어떻게 해야 할까? 이전과 마찬가지로 API 설명서(https://apilayer.com/marketplace/bad_words-api#documentation-tab)를 확인한다. 아쉽게도 해당 문서가 완전하거나 최신 상태일지 확신할 수 없다. 하지만 응답이 어떤 식으로 생겼는지 보조적인 지식은 알 수 있다.

이미 언급했듯이 외부 API에 curl을 보내고 무엇이 반환되는지 확인하는 것이 좋은 접근 방법이다. 이것은 프로토타이핑을 위한 접근 방식이며, 충분한 정보가 수집되었다면 구조체를 만들어 보자.

8.2.1 API 응답 정보를 수집하기

가능한 구조에 대한 초기 아이디어를 쉽고 빠르게 얻는 방법은 API 문서의 응답을 복사하여 온라인 변환 도구(https://transform.tools/json-to-rust-serde)에 붙여넣는 것이다. 그림 8-5에 나와 있다.

여기서 얻는 결과가 길잡이가 될 수 있다. 모든 JSON 요소를 역직렬화할 필요는 없으며 필요한 요소만 역직렬화하면 된다. 예를 들어 구조체에 필드 두 개(censored_content, content)만 있어도 반환되는 JSON을 역직렬화해서 새 타입에 매핑할 수 있다. 두 번째 방법은 결과를 문자열로 출력하고(현재 코드베이스에서 이미 수행하고 있음) 거기에 표시되는 필드를 살펴보고 받은 것과 일치하는 타입을 구성하는 것이다.

▼ 그림 8-5 온라인 변환 도구로 주어진 JSON을 러스트 구조체로 만들 수 있다

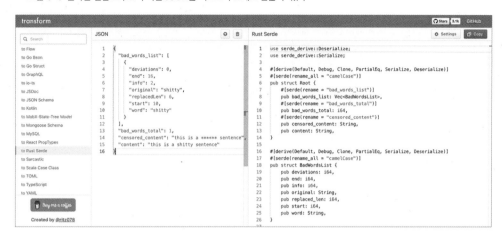

아직 Reqwest를 사용한 최소한의 러스트 예제가 있는 도우미 프로젝트가 있다면 해당 프로젝트를 열어 다른 종속성, 즉 Serde JSON을 추가한다. 이렇게 하면 고유한 형식을 먼저 만들지 않고도 응답에서 일반 JSON을 파싱하는 데 사용할 수 있는 일반 Value 열거 타입을 쓸 수 있다. 다음은 일부 유효하지 않은 HTTP 요청을 보내 어떤 응답을 받는지 확인하는 데 사용할 수 있는 확장된 예제 코드이다.

코드 8-13 Reqwest 예제 확장하기

```
use serde_json::json;  ---- serde_json에서 json! 매크로를 임포트한다.

#[tokio::main]
async fn main() -> Result<(), Box<dyn std::error::Error>> {
    let client = reqwest::Client::new();
    let res = client
        .post("https://api.apilayer.com/bad_words?censor_character=*")
        .header("apikey", "XXXXXXs")
        .body("a list with shit words")
        .send()
        .await?;

    let status_code = res.status();
    let message = res.text().await?;

    let response = json!({  ---- 응답을 JSON으로 바꾸는 데 json! 매크로를 사용한다.
    "StatusCode": status_code.as_str(),
    "Message": message
    });
```

```
    println!("{:#?}", response);

    Ok(())
}
```

예제 결과는 다음과 같다(API 키 값이 잘못되었을 때를 예로 들었다).

```
$ cargo run
Compiling req v0.1.0 (/private/tmp/helpers/req)
Finished dev [unoptimized + debuginfo] target(s) in 2.33s Running `target/debug/req`
Object({
    "StatusCode": String(
        "401",
    ),
    "Message": String(
        "{\"message\":\"Invalid authentication credentials\"}",
    ), })
```

응답에서 에러 코드를 가져오고 나중에 에러를 JSON 구조로 파싱해서 #을 통해 콘솔에 예쁘게 출력할 수 있다. 그러나 Reqwest 에러는 훨씬 더 기능적이다. 성공 여부는 res.is_success(https://docs.rs/reqwest/latest/reqwest/struct.StatusCode.html#method.is_success)를 통해 확인하거나 클라이언트 에러(https://docs.rs/reqwest/latest/reqwest/struct.StatusCode.html#method.is_client_error)인지 서버 에러(https://docs.rs/reqwest/latest/reqwest/struct.StatusCode.html#method.is_server_error)인지를 확인할 수 있다. 이 정보는 나중에 에러 처리를 좀 더 정교하게 만들 때 유용하다.

8.2.2 API 응답에 대한 타입 만들기

어떤 방법을 고르든 가능한 구조는 다음과 같다.

코드 8-14 API 응답용 BadWordResponse, BadWord 타입

```
#[derive(Deserialize, Serialize, Debug, Clone)]
struct BadWord {
    original: String,
    word: String,
    deviations: i64,
    info: i64,
```

```
        #[serde(rename = "replacedLen")]
        replaced_len: i64,
    }


    #[derive(Deserialize, Serialize, Debug, Clone)]
    struct BadWordsResponse {
        content: String,
        bad_words_total: i64,
        bad_words_list: Vec<BadWord>,
        censored_content: String,
    }
```

이 코드는 성공했을 때의 결과를 다룬다. 그러나 에러가 발생하는 경우도 있다. 지금까지는 Reqwest 클라이언트 자체에서 에러가 발생하는 경우만 다루었고, 상태 코드가 200이 아닌 응답을 반환하는 API는 다루지 않았다. 우리가 사용하는 크레이트는 response.status 함수를 호출해 에러가 다시 발생하는지 확인하고 4xx 또는 5xx 에러 코드가 있는 경우 .is_client_error 또는 .is_server_error로 평가할 수 있다. 다음은 업데이트된 routes/question.rs 파일과 add_question 경로 핸들러이다.

코드 8-15 수정된 routes/question.rs 파일과 경로 핸들러

```
use serde::{Deserialize, Serialize};

#[derive(Deserialize, Serialize, Debug, Clone)]
pub struct APIResponse {
    message: String,
}


#[derive(Deserialize, Serialize, Debug, Clone)]
struct BadWord {
    original: String,
    word: String,
    deviations: i64,
    info: i64,
    #[serde(rename = "replacedLen")]
    replaced_len: i64,
}


#[derive(Deserialize, Serialize, Debug, Clone)]
struct BadWordsResponse {
    content: String,
```

서드파티 라이브러리와 통합하기

```rust
    bad_words_total: i64,
    bad_words_list: Vec<BadWord>,
    censored_content: String,
}

...

pub async fn add_question(
    store: Store,
    new_question: NewQuestion,
) -> Result<impl warp::Reply, warp::Rejection> {
    let client = reqwest::Client::new();
    let res = client
        .post("https://api.apilayer.com/bad_words?censor_character=*")
        .header("apikey", "PtYERikdCd9KCh5xExEybCrtBX9825vT")
        .body("a list with shit words")
        .send()
        .await
        .map_err(|e| handle_errors::Error::ExternalAPIError(e))?;


    if !res.status().is_success() {  ···· 응답 상태가 성공인지 검사한다.
        if res.status().is_client_error() {  ···· 상태 값은 클라이언트 에러인지 서버 에러인지도 알려준다.
            let err = transform_error(res).await;
            return Err(warp::reject::custom(handle_errors::Error::ClientError(err)));
        } else {
            let err = transform_error(res).await;
            return Err(warp::reject::custom(handle_errors::Error::ServerError(err)));
        }
    }
```

APILayer API의
에러 메시지가 썩
좋지 않으니 자체적인
메시지를 만든다.

APILayerError에 캡슐화한 클라이언트
에러나 서버 에러를 반환한다.

```rust
    match res.error_for_status() {
        Ok(res) => {
            let res = res
                .text()
                .await
                .map_err(|e| handle_errors::Error::ExternalAPIError(e))?;
            println!("{}", res);
            match store.add_question(new_question).await {
                Ok(_) => Ok(warp::reply::with_status("Question added", StatusCode::OK)),
                Err(e) => Err(warp::reject::custom(e)),
            }
        }

        Err(err) => Err(warp::reject::custom(
            handle_errors::Error::ExternalAPIError(err),
        )),
    }
}
```

```
        let res = res
            .json::<BadWordsResponse>()
            .await
            .map_err(|e| handle_errors::Error::ExternalAPIError(e))?;
        let content = res.censored_content;

        let question = NewQuestion {
            title: new_question.title,
            content,
            tags: new_question.tags,
        };

        match store.add_question(question).await {
            Ok(question) => Ok(warp::reply::json(&question)),  ····· 여기까지 왔다면 단순한 문자열과
            Err(e) => Err(warp::reject::custom(e)),                   HTTP 코드 대신에 정확한 질문을
        }                                                            반환한다.
    }
}                                            응답 값을 받아(이 시점에서는 우리는 해당 값이 에러임을 안다) ···
                                             해당 메시지에 상태 코드 값을 추가한다.
async fn transform_error(res: reqwest::Response) -> handle_errors::APILayerError {
    handle_errors::APILayerError {
        status: res.status().as_u16(),
        message: res.json::<APIResponse>().await.unwrap().message,
    }
}
```

Reqwest 응답에서 통합된 상태 확인 값으로 에러가 있는 경우라면 상태 코드와 메시지 본문을 읽어 자체 APILayerError를 생성한다. 코드 8-16에서 확인할 수 있다. 그런 다음 HTTP 응답의 상태 코드를 기반으로 클라이언트 에러 또는 서버 에러를 반환한다.

외부 클라이언트로 다시 보낼 메시지(500 – 내부 서버 에러)에는 영향을 끼치지 않는다. 그러나 내부적으로 추가된 정보를 로그에 보낼 수 있으므로 프로덕션 환경에서 특정 타입의 에러를 필터링할 수 있다. 코드 8-15에서 추가된 타입과 에러를 클라이언트로 다시 전달한다. 내부적으로 다양한 에러 타입을 처리해야 한다. 따라서 handle-errors 크레이트의 Error 열거 타입에 또 다른 두 가지 에러 케이스를 추가한다. 다음은 handle-errors 크레이트의 확장된 lib.rs 파일이다.

코드 8-16 handle-errors 크레이트를 외부 API 에러 케이스로 확장하기

```
...

#[derive(Debug)]
pub enum Error {
```

```rust
    ParseError(std::num::ParseIntError),
    MissingParameters,
    DatabaseQueryError,
    ExternalAPIError(ReqwestError),
    ClientError(APILayerError),
    ServerError(APILayerError),
}
```

ClientError(APILayerError), ······ HTTP 클라이언트(Reqwest)에서 에러가 발생할 경우를 위해 ClientError 열거 값을 만든다.

ServerError(APILayerError), ······ 외부 API에서 4xx이나 5xx HTTP 상태 코드를 반환하는 경우를 위해 ServerError 열거 값을 만든다.

```rust
#[derive(Debug, Clone)]
pub struct APILayerError {
    pub status: u16,
    pub message: String,
}
```

pub struct APILayerError { ······ 해당 에러 값 중 일부를 뽑아 도우미 함수(helper function)를 이용하여 새로운 Error 타입으로 반환할 수 있도록 재구성한다.

```rust
impl std::fmt::Display for APILayerError {
    fn fmt(&self, f: &mut std::fmt::Formatter) -> std::fmt::Result {
        write!(f, "Status: {}, Message: {}", self.status, self.message)
    }
}
```

impl std::fmt::Display for APILayerError { ······ 로깅을 하거나 직접 에러를 출력할 것이므로 Display 트레이트를 직접 구현한다.

```rust
impl std::fmt::Display for Error {
    fn fmt(&self, f: &mut std::fmt::Formatter) -> std::fmt::Result {
        match &*self {
            Error::ParseError(ref err) => {
                write!(f, "Cannot parse parameter: {}", err)
            }
            Error::MissingParameters => write!(f, "Missing parameter"),
            Error::DatabaseQueryError => {
                write!(f, "Cannot update, invalid data.")
            }
            Error::ExternalAPIError(err) => {
                write!(f, "Cannot execute: {}", err)
            }
            Error::ClientError(err) => {
                write!(f, "External Client error: {}", err)
            }
            Error::ServerError(err) => {
                write!(f, "External Server error: {}", err)
            }
        }
    }
}
```

```
impl Reject for Error {}
impl Reject for APILayerError {}

#[instrument]
pub async fn return_error(r: Rejection) -> Result<impl Reply, Rejection> {
    ...
    } else if let Some(crate::Error::ExternalAPIError(e)) = r.find() {
        event!(Level::ERROR, "{}", e);
        Ok(warp::reply::with_status(
            "Internal Server Error".to_string(),
            StatusCode::INTERNAL_SERVER_ERROR,
        ))
    } else if let Some(crate::Error::ClientError(e)) = r.find() {
        event!(Level::ERROR, "{}", e);
        Ok(warp::reply::with_status(
            "Internal Server Error".to_string(),
            StatusCode::INTERNAL_SERVER_ERROR,
        ))
    } else if let Some(crate::Error::ServerError(e)) = r.find() {
        event!(Level::ERROR, "{}", e);
        Ok(warp::reply::with_status(
            "Internal Server Error".to_string(),
            StatusCode::INTERNAL_SERVER_ERROR,
        ))
    } else if let Some(error) = r.find::<CorsForbidden>() {
        println!("{:?}", error);
        Ok(warp::reply::with_status(
            error.to_string(),
            StatusCode::FORBIDDEN,
        ))
    ...
}
```

이런 방식으로 실제 데이터를 API로 보낼 수 있고 코드를 더 리팩터링할 수 있으므로 각 경로 핸들러에서 데이터를 보내고 받는 로직을 중복으로 넣을 필요가 없다.

에러를 호출 경로 위아래로 전달하는 방식에 완전히 동의하지 않더라도 러스트에서 에러를 처리할 때의 기본 원칙은 동일하다. API 응답용으로 구조체를 생성하고, 내부와 외부 에러는 서로 다르게 관리해야 한다. 내부에서는 더 자세한 내용을 볼 수 있지만, 클라이언트에게는 내부 로직이나 민감한 데이터가 노출되지 않도록 미리 정의된 에러 코드와 메시지를 보내는 것이다.

8.3 API에 질문과 답변 보내기

기본 기능이 준비되었으므로 이제 각 경로 핸들러에서 재사용할 코드를 추출할 수 있다. 우선 쉬운 방법으로 만들 것이다. 제목의 내용과 답변/질문을 API로 보내고, 비속어가 포함된 경우 API의 내용으로 덮어씌운다. 앞에서 언급했듯이 콘텐츠를 항목 두 개(원본과 검열된 항목)나 다른 구성으로 만들 수도 있다. 먼저 add_question 경로 핸들러를 리팩터링한 다음 새 콘텐츠(update_question, add_answer)도 처리하겠다.

8.3.1 add_question 경로 핸들러 리팩터링

현재 솔루션은 HTTP 요청 하나를 생성하고 이를 통해서 결과 또는 가능한 에러 사례를 처리하는 것이다. 새 질문을 저장할 때 제목(title)과 내용(content) 항목을 받는다. 따라서 이 두 가지를 하나의 콘텐츠 본문으로 병합하여 API로 보내거나 요청을 두 번 할 수 있다.

한 번에 보내는 방식을 쓰면 리소스를 절약하고 에러 발생 가능성을 줄일 수 있지만, 요청 전후에 제목과 본문을 병합하고 분할하는 방법을 어떻게든 찾아야 한다. 그래서 첫 번째 솔루션은 경로 핸들러의 외부 HTTP 부분을 제거하고, APILayer 호출을 위해 생성한 구조체도 제거하고, 기능 및 에러 처리가 포함된 새로운 도우미 파일을 생성해야 하는 것이다.

이렇게 하면 코드를 복제하지 않고 다양한 위치에서 외부 API를 호출할 수 있다. 다음 절에서 여러 HTTP 호출과 시간 제한을 처리하는 방법을 살펴보겠다. 먼저 외부 HTTP 호출을 수행하는 데 필요한 모든 코드 조각을 옮길 새 파일인 profanity.rs를 생성한다. 다음 코드는 그 내용이다.

코드 8-17 src/profanity.rs에서 외부 HTTP 호출하기

```
use serde::{Deserialize, Serialize};

#[derive(Deserialize, Serialize, Debug, Clone)]
pub struct APIResponse {
    message: String,
}

#[derive(Deserialize, Serialize, Debug, Clone)]
struct BadWord {
    original: String,
```

```
        word: String,
        deviations: i64,
        info: i64,
        #[serde(rename = "replacedLen")]
        replaced_len: i64,
    }


    #[derive(Deserialize, Serialize, Debug, Clone)]
    struct BadWordsResponse {
        content: String,
        bad_words_total: i64,
        bad_words_list: Vec<BadWord>,
        censored_content: String,
    }


    pub async fn check_profanity(
        content: String
    ) -> Result<String, handle_errors::Error> {
        let client = reqwest::Client::new();
        let res = client
            .post("https://api.apilayer.com/bad_words?censor_character=*")
            .header("apikey", "xxxxx")
            .body(content)
            .send()
            .await
            .map_err(|e| handle_errors::Error::ExternalAPIError(e))?;

        if !res.status().is_success() {
            if res.status().is_client_error() {
                let err = transform_error(res).await;
                return Err(handle_errors::Error::ClientError(err));
            } else {
                let err = transform_error(res).await;
                return Err(handle_errors::Error::ServerError(err));
            }
        }
        match res.json::<BadWordsResponse>().await {
            Ok(res) => Ok(res.censored_content),
            Err(e) => Err(handle_errors::Error::ExternalAPIError(e)),
        }
    }


    async fn transform_error(
```

```
        res: reqwest::Response
) -> handle_errors::APILayerError {
    handle_errors::APILayerError {
        status: res.status().as_u16(),
        message: res.json::<APIResponse>().await.unwrap().message,
    }
}
```

이전에 알아본 대로, mod profanity라는 줄이 필요하다. main.rs에 추가해서 코드베이스에서 공개 함수에 접근할 수 있도록 한다.

새로운 모듈을 main.rs 파일에 추가하기

```
#![warn(clippy::all)]

use handle_errors::return_error;
use tracing_subscriber::fmt::format::FmtSpan;
use warp::{http::Method, Filter};

mod routes;
mod store;
mod profanity;    ---- 코드베이스의 다른 모듈이나 파일에서 접근할 수 있도록 main.rs에 profanity 모듈을 추가해야 한다.
mod types;

#[tokio::main]
async fn main() {
    let log_filter = std::env::var("RUST_LOG")
    ...
```

경로 핸들러로 돌아가서, 추출된 모든 코드를 함수 호출로 대체한다. 여기서 새 질문의 제목과 내용을 비속어 검사 함수에 전달하고 결과를 처리한다. 다음은 업데이트된 코드이다.

코드 8-19 수정된 add_question 경로 핸들러

```
...
use crate::profanity::check_profanity;    ------ 새로 만든 파일에서 내보낸
...                                              check_profanity 함수를 임포트한다.

pub async fn add_question(
    store: Store,
    new_question: NewQuestion,
) -> Result<impl warp::Reply, warp::Rejection> {
```

```
let title = match check_profanity(new_question.title).await {      ┈┈┈ 함수를 호출하고 퓨처를
    Ok(res) => res,                                                        기다린 후 Result에
    Err(e) => return Err(warp::reject::custom(e)),                         일치시킨다.
};
                                     이 작업을 두 번째로 한다. 첫 번째는 title이었다. ┈┐
                                     이제 질문 자체 안에 있는 금칙어를 검사한다.      │
let content = match check_profanity(new_question.content).await { ┈┘
    Ok(res) => res,
    Err(e) => return Err(warp::reject::custom(e)),
};

let question = NewQuestion {
    title: title,
    content,
    tags: new_question.tags,
};

match store.add_question(question).await {
    Ok(question) => Ok(warp::reply::json(&question)),
    Err(e) => Err(warp::reject::custom(e)),
}
}
```

새로운 질문마다 제목에 대해 한 번, 내용에 대해 한 번, 이렇게 함수(따라서 API)를 두 번 호출한다. 두 호출 모두 유효한 응답을 반환하면 업데이트된 새 질문을 만들어 내용을 검열할 수도 있는 내용으로 덮어쓰고 데이터베이스에 저장한다.

cargo run으로 서버를 시작하여 새 코드를 테스트하고 명령줄을 통해 다음 curl을 보낸다.

```
$ curl --location --request POST 'localhost:3030/questions' \
    --header 'Content-Type: application/json' \
    --data-raw '{
        "title": "NEW shit TITLE",
        "content": "OLD shit CONTENT"
    }'
```

PSQL로 검열된 질문이 PostgreSQL 데이터베이스에 저장되었는지 확인할 수 있다.

```
$ psql rustwebdev
psql (15.2)
Type "help" for help.

rustwebdev=# select * from questions;
```

```
id |       title      |      content     | tags |        created_on
---+-----------------+------------------+------+--------------------------
 1 | NEW **** TITLE  | OLD **** CONTENT |      | 2023-05-10 07:10:36.006136
(1 rows)
```

효과가 있었다! 금칙어는 * 기호를 통해 검열된다. 물론 API의 응답을 자신의 기호나 문자로 대체하여 검열된 단어를 저장하고 표시하는 방법을 조정할 수 있다.

8.3.2 질문 수정 시 금칙어 적용하기

클라이언트가 데이터베이스에 콘텐츠를 추가할 수 있는 유일한 방법은 질문을 업데이트하거나 답변을 추가하는 것이다. update_question 경로 핸들러와 add_question 경로 핸들러의 차이점은 질문을 업데이트할 때 id가 필요하고 Question 구조체를 사용할 수 있다는 점이다. add_question 함수에는 아직 id가 없기 때문에 NewQuestion 타입이 필요하다. 다음은 업데이트된 update_question 경로 핸들러이다.

코드 8-20 update_question에 금칙어 검사 추가하기

```
...
pub async fn update_question(
    id: i32,
    store: Store,
    question: Question,
) -> Result<impl warp::Reply, warp::Rejection> {
    let title = match check_profanity(question.title).await {
        Ok(res) => res,
        Err(e) => return Err(warp::reject::custom(e)),
    };

    let content = match check_profanity(question.content).await {
        Ok(res) => res,
        Err(e) => return Err(warp::reject::custom(e)),
    };

    let question = Question {
        id: question.id,
        title,
        content,
        tags: question.tags,
    };
```

```
        match store.update_question(question, id).await {
            Ok(res) => Ok(warp::reply::json(&res)),
            Err(e) => Err(warp::reject::custom(e)),
        }
    }
    ...
```

curl로 테스트할 수 있다.

```
$ curl --location --request PUT 'localhost:3030/questions/1' \
    --header 'Content-Type: application/json' \
    --data-raw '{
        "id": 1,
        "title": "NEW TITLE",
        "content": "OLD ass CONTENT"
    }'
```

8.3.3 add_answer 경로 핸들러 수정하기

금칙어 필터를 추가할 마지막 위치는 add_answer 경로 핸들러이다. 이번에는 고민할 제목이 없기 때문에 주어진 답변의 내용만 확인하면 된다. 다음은 업데이트된 코드이다.

코드 8-21 수정된 src/routes/answer.rs 안의 add_answer 경로 핸들러

```
use warp::http::StatusCode;

use crate::profanity::check_profanity;
use crate::store::Store;
use crate::types::answer::NewAnswer;

pub async fn add_answer(
    store: Store,
    new_answer: NewAnswer,
) -> Result<impl warp::Reply, warp::Rejection> {
    let content = match check_profanity(new_answer.content).await {
        Ok(res) => res,
        Err(e) => return Err(warp::reject::custom(e)),
    };

    let answer = NewAnswer {
```

```
        content,
        question_id: new_answer.question_id,
    };

    match store.add_answer(answer).await {
        Ok(_) => Ok(warp::reply::with_status(
            "Answer added",
            StatusCode::OK
        )),
        Err(e) => Err(warp::reject::custom(e)),
    }
}
```

이것으로 모든 관련 경로 핸들러를 수정했다. 이제 데이터베이스에 콘텐츠를 추가할 때마다 금칙어 검사를 먼저 실행한다. API가 차단 목록에서 단어를 찾으면 전달된 문자열의 검열된 버전을 반환한다.

8.4 타임 아웃과 다수 요청을 한 번에 처리하기

성공 경로와 실패 경로를 구현했으니 서비스가 처리해야 하는 다른 경우를 생각해 보자. 외부 서버의 API 응답에서 지연이 발생하면 어떻게 되는가? HTTP 호출이 시간 초과되어 이로 인해 내부 에러가 발생할 때까지 얼마나 걸리는가?

이제 무슨 일이 일어날까? 시간 초과가 발생하고 사용자에게 에러를 반환한다. 사용자는 어떻게 해야 할까? 다시 시작해야 할까? 에러로 응답하기 전에 이런 경우를 처리할 수 있다. 500 서버 에러를 반환하기 전에 정해진 수만큼 재시도하게 구현할 수도 있다.

러스트로 웹 서비스를 개발할 때 직면하게 될 또 다른 사례는 여러 HTTP 호출을 동시에 또는 병렬로 실행해야 하는 경우(성능 또는 유용성 이유 때문)이다. tokio::join!을 사용(동일한 스레드에서 동시에 퓨처를 실행하기 위함)하거나, tokio::spawn으로 새 작업을 생성하고 호출을 병렬로 실행할 수 있다.

8.4.1 외부 HTTP 호출의 재시도 구현하기

다양한 방식으로 HTTP 호출을 재시도할 수 있다. 이 시나리오에서 가장 일반적인 사용 사례는 **지수 백오프**(exponential backoff)이다. 고정된 시간 후에 재시도하는 대신, 각 시도가 실패할 때마다 재시도 시간 간격을 늘리다가 일정 시간이 되면 그때 에러를 반환하는 전략이다.

우리가 선택한 HTTP 클라이언트 Reqwest에는 지수 백오프 기능이 내장되어 있지 않으므로 선택한 크레이트를 확장하는 서드파티 라이브러리를 사용해야 한다. 이 책에서 사용할 것은 reqwest_retry(https://docs.rs/reqwest-retry/latest/reqwest_retry)이다. 주의해야 할 또 다른 사항으로, Reqwest에는 재시도 크레이트를 지원하는 기본으로 내장된 미들웨어 개념이 없다. 따라서 Reqwest에 미들웨어를 추가하는 또 다른 크레이트가 필요하며 그 이후에야 reqwest_retry를 사용할 수 있다. 다음은 이에 대한 예제 코드이다.

```
    ┌─── 지정된 재시도 횟수를 초과하면 실패로
    │    간주하도록 재시도 정책을 생성한다.           새로 추가한 크레이트를 임포트해 ┈┐
    │                                      reqwest HTTP 클라이언트용 미들웨어를 지원한다. │
    ...                                                                        │
    use reqwest_middleware::{ClientBuilder, ClientWithMiddleware}; ┈┈┈┈┈┘
    use reqwest_retry::{RetryTransientMiddleware, policies::ExponentialBackoff};
                                            재시도 메커니즘은 reqwest_middleware ┈┐
                                            크레이트에 기반을 둔 미들웨어이다.    │
    async fn run_retries() {                                                   │
        let retry_policy = ExponentialBackoff::builder().build_with_max_retries(3);
        let client = ClientBuilder::new(reqwest::Client::new()) ┈┈┈┈┈┈┈┐
            .with(RetryTransientMiddleware::new_with_policy(retry_policy))   │
            .build();                                                        │
                                            기존 reqwest 크레이트의 구성 요소 대신 ┈┘
        client                              reqwest_middleware 크레이트의
            .get("https://truelayer.com")   새로운 메서드와 클라이언트로 대체한다.
            .header("foo", "bar")
            .send()
            .await
            .unwrap();
    }
```

중요한 부분은 음영으로 강조했다. Reqwest 크레이트에서 ClientBuilder를 사용하는 대신 reqwest_middleware로 클라이언트를 빌드한다. reqwest_middleware 크레이트는 Reqwest를 감싸고 확장하는 래퍼이다.

> Note ≡ HTTP 요청에 지수 백오프 또는 기타 미들웨어가 필요한지 확인해야 한다. 추가된 복잡성은 프로젝트에서 고려할 만한 가치가 없을 수도 있다. 이 책은 지수 백오프의 사용법을 예시 정도로 사용한다.

금칙어 추상화를 할 때의 장점은 HTTP 클라이언트 프레임워크를 단 한 곳에서만 변경하면 되고, 코드 전체에서는 다른 변경이 필요하지 않다는 것이다. 재시도 기법을 구현하기로 한 경우, 다음 코드처럼 Cargo.toml 파일에 필요한 크레이트를 추가해야 한다.

코드 8-22 프로젝트 Cargo.toml에 재시도 크레이트와 미들웨어 추가하기

```
[package]
name = "practical-rust-book"
version = "0.1.0"
edition = "2021"

[dependencies]
...
reqwest = { version = "0.11", features = ["json"]}
reqwest-middleware = "0.1.1"
reqwest-retry = "0.1.1"
```

그런 다음 Reqwest 클라이언트를 방금 추가한 reqwest_middleware 크레이트의 메서드로 대체하여 만들 수 있다.

코드 8-23 profanity.rs에서 미들웨어 사용하기

```
use reqwest_middleware::ClientBuilder;
use reqwest_retry::{policies::ExponentialBackoff, RetryTransientMiddleware};
use serde::{Deserialize, Serialize};


...
pub async fn check_profanity(content: String) -> Result<String, handle_errors::Error> {
    let retry_policy = ExponentialBackoff::builder().build_with_max_retries(3);
    let client = ClientBuilder::new(reqwest::Client::new())
        .with(RetryTransientMiddleware::new_with_policy(retry_policy))
        .build();

    let res = client
        .post("https://api.apilayer.com/bad_words?censor_character=*")
        .header("apikey", "API_KEY")
        .body(content)
        .send()
        .await
        .map_err(|e| handle_errors::Error::ExternalAPIError(e))?;

    ...
}
```

하지만 이러한 변경 사항은 에러 처리에 영향을 미친다. 이제 client에서 .post를 호출하면 실제로 다른 에러, 즉 reqwest::Error 대신 reqwest_middleware::Error가 받는다.

코드 8-24에 표시된 대로 handle-errors 크레이트를 확장할 수 있다. reqwest_middleware를 handle-errors 크레이트 내부의 Cargo.toml에 추가하는 것을 잊지 말자.

```
[package]
name = "handle-errors"
version = "0.1.0"
edition = "2021"

[dependencies]
warp = "0.3"
tracing = {version = "0.1", features = ["log"]}
reqwest = "0.11"
reqwest-middleware = "0.1.1"
```

이제 handle-errors의 lib.rs 파일에 있는 에러에 접근할 수 있다.

코드 8-24 추가된 미들웨어 크레이트와 함께 handle-errors 확장하기

```
use warp::{
    filters::{body::BodyDeserializeError, cors::CorsForbidden},
    http::StatusCode,
    reject::Reject,
    Rejection, Reply,
};

use reqwest_middleware::Error as MiddlewareReqwestError;
use reqwest::Error as ReqwestError;
use tracing::{event, instrument, Level};

#[derive(Debug)]
pub enum Error {
    ParseError(std::num::ParseIntError),
    MissingParameters,
    DatabaseQueryError,
    ReqwestAPIError(ReqwestError),
    MiddlewareReqwestAPIError(MiddlewareReqwestError),
    ClientError(APILayerError),
    ServerError(APILayerError),
}

impl std::fmt::Display for Error {
```

```rust
        fn fmt(&self, f: &mut std::fmt::Formatter) -> std::fmt::Result {
            match &*self {
                Error::ParseError(ref err) => {
                    write!(f, "Cannot parse parameter: {}", err)
                }
                Error::MissingParameters => write!(f, "Missing parameter"),
                Error::DatabaseQueryError => {
                    write!(f, "Cannot update, invalid data.")
                }
                Error::ReqwestAPIError(err) => {
                    write!(f, "External API error: {}", err)
                }
                Error::MiddlewareReqwestAPIError(err) => {
                    write!(f, "External API error: {}", err)
                },
                Error::ClientError(err) => {
                    write!(f, "External Client error: {}", err)
                },
                Error::ServerError(err) => {
                    write!(f, "External Server error: {}", err)
                }
            }
        }
    }

...

#[instrument]
pub async fn return_error(r: Rejection) -> Result<impl Reply, Rejection> {
    if let Some(crate::Error::DatabaseQueryError) = r.find() {
        event!(Level::ERROR, "Database query error");
        Ok(warp::reply::with_status(
            crate::Error::DatabaseQueryError.to_string(),
            StatusCode::UNPROCESSABLE_ENTITY,
        ))
    } else if let Some(crate::Error::ReqwestAPIError(e)) = r.find() {
        event!(Level::ERROR, "{}", e);
        Ok(warp::reply::with_status(
            "Internal Server Error".to_string(),
            StatusCode::INTERNAL_SERVER_ERROR,
        ))
    } else if let Some(crate::Error::MiddlewareReqwestAPIError(e)) = r.find() {
        event!(Level::ERROR, "{}", e);
        Ok(warp::reply::with_status(
```

```
                "Internal Server Error".to_string(),
                StatusCode::INTERNAL_SERVER_ERROR,
        ))
    }
    ...
    }
}
```

이제 profanity.rs 파일로 돌아와서 다음과 같이 에러를 수정한다.

코드 8-25 handle-errors 크레이트의 변화를 반영하여 에러 부분을 수정

```
use reqwest_middleware::ClientBuilder;
use reqwest_retry::{policies::ExponentialBackoff, RetryTransientMiddleware};
use serde::{Deserialize, Serialize};

...
pub async fn check_profanity(content: String) -> Result<String, handle_errors::Error> {
    let retry_policy = ExponentialBackoff::builder().build_with_max_retries(3);

    let client = ClientBuilder::new(reqwest::Client::new())
        .with(RetryTransientMiddleware::new_with_policy(retry_policy))
        .build();

    let res = client
        .post("https://api.apilayer.com/bad_words?censor_character=*")
        .header("apikey", "API_KEY")
        .body(content)
        .send()
        .await
        .map_err(|e| handle_errors::Error::MiddlewareReqwestAPIError(e))?;

    ...
    match res.json::<BadWordsResponse>().await {
        Ok(res) => Ok(res.censored_content),
        Err(e) => Err(handle_errors::Error::ReqwestAPIError(e)),
    }
}
```

cargo run으로 해당 기능을 테스트할 때는 와이파이를 *끄거나* 이더넷 케이블을 빼서 오프라인 상태에서 테스트할 수 있다.

8.4.2 퓨처를 동시에 또는 병렬로 실행하기

웹 서비스를 개발할 때 마주치게 될 또 다른 경우는 HTTP 호출을 병렬 또는 동시에 실행하는 것이다. 이를 **동시성**(concurrency)이라 하며, 동시에 둘 이상의 작업을 진행하는 것을 의미한다.

이것은 작업을 시작하고 일시 중지하는 효과를 내지만 작업을 완료하는 동안 **병렬 처리**(parallelism)를 위해 더 많은 리소스가 생성되거나 지정된 작업에서 동시에 작업하는 데 사용됨을 의미한다.

tokio::spawn은 문자 그대로 동일한 스레드에서 다른 작업을 생성하거나 새 스레드가 생성된다. 이를 통해 주어진 작업을 병렬로 실행할 수 있다. tokio::join!을 사용하면 Tokio는 동일한 스레드에서 동시에 퓨처(HTTP 호출)를 실행하고 동시에 두 가지를 진행한다(예를 들어 컨텍스트 전환을 통해).

필요하다면 실제로 성능이 향상되는지, 그렇다면 어느 쪽이 더 나은지 평가해야 한다. 코드 8-26은 tokio::spawn을 사용하는 경로 핸들러 update_question이고, 코드 8-27은 tokio::join!을 사용한다.

> **코드 8-26** update_question 경로 핸들러 안에서 tokio::spawn 사용하기

```
...
pub async fn update_question(
    id: i32,
    store: Store,
    question: Question,                          tokio::spawn을 사용하여 기다리지 않고
) -> Result<impl warp::Reply, warp::Rejection> {  퓨처를 반환하는 비동기 함수를 래핑한다.

    let title = tokio::spawn(check_profanity(question.title));
    let content = tokio::spawn(check_profanity(question.content));   질문의 내용에도
    let (title, content) = (title.await.unwrap(), content.await.unwrap());   동일하게 검사한다.
                                    이제 제목에 대한 결과와 내용 확인에 대한 Result를
    두 HTTP 호출이 모두 성공했는지 확인한다.   포함하는 튜플을 반환하여 두 가지를 동시에 실행할 수 있다.
    if title.is_err() {
        return Err(warp::reject::custom(title.unwrap_err()));
    }

    if content.is_err() {
        return Err(warp::reject::custom(content.unwrap_err()));
    }

    let question = Question {
        id: question.id,
        title: title.unwrap(),
        content: content.unwrap(),   Result를 여기에서 다시 푼다.
```

```
            tags: question.tags,
        };

        match store.update_question(question, id).await {
            Ok(res) => Ok(warp::reply::json(&res)),
            Err(e) => Err(warp::reject::custom(e)),
        }
    }
    ...
```

코드 8-27 tokio::join!을 update_question 경로 핸들러 안에서 사용하기

```
pub async fn update_question(
    id: i32,
    store: Store,
    question: Question,
) -> Result<impl warp::Reply, warp::Rejection> {
    let title = check_profanity(question.title);
    let content = check_profanity(question.content);
    let (title, content) = tokio::join!(title, content);

    if title.is_err() {
        return Err(warp::reject::custom(title.unwrap_err()));
    }

    if content.is_err() {
        return Err(warp::reject::custom(content.unwrap_err()));
    }

    let question = Question {
        id: question.id,
        title: title.unwrap(),
        content: content.unwrap(),
        tags: question.tags,
    };

    match store.update_question(question, id).await {
        Ok(res) => Ok(warp::reply::json(&res)),
        Err(e) => Err(warp::reject::custom(e)),
    }
}
    ...
```

> spawn 대신 함수 호출을
> 개별적으로 래핑할 필요가 없다.
> join! 매크로 안에서 await 없이
> 이들을 호출하기만 하면 된다.

8

서드파티 라이브러리와 통합하기

이 장에서는 적절한 에러 처리를 추가한 다음 실행 동작을 개선하여 코드베이스에 간단한 HTTP 클라이언트를 추가하는 프로세스를 알아보았다. 러스트의 아름다움은 여기에 자세히 나와 있다. 새로운 크레이트를 추가함으로 컴파일러는 다른 반환 타입을 발견하고 우리가 케이스를 적절하게 처리했는지 확인했다.

엄격한 타입의 특성 덕분으로 우리가 자체 타입을 생성하고 에러를 처리하고 프로덕션 환경에서 문제가 발생하기 전에 이를 발견할 수 있었다. 풍부한 생태계 덕분에 크레이트의 기능을 확장할 수 있고, 재시도 코드를 직접 작성하지 않아도 되었다.

8.5 요약

- HTTP 클라이언트를 선택하는 것은 부분적으로 프로젝트에서 선택한 런타임에 영향을 받는다.
- HTTP 클라이언트를 추가할 때는 필요에 따라 다양한 추상화 수준을 선택할 수 있다.
- 널리 사용되는 크레이트를 사용하면 크레이트의 주변 생태계가 더욱 풍부해지고 인터넷에서 더 많은 도움을 받을 수 있다.
- 에러 처리는 다른 서비스에 대한 HTTP 호출을 구현할 때 중요하다.
- 내부 에러는 클라이언트에 노출하지 않아야 한다.
- 에러를 기록할 때 세부 정보를 잃지 않아야 한다.
- 러스트는 내부와 외부에서 동시에 다른 세부 정보로 에러를 처리할 수 있다.
- 서드파티 API 서비스의 응답과 에러에 대한 구조체를 생성하면 미래의 개발자에게 도움이 될 뿐만 아니라 코드베이스를 더 쉽게 연구하고, 확장할 수 있으며 향후 발생할 수 있는 실수를 방지할 수도 있다.
- 실패한 HTTP 호출에 기본 재시도를 추가하면 사용자가 동일한 요청을 초당 여러 번 보내는 것을 방지할 수 있다.
- Tokio 런타임은 동시에 또는 병렬로 작업할 수 있도록 기본 퓨처에 (join! 또는 spawn으로) 메서드와 매크로를 노출한다.

제 **3** 부

프로덕션으로
투입시키기

마지막 부분에서는 이전에 해 왔던 작업을 마무리하고 프로덕션 환경을 준비할 것이다. 사용자 인증을 위한 메커니즘을 추가해 아무나 데이터에 접근하거나 변조할 수 없도록 한다. 또한, 애플리케이션을 매개변수화하는 방법도 살펴본다. 포트 번호, URL과 같은 변수를 하드 코딩하면 나중에 문제를 일으킬 수 있으며 다양한 환경에 맞게 애플리케이션을 동적으로 조정하기도 어렵다. 3부의 마지막이면서 책의 마지막 장인 11장은 테스트에 대한 것이다.

9장은 상태 비저장, 상태 저장 인증 방식과 애플리케이션에서 인증 미들웨어를 구현하는 방법으로 시작한다. 이를 통해 API 엔드포인트와 리소스를 특정 사용자만 사용하도록 제한할 수 있다.

10장에서는 비즈니스 로직 코딩이 끝난 후 배포에 대해 알아본다. 먼저 애플리케이션에서 하드 코딩된 모든 변수를 구성 또는 환경 파일로 저장하는 방법을 알아본다. 그런 다음 이를 애플리케이션으로 읽어 들여 여러 아키텍처에 맞춰 러스트 코드베이스를 컴파일하거나 도커 컨테이너 내부에 설정한다.

마지막 11장은 테스트에 대한 것이다. 우리는 애플리케이션의 일부를 단위 테스트하고 전체 워크플로에 대해 더 깊은 통합 테스트를 수행한다. 이 장에서는 또한 모의 서버를 설정하는 방법과 다른 프로세스에서 시작하고 종료하는 방법도 설명한다.

9^장

인증과 권한 추가

이 장에서 다룰 핵심 내용
- 인증과 권한 부여의 차이점 이해하기
- 웹 서비스에 인증 추가하기
- 기존 API 엔드포인트를 조정하여 인증 처리하기
- 웹 서비스에 대한 다양한 형태의 인증 사용하기
- Warp에서 쿠키 사용하기
- 경로에 대한 인증 미들웨어 추가하기

1부와 2부에서는 웹 서비스의 기본 사항, 즉 경로, 데이터베이스, 외부 API를 추가하고 로그를 통해 실행 중인 애플리케이션을 관찰하기 등 필요한 모든 것을 다뤘다. 3부에서는 러스트 웹 서비스를 프로덕션으로 보내는 데 필요한 모든 작업을 다룬다. 이 책의 마지막 부분인 세 개 장에서 인증과 권한 부여, 배포, 테스트에 대해 알아볼 것이다.

이 장에서는 지금까지 배운 모든 것이 필요하다. 인증을 추가하려면 기본적으로 API에 사용자를 등록하고, 사용자 관련 경로를 추가하고, 데이터베이스에 사용자 테이블을 생성하고, 질문과 답변에 사용자 ID를 추가해야 한다. 이는 이전 장에서 배운 API 확장 및 데이터베이스 마이그레이션과 동일하다.

지금까지 진행했던 모든 주제는 약간씩 다르게 처리될 수 있다. 경로 이름을 다르게 지정하거나 모듈을 자신만의 방식으로 그룹화하거나 다른 데이터베이스 구조 또는 추상화를 선택할 수 있다. 이 책의 목적은 구체적인 작업 예제를 제공하는 것이며, 이는 1부와 2부보다 3부에서 더욱 그렇다. 인증 측면에서 쿠키를 사용할지, 비밀번호를 사용한다면 어떤 비밀번호 표준을 사용할지 등을 결정해야 한다. 따라서 실제 구현을 어떤 것을 선택하더라도 관계없이 변경해야 하는 사항을 우선 살펴본다(그림 9-1과 9-2 참조).

▼ 그림 9-1 승인을 추가하기 위한 현재 애플리케이션 변경

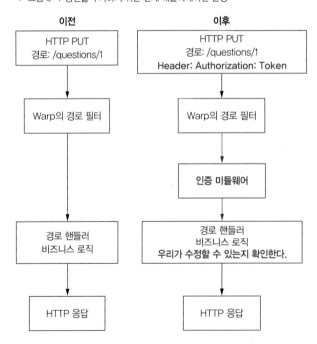

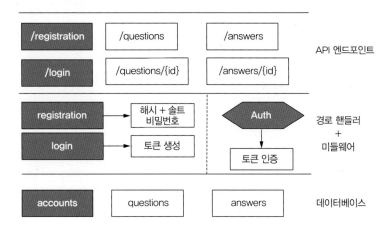

사용자 테이블 생성, 사용자 ID 추가, 사용자가 엔드포인트에 접근할 수 있는 권한이 있는지 경로를 확인하는 등의 작업은 보편적으로 필요하다. 비밀번호의 해시 알고리즘을 변경하거나 인증 미들웨어를 조정하는 것은 환경, 프로젝트, 엔지니어가 결정할 세부 사항이다.

9.1 웹 서비스에 인증 추가하기

거의 모든 웹 서비스에는 어떤 형태로든 인증 방법이 있다. 이는 서비스가 제공하는 데이터에 대한 접근을 제한하기 위한 것이다. 소비자와 직접 대면하는 서비스에서 등록, 로그인, 로그아웃 등의 엔드포인트를 제공해야 사용자가 자신을 확인할 수 있을 뿐만 아니라 로그아웃하여 토큰을 없앨 수도 있다. 또한, 규칙을 위반하거나 사용자와의 계약이 종료되는 경우, 사용자 인증을 해제할 수 있다. 그림 9-3은 애플리케이션에서 구현한 등록과 로그인 경로이다.

▼ 그림 9-3 인증 흐름

등록

HTTP POST
경로: /registration
Body: { email: "test@email.com", "password": "cleartext" }

↓

registration.rs
경로 핸들러

- 솔트 + 해시 비밀번호
- 새 계정 저장하기
- 이미 있는 경우에는 에러를, 정상인 경우에는 200을 반환한다.

↓

store.rs
데이터베이스

- accounts 테이블에 새 행을 생성한다.

로그인

HTTP POST
경로: /login
Body: { email: "test@email.com", "password": "cleartext" }

↓

login.rs
경로 핸들러

- 이메일로 계정 얻기
- 평문 비밀번호로 해시된 DB 비밀번호 확인한다.
- 확인되면 암호화된 계정 ID로 토큰을 생성한다.
- 확인에 실패하면 401을 반환한다.

↓

store.rs
데이터베이스

- 이메일로 계정을 전달한다.

규모가 큰 회사의 네트워크에서 마이크로서비스를 운영하는 경우, 이 인증 형식이 필요하지 않을 수 있다. 9.2절에서 다룰 토큰 또는 키의 유효성을 검사하여 엔드포인트를 보호하는 방법이 더 흥미로울 것이다. 그럼에도 불구하고 우선 이 절에서 다음과 같은 문제를 결정해야 한다.

- 어떤 사용자 정보를 저장해야 하는가?
- 사용자는 우리 서비스에 어떻게 인증하기 원하는가?
- 인증 토큰은 얼마 동안 유효해야 하는가?
- 비밀번호와 토큰에 어떤 암호화 방법을 사용해야 하는가?

사용자 프로필 관리(예를 들어 사용자를 삭제하거나 주소와 같은 특정 개인 정보 수정 등)는 진행하지 않는다. 지금까지 책을 잘 따라 왔다면 데이터베이스에 요소를 추가하거나 삭제하기 위해 엔드포인트와 내부 논리를 추가하는 방법을 잘 알고 있을 것이다. 대신 여기에서는 사용자를 생성하고 엔드포인트에 대한 유효성을 검사하는 데 중점을 둔다.

9.1.1 사용자 개념 만들기

가장 먼저 할 일이 있다. 바로 새로운 사용자를 생성하기 전에 사용자에 대한 개념이 애플리케이션에 존재해야 한다는 것이다. 앞서 언급했듯이 처음에는 많은 것이 필요하지는 않으며, 이메일과 비밀번호 정도면 된다. 이를 통해 해시된 비밀번호를 고유하게 식별하고 확인할 수 있다. 비밀번호를 쓰지 않고 대신 이메일로 로그인 링크를 보낼 수도 있다. 이 방법은 앞에서 서드파티 라이브러리를 사용하는 방법을 다루었으므로 여러분이 따로 구현하도록 하자. 다음은 대략적인 사용자 구조체(user struct)이다.

코드 9-1 사용자 구조체

```
struct User {
    email: String,
    password: String,
}
```

User라는 이름을 쓰면 두 가지 문제가 생길 수 있다. PostgreSQL에는 데이터베이스 사용자를 저장하는 user라는 기본 테이블이 있으며 예약어이기도 하다(https://www.postgresql.org/docs/9.3/sql-keywords-appendix.html). 또한, user라는 용어가 명확하지 않다. 관리자, 개발자와 같은 여러 형태의 사용자가 있을 수 있기 때문이다.

대신 **계정**(Account)을 만들 수 있다. 계정은 서로 다른 역할(동시에 여러 역할일 수 있음)을 가질 수 있어 애플리케이션이 커짐에 따라 계정의 범주를 정확히 이해할 수 있을 만큼 충분히 유연하고 일반적인 용어이다.

따라서 Account라는 웹 서비스의 새 타입으로 시작할 수 있다. src/types 경로 아래에 새 파일 account.rs를 생성한다.

코드 9-2 src/types/account.rs 안의 새로운 Account 타입

```
use serde::{Deserialize, Serialize};

#[derive(Serialize, Deserialize, Debug, Clone)]
pub struct Account {
    pub email: String,
    pub password: String,
}
```

코드 9-3에서 보듯 account 모듈을 외부에 공개해야 한다. 이미 main.rs에 있는 mod types 행으로 types/mod.rs 파일에 나열된 모듈에 접근할 수 있다.

코드 9-3 src/types/mod.rs에서 account 모듈을 노출시키기

```
pub mod answer;
pub mod pagination;
pub mod question;
pub mod account;
```

계정이 준비되었으니, 빠진 것이 없는지 생각해 보자. 신규 사용자가 이메일과 비밀번호를 입력할 수 있는 등록 경로를 제공해야 한다. 그런 다음 이메일이 이미 시스템에 있는지 확인하고, 이메일이 없다면 계정 데이터베이스 테이블에 새 항목을 추가한다.

또한, 새 질문이나 답변을 만들 때 이 질문이나 답변을 특정 사용자에게 할당하려 한다. 생성된 질문이나 답변에 이메일을 추가하면 둘을 연결할 수 있다. 일반적인 방식은 ID를 사용하는 것이다. 사용자에 대한 세부 정보를 변경할 때마다 연결된 모든 항목을 검토하고 동일한 데이터를 업데이트할 필요는 없다. 질문 또는 답변과 연결된 ID는 그대로 유지하고 계정 테이블에서 이메일만 변경하면 된다.

질문 타입을 다시 살펴보면 ID가 **없는** NewQuestion과 ID가 **있는** Question, 두 가지가 있었다. 그 이유는 데이터베이스에 아직 존재하지 않는 경우에 대해 ID가 없는 새 타입이 필요해서이다. 생성된 이후라면 데이터베이스에서 ID를 가져올 수 있다. 계정을 만들 때도 동일한 패턴을 사용할 수 있다. 다음과 같이 account.rs 파일을 구현한다.

코드 9-4 계정에 ID 추가하기

```
use serde::{Deserialize, Serialize};

#[derive(Serialize, Deserialize, Debug, Clone)]
pub struct Account {
    pub id: AccountId,
    pub email: String,
    pub password: String,
}

#[derive(Serialize, Deserialize, Debug, Clone, PartialEq, Eq, Hash)]
pub struct AccountId(pub i32);

#[derive(Serialize, Deserialize, Debug, Clone)]
pub struct NewAccount {
    pub email: String,
    pub password: String,
}
```

이렇게 해 보니 코드가 상당히 번잡해졌다. 타입을 사용할 때마다 어떤 패턴을 써야 할지 일일이 골라야 하기 때문이다. 또 다른 방법은 ID 필드에 Option을 사용하는 것이다. 다음은 최종 account.rs 파일이다.

```
use serde::{Deserialize, Serialize};

#[derive(Serialize, Deserialize, Debug, Clone)]
pub struct Account {
    pub id: Option<AccountId>,
    pub email: String,
    pub password: String,
}

#[derive(Serialize, Deserialize, Debug, Clone, PartialEq, Eq, Hash)]
pub struct AccountId(pub i32);
...
```

이렇게 하면 코드가 좀 줄어든다. 다음은 데이터베이스에 테이블을 생성하는 것이다. 7장에서 배운 마이그레이션을 사용할 수 있다. 또는 계정 ID를 저장하도록 이전 테이블(질문 및 답변)을 확장할 수도 있다.

9.1.2 데이터베이스 마이그레이션하기

7장에서 이미 SQLx CLI 도구를 설치했었다. 기억을 되살리고자 설명하자면, 앞서 사용했던 명령은 다음과 같다.

```
$ cargo install sqlx-cli
```

SQLx의 CLI 도구를 사용하여 새 마이그레이션(실행할 SQL 문이 있는 migrations 폴더의 파일)을 생성할 수 있으며 여기서 새 계정 테이블을 생성한다. 다음 명령을 사용하여 새 마이그레이션을 생성한다(-r 매개변수로 up, down 마이그레이션 파일을 생성함).

```
$ sqlx migrate add -r create_accounts_table
```

프로젝트의 루트 폴더에서 다음 명령을 실행해야 한다. 이 명령은 백그라운드에서 migrations 폴더가 있는지 확인하고 존재하지 않는다면 새로 만든다. 그런 다음 add 명령 뒤에 지정한 이름으로 파일을 만들고 타임스탬프를 접두사로 추가한다.

```
$ l migrations
Permissions Size User       Date Modified Name
```

```
.rw-r--r--       32 gruberbastian  5 5 16:58     20230505075650_questions_table.down.sql
.rw-r--r--      196 gruberbastian  5 5 16:57     20230505075650_questions_table.up.sql
.rw-r--r--       30 gruberbastian  5 5 17:33     20230505080125_answers_table.down.sql
.rw-r--r--      199 gruberbastian  5 5 17:01     20230505080125_answers_table.up.sql
.rw-r--r--       34 gruberbastian 10 5 22:04     20230510130448_create_accounts_table.down.sql
.rw-r--r--       32 gruberbastian 10 5 22:04     20230510130448_create_accounts_table.up.sql
```

파일 두 개를 만들었다.

- **up** 파일로 accounts 테이블을 만든다.

- **down** 파일로 작업을 역으로 돌려 테이블을 다시 삭제한다.

먼저 up 파일을 열고 필요한 SQL 문을 추가하여 다음과 같이 ID, 이메일, 비밀번호 필드가 있는 새 테이블을 만든다.

코드 9-6 migrations/**_create_accounts_table.up.sql에 마이그레이션 작성하기

```
CREATE TABLE IF NOT EXISTS accounts (
    id serial NOT NULL,
    email VARCHAR(255) NOT NULL PRIMARY KEY,
    password VARCHAR(255) NOT NULL
);
```

다음은 되돌리는 파일로, accounts 테이블을 삭제한다.

코드 9-7 **_create_accounts_table.down.sql의 되돌리는 마이그레이션

```
DROP TABLE IF EXISTS accounts;
```

이 마이그레이션 파일은 서버를 시작한 후 실행된다. 기억하겠지만 main.rs의 19행에는 마이그레이션을 실행하는 로직이 포함되어 있다(음영으로 표시함).

```
async fn main() {
    ...
    let store = store::Store::new("postgres://localhost:5432/rustwebdev").await;

    sqlx::migrate!()
        .run(&store.clone().connection)
        .await
        .expect("Cannot run migration");
    ...
```

명령줄에서 cargo run을 실행한 후 PSQL로 테이블이 생성되었는지 확인한다.

```
$ psql rustwebdev
psql (14.5 (Homebrew))
Type "help" for help.

rustwebdev=# \dt
            List of relations
 Schema |      Name        | Type  |  Owner
--------+------------------+-------+---------
 public | _sqlx_migrations | table | bgruber
 public | accounts         | table | bgruber
 public | answers          | table | bgruber
 public | questions        | table | bgruber
(4 rows)

rustwebdev=#
```

테이블이 준비되고 계정 타입이 구현되면 등록-로그인-로그아웃을 구현하는 작업으로 넘어갈 수 있다. 첫 번째는 새 계정을 만드는 일이다. 우리는 사용자가 비밀번호를 제공해야 한다는 것을 이미 알고 있다. 이 사실만으로도 다양하게 선택할 수 있다. 예를 들어 이 비밀번호를 어떻게 저장해야 할까? 확실히 일반 텍스트는 아니다. 따라서 우리는 누군가가 사용 중인 비밀번호를 볼 수 없도록 해싱 알고리즘을 생각해야 한다.

9.1.3 registration 엔드포인트 추가하기

비밀번호를 처리하기에 앞서 등록 프로세스를 위한 새 API 엔드포인트를 추가해야 한다. 이 엔드포인트는 이메일과 비밀번호를 요구하고 현재로서는 200 HTTP 응답을 반환한다. 등록 후 사용자를 자동으로 로그인하고 클라이언트가 계속 로그인하도록 토큰 또는 쿠키 형식을 다시 보내는 것에 대해서는 나중에 생각하자.

프로덕션 환경에서는 이메일을 보내고 확인 링크를 제공하는 등의 작업을 수행할 수도 있다. 그러나 지금은 데이터를 받아 비밀번호를 저장하기 전에 해싱한 다음 HTTP 응답을 다시 보내는 데만 집중한다.

우선 src/routes 폴더에 새 파일 authentication.rs를 추가한다. 여기에 등록, 로그인, 로그아웃 경로에 대한 로직을 저장할 것이다. 다음은 데이터베이스에 계정을 추가하는 초기 코드이다.

```rust
use warp::http::StatusCode;

use crate::store::Store;
use crate::types::account::Account;

pub async fn register(
    store: Store,
    account: Account
) -> Result<impl warp::Reply, warp::Rejection> {
    match store.add_account(account).await {
        Ok(_) => Ok(warp::reply::with_status("Account added", StatusCode::OK)),
        Err(e) => Err(warp::reject::custom(e)),
    }
}
```

두 가지 세부 사항이 아직 누락되었다. 먼저 PostgreSQL 데이터베이스의 accounts 테이블에 새 계정을 추가하려면 SQL을 보유하는 저장소에 새로운 함수 add_account를 추가해야 한다. 둘째, main.rs에 있는 경로 객체에 경로를 추가해야 한다. 다음은 store.rs 파일의 add_account 함수이다.

```rust
...
use crate::types::{
    account::Account,
    answer::{Answer, AnswerId, NewAnswer},
    question::{NewQuestion, Question, QuestionId},
};
...
    pub async fn add_account(&self, account: Account) -> Result<bool, Error> {
        match sqlx::query("INSERT INTO accounts (email, password) VALUES ($1, $2)")
            .bind(account.email)
            .bind(account.password)
            .execute(&self.connection)
            .await
        {
            Ok(_) => Ok(true),
            Err(error) => {
                tracing::event!(
                    tracing::Level::ERROR,
```

```
                        code = error
                            .as_database_error()
                            .unwrap()
                            .code()
                            .unwrap()
                            .parse::<i32>()
                            .unwrap(),
                        db_message = error
                            .as_database_error()
                            .unwrap()
                            .message(),
                        constraint = error
                            .as_database_error()
                            .unwrap()
                            .constraint()
                            .unwrap()
                );
                Err(Error::DatabaseQueryError)
            }
        }
    }
    ...
```

기본적으로 add_answer의 복사본이다. 계정 매개변수를 사용하여 accounts 테이블에 INSERT SQL 쿼리를 생성한다. 다음으로 경로 객체에 경로를 추가한다.

코드 9-10 main.rs의 경로 객체에 register 추가하기

```
#[tokio::main]
async fn main() -> Result<(), sqlx::Error> {
    ...

    let add_answer = warp::post()
        .and(warp::path("answers"))
        .and(warp::path::end())
        .and(store_filter.clone())
        .and(warp::body::form())
        .and_then(routes::answer::add_answer);

    let registration = warp::post()
        .and(warp::path("registration"))
        .and(warp::path::end())
```

```
        .and(store_filter.clone())
        .and(warp::body::json())
        .and_then(routes::authentication::register);

    let routes = get_questions
        .or(add_question)
        .or(update_question)
        .or(delete_question)
        .or(add_answer)
        .or(registration)
        .with(cors)
        .with(warp::trace::request())
        .recover(return_error);

    warp::serve(routes).run(([127, 0, 0, 1], 3030)).await;

    Ok(())
}
```

URL에서 JSON 본문 또는 매개변수 중 어느 쪽을 전달할지 선택할 수 있다. 어느 쪽을 고를지는 API 설계에 달려 있다. 여기에서는 JSON 본문을 사용하지만, 여러분의 애플리케이션에서 어느 방법을 사용하든 상관없다. 첫 번째 테스트는 어느 정도 성공적이다. cargo run으로 애플리케이션을 실행한 후 명령줄을 통해 다음과 같이 curl을 보낼 수 있다.

```
$ curl --location --request POST 'localhost:3030/registration' \
    --header 'Content-Type: application/json' \
    --data-raw '{
        "email": "example@email.com",
        "password": "cleartext"
    }'
```

새 사용자를 데이터베이스에 저장할 수 있지만, 이미 몇 가지 단점을 찾을 수 있다. 첫 번째는 비밀번호다. 비밀번호를 해시하지 않고 일반 텍스트로 저장하는데, 이는 좋지 않다. 두 번째는 이메일 주소의 유효성을 확인하는 것이다. 나중에 비밀번호가 유선을 통해(클라이언트에서 서버로) 전송되는 방식과 해당 전송을 암호화하기 위해 수행할 수 있는 작업에 대해서도 생각해야 한다.

9.1.4 비밀번호 해시하기

첫 번째 단계는 비밀번호를 평문 텍스트로 절대 저장하지 않고, 소프트웨어에서 직접 작업하는 엔지니어조차도 데이터베이스에서 비밀번호를 해독할 수 없게 만드는 것이다. 비밀번호를 평문 텍스트로 저장하는 것을 방지하는 일반적인 방법은 해시를 사용하는 것이다. 다양한 해시 알고리즘이 있으며, 상황과 하드웨어에 따라 알고리즘을 선택할 수 있다. Password Storage Cheat Sheet(https://cheatsheetseries.owasp.org/cheatsheets/Password_Storage_Cheat_Sheet.html)라는 훌륭한 개요 문서를 참고하기 바란다.

그러나 해싱만으로는 충분하지 않다. 침입자가 시스템에 침입하여 계정 데이터베이스를 복사하면 비밀번호 해시를 이미 크랙된 비밀번호의 해시 목록과 비교할 수 있다. 평문 텍스트 비밀번호를 해당 해시와 비교하고 찾는 데 시간이 그리 오래 걸리지 않는다.

그렇기 때문에 비밀번호를 **솔트 처리**해야 한다. 솔트 처리(salting)는 비밀번호를 해시하기 전에 비밀번호 앞(또는 뒤)에 임의로 생성된 시퀀스를 추가하는 것이다. 이렇게 하면 권한이 없는 사람이 해시로 감춰진 비밀번호를 알아내기가 거의 불가능해진다.

계정을 등록하는 부분을 확장하여 비밀번호를 데이터베이스에 저장하기 전에 해싱하는 작업을 추가한다. 이로써 모든 비밀번호 해시는 고유해지고, 동일한 비밀번호를 두 번 저장하더라도 각기 다른 해시를 갖게 된다. 우리는 새로운 크레이트 두 개를 사용한다.

- rand: 솔트 값으로 쓰기 위해 특정 길이의 임의 문자를 생성한다.
- rust-argon2: 비밀번호를 해싱하는 알고리즘이다(https://github.com/P-H-C/phc-winner-argon2/blob/master/argon2-specs.pdf).

다음은 업데이트된 Cargo.toml 파일이다.

코드 9-11 프로젝트에 rand와 rust-argon2를 추가하기

```
[package]
name = "practical-rust-book"
version = "0.1.0"
edition = "2021"

[dependencies]
tokio = { version = "1.2", features = ["full"] }
warp = "0.3"
serde = { version = "1.0", features = ["derive"]}
serde_json = "1.0"
```

```
handle-errors = {path = "handle-errors"}
log = "0.4"
log4rs = "1.0"
env_logger = "0.9"
uuid = { version = "0.8", features = ["v4"]}
tracing = { version = "0.1", features = ["log"] }
tracing-subscriber = { version = "0.3", features = ["env-filter"] }
sqlx = { version = "0.5", features = [ "runtime-tokio-rustls", "migrate", "postgres",
"sqlite" ] }
reqwest = { version = "0.11", features = ["json"]}
reqwest-middleware = "0.1.1"
reqwest-retry = "0.1.1"
rand = "0.8"
rust-argon2 = "1.0"
paseto = "2.0"
```

다음은 routes 폴더 안에 있는 업데이트한 authentication.rs 파일이다.

코드 9-12 해시 로직이 추가된 authentication.rs

```
use warp::http::StatusCode;
use argon2::{self, Config};     ···· argon2 해싱 알고리즘의 구현을 임포트한다.
use rand::Rng;     ···· rand 크레이트의 도움을 받아 임의의 솔트를 만든다.

use crate::store::Store;
use crate::types::account::Account;

pub async fn register(
    store: Store,
    account: Account
) -> Result<impl warp::Reply, warp::Rejection> {
    let hashed_password = hash_password(account.password.as_bytes());
                                비밀번호를 바이트 배열로 바꾼 후
                                새로 만든 해시 함수로 전달한다.
    let account = Account {
        id: account.id,
        email: account.email,
        password: hashed_password,     ······ 데이터베이스에 넣을 용도로 사용자가 입력한 비밀번호(평문)
    };                                        대신 해시된(그리고 솔트를 추가한) 버전을 사용한다.

    match store.add_account(account).await {
        Ok(_) => Ok(warp::reply::with_status("Account added", StatusCode::OK)),
        Err(e) => Err(warp::reject::custom(e)),
    }
}
```

```
     ┌─── 해시 함수는 문자열을 반환하며, 해당 문자열은 평문 비밀번호의 해시된 버전이다.
 ┆···┘
 └··· pub fn hash_password(password: &[u8]) -> String {
         let salt = rand::thread_rng().gen::<[u8; 32]>();  ┆···── rand 함수는 32바이트 크기의 난수를
                                                           ┆     만들어 슬라이스로 저장한다.
         let config = Config::default();  ···── argon2는 구성에 따라 다르며, 우리는 기본 설정을 사용한다.
         argon2::hash_encoded(password, &salt, &config).unwrap() ···┐
     }              password, salt, config를 사용해서 평문 비밀번호를 해시한다. ···┘
```

작업을 완료하였으니 테스트를 해 보자. 명령줄을 열고 프로젝트 루트 폴더에서 cargo run을 실
행한 후 등록해 본다. 엔드포인트에서 실행을 완료했다면 PSQL 도구로 비밀번호가 제대로 저장
되었는지 확인해 본다.

```
$ curl --location --request POST 'localhost:3030/registration' \
    --header 'Content-Type: application/json' \
    --data-raw '{
        "email": "test@email.com",
        "password": "cleartext"
    }'
Account added
$ psql rustwebdev
psql (15.2)
Type "help" for help.

rustwebdev=# select * from accounts;
 id |     email      |                                                    password
----+----------------+-------------------------------------------------------------------------
----------------------------------------------------------
  1 | test@email.com | $argon2i$v=19$m=4096,t=3,p=1$R96kXjQgume0+HgrbB12cOj5jZhEb2tjCm
dWhgmI48I$0kN8JNLd4IVZWJ0lZy1NYuLCQH7Q89lngTlflIkixnA
(1 row)

rustwebdev=#
```

9.1.5 중복 계정 에러 처리하기

하지만 똑같은 요청을 다시 보내면 어떻게 될까? 마이그레이션 파일에서 PostgreSQL에 accounts
테이블을 설정할 때 이메일 필드를 PRIMARY KEY(기본 키)로 지정했다. 따라서 정확히 동일한 이
메일로 동일한 데이터셋을 다시 삽입하려고 하면 PostgreSQL에서 에러가 발생한다. handle-
errors 크레이트에서는 지금까지 데이터베이스 에러를 딱히 다르게 처리하지 않았다. 데이터베이
스에서 발생하는 모든 에러는 사용자에게 HTTP 코드 422를 보낸다.

store에서 발생한 데이터베이스 에러는 경로 핸들러를 거쳐 Warp 서버로 전달된다. 에러가 있는 경우, Warp 서버는 handle-errors 크레이트에서 구현한 return_error 함수를 사용한다. return_error 함수는 Error 열거 타입을 살펴 어떤 에러를 처리하고 있는지 확인한 후에 열거 값에 따라 클라이언트 또는 사용자에게 전달할 응답을 수정한다.

DatabaseQueryError의 문제점은 매개변수를 전달하지 않는다는 것이다. 실제 에러는 해당 저장 함수의 Tracing 라이브러리와 함께 기록되지만, 다른 정보 없이 일반 데이터베이스 에러만 반환한다.

따라서 먼저 handle-errors 크레이트에서 열거 타입 변형에 매개변수를 추가해야 한다. add_account 함수에서 음영으로 표시한 에러 처리 부분이 어떻게 보이는지 기억해 두자.

```rust
pub async fn add_account(&self, account: Account) -> Result<bool, Error> {
    match sqlx::query("INSERT INTO accounts (email, password)
        VALUES ($1, $2)")
        .bind(account.email)
        .bind(account.password)
        .execute(&self.connection)
        .await
    {
        Ok(_) => Ok(true),
        Err(error) => {
            tracing::event!(
                tracing::Level::ERROR,
                code = error
                    .as_database_error()
                    .unwrap()
                    .code()
                    .unwrap()
                    .parse::<i32>()
                    .unwrap(),
                db_message = error
                    .as_database_error()
                    .unwrap()
                    .message(),
                constraint = error
                    .as_database_error()
                    .unwrap()
                    .constraint()
                    .unwrap()
            );
            Err(Error::DatabaseQueryError(error))
```

```
            }
        }
    }
```

여기에서 받는 에러는 SQLx 크레이트에서 발생한 것이다. 이 크레이트는 DatabaseError(https://docs.rs/sqlx/latest/sqlx/error/trait.DatabaseError.html)라는 변형이 있는 Error 열거 타입 (https://docs.rs/sqlx/latest/sqlx/enum.Error.html)을 제공한다. 따라서 이 SQLx 에러를 return_error 함수까지 전달하여 어떠한 에러 변형을 처리하고 있는지 확인한 다음 에러 코드를 기반으로 무엇을 할지 결정할 수 있다.

tracing을 사용하고 있으므로 동일한 이메일이 포함된 데이터셋이 이미 존재하는 경우(음영으로 표시함) 수신되는 에러 구조를 명령줄에서 확인할 수 있다.

```
Finished dev [unoptimized + debuginfo] target(s) in 10.45s
    Running `target/debug/practical-rust-book`
2023-05-11T23:58:07.072214Z  INFO get_questions request{method=POST path=/registration
id=a8c48c46-926d-4ec7-b526-cf9f8ddda547}: practical_rust_book: close time.busy=27.6µs
time.idle=69.4µs
2023-05-11T23:58:07.073210Z ERROR practical_rust_book::store: code=23505
db_message="duplicate key value violates unique constraint \"accounts_pkey\""
constraint="accounts_pkey"
2023-05-11T23:58:07.073246Z ERROR warp::filters::trace: unable to process
request (internal error) status=500 error=Some(Rejection([DatabaseQueryError,
MethodNotAllowed, MethodNotAllowed, MethodNotAllowed]))
2023-05-11T23:58:07.073305Z ERROR handle_errors: Database query error
```

duplicate key value가 점검해야 할 에러 코드 값이 있는 것으로 보인다. 일단 첫 번째 방법은 다음과 같다.

코드 9-13 handle-errors에서 sqlx::Error를 받도록 확장하기

```
...
#[derive(Debug)]
pub enum Error {
    ParseError(std::num::ParseIntError),
    MissingParameters,
    DatabaseQueryError(sqlx::Error),    ┄┄┄┄ DatabaseQueryError에 점검해야 할
    ReqwestAPIError(ReqwestError),              sqlx::Error를 매개변수로 추가한다.
    MiddlewareReqwestAPIError(MiddlewareReqwestError),
    ClientError(APILayerError),
    ServerError(APILayerError),
```

```
}
...
impl std::fmt::Display for Error {
    fn fmt(&self, f: &mut std::fmt::Formatter) -> std::fmt::Result {
        match &*self {
            Error::ParseError(ref err) => {
                write!(f, "Cannot parse parameter: {}", err)
            }
            Error::MissingParameters => write!(f, "Missing parameter"),
            Error::DatabaseQueryError(_) => {
                write!(f, "Cannot update, invalid data.")    ------ 에러를 출력하려 할 때 (아직은)
            }                                                        실제 에러 값을 신경 쓰지 않는다.
            Error::ReqwestAPIError(err) => {
                write!(f, "External API error: {}", err)
            }
            Error::MiddlewareReqwestAPIError(err) => {
                write!(f, "External API error: {}", err)
            }
            Error::ClientError(err) => {
                write!(f, "External Client error: {}", err)
            }
            Error::ServerError(err) => {
                write!(f, "External Server error: {}", err)
            }
        }
    }
}
...
const DUPLICATE_KEY: u32 = 23505;

#[instrument]
pub async fn return_error(r: Rejection) -> Result<impl Reply, Rejection> {
    if let Some(crate::Error::DatabaseQueryError(e)) = r.find() {  ------ 다음 코드 블록에서
        event!(Level::ERROR, "Database query error");                     사용할 수 있도록 if 절에
                                                                          매개변수를 추가한다.

        match e {   ---- 데이터베이스 에러를 처리하기 위해 sqlx::Error 패턴을 검사한다.
            sqlx::Error::Database(err) => {
                if err.code().unwrap().parse::<u32>().unwrap() ==
데이터베이스 에러인 경우 ------ DUPLICATE_KEY {
코드 필드가 있음을 알고 있다.         Ok(warp::reply::with_status(
&str 결과 값을 u32로 파싱하여            "Account already exists".to_string(),  ------ 우리가 찾는 코드가 맞다면,
찾는 값인지 비교한다.                    StatusCode::UNPROCESSABLE_ENTITY,            계정이 이미 존재한다는
                                    ))                                               메시지를 반환한다.
```

```
            } else {
                Ok(warp::reply::with_status(
                    "Cannot update data".to_string(),
                    StatusCode::UNPROCESSABLE_ENTITY,
                ))
            }
        }
        _ => Ok(warp::reply::with_status(
            "Cannot update data".to_string(),
            StatusCode::UNPROCESSABLE_ENTITY,
        )),
    }
}
...
}
```

아직 끝난 것이 아니다. store.rs에서 SQL 문을 실행할 때 받은 SQLx 에러를 다음 코드처럼 전달
해야 한다.

코드 9-14 store.rs에서 Error 열거 타입 변형으로 에러를 전달하기

```
...
    pub async fn get_questions(
        &self,
        limit: Option<u32>,
        offset: u32,
    ) -> Result<Vec<Question>, Error> {
        ...
        {
            Ok(questions) => Ok(questions),
            Err(error) => {
                tracing::event!(tracing::Level::ERROR, "{:?}", error);
                Err(Error::DatabaseQueryError(error))
            }
        }
    }

    pub async fn add_question(
        &self,
        new_question: NewQuestion
    ) -> Result<Question, Error> {
        ...
        {
```

```rust
            Ok(question) => Ok(question),
            Err(error) => {
                tracing::event!(tracing::Level::ERROR, "{:?}", error);
                Err(Error::DatabaseQueryError(error))
            }
        }
    }

    pub async fn update_question(
        &self,
        question: Question,
        question_id: i32,
    ) -> Result<Question, Error> {
        ...
        {
            Ok(question) => Ok(question),
            Err(error) => {
                tracing::event!(tracing::Level::ERROR, "{:?}", error);
                Err(Error::DatabaseQueryError(error))
            }
        }
    }

    pub async fn delete_question(&self, question_id: i32) -> Result<bool, Error> {
        match sqlx::query("DELETE FROM questions WHERE id = $1")
            .bind(question_id)
            .execute(&self.connection)
            .await
        {
            Ok(_) => Ok(true),
            Err(error) => {
                tracing::event!(tracing::Level::ERROR, "{:?}", error);
                Err(Error::DatabaseQueryError(error))
            }
        }
    }

    pub async fn add_answer(&self, new_answer: NewAnswer) -> Result<bool, Error> {
        ...
        {
            Ok(_) => Ok(true),
            Err(error) => {
                tracing::event!(
```

```
                    tracing::Level::ERROR,
                    code = error
                        .as_database_error()
                        .unwrap()
                        .code()
                        .unwrap()
                        .parse::<i32>()
                        .unwrap(),
                    db_message = error.as_database_error().unwrap().message(),
                    constraint =  error
                        .as_database_error()
                        .unwrap()
                        .constraint()
                        .unwrap()
                );
                Err(Error::DatabaseQueryError(error))
            }
        }
    }

    pub async fn add_account(&self, account: Account) -> Result<bool, Error> {
        match sqlx::query("INSERT INTO accounts (email, password) VALUES ($1, $2)")
            .bind(account.email)
            .bind(account.password)
            .execute(&self.connection)
            .await
        {
            Ok(_) => Ok(true),
            Err(error) => {
                tracing::event!(
                    tracing::Level::ERROR,
                    code = error
                        .as_database_error()
                        .unwrap()
                        .code()
                        .unwrap()
                        .parse::<i32>()
                        .unwrap(),
                    db_message = error.as_database_error().unwrap().message(),
                    constraint = error
                        .as_database_error()
                        .unwrap()
                        .constraint()
```

```
                    .unwrap()
            );
            Err(Error::DatabaseQueryError(error))
        }
    }
}
```

모든 코드가 수정되었다면 cargo run으로 재실행한 후 동일한 이메일을 가진 새로운 계정을 이전 처럼 만들어 보자.

```
$ curl --location --request POST 'localhost:3030/registration' \
    --header 'Content-Type: application/json' \
    --data-raw '{
        "email": "test@email.com",
        "password": "clearntext"
    }'
Account already exists
```

새로운 API 엔드포인트로 계정을 만들 수 있음을 확인했다. 비밀번호를 해시하고 솔트 처리했으며, 동일한 이메일을 다시 입력해도 데이터가 중복되지 않는다.

모든 것을 설정하였으니 다음 단계인 시스템에 새로운 사용자가 로그인하는 기능으로 넘어가자.

9.1.6 상태 저장 인증과 상태 비저장 인증

로그인 로직을 작성하기 전에 로그인한 사용자가 우리에게 무엇을 의미하는지 생각해 보자. 여기에서는 책에서 만든 애플리케이션의 맥락에서 말하고 있다는 점에 유의하자. 이렇게 범위를 좁히더라도 목적에 따라 각기 다른 솔루션을 선택할 수 있다. 보안, 세션 처리, 인증 분야는 광범위하며 한 장에서 다룰 수 없다. 닐 매든(Neil Madden)의 〈API 보안 인 액션〉(에이콘, 2024)은 훌륭한 참고 자료이다.

이미 보아온 것처럼 전체 흐름의 첫 번째 단계는 새 사용자를 등록하고 자격 증명을 데이터베이스에 저장하는 것이다. 다음 단계는 이미 로그인한 사용자를 식별하는 것이다. 그러면 '어떻게 하면 사용자가 로그인 상태를 유지할 수 있는가'라는 질문이 생긴다. 사용자들이 여러 요청을 할 때마다 항상 자격 증명을 보내도록 하고 싶지는 않다.

이 문제를 해결하는 방법 중 하나는 토큰을 사용하는 것이다. **토큰**(token)은 현관문의 열쇠와 같은 역할을 한다. '내가 이 집의 주인이고 열쇠로 증명한다'라는 의미이다. 이런 의미를 따르면 웹 서비스에서 디지털 키를 발급하여 사용자에게 전달할 수 있다. 그러면 모든 요청에서 사용자는 이 키를 헤더에 첨부하여 키가 유효한지 확인할 수 있다. 그림 9-4는 애플리케이션에서 토큰을 처리하는 두 가지 방법이다. 토큰을 발행하고 신경 쓰지 않거나 발행된 각 토큰을 데이터베이스에 저장하여 필요한 경우 무효화할 수 있다.

❤ 그림 9-4 상태 비저장 아키텍처와 상태 저장 아키텍처

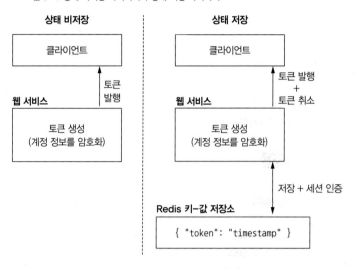

물리적인 열쇠와 마찬가지로 토큰도 누군가가 훔칠 수 있는데, 이런 경우에 "잠깐, 당신은 내가 처음에 열쇠를 준 사람이 아니잖아"라는 식으로 말할 길이 없다. 오히려 "상관 없어. 키가 있는 사람은 누구나 내가 제공하는 일반 API에 요청을 할 수 있어"라고 할 수 있다. 실제 소유자가 키의 유효성을 취소하려는 경우(키가 도난당한 경우) 키를 무효화하고 새 키를 발급할 수 있는 방법이 있으면 좋을 것이다.

또 다른 솔루션은 키를 전달하고, 해당 키와 타임스탬프를 데이터베이스에 저장하는 것이다. 누군가가 헤더에 첨부된 인증 키로 요청을 시도할 때마다 우리는 키를 데이터베이스에 있는 키와 비교하고 해당 키가 있는 경우 요청을 통과하도록 허용한다. 이렇게 하면 취소할 때는 간단하게 데이터베이스에서 키를 삭제하여 무효화하면 된다.

각 시나리오에는 장단점이 있으며 프로덕션 설정에서는 이 두 개념을 조합하여 사용할 수 있다. 9.2절에서 차이점을 자세히 살펴보겠다. 지금은 사용자가 로그인할 때 어떤 형태의 토큰이든 사용자에게 전달해야 한다는 것을 아는 것이 중요하다.

상태 비저장 환경에서는 사용자를 로그아웃시키는 것이 쉽지 않다. 한 가지 방법은 프런트엔드에서 토큰을 소멸시켜 사용자가 다음 로그인 시 새 토큰을 다시 발급받도록 하는 것이다. 키-값 저장소에 토큰을 저장하는 상태 있는 환경에서는 토큰이 있는 행을 간단히 제거하는 것으로 로그아웃을 구현할 수 있다.

9.1.7 login 엔드포인트 추가하기

이어서 authentication.rs 파일에 login 함수를 구성한다. 코드 9-15는 메서드와 필요한 도우미 함수이다. 먼저 왜 이렇게 구현하는지 설명하고, 모든 것이 함께 작동하도록 store에 추가해야 하는 함수와 경로를 살펴보겠다.

코드 9-15 src/routes/authentication.rs의 login 함수

```
...
use crate::types::account::{Account, AccountId};  ------ 토큰을 생성하는 데 사용하므로
use paseto::v2::local_paseto;                              AccountId를 임포트한다.
...
pub async fn login(store: Store, login: Account)  ┈┈ 경로 핸들러가 저장소와 로그인 객체를
-> Result<impl warp::Reply, warp::Rejection> {  ┈┘   전달 받을 것으로 가정한다.
    match store.get_account(login.email).await {  ┈┈ 먼저 사용자가 데이터베이스에 존재하는지 검사한다.
        Ok(account) => match verify_password  ┈┈ 사용자가 존재한다면 비밀번호가 맞는지 검증한다.
        (&account.password, login.password.as_bytes()) {
            Ok(verified) => {  ┈┈ 검증 절차가 성공(라이브러리가 실패하지 않음)한 경우라면 다음을 실행한다.
                if verified {  ┈┈ 비밀번호가 실제로 확인되었는지 검사한다.
                    Ok(warp::reply::json(&issue_token(  ┈┈┈┈ 그리고 토큰을 만들어
                        account.id.expect("id not found"),       AccountId에 넣는다.
                    )))
                } else {
                    Err(warp::reject::custom(handle_errors::Error::WrongPassword))  ┈┈┐
                }                                                                     ┊
            }                   검증이 실패했다면 새로운 에러 타입인 WrongPassword를 만들고, ┈┘
                                이를 이후에 handle-errors 크레이트에서 처리한다.
            Err(e) => Err(warp::reject::custom(
                handle_errors::Error::ArgonLibraryError(e),  ┈┈┈┈┈ 라이브러리가 실패하면 500 에러를
            )),                                                    사용자에게 돌려준다.
        },
        Err(e) => Err(warp::reject::custom(e)),
    }
}
```

```
fn verify_password(hash: &str, password: &[u8]) -> Result<bool, argon2::Error> {
    argon2::verify_encoded(hash, password) ······ argon2 크레이트는 해시의 일부인 솔트 값을
}                                                 사용하여 데이터베이스의 해시가 로그인
                                                  과정에서의 비밀번호와 일치하는지 검증한다.

fn issue_token(account_id: AccountId) -> String {
    let state = serde_json::to_string(&account_id).expect("Failed to serialize");
    local_paseto(&state, None, "RANDOM WORDS WINTER MACINTOSH PC".as_bytes())
        .expect("Failed to create token") ······ AccountId를 받아 문자열로 변환한 다음
}                                                 paseto 토큰으로 묶어 토큰을 발행한다.
```

이 코드에서 많은 일이 일어난다. 프로세스는 다음과 같다.

- 이메일/비밀번호 조합을 전달하고 해당 조합에 대한 유효한 사용자가 있는지 확인하려면 로그인 경로 핸들러가 필요하다.
- 따라서 첫 번째 단계는 주어진 이메일로 사용자를 가져오는 것이다.
- 사용자가 있으면 주어진 비밀번호가 데이터베이스의 비밀번호와 일치하는지 확인한다.
- 데이터베이스에는 해시된 비밀번호가 있고 경로 핸들러로 사용자에게 받은 비밀번호는 평문이므로 간단히 비교할 수는 없다.
- 비밀번호가 일치하면 계정 ID를 캡슐화한 토큰을 생성하고 HTTP 응답으로 다시 보낸다.
- 계정 ID는 백엔드 측에서 사용자가 의도한 리소스에 접근할 수 있는지 확인하는 데 유용하다.

확실히 이 목록에서 흥미로운 부분은 토큰을 만드는 방법과 비밀번호가 올바른지 확인하는 방법을 무엇으로 결정하느냐이다. 널리 사용되는 JWT 형식을 사용하는 대신 일반적으로 알고리즘이 더 강력하고, 변조를 더 막을 수 있는 형식인 Paseto를 사용했다.

비밀번호 해시를 생성하는 데 사용한 것과 동일한 크레이트를 사용하여 로그인 비밀번호가 데이터베이스의 비밀번호와 일치하는지 확인한다. 솔트는 비밀번호 해시의 일부이며, 이것은 argon2 크레이트가 평문 비밀번호로 해시를 확인하는 데 사용한다.

우리가 아직 다루지 않은 것은 코드베이스의 다른 세 부분이다.

- accounts 테이블에서 계정 가져오기
- 잘못된 비밀번호 에러를 처리하도록 handle-errors 크레이트 확장하기
- main.rs의 새 API 경로에 로그인 경로 핸들러 추가하기

get_account 함수는 get_questions, get_answers와 거의 동일하지만, 이번에는 응답 하나만 필요하므로 SQL 문에 WHERE 절을 추가한다. 다음은 업데이트한 store.rs 파일이다.

```
...
use crate::types::{
    account::{Account, AccountId},
    answer::{Answer, AnswerId, NewAnswer},
    question::{NewQuestion, Question, QuestionId},
};
...
    pub async fn get_account(self, email: String) -> Result<Account, Error> {
        match sqlx::query("SELECT * from accounts where email = $1")
            .bind(email)
            .map(|row: PgRow| Account {
                id: Some(AccountId(row.get("id"))),
                email: row.get("email"),
                password: row.get("password"),
            })
            .fetch_one(&self.connection)
            .await
        {
            Ok(account) => Ok(account),
            Err(error) => {
                tracing::event!(tracing::Level::ERROR, "{:?}", error);
                Err(Error::DatabaseQueryError(error))
            }
        }
    }
...
```

아직 두 가지 구성 요소가 더 필요하다. 경로 핸들러에서 구현한 두 가지 새로운 에러를 추가하고 main.rs 내부에 경로를 만든다. 다음은 handle-errors 크레이트의 업데이트된 lib.rs 파일이다.

```
...
use argon2::Error as ArgonError;
use reqwest::Error as ReqwestError;
use reqwest_middleware::Error as MiddlewareReqwestError;
use tracing::{event, instrument, Level};


#[derive(Debug)]
pub enum Error {
```

```rust
        ParseError(std::num::ParseIntError),
        MissingParameters,
        WrongPassword,
        ArgonLibraryError(ArgonError),
        DatabaseQueryError(sqlx::Error),
        ReqwestAPIError(ReqwestError),
        MiddlewareReqwestAPIError(MiddlewareReqwestError),
        ClientError(APILayerError),
        ServerError(APILayerError),
    }
    ...
    impl std::fmt::Display for Error {
        fn fmt(&self, f: &mut std::fmt::Formatter) -> std::fmt::Result {
            match &*self {
                Error::ParseError(ref err) => {
                    write!(f, "Cannot parse parameter: {}", err)
                }
                Error::MissingParameters => write!(f, "Missing parameter"),
                Error::WrongPassword => {
                    write!(f, "Wrong password")
                }
                Error::ArgonLibraryError(_) => {
                    write!(f, "Cannot verify password")
                }
                Error::DatabaseQueryError(_) => {
                    write!(f, "Cannot update, invalid data.")
                }
                Error::ReqwestAPIError(err) => {
                    write!(f, "External API error: {}", err)
                }
                Error::MiddlewareReqwestAPIError(err) => {
                    write!(f, "External API error: {}", err)
                }
                Error::ClientError(err) => {
                    write!(f, "External Client error: {}", err)
                }
                Error::ServerError(err) => {
                    write!(f, "External Server error: {}", err)
                }
            }
        }
    }
    ...
```

```
#[instrument]
pub async fn return_error(r: Rejection) -> Result<impl Reply, Rejection> {
    ...
    } else if let Some(crate::Error::ReqwestAPIError(e)) = r.find() {
        event!(Level::ERROR, "{}", e);
        Ok(warp::reply::with_status(
            "Internal Server Error".to_string(),
            StatusCode::INTERNAL_SERVER_ERROR,
        ))
    } else if let Some(crate::Error::WrongPassword) = r.find() {
        event!(Level::ERROR, "Entered wrong password");
        Ok(warp::reply::with_status(
            "Wrong E-Mail/Password combination".to_string(),
            StatusCode::UNAUTHORIZED,
        ))
    }
    ...
}
```

마지막으로 다음처럼 서버에 새로운 로그인 경로를 추가한다.

```
    ...
    let login = warp::post()
        .and(warp::path("login"))
        .and(warp::path::end())
        .and(store_filter.clone())
        .and(warp::body::json())
        .and_then(routes::authentication::login);

    let routes = get_questions
        .or(add_question)
        .or(update_question)
        .or(delete_question)
        .or(add_answer)
        .or(registration)
        .or(login)
        .with(cors)
        .with(warp::trace::request())
        .recover(return_error);

    warp::serve(routes).run(([127, 0, 0, 1], 3030)).await;
```

```
        Ok(())
    }
```

cargo run으로 서버를 실행하여 최신 코드를 컴파일하면 등록 과정에서 사용한 이메일/비밀번호 조합을 이용해서 로그인을 시도할 수 있다.

```
$ curl --location --request POST 'localhost:3030/login' \
    --header 'Content-Type: application/json' \
    --data-raw '{
        "email": "test@email.com",
        "password": "cleartext"
    }'
"v2.local.2Cg9q3FuWSohxLB5vYHIE1PU0AlWx1yCi1Zzgke3Ha--57_4P77E_p0"
```

잘 작동한다! 로그인 경로를 사용하여 자격 증명을 보낼 수 있으며 그 대가로 토큰을 받는다. 여전히 토큰 발행에 약간의 보안을 추가해야 한다. 토큰이 생성되면 토큰을 생성하는 데 사용한 비밀 코드를 변경하는 것 외에는 이 토큰을 무효화할 방법이 없다. 첫 번째 단계는 간단하게 각 토큰의 만료 날짜를 추가하는 것이다.

9.1.8 토큰에 만료 날짜 추가하기

issue_token 함수를 다시 살펴보자.

```
fn issue_token(account_id: AccountId) -> String {
    let state = serde_json::to_string(&account_id).expect("Failed to serialize");
    local_paseto(&state, None, "RANDOM WORDS WINTER MACINTOSH PC".as_bytes())
        .expect("Failed to create token")
}
```

비밀 코드를 사용하여 토큰을 해시하고 요청 클라이언트로 보낸다. 이 토큰은 이제 영원히 유효하게 된다. 토큰을 발행할 때는 보안과 관련하여 여러 계층에 대해 생각해야 한다.

- 사용자는 어떻게 토큰을 무효화하거나 로그아웃할 수 있는가?

- 토큰은 얼마 동안 유효한가?

- 도난당한 토큰에 서버는 어떻게 반응하는가?

- 서버 측에서 어떻게 세션을 종료할 수 있는가?

첫 번째 단계는 토큰에 만료 날짜를 추가하는 것이다. 이는 각 공개(또는 비공개) 웹 서비스라면 가져야 할 표준적인 관행이다. 새로운 크레이트 chrono의 도움이 필요하다. 다음은 Cargo.toml 파일에 추가한 코드이다.

코드 9-19 프로젝트에 chrono 추가하기

```
[package]
name = "practical-rust-book"
version = "0.1.0"
edition = "2021"

[dependencies]
...
rust-argon2 = "1.0"
paseto = "2.0"
chrono = "0.4.19"
```

이를 사용하여 코드베이스에서 적절한 시간 형식을 만든다. 우리는 토큰을 발행하는 메서드를 확장하고 다음처럼 타임스탬프를 추가하기 위해 토큰도 약간 확장해야 한다.

코드 9-20 src/routes/authentication.rs에서 토큰에 타임스탬프 추가하기

```
use chrono::prelude::*;
use argon2::{self, Config};
use paseto::v2::local_paseto;
...
fn issue_token(account_id: AccountId) -> String {
    let current_date_time = Utc::now();
    let dt = current_date_time + chrono::Duration::days(1);

    paseto::tokens::PasetoBuilder::new()
        .set_encryption_key(&Vec::from("RANDOM WORDS WINTER MACINTOSH PC".as_bytes())))
        .set_expiration(&dt)
        .set_not_before(&Utc::now())
        .set_claim("account_id", serde_json::json!(account_id))
        .build()
        .expect("Failed to construct paseto token w/ builder")
}
```

local_paseto 함수 대신 PasetoBuilder를 사용해 토큰을 만든다. 나중에 다시 해독할 수 있는 토큰에 대한 claim으로 account_id를 추가한다. 시간을 생성하려면 DateTime이라는 타입이 필요하

다. chrono 크레이트의 Utc::now 함수에서 이 작업을 수행한다. 또한, 만료 날짜로 사용하기 위해 타임스탬프에 하루를 추가한다. 이 추가된 만료일로 조금 안심할 수 있다. 최악의 경우에도 공격자가 이 토큰이 쓸모없게 될 때까지 24시간 동안만 사용할 수 있기 때문이다. 9.2절에서 요청이 경로에 접근할 수 있는지 확인하기 위해 헤더에서 이 토큰을 사용하는 방법을 살펴보겠다.

9.2 인증 미들웨어 추가하기

로그인에 성공하면 계정 ID를 캡슐화한 토큰을 받는다. 모든 요청에 대해 HTTP 헤더에 토큰이 설정되어 있는지, 있다면 유효한지를 확인한다. 모든 것이 제대로 설정되어 있다면 토큰을 해독하고 계정 ID를 가져온다.

반면에 클라이언트가 기본 리소스를 수정할 수 있는지 확인하려면(예를 들어 계정 1이 질문을 수정하려고 함) 질문이 실제로 이 계정으로 생성되었는지 확인해야 한다. 따라서 질문과 답변 테이블에 account_id라는 새 테이블 열을 추가하고 새 행마다 account_id를 저장한다. 그런 다음에야 HTTP 요청의 토큰이 해당 리소스를 수정할 수 있는지 확인할 수 있다. 그림 9-5의 흐름에서 추가된 미들웨어를 볼 수 있다.

▼ 그림 9-5 인증 흐름

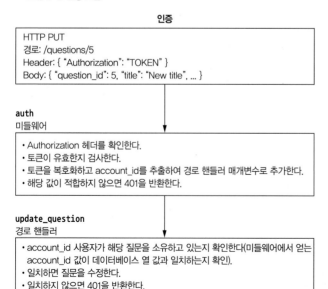

345

마이그레이션을 완전히 새로 만들어 전체 데이터베이스를 삭제하는 대신 질문과 답변 테이블 모두에 새 마이그레이션 파일을 사용하여 새 열을 추가할 수 있다.

9.2.1 데이터베이스 테이블 마이그레이션하기

첫 번째 단계는 변경 사항에 맞춘 데이터베이스를 준비하는 것이다. 터미널을 열고 SQLx CLI로 새로운 마이그레이션 파일 두 개를 생성한다. 프로젝트의 루트 폴더에서 명령을 실행한다.

```
$ sqlx migrate add -r extend_questions_table;
Creating migrations/20230512130746_extend_questions_table.up.sql
Creating migrations/20230512130746_extend_questions_table.down.sql
$ sqlx migrate add -r extend_answers_table;
Creating migrations/20230512130815_extend_answers_table.up.sql
Creating migrations/20230512130815_extend_answers_table.down.sql
```

이 명령은 우리 프로젝트의 마이그레이션 폴더 안에 파일 총 4개를 생성한다. 각각을 열고 SQL 문을 추가할 수 있다. 다음은 questions 테이블의 마이그레이션이다.

코드 9-21 migrations/**_extend_questions_table.up.rs를 통해 questions 확장하기

```
ALTER TABLE questions
ADD COLUMN account_id serial;
```

다음은 account_id 열을 다시 삭제하여 되돌린다.

코드 9-22 이전에 추가한 account_id 열 되돌리기

```
ALTER TABLE questions
DROP COLUMN account_id;
```

이 책의 코드가 있는 깃허브 저장소 링크에는 answers 테이블을 조정하기 위한 다른 두 개의 마이그레이션 파일이 있다. cargo run으로 애플리케이션을 시작하면 마이그레이션이 실행되고 데이터베이스의 질문, 답변 테이블에 새 열이 추가된다. 다음 단계에서는 먼저 HTTP 요청에서 토큰을 추출하는 방법과 계정 ID를 확인하고 리소스와 함께 저장할 수 있도록 변경해야 하는 코드에 중점을 둔다.

9.2.2 토큰 검증 미들웨어 만들기

인증 흐름의 첫 번째 단계는 클라이언트에서 이뤄져야 한다. 그림 9-5에서 볼 수 있듯이 HTTP Authorization 헤더에 토큰이 있어야 한다. 요청이 웹 서비스에 도달하면 헤더를 확인하고 토큰을 꺼내서 비밀번호 해독을 시도한다. 우리는 서버 측에만 개인 복호화 키를 가지고 있기 때문에 토큰이 유효한지 확인할 수 있고, 유효하다면 처음에 거기에 넣은 값(즉, 계정 ID)을 읽을 수 있다.

우리는 이 책 프로젝트의 웹 프레임워크로 Warp를 선택했다. 프레임워크에 따라 이 단계가 약간 다르게 보일 수 있다. 이러한 유형의 로직에 대한 일반적인 접근 방식 또는 명명 규칙을 **미들웨어**(middleware)라고 한다. 미들웨어는 HTTP 요청이 경로에서 수락된 후 경로 핸들러로 전달되기 직전에 배치된다. 미들웨어의 역할은 요청에 정보를 추출하거나 정보를 추가하여 경로 핸들러가 작업을 수행할 수 있도록 하는 것이다.

그렇다면 정확히 무엇을 추출해야 하는가? issue_token 함수에서 account_id를 클레임으로 추가했다. 그러나 토큰을 자세히 검사하면 paseto는 만료 날짜와 '이 타임스탬프 이전에는 사용되지 않음(not used before this timestamp)'을 의미하는 nbf라는 필드를 추가하고 있다.

상태 저장 환경에서는 이것을 **세션**(session)이라고 한다. 계정 ID 옆에 사용자 역할과 기타 유용한 정보를 암호화하여 HTTP가 특정 엔드포인트에 도달하도록 허용할지 여부를 결정할 수 있다. 그러면 이제 세션의 명명 규칙으로 돌아간다. 다음은 types 폴더의 account.rs에 추가한 Session 구조체이다.

코드 9-23 src/types/account.rs에 Session 개념 추가하기

```rust
use chrono::prelude::*;
use serde::{Deserialize, Serialize};

#[derive(Serialize, Deserialize, Debug, Clone)]
pub struct Session {
    pub exp: DateTime<Utc>,
    pub account_id: AccountId,
    pub nbf: DateTime<Utc>,
}

#[derive(Serialize, Deserialize, Debug, Clone)]
pub struct Account {
    pub id: Option<AccountId>,
    pub email: String,
    pub password: String,
}
```

```
#[derive(Serialize, Deserialize, Debug, Clone, PartialEq, Eq, Hash)]
pub struct AccountId(pub i32);
```

이제 미들웨어에 집중한다. token에서 account_id를 추출하여 새 세션에 저장해야 한다는 것을
알고 있다. Warp의 Filter 트레이트로 HTTP 요청에서 정보를 추출한다. 우리는 모든 경로 핸들
러에 추가하는 저장소용 필터를 이미 생성했다. 이 새로운 유효성 검사 미들웨어는 동일한 로직을
따라 Session을 경로 핸들러에 추가하거나 토큰이 유효하지 않은 경우 요청을 거부한다. 다음은
routes 폴더의 authentication.rs 파일에 추가된 함수이다.

코드 9-24 src/routes/authentication.rs에 auth 미들웨어 로직 추가하기

```
use std::future;
use warp::Filter;
...
use crate::types::account::{Account, AccountId, Session};
...
pub fn verify_token(token: String) -> Result<Session, handle_errors::Error> {
    let token = paseto::tokens::validate_local_token(
        &token,
        None,
        &"RANDOM WORDS WINTER MACINTOSH PC".as_bytes(),
        &paseto::tokens::TimeBackend::Chrono,
    )
    .map_err(|_| handle_errors::Error::CannotDecryptToken)?;

    serde_json::from_value::<Session>(token).map_err(|_|
handle_errors::Error::CannotDecryptToken)
}


...
fn issue_token(account_id: AccountId) -> String {
    let current_date_time = Utc::now();
    let dt = current_date_time + chrono::Duration::days(1);

    paseto::tokens::PasetoBuilder::new()
        .set_encryption_key(&Vec::from("RANDOM WORDS WINTER MACINTOSH PC".as_bytes()))
        .set_expiration(&dt)
        .set_not_before(&Utc::now())
        .set_claim("account_id", serde_json::json!(account_id))
        .build()
        .expect("Failed to construct paseto token w/ builder")
}
```

```
pub fn auth() -> impl Filter<Extract = (Session,), Error = warp::Rejection> + Clone {
    warp::header::<String>("Authorization").and_then(|token: String| {
    let token = match verify_token(token) {
        Ok(t) => t,
        Err(_) => return future::ready(Err(warp::reject::reject())),
    };

    future::ready(Ok(token))
    })
}
```

auth 함수 서명은 상당히 복잡해 보인다. 이것은 Warp 고유한 부분이며, 우리는 이것을 따라야
한다. 미들웨어를 구현하는 경우, 프레임워크가 추가 작업을 수행하도록 Warp의 Filter 트레이
트를 구현하는 타입을 반환해야 한다(예를 들어 나중에 경로 핸들러에 전달). 러스트의 트레이
트는 타입이 특정 동작을 구현하여 다른 함수가 관련 함수를 호출할 수 있도록 한다. auth 함수
의 경우에는 Filter 트레이트를 구현(impl Filter)하는 타입을 반환하고, Filter 트레이트는 일
반 타입 Session 또는 Warp의 Rejection 트레이트를 구현하는 Error를 기대한다. 또한, 반환되는
Filter를 복제할 수 있어야 하기 때문에 서명 끝에 + Clone을 추가한다.

> Note ≡ 함수 서명은 복잡해 보인다. 미들웨어 함수를 복사하여 붙여넣고 사용 사례에 맞게 조정만 할지, 아니면
> 무슨 일이 일어나고 있는지 더 깊이 이해하고 더 연구할지 여부는 사용자가 결정해야 한다.

이 함수에는 future::ready 호출도 포함되어 있는데, 이 호출은 지금까지 본 적이 없다. Warp의
예제(https://github.com/seanmonstar/warp/blob/master/examples/custom_methods.
rs#L14)를 자세히 살펴보면 미들웨어 함수가 impl Filter 서명을 반환한다는 것을 알 수 있다.
이렇게 하면 값을 추출하여 경로 핸들러에 전달하거나 요청을 거부하고 경로 핸들러를 모두 건너
뛸 수 있다.

첫 번째 실용적인 접근 방식은 간단하게 Ok(token)을 반환하는 것인데, 이렇게 하면 다음과 같은
컴파일러 에러가 나온다.

```
error[E0308]: mismatched types
  --> src/routes/authentication.rs:91:9
   |
91 |         Ok(token)
   |         ^^^^^^^^^ expected struct `Ready`, found enum `Result`
   |
```

```
= note: expected struct `std::future::Ready<Result<_, Rejection>>`
        found enum `Result<Session, _>`
```

이 에러를 토대로, Warp가 Result를 래핑하는 std::future::Ready 타입을 기대하고 있음을 알수 있다. future::ready 함수 호출은 정확히 다음과 같은 일을 수행한다. 내부에 Result가 포함된 Ready 타입을 반환한다. 하지만 놀랄 필요는 없다. 이것은 의미론적인 부분일 뿐 이러한 함수를 구성하는 방법을 알고 나면 나중에 기능을 추가할 때도 같은 방식을 따르기만 하면 된다.

중요한 부분은 Authorization 헤더를 확인하고, 헤더가 있다면 토큰을 암호화하는 데 사용한 paseto 크레이트에서 verify_token 함수를 사용해 비밀번호 해독을 시도한다는 것이다. 기억하겠지만 우리는 비밀번호를 고유하게 만들기 위해 솔트 처리했다. 그렇다면 일반 텍스트로 제공된 비밀번호와 맞춰보기 위해 Paseto가 실제 비밀번호를 어떻게 알아낼 수 있을까? 대답은 솔트가 여전히 해시의 일부이며 읽을 수 있다는 것이다. 토큰을 암호화하는 데 사용한 &str과 조합하여 비밀번호를 해독할 수 있다. pub 키워드로 이 필터를 공개하므로 다음과 같이 main.rs 파일 내에서 이를 사용하여 경로를 확장할 수 있다.

코드 9-25 auth 필터를 경로에 추가하기

```rust
#![warn(clippy::all)]

use handle_errors::return_error;
use warp::{http::Method, Filter};

...

#[tokio::main]
async fn main() -> Result<(), sqlx::Error> {
    ...
    let get_questions = warp::get()
        .and(warp::path("questions"))
        .and(warp::path::end())
        .and(warp::query())
        .and(store_filter.clone())
        .and_then(routes::question::get_questions);

    let update_question = warp::put()
        .and(warp::path("questions"))
        .and(warp::path::param::<i32>())
        .and(warp::path::end())
        .and(routes::authentication::auth())
        .and(store_filter.clone())
```

350

```
        .and(warp::body::json())
        .and_then(routes::question::update_question);

    let add_question = warp::post()
        .and(warp::path("questions"))
        .and(warp::path::end())
        .and(routes::authentication::auth())
        .and(store_filter.clone())
        .and(warp::body::json())
        .and_then(routes::question::add_question);

    let delete_question = warp::delete()
        .and(warp::path("questions"))
        .and(warp::path::param::<i32>())
        .and(warp::path::end())
        .and(routes::authentication::auth())
        .and(store_filter.clone())
        .and_then(routes::question::delete_question);

    let add_answer = warp::post()
        .and(warp::path("answers"))
        .and(warp::path::end())
        .and(routes::authentication::auth())
        .and(store_filter.clone())
        .and(warp::body::form())
        .and_then(routes::answer::add_answer);

    let registration = warp::post()
        .and(warp::path("registration"))
        .and(warp::path::end())
        .and(store_filter.clone())
        .and(warp::body::json())
        .and_then(routes::authentication::register);

    let login = warp::post()
        .and(warp::path("login"))
        .and(warp::path::end())
        .and(store_filter.clone())
        .and(warp::body::json())
        .and_then(routes::authentication::login);

    ...
}
```

클라이언트가 데이터 조작을 시도할 때만 토큰을 확인한다. get_questions 경로는 공개되어 있으며 login, register도 마찬가지다. 질문이나 답변을 삭제, 추가, 수정하려면 유효한 토큰이 필요하다.

이 필터를 추가하면 컴파일러에서 다시 몇 가지 에러가 발생한다. auth 함수를 추가한 경로가 경로 핸들러에 매개변수를 하나 더(즉, 세션) 전달하기 때문이다.

9.2.3 계정 ID를 처리하도록 기존 경로를 확장하기

인증 필터를 추가한 첫 번째 경로는 update_question이었다. main.rs의 경로 설정에서 먼저 매개변수를 필터링한 다음(/questions/{id} 경로를 예상하므로) 필터를 추가했다. 그 대가로 필터는 Authorization 헤더를 추출하고 우리에게 Session 객체를 돌려준다. 따라서 함수 서명에서 두 번째 위치에 Session 매개변수가 있어야 한다. 다음은 업데이트한 경로 핸들러이다.

코드 9-26 update_question 경로 핸들러에 Session 매개변수 추가하기

```
...
use crate::profanity::check_profanity;
use crate::store::Store;
use crate::types::account::Session;  ···· account 모듈에서 Session 타입을 임포트한다.
use crate::types::pagination::extract_pagination;
use crate::types::pagination::Pagination;
use crate::types::question::NewQuestion;
use crate::types::question::Question;
...
pub async fn update_question(
    id: i32,
    session: Session,  ···· auth 미들웨어에서 추출하므로 두 번째 매개변수로 Session 타입을 기대한다.
    store: Store,
    question: Question,
) -> Result<impl warp::Reply, warp::Rejection> {      ···· account_id를 Session 객체에서 추출하여
    let account_id = session.account_id;  ············      다음 함수에 참조로 전달할 수 있도록 한다.
    if store.is_question_owner(id, &account_id).await? {  ····
        let title = check_profanity(question.title);          ···· 새로 만든 저장 함수로 해당 질문이 현재
        let content = check_profanity(question.content);           계정으로 생성된 것인지 확인한다.

        let (title, content) = tokio::join!(title, content);

        if title.is_ok() && content.is_ok() {
```

```rust
            let question = Question {
                id: question.id,
                title: title.unwrap(),
                content: content.unwrap(),
                tags: question.tags,
            };
```

> 이제 account_id를 저장 함수에 전달하여 데이터베이스 각 항목에 추가된 account_id를 채운다.

```rust
            match store.update_question(question, account_id).await {
                Ok(res) => Ok(warp::reply::json(&res)),
                Err(e) => Err(warp::reject::custom(e)),
            }
        } else {
            Err(warp::reject::custom(
                title.expect_err("Expected API call to have failed here"),
            ))
        }
    } else {
        Err(warp::reject::custom(handle_errors::Error::Unauthorized))
    }
}
...
```

> Session의 account_id가 데이터베이스의 것과 일치하지 않으면 401 권한 없음 에러를 반환한다.

다음 단계는 저장 함수를 수정하고 새로이 Unauthorized 에러를 handle_errors 크레이트에 추가하는 것이다. account_id가 수정하려는 질문의 항목과 일치하는지 확인하기 위해 store에 새로운 함수를 추가한다. 다음은 추가된 is_question_owner 함수이다.

코드 9-27 store.rs에 is_question_owner 함수 추가하기

```rust
...
use crate::types::account::{Account, AccountId};
use crate::types::answer::NewAnswer;
use crate::types::question::NewQuestion;
use crate::types::question::{Question, QuestionId};
...

    pub async fn is_question_owner(
        &self,
        question_id: i32,
        account_id: &AccountId,
    ) -> Result<bool, Error> {
        match sqlx::query("SELECT * from questions where id = $1 and account_id = $2")
            .bind(question_id)
```

> get_questions에서 사용했던 SELECT 쿼리에 id와 account_id를 넣은 WHERE 절을 사용한다.

```
            .bind(account_id.0)
            .fetch_optional(&self.connection) ---- fetch_optional은 None이나 결과 값 하나를 돌려준다.
            .await
        {
            Ok(question) => Ok(question.is_some()), ------ 결과가 '있는지'를 검사하고,
            Err(e) => {                                    없다면 false를 반환한다.
                tracing::event!(tracing::Level::ERROR, "{:?}", e);
                Err(Error::DatabaseQueryError(e))
            }
        }
    }
}
```

질문(및 답변)을 수정, 추가, 삭제할 때마다 account_id도 추가해야 한다. 클라이언트가 리소스를 수정할 수 있는지 다시 확인하고 질문이나 답변을 추가하면서 account_id도 저장한다. 다음은 store.rs의 새로운 update_question 함수이다.

코드 9-28 store.rs의 update_question 함수에 Session 매개변수 추가하기

```
...
    pub async fn update_question(
        &self,
        question: Question,
        id: i32,
        account_id: AccountId, ---- 경로 핸들러에서 전달된 AccountId 매개변수를 함수에 추가한다.
    ) -> Result<Question, Error> {
        match sqlx::query(
            "UPDATE questions
             SET title = $1, content = $2, tags = $3
             WHERE id = $4 and account_id = $5 ------ 질문을 수정하려는 계정이 해당 질문을 소유하는지
             RETURNING id, title, content, tags",       확인하는 WHERE 절을 추가한다.
        )
        .bind(question.title)
        .bind(question.content)
        .bind(question.tags)
        .bind(id)
        .bind(account_id.0) ---- AccountId에 .0으로 단일 필드 값을 바인딩한다.
        .map(|row: PgRow| Question {
            id: QuestionId(row.get("id")),
            title: row.get("title"),
            content: row.get("content"),
            tags: row.get("tags"),
        })
```

```
            .fetch_one(&self.connection)
            .await
            {
                Ok(question) => Ok(question),
                Err(e) => {
                    tracing::event!(tracing::Level::ERROR, "{:?}", e);
                    Err(Error::DatabaseQueryError(e))
                }
            }
        }
    ...
```

끝으로 Unauthorized 에러를 handle-errors 크레이트의 Error 열거 타입에 추가한다. 다음은
추가된 코드이다.

코드 9-29 handle-errors 크레이트에 Unauthorized 추가하기

```
...
#[derive(Debug)]
pub enum Error {
    ParseError(std::num::ParseIntError),
    MissingParameters,
    WrongPassword,
    CannotDecryptToken,
    Unauthorized,
    ArgonLibraryError(ArgonError),
    DatabaseQueryError(sqlx::Error),
    ReqwestAPIError(ReqwestError),
    MiddlewareReqwestAPIError(MiddlewareReqwestError),
    ClientError(APILayerError),
    ServerError(APILayerError),
}
...
impl std::fmt::Display for Error {
    fn fmt(&self, f: &mut std::fmt::Formatter) -> std::fmt::Result {
        match &*self {
            Error::ParseError(ref err) => {
                write!(f, "Cannot parse parameter: {}", err)
            }
            Error::MissingParameters => write!(f, "Missing parameter"),
            Error::WrongPassword => {
                write!(f, "Wrong password")
            }
```

```rust
            Error::CannotDecryptToken => write!(f, "Cannot decrypt error"),
            Error::Unauthorized => write!(
                f,
                "No permission to change the underlying resource"
            ),
            Error::ArgonLibraryError(_) => {
                write!(f, "Cannot verify password")
            }
            Error::DatabaseQueryError(_) => {
                write!(f, "Cannot update, invalid data.")
            }
            Error::ReqwestAPIError(err) => {
                write!(f, "External API error: {}", err)
            }
            Error::MiddlewareReqwestAPIError(err) => {
                write!(f, "External API error: {}", err)
            }
            Error::ClientError(err) => {
                write!(f, "External Client error: {}", err)
            }
            Error::ServerError(err) => {
                write!(f, "External Server error: {}", err)
            }
        }
    }
}

impl Reject for Error {}
impl Reject for APILayerError {}

#[instrument]
pub async fn return_error(r: Rejection) -> Result<impl Reply, Rejection> {
    ...
    } else if let Some(crate::Error::ReqwestAPIError(e)) = r.find() {
        event!(Level::ERROR, "{}", e);
        Ok(warp::reply::with_status(
            "Internal Server Error".to_string(),
            StatusCode::INTERNAL_SERVER_ERROR,
        ))
    } else if let Some(crate::Error::Unauthorized) = r.find() {
        event!(Level::ERROR, "Not matching account id");
        Ok(warp::reply::with_status(
            "No permission to change underlying resource".to_string(),
```

```
            StatusCode::UNAUTHORIZED,
        ))
    }
    ...
}
```

이 장에서 이미 코드가 상당히 비대해졌다. 다른 경로 핸들러와 저장 함수를 변경하는 것은 질문을 업데이트하는 부분에서 변경한 것과 매우 유사하다. 이 장의 깃허브 저장소에는 모든 최신 변경 사항과 업데이트가 있다.

이제 코드베이스를 다시 컴파일하고, cargo run으로 애플리케이션을 다시 시작한다. curl 명령이나 Postman과 같은 앱으로 전체 흐름을 테스트할 수 있다.

다음 curl로 새 계정을 만들 수 있다.

```
$ curl --location --request POST 'localhost:3030/registration' \
    --header 'Content-Type: application/json' \
    --data-raw '{
        "email": "new@email.com",
        "password": "cleartext"
    }'
```

토큰을 얻으려면 먼저 로그인을 한다.

```
$ curl --location --request POST 'localhost:3030/login' \
    --header 'Content-Type: application/json' \
    --data-raw '{
        "email": "new@email.com",
        "password": "cleartext"
    }'
"v2.local.DUgKBFVjhuYM42aFaUNwDI8IqmR_BABwUA_t6e7__gW3hbyU4GO6_KEyfG_rB17NzTc_dc2g8XMx
7L8zU10Q_7jFRuzVrSRrCbn_wQHNSSB-eRb81TEeRpMuCuudqGXH9Hgcm3eR7XvvQISNwJItm7z1EzVmKU76j9
gf16GQgJM"
```

다음으로 첫 번째 질문을 생성한다.

```
$ curl --location --request POST 'localhost:3030/questions' \
    --header 'Authorization: v2.local.DUgKBFVjhuYM42aFaUNwDI8IqmR_BABwUA_
t6e7__gW3hbyU4GO6_KEyfG_rB17NzTc_dc2g8XMx7L8zU10Q_7jFRuzVrSRrCbn_wQHNSSB-
eRb81TEeRpMuCuudqGXH9Hgcm3eR7XvvQISNwJItm7z1EzVmKU76j9gf16GQgJM' \
    --header 'Content-Type: application/json' \
    --data-raw '{
```

```
        "title": "How can I code better?",
        "content": "Any tips for a Junior developer?"
    }'
{"id":3,"title":"How can I code better?","content":"Any tips for a Junior
developer?","tags":null}
```

질문을 수정하려면 다음과 같이 토큰과 curl을 사용해야 한다.

```
$ curl --location --request PUT 'localhost:3030/questions/3' \
    --header 'Authorization: v2.local.DUgKBFVjhuYM42aFaUNwDI8IqmR_BABwUA_
t6e7__gW3hbyU4GO6_KEyfG_rB17NzTc_dc2g8XMx7L8zU10Q_7jFRuzVrSRrCbn_wQHNSSB-
eRb81TEeRpMuCuudqGXH9Hgcm3eR7XvvQISNwJItm7z1EzVmKU76j9gf16GQgJM' \
    --header 'Content-Type: application/json' \
    --data-raw '{
        "id": 3,
        "title": "New title",
        "content": "Any tips for a Junior developer?"
    }'
{"id":3,"title":"New title","content":"Any tips for a Junior developer?","tags":null}
```

다른 계정의 토큰을 사용해 PUT을 호출하면 거부된다.

```
$ curl --location --request PUT 'localhost:3030/questions/3' \
    --header 'Authorization: v2.local.OpK-txF3pqrNQclAVUnJZYUUdLtKZXvX2Z40iGHBxh4eBjxe
sqG1p4lwigYmozNmOfRVGzkmc2V7Kv-74EaYTgUd8badoPxLIZuBoIVfrnYFjLw6iYIINwN_AcjvS9GNhXCIDr
-osj7s5Csh_ZlZpONzUYmrppPaPS4A5jZhuUs' \
    --header 'Content-Type: application/json' \
    --data-raw '{
        "id": 3,
        "title": "New title",
        "content": "Any tips for a Junior developer?"
    }'
No permission to change underlying resource
```

9.3 다루지 않는 내용

이 책이 달성하려는 목표는 한 가지이다. 즉, 현재 언어 대신 러스트를 사용하여 애플리케이션을 실행하고 프로덕션에 투입하는 것이다. 인증과 권한 부여에 대한 주제와 극단적인 경우가 너무 많아서 이를 다 소개하려면 책의 목표에서 벗어날 수 있다.

데이터 위반이 발생하거나 사용자가 다른 이유로 토큰을 파기하려는 경우 무효화할 수 있는 토큰을 저장하기 위해 세션 데이터베이스를 설정하는 방법은 다루지 않았다. 이것은 소프트웨어 아키텍처 범주에 속한다. 이 책을 읽고 나면 러스트를 사용하여 데이터베이스에 연결하는 방법, 코드를 계층화하여 추상화하는 방법, 경로 핸들러와 구조체를 사용하여 워크플로를 설정하는 방법을 알게 된다.

이 경우 세션 데이터베이스를 추가하는 것은 거의 동일하다. 슬프게도 Warp는 여기서 모든 것에 맞는 단일한 솔루션을 가지고 있지 않다. 그러나 Redis 인스턴스를 설정하고 연결할 수 있으며 모든 토큰 생성과 함께 결과를 클라이언트로 다시 보낼 수 있을 뿐만 아니라 Redis 키-값 저장소에 저장할 수도 있다.

사용자 비밀번호 재설정하기나 우리가 배포한 토큰이 만료될 때 새로 고침 토큰 만들기와 같은 주제가 더 많이 있다. 이런 주제는 인증만을 따로 다룬 책이나 기사에 더 적합한 주제이며 이 책을 읽을 때쯤에는 모범 사례가 변경되었을 수도 있다. 사용자 비밀번호 재설정은 비밀번호 재설정을 위한 새 테이블을 생성하는 것처럼 간단한 프로세스일 수 있다. 여기에서 이메일로 해시가 첨부된 링크를 사용자에게 보내고, 사용자가 링크를 클릭하면 새 REST 엔드포인트를 열어 해시가 있는지 확인한 다음 이 워크플로를 통해 비밀번호를 업데이트한다.

또 다른 주제는 클라이언트에 대한 보안 연결을 위해 TLS(전송 계층 보안, Transport Layer Security, https://developer.mozilla.org/en-US/docs/Glossary/TLS)를 사용하는 것이다. 더 큰 애플리케이션에서 이 결정은 인프라, 예를 들어 NGINX 인스턴스에 맡기는 것이 가장 좋다. 그 이면에 있는 아이디어는 좀 더 보안에 기반을 두고 있으며, 각 분야의 전문가에게 귀를 기울이는 것이 가장 좋다. 이번이 처음으로 웹으로 개발하는 경우라면 TLS를 공부하고 모든 사람이 접근할 수 있도록 프로덕션 환경에 서비스를 배포하기 전에 TLS를 고려하기 바란다.

9

인증과 권한 추가

9.4 요약

- 각각의 웹 서비스는 마이크로서비스 아키텍처 내에서 자체적으로 인증하든, 일종의 API를 제공할 때 클라이언트/서버 모델에서 인증하든 관계없이 인증과 권한 부여를 처리해야 한다.

- 비밀번호를 데이터베이스에 저장하기 전에 해시 및 솔트 처리하고 사용할 해싱 알고리즘에 대한 최신 권장 사항을 사용하도록 한다.

- 웹 애플리케이션은 인증되지 않은 사용자가 접근할 수 있는 몇 가지 엔드포인트를 제공한다.

- 등록 엔드포인트는 이메일과 비밀번호 조합을 서버로 보낼 수 있다.

- 애플리케이션의 복잡성에 따라 이메일과 비밀번호 해시를 저장하거나 계정에 사용자 역할과 기타 속성을 추가할 수 있다.

- 리소스를 해당 계정과 연결할 수 있도록 테이블의 각 항목에 ID를 추가해야 한다.

- 로그인 엔드포인트는 애플리케이션의 입구이다. 로그인 엔드포인트는 향후 HTTP 요청을 인증하는 키인 토큰을 다시 보낸다.

- 미들웨어는 들어오는 HTTP 호출과 경로 핸들러 사이에서 전달될 때 배치된다. 유효한 토큰을 확인하고 이 토큰에서 정보를 추출한다.

- 토큰은 인증을 수행하는 상태 비저장 방식이다. 나중에 토큰을 무효화할 수 있게 모든 활성 토큰이 포함된 데이터베이스 테이블을 선택할 수도 있다.

- 미들웨어는 새 매개변수인 계정 ID를 경로 핸들러에 추가한다. 클라이언트가 기본 리소스를 수정할 수 있는지 여부를 확인하는 것이 그 임무이다.

- 애플리케이션 코드로 또는 인프라 설정으로 보안 연결(예를 들어 TLS)을 설정할지 여부를 결정할 수 있다.

10 ^장

애플리케이션 배포하기

이 장에서 다룰 핵심 내용

- 환경 변수를 읽도록 애플리케이션 설정하기
- 프로덕션용 바이너리 최적화하기
- 서비스를 다양한 운영체제로 크로스 컴파일하기
- 코드를 릴리스하기 전에 더 복잡한 빌드 프로세스 생성하기
- 최적화된 도커 파일 생성하기
- 도커 컴포즈로 로컬 도커 환경 설정하기

9장에서 인증, 권한을 부여했으니 비즈니스 로직 작성은 잠깐 제쳐두고 이번에는 방향을 바꿔 보자. 모든 코드가 작성되고 완료되었으니 이 단계에서는 이제 우리가 만든 것을 세상에 보여 줄 때다. 컴파일러가 단지 견고한 코드베이스를 만드는 데만 도움이 되는 것은 아니다. 예를 들어 다양한 아키텍처용 바이너리를 크로스 컴파일하거나 가장 작은 바이너리를 생성해 도커로 (또는 도커 없이) 다른 서비스에 배포할 수도 있다.

그러나 그렇게 하기 전에 코드를 살펴보고 애플리케이션에서 하드 코딩한 매개변수를 찾아 환경 변수나 CLI 명령으로 제공해야 한다. 코드를 로컬 시스템에서 다른 호스팅 제공 업체로 옮기면 수신할 포트나 데이터베이스 URL 등을 정의되는 방식을 제어할 수 없게 된다. 이러한 설정은 환경 변수를 통해 서드파티 공급자(또는 DevOps 팀)가 제공한다.

서드파티 공급자는 IP 주소, 포트, 데이터베이스 URL을 애플리케이션에 주입한다. 우리는 이러한 외부 요청을 받아들이고 이를 설정할 수 있도록 개방적인 구조를 갖추어야 한다. 러스트는 환경 변수 또는 CLI 명령을 파싱하는 다양한 기능을 제공하며, 이것이 바로 10.1절에서 수행할 작업이다. 이 작업이 완료되면 카고가 매우 최적화된 작은 바이너리를 어떻게 컴파일하는지 살펴보고, 크로스 컴파일하여 macOS에서 리눅스용 바이너리를 생성하는 방법도 살펴본다. 이 장의 끝 부분에서 도커와 더 복잡한 빌드 프로세스를 직접 만드는 방법도 이야기하겠다.

10.1 / 환경 변수로 애플리케이션 설정하기

웹 서비스를 바이너리로 컴파일하면 서드파티나 다른 팀 또는 계속해서 변화하는 환경에 적응할 수 있어야 한다. 자신의 컴퓨터에 설정한 로컬 데이터베이스 포트와 달리 프로덕션 환경에서 실행하는 서버 또는 컴퓨터에서는 다른 포트가 할당된다. 애플리케이션의 현재 상태에 따라 변경될 수 있는 로깅 수준과 API 키도 마찬가지다.

따라서 바이너리는 어느 정도 상황에 적응할 수 있어야 한다. 외부 참여자는 서드파티 서비스의 프로덕션 엔드포인트에 대한 데이터베이스 이름, API 키뿐만 아니라 데이터베이스에 사용할 URL과 포트를 애플리케이션에 알려줄 수 있어야 한다.

보통 애플리케이션에 입력하는 방법으로 다음 세 가지가 있다.

- 구성 파일

- 애플리케이션 시작 시 명령줄 입력

- 애플리케이션의 루트 폴더에 있는 dotenv(.env) 파일

각 방법에는 장단점이 있다. 구성 파일은 전달해야 하는 모든 CLI 명령을 기억하지 않아도 JSON 또는 TOML 파일을 보기만 하면 서버가 어떻게 시작되는지 확인할 수 있기 때문에 편리하다. 그러나 API 키와 비밀 코드는 저장소에 체크인[1]하지 않는 것이 가장 좋다. 즉, 프로덕션 환경에서 이를 애플리케이션에 전달하는 다른 방법이 항상 필요하다. 그림 10-1은 이러한 세 가지 옵션과 코드에서 외부 제공 매개변수에 접근하는 방법이다.

▼ 그림 10-1 크레이트와 표준 라이브러리로 구성 파일과 매개변수에 접근하기

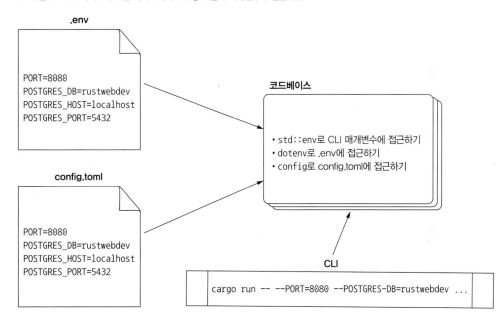

명령줄 입력은 애플리케이션이 다양한 환경에서 동작해야 할 때 가장 좋은 선택지이다. 예를 들어 스테이징, 프로덕션에 맞는 CLI 입력 세트를 사용할 수 있으며, 이렇게 하면 여러 구성 파일을 유지보수할 필요가 없다. 이 방식의 단점은 단순히 코드를 보는 것만으로는 애플리케이션에 전달되는 내용을 추적하기가 어렵다는 것이다.

모든 설정의 필수 요소는 dotenv 파일이다. 이 파일은 애플리케이션의 루트 폴더에 있는 파일 확장명이 .env인 파일이다. 이름에서 알 수 있듯이 이러한 파일은 로컬에 보관하는 것이 가장 좋으

---

1 역주 버전 관리 시스템을 통해 등록하는 행위이다.

며 다른 사람은 볼 수 없다. 보통 API 키나 다른 비밀 코드들을 .env 파일에 저장한다. 이 방식의 장점은 프로덕션 시스템에 애플리케이션을 배포할 때 웹 서비스에 올바른 비밀번호를 제공하는 또 다른 .env 파일 집합이 해당 시스템에 있기만 하면 된다는 것이다. 단점은 어떤 형태의 명령이 가능한지 추측하기가 어렵다는 것이다. 따라서 예제 매개변수가 있는 .env 파일을 체크인하는 것이 일반적이다.

10.1.1 구성 파일 설정하기

첫 번째 구현 예제는 구성 파일을 처리하는 것이다. 여기서 사용할 config-rs라는 서드파티 크레이트는 파일을 파싱하고 구성을 읽는 데 필요한 도구를 제공한다. 우선 코드 10-1에 표시된 것처럼 Cargo.toml 파일에 크레이트를 추가해야 한다. 최종적으로 애플리케이션 배포가 거의 완료되었으므로 버전 번호로 1.0.0을 쓰고 애플리케이션 제목을 변경하는 것과 같이 Cargo.toml 파일에 몇 가지를 추가할 것이다.

코드 10-1 Cargo.toml에 config-rs 추가하기

```toml
[package]
name = "rust-web-dev"
version = "1.0.0"
edition = "2021"

[dependencies]
tokio = { version = "1.2", features = ["full"] }
warp = "0.3"
serde = { version = "1.0", features = ["derive"]}
serde_json = "1.0"
handle-errors = {path = "handle-errors"}
log = "0.4"
log4rs = "1.0"
env_logger = "0.9"
uuid = { version = "0.8", features = ["v4"]}
tracing = { version = "0.1", features = ["log"] }
tracing-subscriber = { version = "0.3", features = ["env-filter"] }
sqlx = { version = "0.5", features = [ "runtime-tokio-rustls", "migrate", "postgres",
"sqlite" ] }
reqwest = { version = "0.11", features = ["json"]}
reqwest-middleware = "0.1.1"
reqwest-retry = "0.1.1"
```

```
rand = "0.8"
rust-argon2 = "1.0"
paseto = "2.0"
chrono = "0.4.19"
config = { version = "0.13.1", features = ["toml"] }
...
```

크레이트로 TOML 파일을 읽고 파싱할 수 있도록 하는 기능 플래그 toml을 추가했다. 그 외에도
JSON과 YAML에 대한 옵션도 있다.

다음으로 setup.toml 파일을 만들어 웹 서비스를 배포하고 유지하는 과정에서 변경될 수 있는 매
개변수를 저장한다. 다음은 프로젝트의 루트 폴더에 추가된 새로운 setup.toml 파일이다.

코드 10-2 프로젝트 루트 폴더에 setup.toml 추가하기

```
log_level = "warn"
database_host = "localhost"
database_port = 5432
database_name = "rustwebdev"
port = 8080
```

main.rs의 서버 설정에서 Tracing 라이브러리, 데이터베이스 연결 풀 설정, 웹 서버 설정에 매개
변수를 제공한다. 이러한 모든 매개변수는 이제 setup.toml 파일에 표시된다. 다음 단계는 이 내
용을 읽고 main.rs 내에서 사용하는 것이다. 다음 코드에서 추가된 부분은 굵게 강조했다.

코드 10-3 main.rs 안의 setup.toml 파일에서 매개변수 읽기

```
#![warn(clippy::all)]

use config::Config;  ···· config-rs 크레이트를 코드베이스로 임포트한다.
use handle_errors::return_error;
use tracing_subscriber::fmt::format::FmtSpan;
use warp::{http::Method, Filter};

mod profanity;
mod routes;
mod store;
mod types;

#[derive(Debug, Default, serde::Deserialize, PartialEq)]
struct Args {  ···· setup.toml을 지역 변수로 역직렬화하는 데 사용할 새로운 타입 Args를 만든다.
```

애플리케이션 배포하기

```
    log_level: String,
    /// Postgres 데이터베이스 URL
    database_host: String,
    /// 데이터베이스 연결 포트 번호
    database_port: u16,
    /// 데이터베이스 이름
    database_name: String,
    /// 웹 서버 포트 번호
    port: u16,
}


#[tokio::main]
async fn main() -> Result<(), sqlx::Error> {
    let config = Config::builder()              ┄┄ config 크레이트는 구성 파일을 코드베이스로
        .add_source(config::File::with_name("setup"))  읽어 들이는 builder 메서드를 제공한다.
        .build()                          ┄┄┄┄ 파일을 파싱할 때는 .toml 확장자를
        .unwrap();                               붙이지 않아도 된다.


    let config = config
        .try_deserialize::<Args>()    ┄┄┄┄┄ 파일을 읽은 후에는 이를 매핑(역직렬화)하고
        .unwrap();                           새로운 Args 객체를 만든다.


    let log_filter = std::env::var("RUST_LOG").unwrap_or_else(|_| {
        format!(
            "handle_errors={},rust_web_dev={},warp={}",
            config.log_level, config.log_level, config.log_level
        )                              구조체 필드를 사용해 함수 호출 시 기존에
    });                          하드 코딩된 문자열 대신 매개변수를 제공할 수 있다.


    let store = store::Store::new(&format!(
        "postgres://{}:{}/{}",
        config.database_host, config.database_port, config.database_name
    ))                              데이터베이스 연결 풀을 만들기 위해 같은 일을 한다.
    .await;


    ...


    warp::serve(routes).run(([127, 0, 0, 1], config.port)).await;
                              구성 객체를 사용해 포트 번호를 읽을 때
    Ok(())                        하드 코딩한 값 대신 사용한다.
}
```

이제 cargo run으로 웹 서비스를 다시 실행할 수 있으며 모든 것이 이전처럼 작동해야 한다. 이 방식의 장점은 소스 코드에서 매개변수를 분리하는 것이다. 이렇게 하면 데이터베이스 이름이나 포트 번호, 데이터베이스 호스트를 바꿀 때 코드를 건드리지 않으므로 도중에 실수로 버그를 만들지 않고도 변경할 수 있다.

이 TOML 파일을 코드베이스에 추가함으로써 저장소 기여자는 코드베이스를 로컬에서 실행하기 위해 설정해야 하는 항목을 정확히 알게 된다. 매개변수를 복사하거나 로컬 설정에 다른 매개변수를 사용할 수 있다. 예를 들어 코드를 검토하지 않아도 데이터베이스 서버에서 열어야 할 포트를 파악할 수 있으므로 시간을 많이 절약할 수 있다.

10.1.2 애플리케이션에 명령줄 입력을 허용하기

그러나 애플리케이션에 복잡한 구성 파일이 필요하지 않거나, 코드를 배포하는 환경에서 CLI 명령을 사용하여 애플리케이션에 매개변수를 제공할 수도 있다. CLI 매개변수를 사용하면 항상 파일을 변경하고 저장하지 않고도 다양한 환경과 구성을 빠르게 시험할 수 있다.

cargo run으로 애플리케이션을 실행하거나 빌드된 바이너리를 통해 실행할 수 있다. 어느 쪽이든 프로그램은 추가 매개변수가 첨부된 상태로 실행될 수 있으며, 운영체제에서 제공된다. 러스트 표준 라이브러리는 이러한 인수를 읽을 수 있는 메서드를 제공하고 std::env::args(https://doc.rust-lang.org/stable/std/env/fn.args.html)를 사용해 코드베이스에서 접근할 수 있다.

내장 기능을 사용하거나 명령줄 인수를 좀 더 편리하게 사용할 수 있는 크레이트를 사용할 수 있다. 애플리케이션의 복잡성에 따라 둘 중 하나를 선택할 수 있다. 이 책에서는 clap(https://github.com/clap-rs/clap)을 사용하겠다. clap은 유지보수가 잘되며 다양한 용도로 사용된다.

10.1.1절의 예제와 동일한 Args 구조체를 사용해 명령줄 인수를 새로운 Args 객체로 역직렬화하고자 한다. 모든 것을 설정하려면 Cargo.toml 파일에 clap 크레이트를 추가한다. 이번 코드에서 사용하는 크레이트의 버전은 컴파일러 에러가 발생할 수 있는 특별한 경우이다. 이 책의 코드베이스를 만드는 동안 애플리케이션이 충돌했기 때문에 proc-macro2 크레이트에 대한 버전도 따로 지정하였다.

코드 10-4 프로젝트에 clap 추가하기

```
[package]
name = "rust-web-dev"
version = "1.0.0"
```

```
edition = "2021"

[dependencies]
tokio = { version = "1.2", features = ["full"] }
warp = "0.3"
serde = { version = "1.0", features = ["derive"]}
serde_json = "1.0"
handle-errors = {path = "handle-errors"}
log = "0.4"
log4rs = "1.0"
env_logger = "0.9"
uuid = { version = "0.8", features = ["v4"]}
tracing = { version = "0.1", features = ["log"] }
tracing-subscriber = { version = "0.3", features = ["env-filter"] }
sqlx = { version = "0.5", features = [ "runtime-tokio-rustls", "migrate", "postgres",
"sqlite" ] }
reqwest = { version = "0.11", features = ["json"]}
reqwest-middleware = "0.1.1"
reqwest-retry = "0.1.1"
rand = "0.8"
rust-argon2 = "1.0"
paseto = "2.0"
chrono = "0.4.19"
config = { version = "0.13.1", features = ["toml"] }
clap = { version = "3.1.7", features = ["derive"] }
proc-macro2 = "1.0.37"
```

이제 main.rs 파일에서 인수를 파싱할 수 있다.

```
#![warn(clippy::all)]

use clap::Parser;  ····· clap 분석기를 가져온다. 해당 분석기는 명령줄에서 인수를 분석해 Args 객체로 변환해 준다.
...
/// Q&A 웹 서비스 API ········· 문서 주석을 이용해 사용자가 --help 명령을 사용할 경우,
#[derive(Parser, Debug)]       clap이 적절한 CLI 인터페이스를 만든다.
#[clap(author, version, about, long_about = None)] ······ 명령줄 인터페이스에서 사용되는
struct Args {                                             상세한 정보이다.
    /// 로깅할 에러 수준(info, warn, error)
    #[clap(short, long, default_value = "warn")] ······ 각 필드는 명령줄 인터페이스의 짧고 긴 키워드
    log_level: String,                                  인수로 자동으로 변환되며, 애플리케이션이
    /// Postgres 데이터베이스 URL                          시작할 때 지정되지 않은 옵션에 대한
                                                         기본값도 같이 지정될 수 있다.
```

```
    #[clap(long, default_value = "localhost")]
    database_host: String,
    /// 데이터베이스 연결 포트 번호
    #[clap(long, default_value = "5432")]
    database_port: u16,
    /// 데이터베이스 이름
    #[clap(long, default_value = "rustwebdev")]
    database_name: String,
    /// 웹 서버 포트 번호
    #[clap(long, default_value = "8080")]
    port: u16,
}

#[tokio::main]
async fn main() -> Result<(), sqlx::Error> {
    let args = Args::parse();  ···· parse 함수는 명령줄의 인수를 읽어 들여 이를 Args 객체로 변환한다.

    let log_filter = std::env::var("RUST_LOG").unwrap_or_else(|_| {
        format!(
            "handle_errors={},rust_web_dev={},warp={}",
            args.log_level, args.log_level, args.log_level
        )
    });

    let store = store::Store::new(&format!(
        "postgres://{}:{}/{}",
        args.database_host, args.database_port, args.database_name
    ))
    .await;

    sqlx::migrate!()
        .run(&store.clone().connection)
        .await?;

    let store_filter = warp::any().map(move || store.clone());

    ...
    warp::serve(routes).run(([127, 0, 0, 1], args.port)).await;

    Ok(())
}
```

cargo run으로 애플리케이션을 실행할 때는 대시 두 개(--)를 추가해야만 인수를 전달할 수 있다.

```
$ cargo run -- --database-host localhost --log-level warn --database-name rustwebdev
--database-port 5432
```

target 폴더 안의 컴파일된 바이너리를 통해서 실행할 수도 있다.

```
$ ./target/debug/rust-web-dev --database-host localhost --log-level warn --database-
name rustwebdev --database-port 5432
```

CLI 매개변수를 추가하면 웹 서비스를 훨씬 더 유연하게 운영할 수 있다. 그러나 우리는 여전히 환경 변수를 읽는, 또 다른 사용 사례를 다루어야 한다.

10.1.3 웹 서비스로 환경 변수 읽고 파싱하기

환경 변수는 애플리케이션이 시작되는 셸에서 설정되기 때문에 저마다 방식이 다르다. .env 파일로 이러한 환경 변수를 추가할 수 있고, 크레이트를 사용해 .env 파일을 초기화하고 포함된 키-값 쌍을 서버가 시작되기 전에 환경에 추가할 수도 있다.

외부 호스팅 서비스를 사용할 때는 환경 변수로 사양(예를 들어 포트 번호나 호스트 IP)을 설정하는 경우가 많다. 코드에서 올바른 환경 변수를 읽고 그에 따라 웹 서비스의 IP와 포트를 설정해야 한다.

먼저 해야 할 일은 다음과 같다. dotenv 크레이트를 프로젝트에 추가한다. 이를 통해 루트 폴더에서 .env 파일을 초기화하고 코드베이스에서 값을 읽을 수 있다. 다음은 업데이트한 Cargo.toml 파일이다.

코드 10-6 프로젝트에 dotenv 크레이트 추가하기

```
[package]
name = "rust-web-dev"
version = "1.0.0"
edition = "2021"

[dependencies]
...
paseto = "2.0"
chrono = "0.4.19"
config = { version = "0.13.1", features = ["toml"] }
```

```
clap = { version = "3.1.7", features = ["derive"] }
proc-macro2 = "1.0.37"
dotenv = "0.15.0"
```

다음으로 루트 폴더에 이름이 .env인 파일과 키-값 쌍 두 개를 추가한다. 첫 번째는 포트인데, 호스팅 공급자가 설정을 수용할 수 있는지를 확인한다. 우리는 이 장의 앞부분에서 이러한 유형의 파일이 비밀 키를 관리하는 데 사용되며, 저장소에 포함되어서는 안 된다고 언급했다. 다음은 .env 파일이다.

코드 10-7 프로젝트 루트 폴더의 .env 파일 내용

```
BAD_WORDS_API_KEY=숨겨진_API_키
PASETO_KEY="RANDOM WORDS WINTER MACINTOSH PC"
PORT=8080
```

프로젝트의 .gitignore 파일에 .env를 추가해야 브랜치에 추가되지 않는다. 이제 환경 변수를 파싱하는 것이 코드에 어떤 영향을 미치는지 확인해 보겠다. 다음은 main.rs 파일에서 환경 변수를 사용하는 방법이다. 서드파티 서비스에 대한 API 키를 추가했는지 확인해야 하므로 빨리 에러를 일으켜 서버가 시작되지 않도록 하려고 한다.

코드 10-8 main.rs 안에서 환경 변수 받기

```
#![warn(clippy::all)]

use clap::Parser;
use config::Config;
use dotenv;      ···· dotenv 크레이트를 임포트한다.
use handle_errors::return_error;
use std::env;
use tracing_subscriber::fmt::format::FmtSpan;
use warp::{http::Method, Filter};

mod profanity;
mod routes;
mod store;
mod types;

/// Q&A 웹 서비스 API
#[derive(Parser, Debug)]
#[clap(author, version, about, long_about = None)]
```

```rust
struct Args {
    /// 로깅할 에러 수준(info, warn, error)
    #[clap(short, long, default_value = "warn")]
    log_level: String,
    /// Postgres 데이터베이스 URL
    #[clap(long, default_value = "localhost")]
    database_host: String,
    /// 데이터베이스 연결 포트 번호
    #[clap(long, default_value = "5432")]
    database_port: u16,
    /// 데이터베이스 이름
    #[clap(long, default_value = "rustwebdev")]
    database_name: String,
}
```

뒤에서 살펴보겠지만, handle-errors 크레이트에 있는
Error 열거 타입 변형을 사용하도록 에러 타입을 변경한다.

```rust
#[tokio::main]
async fn main() -> Result<(), handle_errors::Error> {
    dotenv::dotenv().ok();      // dotenv 크레이트로 .env 파일을 초기화한다.
    if let Err(_) = env::var("BAD_WORDS_API_KEY") {   // API 키가 설정되어 있지 않으면
        panic!("BadWords API key not set");           // 서버를 시작하지 않는다.
    }

    if let Err(_) = env::var("PASETO_KEY") {
        panic!("PASETO key not set");
    }

    let port = std::env::var("PORT")   // PORT 환경 변수를 검사하여 설정되어 있으면 u16 값으로 파싱한다.
        .ok()                          // 설정되어 있지 않으면 기본값인 8080 포트로 설정하거나
        .map(|val| val.parse::<u16>()) // 파싱이 실패한 경우 에러를 반환한다.
        .unwrap_or(Ok(8080))
        .map_err(|e| handle_errors::Error::ParseError(e))?;

    let args = Args::parse();

    let log_filter = std::env::var("RUST_LOG").unwrap_or_else(|_| {
        format!(
            "handle_errors={},rust_web_dev={},warp={}",
            args.log_level, args.log_level, args.log_level
        )
    });

    let store = store::Store::new(&format!(
        "postgres://{}:{}/{}",
```

```
            args.database_host, args.database_port, args.database_name
    ))
    .await                    데이터베이스 풀 생성에서 반환하는 기본 에러를 남은 코드베이스와 일치하도록
                              변경하고, handle-errors 크레이트의 Error 열거 값의 하나로 반환한다.
    .map_err(|e| handle_errors::Error::DatabaseQueryError(e))?;

    sqlx::migrate!()
        .run(&store.clone().connection)
        .await
        .map_err(|e| handle_errors::Error::MigrationError(e))?;
                              어떤 이유로든 마이그레이션이 실패하면 반환할
                              새로운 MigrationError 열거 값을 추가한다.
    ...
    warp::serve(routes).run(([127, 0, 0, 1], port)).await;    서버를 시작하기 위해 파싱한
                                                             PORT 환경 변수를 사용한다.
    Ok(())
}
```

하드 코딩된 paseto 암호화 키도 .env 파일의 키로 바꾼다.

```
use std::{env, future};

use chrono::prelude::*;

use argon2::{self, Config};
use rand::Rng;
use warp::http::StatusCode;
use warp::Filter;
...
pub fn verify_token(token: String) -> Result<Session, handle_errors::Error> {
    let key = env::var("PASETO_KEY").unwrap();
    let token = paseto::tokens::validate_local_token(
        &token,
        None,
        key.as_bytes(),
        &paseto::tokens::TimeBackend::Chrono,
    )
    .map_err(|_| handle_errors::Error::CannotDecryptToken)?;

    serde_json::from_value::<Session>(token).map_err(|_| handle_errors::Error::CannotDecryptToken)
}
...
```

10

애플리케이션 배포하기

```
fn issue_token(account_id: AccountId) -> String {
    let key = env::var("PASETO_KEY").unwrap();

    let current_date_time = Utc::now();
    let dt = current_date_time + chrono::Duration::days(1);

    paseto::tokens::PasetoBuilder::new()
        .set_encryption_key(&Vec::from(key.as_bytes()))
        .set_expiration(&dt)
        .set_not_before(&Utc::now())
        .set_claim("account_id", serde_json::json!(account_id))
        .build()
        .expect("Failed to construct paseto token w/ builder")
}
...
```

남은 부분은 Error 열거 타입 변형값으로 handle-errors 크레이트에 추가한다. 다음 코드는 이 책에서 여러 번 추가한 적이 있는 코드 부분이다.

코드 10-10 MigrationError 열거 값을 handle-errors에 추가하기

```
...
#[derive(Debug)]
pub enum Error {
    ParseError(std::num::ParseIntError),
    MissingParameters,
    WrongPassword,
    CannotDecryptToken,
    Unauthorized,
    ArgonLibraryError(ArgonError),
    DatabaseQueryError(sqlx::Error),
    MigrationError(sqlx::migrate::MigrateError),
    ReqwestAPIError(ReqwestError),
    MiddlewareReqwestAPIError(MiddlewareReqwestError),
    ClientError(APILayerError),
    ServerError(APILayerError),
}

...
impl std::fmt::Display for Error {
    fn fmt(&self, f: &mut std::fmt::Formatter) -> std::fmt::Result {
        match &*self {
            Error::ParseError(ref err) => {
```

```
                write!(f, "Cannot parse parameter: {}", err)
            }
            Error::MissingParameters => write!(f, "Missing parameter"),
            Error::WrongPassword => {
                write!(f, "Wrong password")
            }
            Error::CannotDecryptToken => write!(f, "Cannot decrypt error"),
            Error::Unauthorized => write!(f, "No permission to change the underlying
resource"),
            Error::ArgonLibraryError(_) => {
                write!(f, "Cannot verify password")
            }
            Error::DatabaseQueryError(_) => {
                write!(f, "Cannot update, invalid data.")
            }
            Error::MigrationError(_) => write!(f, "Cannot migrate data"),
            Error::ReqwestAPIError(err) => {
                write!(f, "External API error: {}", err)
            }
            Error::MiddlewareReqwestAPIError(err) => {
                write!(f, "External API error: {}", err)
            }
            Error::ClientError(err) => {
                write!(f, "External Client error: {}", err)
            }
            Error::ServerError(err) => {
                write!(f, "External Server error: {}", err)
            }
        }
    }
}
...
```

또한, .env 파일에 BAD_WORDS_API_KEY를 추가했지만 키-값 쌍의 존재 여부만 확인했다. profanity.
rs 파일 내부에서 필요한 값을 읽어 본다. 다음은 외부 API 호출에서 이를 사용하는 코드이다.

코드 10-11 check_profanity 함수에서 .env 파일의 API 키 사용하기

```
use std::env;
...
pub async fn check_profanity(content: String) -> Result<String, handle_errors::Error> {
    // ENV VARIABLE이 설정되었는지 main.rs에서 이미 확인했다
    // 그러니 여기에서는 unwrap()을 해도 안전하다
```

```
    let api_key = env::var("BAD_WORDS_API_KEY").unwrap();

    let retry_policy = ExponentialBackoff::builder().build_with_max_retries(3);

    let client = ClientBuilder::new(reqwest::Client::new())
        .with(RetryTransientMiddleware::new_with_policy(retry_policy))
        .build();

    let res = client
        .post("https://api.apilayer.com/bad_words?censor_character=*")
        .header("apikey", api_key)
        .body(content)
        .send()
        .await
        .map_err(|e| handle_errors::Error::MiddlewareReqwestAPIError(e))?;

    ...
    }
}
```

이제 다양한 환경 변수로 테스트하면서 엔드포인트와 코드가 어떻게 작동하는지 확인해 볼 수 있다. .env 파일에 BAD_WORDS_API_KEY 키를 추가했지만, 값이 없는데도 코드가 실패하지 않는다는 것을 눈치챘을 것이다. 그러니 값을 할당한 변수가 비어 있는지 확인해야 한다. 환경 변수를 읽는 것으로 이 장의 첫 번째 절을 마친다. 애플리케이션이 어떤 환경에 사용되든 관계없이 파일, 명령 줄 인수, 기타 환경에서 변수를 제공할 수 있으므로 다양한 환경과 요구 사항에 동적으로 반응할 수 있다.

이것은 코드베이스를 그대로 둔 채 빌드와 배포 부분에 집중하기 전에 수행해야 하는 마지막 코드 수정이었다. 이제 카고가 다양한 환경에 대한 코드베이스를 준비하는 데 어떻게 도움이 되는지 살펴보겠다.

10.2 서로 다른 환경에 맞춰 웹 서비스 컴파일하기

러스트 패키지 관리자인 카고에는 많은 기능이 있다. 이 절에서는 카고로 빌드 바이너리의 대상을 지정하고 최적화하는 법을 알아보겠다. 카고에는 dev, release 두 기본 프로필이 있다. cargo build를 실행할 때 기본적으로 dev 프로필을 사용하며 릴리스용 애플리케이션을 빌드하려는 경우에는 --release 플래그를 추가할 수도 있다. 그림 10-2에서 차이점을 볼 수 있다.

❤ 그림 10-2 카고는 dev 프로필을 기본으로 사용하며 --release 플래그가 붙은 경우에는 바이너리를 최적화한다

```
         cargo build                    cargo build --release

 ┌──────────────────────────┐    ┌──────────────────────────┐
 │ [profile.dev]            │    │ [profile.release]        │
 │                          │    │                          │
 │ • 디버그 용도로 최적화     │    │ • 작고 효율적인 바이너리에 │
 │ • 최적화하지 않음(레벨 0)  │    │   최적화됨                │
 │                          │    │ • 전체 최적화(레벨 3)      │
 └──────────────────────────┘    └──────────────────────────┘
```

또한, 바이너리를 크로스 컴파일하는 방법도 살펴보겠다. cargo build를 실행할 때마다 기본 운영체제의 라이브러리를 사용해 바이너리를 빌드한다. 바이너리를 실행할 때마다 작업을 수행할 수 있는지는 해당 바이너리를 만든 운영체제에 달려 있다. 하지만 macOS에서 애플리케이션을 컴파일하고 리눅스 서버에서 실행하려는 경우에는 어떻게 해야 할까?

대기업에서는 빌드 파이프라인을 사용해 대상 기기에서 애플리케이션을 컴파일하므로 문제가 되지 않는다. 그러나 로컬에서 개발하여 '수동으로' 코드를 배포하거나 애플리케이션이 구축된 시스템이 프로덕션 환경에서 실행되는 머신과 동일한 구성을 갖지 않는 경우 크로스 컴파일이 필요하다.

10 애플리케이션 배포하기

10.2.1 바이너리를 빌드할 때 개발 플래그와 릴리스 플래그 사용하기

앞서 dev 플래그가 cargo build에서 기본으로 사용되는 것을 보았다. 이 명령은 이름이 dev (https://doc.rust-lang.org/cargo/reference/profiles.html#dev)인 기본 프로필을 사용한다. 기본적인 매개변수 값은 다음과 같고, Cargo.toml 파일 내에서 설정을 변경할 수 있다.

```
[profile.dev]
opt-level = 0
debug = true
split-debuginfo = '...'  # 플랫폼에 따라 다름
debug-assertions = true
overflow-checks = true
lto = false
panic = 'unwind'
incremental = true
codegen-units = 256
rpath = false
```

첫 번째 설정인 opt-level(https://doc.rust-lang.org/cargo/reference/profiles.html#opt-level)이 중요하다. 값을 0으로 설정하면 컴파일러는 코드를 컴파일할 때 최적화를 적용하지 않는다. 이로 인해 컴파일 시간은 빨라지지만 바이너리가 커진다.

항상 그런 것은 아니지만, 일반적으로 3은 모든 최적화 적용을 나타내며 가장 빠른 바이너리를 생성해야 하고, 1과 2는 '기본 최적화'와 '일부 최적화'를 제공한다.

release 프로필(https://doc.rust-lang.org/cargo/reference/profiles.html#release)은 다음과 같다.

```
[profile.release]
opt-level = 3
debug = false
split-debuginfo = '...' # 플랫폼에 따라 다름
debug-assertions = false
overflow-checks = false
lto = false
panic = 'unwind'
incremental = false
codegen-units = 16
rpath = false
The Cargo docum
```

설정에 대한 최신 설명은 카고 문서에 자세히 나와 있다(https://doc.rust-lang.org/cargo/reference/profiles.html). Cargo.toml 파일에 [profile.dev] 또는 [profile.release] 섹션을 추가하고 키-값 쌍으로 개별 설정을 추가할 수 있으니 참고하는 것이 좋다.

최적화는 주로 환경과 코드베이스에 따라 달라지므로 기본 설정을 사용하거나 값을 가지고 테스트해 바이너리 크기가 더 작아지거나 성능이 더 향상되는지를 확인할 수 있다.

일반적인 조언은 프로덕션 환경에 배포하기 전에 코드베이스를 컴파일할 때 --release 플래그를 사용하는 것이다. 바이너리 크기는 더 작아지고 해당 프로필을 사용해 코드를 보다 효율적으로 실행할 수 있다.

10.2.2 다른 환경을 위해 크로스 컴파일하기

바이너리 크기가 러스트 코드를 컴파일할 때 고려해야 하는 유일한 사항은 아니다. 컴파일하는 동안 컴파일러는 운영체제 라이브러리를 사용해 바이너리를 빌드한다. 각 빌드는 실행 중인 운영체제에 대한 기본 API 호출에 따라 달라진다. macOS를 사용한다면 생성 중인 바이너리도 macOS에서 실행된다. 코드를 리눅스로 복사해 실행하려고 하면 실패한다.

러스트는 **대상**(target, https://doc.rust-lang.org/rustc/platform-support.html#tier-1-with-host-tools)이라는 다양한 환경에 대한 컴파일을 지원한다. rustup target list 명령으로 사용할 수 있는 대상 목록을 얻을 수 있다.

```
$ rustup target list
aarch64-apple-darwin (installed)
aarch64-apple-ios
aarch64-apple-ios-sim
aarch64-linux-android (installed)
...
```

전체 목록은 rustc 문서 웹사이트(https://doc.rust-lang.org/rustc/platform-support.html#platform-support)의 플랫폼 지원 섹션에서 찾을 수 있다. 이 특정 환경에 대한 코드베이스를 구축하려면 먼저 Rustup으로 툴체인에 추가하려는 대상을 추가해야 한다. 따라서 macOS M1 머신을 사용 중인데 Intel Mac용 바이너리를 빌드하려면 대상을 먼저 추가한 다음 빌드 단계에서 지정해야 한다.

```
$ rustup target install x86_64-apple-darwin
$ cargo build --release --target x86_64-apple-darwin
```

또 다른 일반적인 사용 방식은 크로스 컴파일된 바이너리를 만드는 것이다. 이 시나리오에서 사용되는 용어로 **동적 연결**(dynamically linked)과 **정적 연결**(statically linked) 바이너리가 있다. 동적으로 연결된 바이너리를 빌드할 때 생성된 실행 파일은 필요한 모든 라이브러리를 자체적으로 포함하지 않지만, 운영체제에 대한 시스템 호출을 수행해야 할 때 호출할 주소 공간을 기억한다. 차이점은 그림 10-3에 나와 있다.

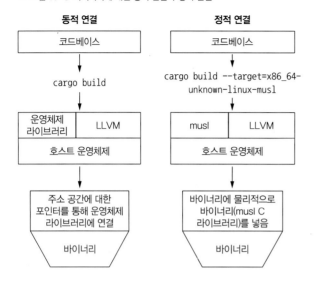

▼ 그림 10-3 바이너리에 대한 동적 연결과 정적 연결

동적 연결은 바이너리를 더 작게 만들지만, 그것이 구축된 정확한 운영체제에 의존한다는 것을 의미한다. 정적으로 연결된 프로세스를 사용하는 경우에는 라이브러리가 바이너리에 저장되므로 정확한 코드를 제공하기 위해 운영체제에 의존할 필요가 없으며, 현재 호스트 시스템의 메모리 주소에 의존할 필요도 없다.

러스트는 x86_64-unknown-linux-musl이라는 크로스 컴파일된 리눅스 바이너리에 대한 대상을 제공한다. 이것을 Rustup 툴체인에 추가하고 빌드할 수 있다.

```
$ rustup target install x86_64-unknown-linux-musl
$ cargo build --release --target=x86_64-unknown-linux-musl
```

musl 프로젝트(www.musl-libc.org/intro.html)는 정적 연결에 최적화된 표준 C 라이브러리 구현을 제공한다. 빌드 시스템은 musl을 사용해 운영체제에 대한 시스템 호출을 수행할 수 있으며, musl은 해당하는 호출을 현재 실행 중인 운영체제에 맞게 변환해 준다.

이는 또한 현재 운영체제에 musl 라이브러리가 설치되어 있어야 러스트 컴파일러가 이를 바이너리에 통합할 수 있음을 의미한다. 설치 프로세스는 실행 중인 운영체제에 따라 다르며, 이 책에서는 musl의 설치 지침이 조금씩 바뀌기 때문에 설치 지침을 제공할 수 없다. 문제가 발생할 때 정적으로 연결된 바이너리를 생성하려면 컴퓨터에 musl이 설치되어 있어야 하며 때로는 대상 환경을 명시적으로(때로는 셸의 환경 변수를 통해) 운영체제에 알려야 한다는 점을 명심해야 한다.

10.3 / 빌드 프로세스에서 build.rs 사용하기

이제 빌드 프로세스에서 다양한 환경을 대상으로 하는 법과 러스트 코드베이스를 바이너리로 컴파일할 때 최적화 플래그 --release를 사용하는 법을 알았으니, 생성된 바이너리를 다른 서버에 보내기 전에 해야 할 일이 하나 더 있다.

때로는 단순히 cargo build --release를 쓰는 것만으로는 충분하지 않다. 코드베이스로 보내야할 빌드 ID를 환경 변수로 설정한다거나, 러스트 코드가 의존하는 다른 비러스트 코드를 컴파일하고 싶다고 가정해 보자. 이 릴리스 종속 코드를 코드베이스에 직접 넣는 것은 애플리케이션의 비즈니스 로직과 관련이 없기 때문에 잘못된 느낌이 든다. 배시(bash) 스크립트를 작성할 수는 있지만, 그 과정에서 러스트의 타입 안전성을 잃게 된다.

이때 카고가 도와줄 것이다. build.rs라는 파일을 생성하면 카고는 애플리케이션 코드를 컴파일하기 전에 build.rs를 실행한다. 러스트 파일이기 때문에 모든 것이 올바르고 의도된 방식으로 작동하는지 확인해 주는 컴파일러의 모든 이점을 얻을 수 있으며, 러스트 표준 라이브러리를 사용할 수 있는 이점도 얻을 수 있다.

build.rs를 사용하는 한 가지 중요한 측면은 CI/CD 파이프라인에 대한 환경 변수 설정이다. cargo:rustc-env=VAR=VALUE(https://doc.rust-lang.org/cargo/reference/build-scripts. html#cargorustc-envvarvalue) 명령으로 빌드 스크립트 내에서 환경 변수(예를 들어 현재 Git HEAD 또는 커밋의 해시)를 설정할 수 있다. substrate라는 크레이트에서 고유한 빌드 버전을 생성하기 위해 build.rs를 사용하는 방법(https://docs.rs/substrate-build-script-utils/latest/ src/substrate_build_script_utils/version.rs.html#22-43)이 그 예이다. 우리는 코드베이스에서 이 코드를 예로 사용한다. 다음은 코드 저장소에 추가된 build.rs이다.

코드 10-12 파일을 코드베이스의 루트 디렉터리에 build.rs 추가하기

```rust
use platforms::*;
use std::{borrow::Cow, process::Command};

/// cargo: 키 출력을 생성
pub fn generate_cargo_keys() {
    let output = Command::new("git")
        .args(&["rev-parse", "--short", "HEAD"])
        .output();
```

```rust
    let commit = match output {
        Ok(o) if o.status.success() => {
            let sha = String::from_utf8_lossy(&o.stdout).trim().to_owned();
            Cow::from(sha)
        }
        Ok(o) => {
            println!("cargo:warning=Git command failed with status: {}", o.status);
            Cow::from("unknown")
        }
        Err(err) => {
            println!("cargo:warning=Failed to execute git command: {}", err);
            Cow::from("unknown")
        }
    };

    println!(
        "cargo:rustc-env=RUST_WEB_DEV_VERSION={}",
        get_version(&commit)
    );
}


fn get_platform() -> String {
    let env_dash = if TARGET_ENV.is_some() { "-" } else { "" };

    format!(
        "{}-{}{}{}",
        TARGET_ARCH.as_str(),
        TARGET_OS.as_str(),
        env_dash,
        TARGET_ENV.map(|x| x.as_str()).unwrap_or(""),
    )
}


fn get_version(impl_commit: &str) -> String {
    let commit_dash = if impl_commit.is_empty() { "" } else { "-" };

    format!(
        "{}{}{}-{}",
        std::env::var("CARGO_PKG_VERSION").unwrap_or_default(),
        commit_dash,
        impl_commit,
        get_platform(),
    )
```

```
    }

fn main() {
    generate_cargo_keys();
}
```

이 방법은 실행 중인 운영체제의 정보와 커밋 해시를 포함하는 고유 ID를 생성하는 확장된 방법이다. 다음은 함수의 실행 결과를 환경 변수 RUST_WEB_DEV_VERSION에 추가하면 이 변수는 cargo:rustc-env 명령으로 다시 설정된다.

```
println!("cargo:rustc-env=RUST_WEB_DEV_VERSION={}", get_version(&commit))
```

대상으로 하는 시스템에서 정보를 읽으려면 platforms라는 크레이트가 필요하다. 이를 Cargo.toml에 추가하는 것만으로는 작동하지 않는다. build.rs 파일이 접근할 수 있도록 Cargo.toml 파일에 새 섹션을 추가해야 한다. 이 섹션은 다음에 나오는 [build-dependencies]이다.

코드 10-13 빌드 종속성에 platforms를 추가하기

```
[package]
name = "rust-web-dev"
version = "1.0.0"
edition = "2021"

[dependencies]
...

[build-dependencies]
platforms = "2.0.0"
```

코드베이스에서 이 환경 변수 세트에 접근한다. Tracing 라이브러리를 사용하여 애플리케이션이 시작될 때마다 정확한 버전 번호를 표시하는 로그를 생성하려고 한다. 버그 등을 발견할 때마다 커밋의 정확한 해시와 결합할 수 있으므로 문제가 발생한 위치를 항상 알 수 있다. 다음은 main.rs 내부에 추가된 코드이다.

코드 10-14 애플리케이션 버전을 tracing info에 추가하기

```
...
#[tokio::main]
async fn main() -> Result<(), handle_errors::Error> {
    ...
```

애플리케이션 배포하기

```
    tracing::info!("Q&A service build ID {}", env!("RUST_WEB_DEV_VERSION"));

    warp::serve(routes).run(([127, 0, 0, 1], port)).await;

    Ok(())
}
```

우리는 환경 변수에 접근하기 위해 표준 라이브러리에서 제공되는 매크로 env!를 사용했다. env! 매크로는 카고 문서(https://doc.rust-lang.org/cargo/reference/build-scripts. html#rustc-env)에도 명시되어 있다.

cargo run으로 애플리케이션을 다시 실행하면 터미널에 버전 번호가 표시될 거라 예상한다. 그러나 실제로는 아무것도 출력되지 않는다. 왜일까? 기억하겠지만 우리는 로그 수준 변수를 경고(warn)로 설정했다. 이제 코드를 다시 건드리지는 않고 변수를 동적으로 변경할 수 있도록 10.1절에서 구현한 CLI 매개변수의 힘을 볼 수 있다.

다음 명령을 사용하여 로그 수준을 낮추면 예상했던 출력을 볼 수 있다.

```
$ cargo run -- --log-level info
    Compiling handle-errors v0.1.0 (/private/tmp/warp_server/handle-errors)
    Compiling rust-web-dev v1.0.0 (/private/tmp/warp_server)
     Finished dev [unoptimized + debuginfo] target(s) in 30.36s
      Running `target/debug/rust-web-dev --log-level info`
2023-05-16T11:35:37.320502Z  INFO rust_web_dev: Q&A service build ID
1.0.0-6623087-x86_64-macos
2023-05-16T11:35:37.320862Z  INFO Server::run{addr=127.0.0.1:8080}: warp::server:
listening on http://127.0.0.1:8080
```

음영으로 표시된 부분이 변경된 곳이다. 로그 수준을 애플리케이션에 전달하여 로그 두 개가 만들어졌다. 첫 번째는 실행 중인 정확한 빌드의 고유 ID이고, 두 번째는 Warp 내장 로그이다.

10.4 / 웹 서비스에 맞는 도커 이미지 생성하기

이전 절에서는 배포 흐름에 새롭고 강력한 기능을 추가했다. 이 마지막 두 절에서 다루는 내용은 러스트에 특화된 코드를 배포하는 방법이기도 하다. 배포와 관련한 모든 솔루션을 다룰 수는 없다. 다른 많은 책들이 이것을 다루고 있다. 그러나 우리가 다룰 수 있는 것은 배포, 유지보수, 모니터링이 가능한 한 완벽하게 이루어지도록 최선의 코드를 준비하는 것이다.

러스트 코드를 패키징하는 한 가지 방법은 도커 컨테이너(Docker container)이다. 여기서는 도커의 작동 방식을 자세하게 다루지는 않을 것이다(이에 훌륭한 참고 자료로는 〈Docker in Action〉(Manning, 2019)이 있다). 그러나 도커 파일 생성과 코드에 미치는 영향은 살펴볼 것이다. 또한, 데이터베이스가 있으므로 코드베이스가 있는 도커 컨테이너에 PostgreSQL을 깨끗하게 설정하여 신속하게 개발 환경을 만드는 방법에 대해서도 생각해 보기 바란다. 그림 10-4는 도커 컨테이너를 준비하고 배포하는 전체 프로세스이다.

▼ 그림 10-4 도커 배포를 위한 워크플로

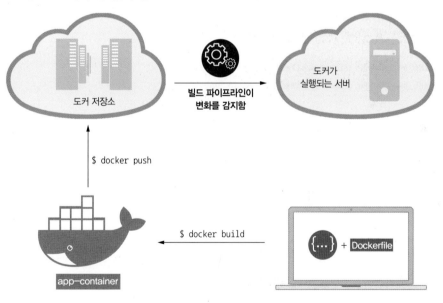

도커 컨테이너는 로컬 개발 환경뿐만 아니라 배포 파이프라인에서도 사용된다. 개념에 익숙하지 않다면 공식 도커 웹사이트에 있는 훌륭한 도커 소개를 참고하자(https://docs.docker.com/get-started). 운영체제별로 필요한 기본적인 도커 설정이 포함되어 있으므로 코드 예제만으로도 충분히 따라할 수 있다.

10.4.1 정적으로 연결된 도커 이미지 생성하기

10.2절의 크로스 컴파일 접근 방식을 취해 다양한 머신에서 실행되도록 컨테이너를 준비한다. 코드 10-15는 사용할 도커 파일이다. 이 파일은 프로젝트의 루트 폴더에 저장된다. 이 글을 쓰는 시점에서 제시된 모든 코드는 ARM 기반인 M1 칩 기반의 macOS 운영체제에서 개발되었다.[2]

코드 10-15 루트 폴더의 Dockerfile

```
FROM rust:latest AS builder

RUN rustup target add x86_64-unknown-linux-musl
RUN apt -y update
RUN apt install -y musl-tools musl-dev
RUN apt-get install -y build-essential
RUN apt install -y gcc-x86-64-linux-gnu

WORKDIR /app

COPY ./ .

# M1 맥에서 musl을 빌드하려면 다음 ENV 변수가 설정되어야 한다
ENV RUSTFLAGS='-C linker=x86_64-linux-gnu-gcc'
ENV CC='gcc'
ENV CC_x86_64_unknown_linux_musl=x86_64-linux-gnu-gcc
ENV CC_x86_64-unknown-linux-musl=x86_64-linux-gnu-gcc

RUN cargo build --target x86_64-unknown-linux-musl --release

# 최종 도커 이미지를 scratch에서 만든다
FROM scratch

WORKDIR /app

# 크기를 최소화하고자 바이너리 파일과 .env 파일을 최종 이미지에 넣는다
COPY --from=builder /app/target/x86_64-unknown-linux-musl/release/rust-web-dev ./
COPY --from=builder /app/.env ./

# 바이너리를 실행한다
CMD ["/app/rust-web-dev"]
```

---

2 **역주** 역자는 x86-64 기반의 macOS와 Manjaro 리눅스에서 테스트했다.

각 도커 컨테이너는 특별한 경우에 필요할 수 있는 기본 운영체제 또는 도구 구성인 이미지를 기반으로 한다. 러스트에는 애플리케이션을 실행하는 데 사용할 수 있는 공식 도커 이미지가 있다.

여기에서는 정적으로 연결된 도커 컨테이너를 만드는 경우를 다루고자 한다. 이를 통해 더 작고 자체적으로 이미 완전한 바이너리를 만들 수 있으며, 매우 기본적인 도커 이미지에 넣을 수 있다.

따라서 Rustup에 musl 대상을 추가하고 생성된 바이너리를 정적으로 연결하는 데 필요한 라이브러리를 설치한다. musl 라이브러리에 필요한 환경 변수를 설정하기 전에 작업 디렉터리를 만들고 모든 현재 파일을 그 디렉터리에 복사한다. 마지막 두 단계는 카고를 통해 빌드 명령을 실행하는 것이다. release 프로필과 바이너리를 musl 대상으로 크로스 컴파일하고 바이너리를 실행할 명령을 넣는다. 현재 머신을 대상으로 하는 단순한 버전은 다음과 같다.

코드 10-16 가장 단순한 Dockerfile

```
FROM rust:latest

COPY ./ ./

RUN cargo build --release

CMD ["./target/release/rust-web-dev"]
```

10.4.2 도커 컴포즈로 로컬 도커 환경 설정하기

하지만 한 가지 주의할 점이 있다. 데이터베이스 테이블에 연결할 수 있는 PostgreSQL 인스턴스가 실행 중이어야 한다는 것이다. 도커 컨테이너를 통해 로컬 PostgreSQL 서버에 연결하거나 도커 컨테이너의 네트워크를 생성하고 서로 연결할 수 있는 도커 컴포즈(Docker Compose)라는 도구를 사용할 수 있다. 이 도구는 테스트할 수 있는, 더 복잡한 환경을 로컬로 복제할 때 유용하다. 루트 디렉터리에 docker-compose.yml이라는 파일을 만들어야 한다.

코드 10-17 데이터베이스와 웹 서버를 복제하는 docker-compose.yml 만들기

```
version: "3.7"
services:
    database:
        image: postgres
        restart: always
```

```
        env_file:
            - .env
        ports:
            - "5432:5432"
        volumes:
        - data:/var/lib/postgresql/data
    server:
        build:
            context: .
            dockerfile: Dockerfile
        env_file: .env
        depends_on:
            - database
        networks:
            - default
        ports:
            - "8080:8080"
volumes:
    data:
```

이 파일을 만든 후 터미널을 열고 코드 디렉터리로 이동하여 docker-compose up을 실행할 수 있다. 이렇게 하면 PostgreSQL 이미지가 먼저 생성된 다음, 이전에 생성한 Dockerfile을 기반으로 웹 서비스 이미지가 생성된다. 그러나 다음과 같이 뭔가 잘못되었음을 알 수 있다.

```
Error: DatabaseQueryError(Io(Os { code: 99, kind: AddrNotAvailable, message: "Address
not available" }))
```

지금은 다른 환경에서 운영하고 있기 때문에 다음과 같은 몇 가지 문제를 고려해야 한다.

- 도커 컨테이너 내부의 PostgreSQL 서버에는 사용자 이름과 비밀번호가 필요하다.
- 웹 서비스에서는 docker-compose로 방금 시작한 서버 대신 localhost에서 실행 중인 PostgreSQL 서버에 계속 연결하려고 시도한다.
- PostgreSQL 서버에는 사용자 이름/비밀번호 조합이 필요하므로 코드베이스의 연결 URL 에도 이를 제공해야 한다.
- IP 주소 127.0.0.1 뒤에서 웹 서버를 시작한다. 하지만 컨테이너 내부에서 동작하려면 외부 에서 접근해야 하므로 주소를 '로컬 머신의 모든 IP4 주소'를 의미하는 0.0.0.0으로 변경해 야 한다.

다음은 도커 컨테이너 설정을 수용하기 위해 변경한 main.rs이다.

코드 10-18 main.rs에 .env 변수 관련 내역과 서버 IP 주소 관련 수정하기

```
...
/// Q&A 웹 서비스 API
#[derive(Parser, Debug)]
#[clap(author, version, about, long_about = None)]
struct Args {
    /// 로깅할 에러 수준(info, warn, error)
    #[clap(short, long, default_value = "warn")]
    log_level: String,
    /// 서버가 대기할 포트
    #[clap(short, long, default_value = "8080")]
    port: u16,
    /// 데이터베이스 사용자
    #[clap(long, default_value = "user")]
    db_user: String,
    /// Postgres 데이터베이스 URL
    #[clap(long, default_value = "localhost")]
    db_host: String,
    /// 데이터베이스 연결 포트 번호
    #[clap(long, default_value = "5432")]
    db_port: u16,
    /// 데이터베이스 이름
    #[clap(long, default_value = "rustwebdev")]
    db_name: String,
}

#[tokio::main]
async fn main() -> Result<(), handle_errors::Error> {
    ...
    let db_user = env::var("POSTGRES_USER").
        unwrap_or(args.db_user.to_owned());
    let db_password = env::var("POSTGRES_PASSWORD").unwrap();
    let db_host = env::var("POSTGRES_HOST").
        unwrap_or(args.db_host.to_owned());
    let db_port = env::var("POSTGRES_PORT").unwrap_or(args.db_port.to_string());
    let db_name = env::var("POSTGRES_DB").
        unwrap_or(args.db_name.to_owned());

    let log_filter = std::env::var("RUST_LOG").unwrap_or_else(|_| {
        format!(
            "handle_errors={},rust_web_dev={},warp={}",
```

```
            args.log_level, args.log_level, args.log_level
        )
    });

    let store = store::Store::new(&format!(
        "postgres://{}:{}@{}:{}/{}",
        db_user, db_password, db_host, db_port, db_name
    ))
    .await
    .map_err(|e| handle_errors::Error::DatabaseQueryError(e))?;
    ...

    warp::serve(routes).run(([127, 0, 0, 1], port)).await;

    Ok(())
}
```

.env 파일을 통하거나 설정되지 않은 경우 CLI 매개변수(Args 구조체를 통해 사용 가능)를 통해 모든 환경 변수를 읽을 수 있는 옵션을 추가한다. .env 파일이나 CLI에 의해 설정되지 않은 경우, Args의 기본 매개변수를 사용한다. 다음은 업데이트한 .env 파일이다.

코드 10-19 데이터베이스 접근을 위해 .env 파일에 변수 추가하기

```
BAD_WORDS_API_KEY=API_KEY_FROM_APILAYER
PASETO_KEY="RANDOM WORDS WINTER MACINTOSH PC"
PORT=8080
POSTGRES_USER=user
POSTGRES_PASSWORD=password
POSTGRES_DB=rustwebdev
POSTGRES_HOST=localhost
POSTGRES_PORT=5432
```

PostgreSQL 비밀번호에 대한 기본값을 추가할 수도 있지만 자격 증명을 코드베이스에 직접 입력하지 않는다는 엄격한 요구 사항을 유지하도록 한다. 도커 컴포즈의 빌드 명령을 사용해 변경된 컨테이너를 다시 빌드한다.

```
$ docker-compose build
$ docker-compose up
```

서버 포트를 8080으로 변경했음을 명심해야 한다. 도커 컴포즈가 빌드를 완료하고 새 컨테이너를 준비하고 실행한 후 모든 것이 여전히 예상대로 작동하는지는 다음 curl 명령을 통해 확인할 수 있다.

```
$ curl --location --request GET 'localhost:8080/questions'
[]
```

완전히 새로운 비어 있는 데이터베이스에서 실행되므로 모든 사용자와 질문을 다시 만들어야 한다. 코드 변경이 완료되면 환경이나 명령줄에서 애플리케이션에 변수를 유연하게 제공할 수 있다. 둘 다 잊어 버리면 코드베이스에 설정된 기본 매개변수를 사용한다(.env 파일에 있는 두 개의 비밀 키는 제외).

10.4.3 웹 서버의 구성을 추출하여 새로운 모듈에 넣기

환경 설정과 가져오기가 약간 복잡해지면서 main.rs 파일이 더 길어지고 읽기 어렵게 되었다. 이러한 구성 매개변수의 설정을 config라는 새 모듈로 추출할 수 있다. 다음은 src 폴더 바로 안에 있는 새 모듈이다.

코드 10-20 src/config.rs 안의 새로운 config 모듈

```
use clap::Parser;
use dotenv;
use std::env;

/// Q&A 웹 서비스 API
#[derive(Parser, Debug)]
#[clap(author, version, about, long_about = None)]
struct Config {
    /// 로깅할 에러 수준(info, warn, error)
    #[clap(short, long, default_value = "warn")]
    pub log_level: String,
    /// 서버가 대기할 포트
    #[clap(short, long, default_value = "8080")]
    pub port: u16,
    /// 데이터베이스 사용자
    #[clap(long, default_value = "user")]
    pub db_user: String,
    #[clap(long)]
```

```rust
    pub db_password: String,
    /// Postgres 데이터베이스 URL
    #[clap(long, default_value = "localhost")]
    pub db_host: String,
    /// 데이터베이스 연결 포트 번호
    #[clap(long, default_value = "5432")]
    pub db_port: u16,
    /// 데이터베이스 이름
    #[clap(long, default_value = "rustwebdev")]
    pub db_name: String,
}

impl Config {
    pub fn new() -> Result<Config, handle_errors::Error> {
        dotenv::dotenv().ok();
        let config = Config::parse();

        if let Err(_) = env::var("BAD_WORDS_API_KEY") {
            panic!("BadWords API key not set");
        }

        if let Err(_) = env::var("PASETO_KEY") {
            panic!("PASETO key not set");
        }

        let port = std::env::var("PORT")
            .ok()
            .map(|val| val.parse::<u16>())
            .unwrap_or(Ok(8080))
            .map_err(|e| handle_errors::Error::ParseError(e))?;

        let db_user = env::var("POSTGRES_USER").
            unwrap_or(config.db_user.to_owned());
        let db_password = env::var("POSTGRES_PASSWORD").unwrap();
        let db_host = env::var("POSTGRES_HOST").
            unwrap_or(config.db_host.to_owned());
        let db_port = env::var("POSTGRES_PORT").
            unwrap_or(config.db_port.to_string());
        let db_name = env::var("POSTGRES_DB").
            unwrap_or(config.db_name.to_owned());

        Ok(Config {
            log_level: config.log_level,
```

```
                port,
                db_user,
                db_password,
                db_host,
                db_port: db_port
                    .parse::<u16>()
                    .map_err(|e| handle_errors::Error::ParseError(e))?,
                db_name,
            })
        }
    }
```

이를 통해 main.rs 파일의 내용을 줄여서 다음처럼 한 줄만 써도 새 구성을 생성할 수 있게 되었다.

코드 10-21 config 변수의 초기화로 수정된 main.rs

```
#![warn(clippy::all)]

use handle_errors::return_error;
use std::env;
use tracing_subscriber::fmt::format::FmtSpan;
use warp::{http::Method, Filter};

mod config;
mod profanity;
mod routes;
mod store;
mod types;


#[tokio::main]
async fn main() -> Result<(), handle_errors::Error> {
    let config = config::Config::new().expect("Config can't be set");

    let log_filter = format!(
        "handle_errors={},rust_web_dev={},warp={}",
        config.log_level, config.log_level, config.log_level
    );

    let store = store::Store::new(&format!(
        "postgres://{}:{}@{}:{}/{}",
        config.db_user,
        config.db_password,
```

```
        config.db_host,
        config.db_port,
        config.db_name
    ))
    .await
    .map_err(|e| handle_errors::Error::DatabaseQueryError(e))?;

    ...

    warp::serve(routes).run(([0, 0, 0, 0], config.port)).await;

    Ok(())
}
```

그러나 우리가 생각해야 할 것은 도커 없이 서버를 시작할 때 발생하는 일이다. 이제 데이터베이스에 대한 데이터베이스 사용자와 비밀번호가 필요하다. 설정에 따라 머신에 PostgreSQL을 설치하는 데 사용한 설치 스크립트에서 생성했던 사용자 이름과 동일한 이름의 데이터베이스와 사용자 이름이 있어야 한다.

사용자 이름으로 PSQL에 로그인하는 것으로 이를 시험해 볼 수 있다.

```
$ sudo -u <USERNAME> psql
```

이 명령이 동작하지 않으면 다음 명령을 사용하여 데이터베이스를 생성할 수 있다.

```
$ createdb
```

이제 로그인하고 비밀번호를 사용하여 새 사용자를 생성하고 이 정보를 코드 폴더의 .env 파일에 추가할 수 있다.

```
$ sudo -u <USERNAME> psql
<USERNAME>=# create user username with encrypted password 'password';
CREATE ROLE
<USERNAME>=# grant all privileges on database rustwebdev to username;
GRANT
<USERNAME>=#
```

이 명령으로 주어진 비밀번호를 사용하는 새 PostgreSQL 사용자를 생성하고 rustwebdev라는 데이터베이스에 대한 접근 권한을 부여한다. 명령줄에서 사용자를 user로 설정할 수는 없다. PostgreSQL용으로 예약된 키워드이기 때문이다. 따라서 .env 파일도 수정한다.

```
PORT=8080
POSTGRES_USER=username
POSTGRES_PASSWORD=password
POSTGRES_DB=rustwebdev
POSTGRES_HOST=localhost
POSTGRES_PORT=5432
```

이제 CLI를 통해 도커 내부와 도커 없이 웹 서버를 시작할 수 있다.

```
$ cargo run -- --db-host localhost --log-level info --db-name rustwebdev --db-port
5432 --db-password password
Finished dev [unoptimized + debuginfo] target(s) in 0.13s
Running `target/debug/rust-web-dev --db-host localhost --log-level info -db-name
rustwebdev -db-port 5432 -db-password password`
2023-05-16T12:50:19.260225Z  INFO rust_web_dev: Q&A service build ID
1.0.0-6623087-x86_64-macos
2023-05-16T12:50:19.260566Z  INFO Server::run{addr=127.0.0.1:8080}: warp::server:
listening on http://127.0.0.1:8080
```

우리는 이제 매우 동적인 코드베이스를 만들었고, 운영하고 있는 환경에 따라 필요한 변수를 제공할 수 있게 되었다. API 키와 해싱 비밀 코드는 코드베이스에서 제거되고 저장소(.gitignore 파일에 추가된 항목을 통해)에 체크인되지 않는 .env 파일에 저장된다. 추가된 config 모듈을 사용하면 코드베이스의 매개변수를 통해 수정된 정보를 빠르게 얻을 수 있다. 이제 모든 코드를 배포, 검사, 유지보수할 수 있으므로 테스트에 중점을 둔 책의 마지막 장을 다룰 수 있게 되었다.

RUST WEB DEVELOPMENT

10.5 요약

- 배포와 관련하여 코드를 패키징하고 전달할 수 있는 가능성이 거의 무한하다.
- 다양한 시나리오에 대비하기 위해 환경 변수 또는 CLI 매개변수를 통해 코드베이스를 동적으로 변경할 수 있다.
- 코드에서 하드 코딩된 문자열을 제거하고 구성 파일, .env 파일 또는 CLI 매개변수에서 값을 읽을 수 있다.

- 서버의 IP 주소와 포트, 데이터베이스 URL, API 키는 하드 코딩된 문자열을 외부 변수로 대체하기에 좋은 후보이다.

- 코드베이스에서 주요 매개변수를 동적으로 변경할 수 있다면 바이너리를 컴파일하는 데 사용할 옵션을 결정한다.

- 패키지 관리자 카고는 대상에 따라 다양한 프로필을 제공한다.

- 프로덕션용 러스트 바이너리를 빌드하는 일반적인 방법은 cargo build 명령에 --release 플래그를 추가하는 것이다. 그러면 좀 더 최적화된 빌드 프로필이 실행된다.

- 다양한 플랫폼을 타기팅할 수도 있다.

- Rustup 도구는 다양한 대상을 지원하며, rustup target add로 대상을 추가할 수 있다.

- 그런 다음 cargo build --release --target NAME_OF_TARGET을 사용하여 현재 운영 중인 운영체제가 아닌 다른 운영체제용으로 빌드할 수 있다.

- musl 라이브러리의 도움으로 바이너리에 필요한 시스템 라이브러리를 패키징하고 정적으로 연결되어 다른 머신에서도 사용할 수 있는 바이너리를 생성할 수 있다.

- 코드를 릴리스하는 일반적인 방법은 도커 컨테이너를 배포하는 것이다.

- 다단계 도커 컨테이너를 사용하여 더 작은 이미지를 만들 수 있다.

- 더 복잡한 설정에서 운영한다면 도커 컨테이너의 네트워크를 생성하고, 도커 컴포즈와 함께 연결해 실행할 수 있다.

- 추가된 config 모듈로 main.rs 파일에서 환경 변수, 구성 파일의 읽기, 파싱을 제거할 수 있으며, 나머지 코드를 방해하지 않고 로직을 수정할 수 있다.

11장

러스트 애플리케이션 테스트하기

이 장에서 다룰 핵심 내용

- 웹 서비스에 대한 테스트 요구 사항 평가하기
- 러스트의 내장 테스트 기능을 사용해 단위 테스트 생성하기
- 조건부 테스트 환경 설정하기
- 원격으로 종료할 수 있는 모의 서버 생성하기
- Warp의 내장 테스트 프레임워크를 사용해 필터 테스트하기
- 실행 중인 웹 서비스에 대한 통합 테스트 작성하기

마지막 장의 주제는 일부 개발자에게 있어서 애플리케이션을 만들 때 가장 중요한 측면인 테스트이다. 테스트를 먼저 작성하는 테스트 주도 개발(Test-Driven Development, TDD)을 연습할 수 있다. 비즈니스 로직을 구현한 후 테스트를 직접 작성할 수도 있고, 애플리케이션 로직을 대부분 작성한 후에 테스트할 수도 있다. 모든 경우에 꼭 맞는 프로세스는 존재하지 않으며 애플리케이션 크기와 애플리케이션을 작성하는 상황에 따라 달라진다.

어떤 종류의 테스트를 할 것인지, 코드베이스를 100% 커버할지 여부도 마찬가지다. 가장 중요한 점은 테스트를 가지고 애플리케이션의 가장 중요한 워크플로를 다룬다는 점이다. 염두에 두어야 할 또 다른 측면은 가장 복잡한 코드를 철저하게 테스트하는 것이다. 거의 이해하지 못하고 있거나 애플리케이션 전체에 많은 부작용이 있는 코드를 변경하는 경우, 이상적으로는 가능한 모든 결과를 다루기 위해 다양한 테스트를 하는 것이 맞다.

러스트 컴파일러는 가능하면 모든 경우에 대해 패턴 매칭이 되었는지 확인하고, 올바른 타입을 반환하고, 에러가 나타날 수 있는 결과를 처리하는 데 탁월하다. 그러나 테스트할 수 없는 것은 비즈니스 로직과 수백 가지 가능한 오류 중에서 올바른 오류를 반환했는지 여부이다. 특히 웹 애플리케이션에서는 사용자가 올바른 응답을 받거나 전혀 응답을 받지 못하는지를 확인하는 것이 중요하다.

공학에는 다양한 테스트 전략이 있으며 이는 소프트웨어 공학에서도 마찬가지다. 가장 일반적으로 사용되는 두 가지 전략은 단위 테스트와 통합 테스트이다. **단위 테스트**(unit testing)는 정의된 입력 집합과 가능한 출력 목록이 있는 코드 조각(예를 들어 함수)을 말한다. 해당 기능에 부작용이 없을 때 단위 테스트를 사용한다. 예를 들어 다음과 같은 서명이 있는 extract_pagination 함수가 있다고 하자.

```
pub fn extract_pagination(
    params: HashMap<String, String>
) -> Result<Pagination, Error>
```

함수에 해시 맵을 전달하면 Pagination 타입이 반환되거나 Error가 발생한다. 함수 본문 안에는 다른 함수에 대한 호출이 없으며 어떤 형태의 상태도 조작하지 않는다. 우리는 사용자가 전달할 수 있는 일련의 입력 매개변수가 있다고 가정해 이러한 모든 입력에서 유효한 응답이 나오는지를 테스트할 수 있다.

다른 유형의 테스트는 **통합 테스트**(integration testing)이다. 통합 테스트는 들어오는 HTTP 요청이 올바른 방식으로 처리되고, 모든 데이터베이스 변경 사항과 함께 예상되는 HTTP 응답을 다시 받는지 확인하는 경우에 사용된다. 한 가지 예는 login 엔드포인트이다. 그림 11-1은 단위 테스트와 통합 테스트가 각자 다른 범위를 다루는 것을 보여 준다.

❤ 그림 11-1 단위 테스트는 격리된 기능에 중점을 두는 반면, 통합 테스트는 모듈과 기능 간의 상호 작용에 중점을 둔다

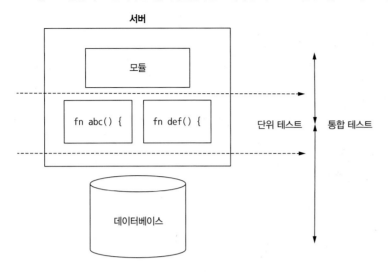

단위 테스트를 통해 로그인 흐름을 테스트하여 필터가 예상대로 작동하는지, 요청한 이메일과 비밀번호 조합으로 데이터베이스 쿼리를 실행하는지, 매개변수를 기반으로 올바르게 반환되는지 등을 확인할 수 있다. 또는 단순히 서버를 부트스트랩(단순한 코드에서 복잡한 코드로 구성해 나가는 행위)할 때 테스트 함수에서 로그인 요청을 하고, 특정 매개변수가 주어질 때의 HTTP 응답을 확인할 수 있다. 이 경우 구현의 세부 사항은 무시한 채로 코드를 블랙 박스처럼 취급한다.

러스트에는 편리한 몇 가지 테스트 도구를 제공한다. 패키지 관리자인 카고에는 test 명령이 있고 함수 위에 추가할 수 있는 테스트 속성(#[test])이 있으므로 컴파일러는 코드 조각을 바이너리에 추가하지 않는다. 또한, 러스트에는 인수의 우변과 좌변이 같은지 확인하는 몇 가지 assert 매크로(예를 들어 assert_eq!)도 있다.

그 외 모든 것은 기본적으로 표준 러스트 코드이다. 몇 가지 추가 크레이트는 함수의 고급 모의 테스트를 수행할 때 도움이 된다. 그러나 시작하기 전에 몇 가지 알아두어야 할 것이 있다. 코드베이스에 더 많은 크레이트를 추가하기 전에 러스트 표준 라이브러리만으로 어느 만큼 할 수 있는지 확인해야 한다.

11.1 비즈니스 로직의 단위 테스트

독립적이고 캡슐화된 코드로 테스트를 시작하겠다. 비즈니스 로직이 예상대로 작동하는지 확인하고자 한다. 테스트 사례마다 새로운 문제에 직면하게 될 것이다. '코드 몇 줄만 더 작성하면 끝' 같은 것은 없다. 외부 API 호출, 환경 변수, Warp 필터와 같은 라이브러리별로 구현을 처리한다.

계속해서 모의 서버 작성, 병렬로 실행되는 테스트 처리, test 모듈 내에서 러스트가 지원하지 않는 비동기 함수 실행에 대해 많은 것을 배우게 될 것이다.

11.1.1 페이지 로직을 테스트하고 자체 에러로 처리하기

러스트의 테스트 개념에 익숙해지도록 우선 작은 것부터 시작하자. 첫 번째 단위 테스트로 부작용이 없는 독립된 함수를 선택한다. 이 장의 소개에서 언급했듯이 extract_pagination 함수는 완벽한 후보이다.

코드 11-1 src/types/pagination.rs 내부에 있는 extract_pagination 함수

```
...
pub fn extract_pagination(params: HashMap<String, String>) ->
    Result<Pagination, Error>
{
    // 나중에 더 개선할 수 있다
    if params.contains_key("limit") && params.contains_key("offset") {
        return Ok(Pagination {
            // limit 매개변수를 쿼리에서 가져와
            // 숫자로 변환을 시도한다
            limit: Some(
                params
                    .get("limit")
                    .unwrap()
                    .parse::<u32>()
                    .map_err(Error::ParseError)?,
            ),
            // end 매개변수를 쿼리에서 가져와
            // 숫자로 변환을 시도한다
            offset: params
                .get("offset")
```

```
            .unwrap()
            .parse::<u32>()
            .map_err(Error::ParseError)?,
        });
    }

    Err(Error::MissingParameters)
}
```

extract_pagination 함수는 HashMap<String, String>을 입력 받아 Result<Pagination, Error>를 반환한다. 예를 들어 러스트는 i64로 HashMap 객체에 전달할 수 없도록 하고, 반환 값으로 Result를 반환하게끔 한다. 몇 가지 시나리오가 있다.

- 모든 것이 예상대로 작동하는 경우: 해시 맵에 숫자로 파싱할 수 있는 두 문자열이 있어 Pagination 객체를 반환한다.

- 해시 맵에는 limit 또는 offset 키가 없어 MissingParameters 에러를 반환한다.

- 해시 맵에는 limit 키와 offset 키가 모두 있지만, 값 중 하나를 숫자로 파싱할 수 없어 ParseError 에러를 반환한다.

러스트에서는 적어도 단위 테스트의 경우 일반적으로 실제 코드와 동일한 파일에서 테스트한다. 다음은 '모든 것이 예상대로'인 경우의 첫 번째 테스트 설정이다.

코드 11-2 pagination.rs 파일 안에 test 모듈 만들기

```
··· 새 모듈을 열었으므로 use super를 통해 pagination.rs 파일에서 함수와 타입을 임포트해야 한다.
    ...
    #[cfg(test)] ···· test 속성을 사용하여 바이너리에 포함할 필요가 없는 테스트 코드임을 컴파일러에 알린다.
    mod pagination_tests { ···· 새로운 모듈을 만들고, 원하는 이름을 붙일 수 있다.
        use super::{extract_pagination, Error, HashMap, Pagination};

        #[test] ···· test 매크로는 명령줄에서 cargo test를 사용할 때 실행되어야 하는 함수에 애너테이션을 단다.
        fn valid_pagination() { ···· 일반적인 러스트 함수를 생성하되 의미 있는 이름을 가지도록 한다.
            let mut params = HashMap::new();
            params.insert(String::from("limit"), String::from("1"));
            params.insert(String::from("offset"), String::from("1"));
            let pagination_result = extract_pagination(params);
            let expected = Pagination {  ······ extract_pagination을 호출한 후 결과 상태를
                limit: Some(1),                 나타내는 변수를 생성한다.
                offset: 1,
            };
```

러스트 애플리케이션 테스트하기

```
        assert_eq!(pagination_result.unwrap(), expected);  ······ assert_eq! 매크로로 함수에서
    }                                                              반환되는 Result와 예상한 값을
  }                                                                비교한다.
```

전체 코드베이스는 일반적인 러스트 코드처럼 보인다. 개발자가 특정 상태가 예상되는지 확인하고, 그렇지 않은 경우 패닉이 발생하는지 확인하려는 코드베이스에서 assert_eq! 매크로를 찾을 수도 있다. test 모듈은 라이브러리나 웹 서비스 사용자와 같은 다른 모듈처럼 이전에 작성한 함수와 논리를 사용하는 코드베이스의 또 다른 부분으로 볼 수 있다. 서드파티 라이브러리가 없는 일반적인 러스트 코드이므로 읽고 이해하기가 더 쉽다.

모든 매개변수가 올바르게 설정되고 함수가 Pagination 객체를 반환하는 최상의 시나리오를 다루었다. 이제 매개변수 중 하나가 없거나 잘못된 에러 사례를 추가해 보겠다. 다음은 누락된 offset 매개변수에 대한 테스트이다.

코드 11-3 offset 매개변수가 빠졌을 때의 에러 테스트 추가하기

```
...                                      limit 키/값만 해시 맵에 추가될 것으로 예상하며, ···
  #[test]                                  extract_pagination 함수가 실패하기 때문에
  fn missing_offset_parameter() {          에러가 발생할 것으로 예상한다. 이 에러를 문자열로
  let mut params = HashMap::new();         변환하여 예상되는 에러 사례와 비교할 수 있다.
  params.insert(String::from("limit"), String::from("1"));

  let pagination_result =
      format!("{}", extract_pagination(params).unwrap_err()); ·······
  let expected = format!("{}", Error::MissingParameters); ····· 나중에 비교할 수 있도록
                                                                impl Display 트레이트 구현을
                                                                사용하여 MissingParameters
  assert_eq!(pagination_result, expected); ··                   에러를 문자열로 변환한다.
  }                     두 문자열을 assert_eq! 매크로로 전달하여 ·
...                     둘이 일치하면 테스트는 성공한 것이다.
```

이 작은 테스트에서도 로직을 구현하는 방법이 다양하다. 해시 맵을 만들고 limit과 숫자가 있는 키–값 쌍을 삽입한다. offset 키–값 쌍을 삽입하지 않아 함수가 실패하는 에러 사례를 만든다. 에러를 어떻게 비교해야 할까?

에러는 handle-errors 크레이트에서 정의되어 있으며 열거 값을 직접 비교하려면 다른 트레이트, 즉 PartialEq(https://doc.rust-lang.org/std/cmp/trait.PartialEq.html)를 구현해야 한다. 우리는 트레이트를 구현하기 위해 derive 매크로를 사용할 수 있지만, 문제는 트레이트를 자동으로 구현할 수 없는 SQLx와 같은 외부 라이브러리의 에러도 사용하고 있다는 데 있다. 다음 코드 스니펫은 derive 매크로에 PartialEq 트레이트를 추가한 것이다.

```
...
#[derive(Debug, PartialEq)]
pub enum Error {
    ParseError(std::num::ParseIntError),
    MissingParameters,
    WrongPassword,
    CannotDecryptToken,
    Unauthorized,
    ArgonLibraryError(ArgonError),
    DatabaseQueryError(sqlx::Error),
    MigrationError(sqlx::migrate::MigrateError),
    ReqwestAPIError(ReqwestError),
    MiddlewareReqwestAPIError(MiddlewareReqwestError),
    ClientError(APILayerError),
    ServerError(APILayerError),
}
...
```

이렇게 하면 에러가 난다. 에러가 나는 곳 중 하나는 sqlx::Error 타입이며, 이 타입은 PartialEq 트레이트를 자동으로 구현하지 못 한다.[1]

```
error[E0369]: binary operation `==` cannot be applied to type `sqlx::Error`
    --> src/lib.rs:21:24
     |
13   | #[derive(Debug, PartialEq)]
     |                 --------- in this derive macro expansion
...
21   |     DatabaseQueryError(sqlx::Error),
```

그런데 이전에 Display 트레이트를 열거 값에 수동으로 구현한 적이 있다.

```
...
impl std::fmt::Display for Error {
    fn fmt(&self, f: &mut std::fmt::Formatter) -> std::fmt::Result {
        match &*self {
            Error::ParseError(ref err) => {
                write!(f, "Cannot parse parameter: {}", err)
            }
            Error::MissingParameters => write!(f, "Missing parameter"),
            Error::WrongPassword => {
```

---

1 역주 그러므로 PartialEq 부분은 derive에 넣어서는 안 된다.

```rust
                    write!(f, "Wrong password")
                }
                Error::CannotDecryptToken => write!(f, "Cannot decrypt error"),
                Error::Unauthorized => write!(f, "No permission to change the underlying
    resource"),
                Error::ArgonLibraryError(_) => {
                    write!(f, "Cannot verify password")
                }
                Error::DatabaseQueryError(_) => {
                    write!(f, "Cannot update, invalid data.")
                }
                Error::MigrationError(_) => write!(f, "Cannot migrate data"),
                Error::ReqwestAPIError(err) => {
                    write!(f, "External API error: {}", err)
                }
                Error::MiddlewareReqwestAPIError(err) => {
                    write!(f, "External API error: {}", err)
                }
                Error::ClientError(err) => {
                    write!(f, "External Client error: {}", err)
                }
                Error::ServerError(err) => {
                    write!(f, "External Server error: {}", err)
                }
            }
        }
    }
    ...
```

그러므로 format! 매크로에 에러의 String 버전을 사용할 수 있다.

```rust
    ...
    let pagination_result = format!("{}", extract_pagination(params).unwrap_err());
    let expected = format!("{}", Error::MissingParameters);
    assert_eq!(pagination_result, expected);
    ...
```

문자열은 PartialEq 트레이트(https://doc.rust-lang.org/std/string/struct.String.
html#impl-PartialEq%3CString%3E)를 구현하므로 assert_eq! 매크로에서 쓸 수 있다. 표준
라이브러리에는 kind 함수(https://doc.rust-lang.org/std/io/struct.Error.html#method.
kind)와 같이 에러에 구현된 함수도 있다. 에러 종류에 접근한 다음 서로 비교할 수 있다. 페이지
매김 함수에 대한 나머지 테스트 사례는 책의 깃 저장소에서 찾을 수 있다.

11.1.2 환경 변수로 Config 모듈 테스트하기

이전 절에서 사용자 정의 에러를 처리하고 비교하는 방법을 배웠다. 이 절에서는 러스트에서의 테스트에 대한 또 다른 흥미로운 정보를 알아보려고 한다. 기본적으로 모든 테스트는 병렬로 실행된다. 이는 성능과 속도 면에서는 훌륭하지만, 부작용이 발생할 수 있으니 주의해야 한다. Config 모듈을 테스트하는 동안 곧 보게 되겠지만, 이러한 부작용 중 하나는 한 테스트 함수에서 환경 변수를 설정하고 제거하면 다른 테스트에도 영향이 미친다는 것이다. 다음에서 Config 구조체의 구현을 보면 paseto 키 또는 API 키가 설정되지 않은 경우 일찍 실패하는 것을 볼 수 있다.

코드 11-4 src/config.rs에서 impl config의 처음 몇 줄

```
...
impl Config {
    pub fn new() -> Result<Config, handle_errors::Error> {
        dotenv::dotenv().ok();
        let config = Config::parse();

        if let Err(_) = env::var("BAD_WORDS_API_KEY") {
            panic!("BadWords API key not set");
        }

        if let Err(_) = env::var("PASETO_KEY") {
            panic!("PASETO key not set");
        }
    ...
```

연관 함수 new 함수를 테스트할 때는 이를 고려해야 한다. 우리는 어떻게든 환경 변수가 언제 설정되는지와 test 모듈에서 환경 변수를 어떻게 설정하거나 설정 해제하는지를 파악해야 한다. 함수의 첫 번째 줄은 환경의 .env 파일에서 환경 변수를 가져오는 dotenv 크레이트를 호출한다. 여기서 env::var 호출을 통해 값을 가져온다.

새로운 함수를 호출할 때마다 모든 환경 변수도 설정한다. 서버를 시작할 때 main 함수에서 이 작업을 수행하면 되므로 굳이 이 작업을 하지 않아도 된다. 첫 번째 줄을 생략하면 이 함수의 부작용도 없어진다. 따라서 코드베이스에서 첫 번째 줄을 제거한다.

```
...
impl Config {
    pub fn new() -> Result<Config, handle_errors::Error> {
        dotenv::dotenv().ok();
```

러스트 애플리케이션 테스트하기

```
            let config = Config::parse();

            if let Err(_) = env::var("BAD_WORDS_API_KEY") {
                panic!("BadWords API key not set");
            }

            if let Err(_) = env::var("PASETO_KEY") {
                panic!("PASETO key not set");
            }
    ...
```

대신에 main.rs의 main 함수에 이를 추가한다.

```
    ...
    #[tokio::main]
    async fn main() -> Result<(), handle_errors::Error> {
        dotenv::dotenv().ok();

        let config = config::Config::new().expect("Config can't be set");

        let log_filter = std::env::var("RUST_LOG").unwrap_or_else(|_| {
            format!(
                "handle_errors={},rust_web_dev={},warp={}",
                config.log_level, config.log_level, config.log_level
            )
        });
    ...
```

이것으로 첫 번째 테스트를 작성하는 데 집중할 수 있다. 다음은 config.rs 파일 끝에 추가된 test
모듈이다.

코드 11-5 src/config.rs에 test 모듈 추가하기

```
    ...
    #[cfg(test)]
    mod config_tests {
        use super::*;

        #[test]
        fn unset_api_key() {
            let result = std::panic::catch_unwind(|| Config::new());
            assert!(result.is_err());
        }
    }
```

super::*로 모듈의 모든 함수와 구조체를 임포트하고, 환경 변수로 API 키가 설정되지 않은 경우를 캡처하는 첫 번째 테스트를 작성한다. 이전에 dotenv::dotenv.ok 호출을 제거했으므로 Config::new를 호출하면 .env의 어떤 변수도 범위로 가져올 수 없다.

또한, 도구 상자에 표준 라이브러리의 catch_unwind를 호출하는 새로운 트릭을 추가한다. 이 깔끔한 함수를 사용하면 프로그램을 중단하지 않고 코드에서 패닉을 포착할 수 있다. 또한, 처음에 패닉이 발생한 이유를 캡슐화한다. 그러나 우리의 경우에는 에러를 포착하고 간단하게 assert!(result.is_err())로 새로운 Config 객체를 생성할 때 에러가 발생하는지 확인하는 것이 중요하다.

명령줄에서 cargo test를 실행하면 정상적으로 처리되어 모든 테스트는 통과한다. 이제 환경 변수를 설정하고 유효한 Config 객체를 다시 필요로 하는 경우로 넘어갈 수 있다. 다음은 테스트가 추가된 코드이다.

코드 11-6 config 모듈에 대한 포지티브 테스트[2] 추가하기

```
...
#[cfg(test)]
mod config_tests {
    use super::*;

    fn set_env() {
        env::set_var("BAD_WORDS_API_KEY", "yes");
        env::set_var("PASETO_KEY", "yes");
        env::set_var("POSTGRES_USER", "user");
        env::set_var("POSTGRES_PASSWORD", "pass");
        env::set_var("POSTGRES_HOST", "localhost");
        env::set_var("POSTGRES_PORT", "5432");
        env::set_var("POSTGRES_DB", "rustwebdev");
    }

    #[test]
    fn unset_api_key() {
        let result = std::panic::catch_unwind(Config::new);
        assert!(result.is_err());
    }

    #[test]
    fn set_api_key() {
```

---

2 [역주] 정상적인 입력을 넣었을 때 정상적인 결과가 나오는 테스트이다.

```
            set_env();

            let expected = Config {
                log_level: "warn".to_string(),
                port: 8080,
                db_user: "user".to_string(),
                db_password: "pass".to_string(),
                db_host: "localhost".to_string(),
                db_port: 5432,
                db_name: "rustwebdev".to_string(),
            };

            let config = Config::new().unwrap();

            assert_eq!(config, expected);
        }
    }
```

여기에서 test 모듈 내에 모든 환경 변수를 수동으로 설정하는 새로운 도우미 함수를 만들었다. 이 함수를 호출해 새로운 구성 객체를 만든다. 그런 다음 생성된 Config가 수동으로 생성한 것과 동일한지 확인한다. cargo test를 실행하면 몇몇 동작이 이상할 것이다.

```
$ cargo test
...
test config::config_tests::set_api_key ... ok
test config::config_tests::unset_api_key ... FAILED
```

방금 추가한 set_api_key 테스트는 통과하지만, 이전 테스트인 unset_api_key는 실패한다. 우리는 이미 러스트에서 테스트가 병렬로 실행된다고 언급했다. config test 모듈을 시작하면 두 함수를 동시에 실행한다. set_api_key 테스트는 모든 환경 변수를 설정하지만, 다른 테스트에서는 환경 변수가 설정되지 않았으므로 Config::new 함수 호출이 패닉 상태가 될 것으로 예상했다. 해답은 무엇일까? 실패할 거라 예상하는 테스트를 먼저 실행한 다음 환경 변수를 설정해야 한다.

한 가지 솔루션은 테스트를 병렬로 실행하지 않는 것이다. 〈러스트 프로그래밍 공식 가이드〉에는 테스트를 순차적으로 실행할 수 있다고 쓰여져 있다.

```
$ cargo test -- --test-threads=1
```

그러나 모든 테스트에서 병렬 실행이 중지되며, 이는 우리가 원하는 것이 아니다. 또 다른 방법은 개별 함수를 두 개 만드는 것이 아니라 테스트 케이스를 하나로 동일하게 압축하는 것이다. 다음은 그 방법이다.[3]

코드 11-7 환경 변수가 간섭하지 않도록 두 config 테스트 결합하기

```
    ...
    #[test]
    fn unset_and_set_api_key() {
        // 환경 변수가 설정되지 않음
        let result = std::panic::catch_unwind(Config::new);
        assert!(result.is_err());

        // 이제 설정됨
        set_env();

        let expected = Config {
            log_level: "warn".to_string(),
            port: 8080,
            db_user: "user".to_string(),
            db_password: "pass".to_string(),
            db_host: "localhost".to_string(),
            db_port: 5432,
            db_name: "rustwebdev".to_string(),
        };

        let config = Config::new().unwrap();

        assert_eq!(config, expected);
    }
```

테스트를 다시 실행하면 성공으로 바뀌고 코드가 모두 작동한다. env::remove_var("")를 사용해 모든 환경 변수를 다시 설정 해제하도록 하는 방법도 있다.

---

3 **역주** 1.68.1에서 테스트해 보면 더 이상 단일 스레드를 지원하지는 않는 것으로 보인다. https://github.com/rust-lang/cargo/issues/11896를 참고하자.

11.1.3 새로 생성된 모의 서버로 profanity 모듈 테스트하기

테스트의 첫 번째 라운드는 훌륭한 워밍업이었다. profanity 모듈을 다룰 때 우리는 새로운 수준의 복잡성을 접할 것이다. 기억하겠지만 check_profanity 함수를 사용하여 질문(또는 답변)의 제목과 콘텐츠를 서드파티 API로 보내 금칙어가 있는지 확인한다(이후 검열된 콘텐츠 버전을 다시 보낸다).

check_profanity 함수의 동작을 테스트하려고 한다. 많은 비즈니스 로직이 발생하지는 않지만, 여러 에러와 성공 사례를 처리하고 올바른 응답을 반환하고자 한다. 여기서 문제는 서드파티 API에 대한 HTTP 호출이며, 어떻게든 처리해야 한다.

이러한 경우를 처리할 때 기본적으로 두 가지 (주요) 개념이 있다.

- Reqwest 라이브러리를 자체 더미 로직으로 대체할 수 있다.
- API URL을 변경할 수 있으며 실제 URL 대신 사전 정의된 응답으로 localhost에서 실행 중인 모의 서버를 타겟팅할 수 있다.

일반적으로 실제 소스 코드를 테스트하고 싶기 때문에 코드를 너무 많이 바꾸지 않는 편이 좋다. 우리는 테스트한 후에 다시 실행할 수 있는 모의 서버를 작성하기로 했다. 테스트에 대한 일부 JSON 응답을 미리 설정하여 다양한 에러와 응답을 확인할 수 있다. 그림 11-2는 사용할 수 있는 두 가지 전략이다.

❤ 그림 11-2 이러한 모사 전략에서 라이브러리 자체 또는 엔드포인트를 호출할 수 있다

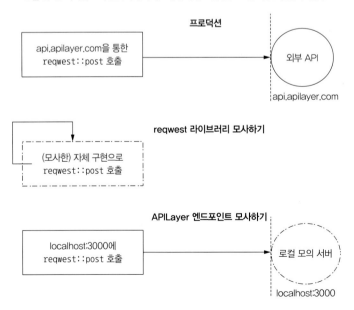

얼마 안 되는 테스트를 위해 상당한 양의 새 코드를 작성해야 한다고 생각할 수 있다. 하지만 이 모의 서버를 만들면 나중에 자신의 프로젝트에서 사용할 수 있는 툴체인에 훌륭한 도구가 될 것이다.

프로젝트 루트 폴더 안에 새로운 프로젝트를 생성하는 것으로 시작한다(handle-errors 크레이트에서 했던 것과 동일).

```
$ cargo new --lib mock-server
```

새 라이브러리를 만들고 이를 Cargo.toml에 추가한다.

코드 11-8 Cargo.toml 파일에 mock-server 추가하기

```
[package]
name = "rust-web-dev"
version = "1.0.0"
edition = "2021"

[dependencies]
handle-errors = { path = "handle-errors", version = "0.1.0" }
mock-server = { path = "mock-server", version = "0.1.0" }
warp = "0.3"
...
```

이제 모의 서버가 어떤 모습이어야 하는지 생각해야 한다. 그 특징은 무엇일까? 우리는 다음과 같은 기능을 원한다.

- 특정 포트와 주소에서 명령으로 시작하기
- 서드파티 서버와 동일한 경로를 가지므로 테스트할 때 주소를 api.apylayer.com에서 localhost로 URL만 전환하기
- 실제 API와 동일한 매개변수 수락하기
- 다양한 에러 및 OK 사례로 대응할 수 있는 가능성 도입하기
- 테스트를 마친 후 테스트 내에서 서버를 다시 종료하기

미리 정의된 단순한 응답과 테스트가 끝나면 종료할 수 있는 기능이 추가된, 거의 완전한 웹 서버를 다시 구축하는 것처럼 보인다. 이 솔루션의 흥미로운 부분은 정확히 '서버를 원격으로 종료'하는 것이다. 모의 서버의 나머지 부분은 책 전체에서 이미 수행하고 있는 것과 거의 동일하다.

코드 11-9는 mock-server 크레이트에 있는 수정된 lib.rs 파일이다. 음영으로 표시한 코드는 서버가 종료되도록 서버에 원격으로 메시지를 보내는 데 사용하는 기능이다.

11

라스트 애플리케이션 테스트하기

411

```rust
use bytes::Bytes;
use serde_json::json;
use std::collections::HashMap;
use std::net::SocketAddr;
use tokio::sync::{oneshot, oneshot::Sender};
use warp::{http, Filter, Reply};

#[derive(Clone, Debug)]
pub struct MockServer {
    socket: SocketAddr,
}

pub struct OneshotHandler {
    pub sender: Sender<i32>,
}

impl MockServer {
    pub fn new(bind_addr: SocketAddr) -> MockServer {
        MockServer { socket: bind_addr }
    }

    async fn check_profanity(_: (), content: Bytes) ->
        Result<impl warp::Reply, warp::Rejection>
    {
        let content =
            String::from_utf8(content.to_vec()).expect("Invalid UTF-8");
        if content.contains("shitty") {
            Ok(warp::reply::with_status(
                warp::reply::json(&json!({
                    "bad_words_list": [{
                    "deviations": 0,
                    "end": 16,
                    "info": 2,
                    "original": "shitty",
                    "replacedLen": 6,
                    "start": 10,
                    "word": "shitty"
                    }],
                    "bad_words_total": 1,
                    "censored_content": "this is a ****** sentence",
                    "content": "this is a shitty sentence"
                })),
```

```
                    http::StatusCode::OK,
            ))
        } else {
            Ok(warp::reply::with_status(
                warp::reply::json(&json!({
                    "bad_words_list": [],
                    "bad_words_total": 0,
                    "censored_content": "",
                    "content": "this is a sentence"
                })),
                http::StatusCode::OK,
            ))
        }
    }

    fn build_routes(&self) -> impl Filter<Extract = impl Reply> + Clone {
        warp::post()
            .and(warp::path("bad_words"))
            .and(warp::query())
            .map(|_: HashMap<String, String>| ())
            .and(warp::path::end())
            .and(warp::body::bytes())
            .and_then(Self::check_profanity)
    }

    pub fn oneshot(&self) -> OneshotHandler {
        let (tx, rx) = oneshot::channel::<i32>();
        let routes = Self::build_routes(&self);

        let (_, server) = warp::serve(routes)
            .bind_with_graceful_shutdown(self.socket, async {
                rx.await.ok();
            });

        tokio::task::spawn(server);

        OneshotHandler { sender: tx }
    }
}
```

보다시피 build_routes 함수와 check_profanity 경로 핸들러는 이 책에서 이미 여러 번 작성했던 것과 완전히 똑같다. 우리는 방금 우리가 알고 있는 도구를 사용하여 또 다른 웹 서버를 구축했으며 이 웹 서버에서는 데이터베이스나 보다 정교한 미들웨어를 넣는 대신 가능한 모든 코드 줄을 포괄하는 통합 테스트를 위해 필요한 모의 데이터를 반환할 것이다.

음영으로 표시한 코드에 주목해야 한다. 우리가 연 엔드포인트 검사 부분을 먼저 이야기하고 다음으로 서버를 원격으로 종료할 수 있도록 추가한 기능을 이야기하겠다. API 계층에는 /bad_words?censor_character={{censor_character}} 엔드포인트가 있다. 서버를 시작할 때 우리는 호스트를 api.apilayer.com에서 localhost로만 교체하는 것을 원하므로 엔드포인트를 그대로 흉내내야 한다. 쿼리 매개변수는 하드 코딩되므로 변경할 수 없다. 따라서 우리는 쿼리 매개변수를 요청하지만 아무것도 하지 않고 그냥 버린다(따라서 .map(|_: HashMap<String, String>... 구문이 되었다).

우리가 사용하는 API는 JSON 형식이 아닌 원시 형태의 본문을 받는다. 이것이 우리가 Warp 서버에서 본문을 bytes로 기대하는 이유이다. bytes라고 하는 서드파티 크레이트를 사용하므로 mock-server의 Cargo.toml 파일에 추가한다(코드 11-10). 경로 핸들러 내에서 다음 줄을 사용하여 바이트를 문자열로 변환한다.

```
let content = String::from_utf8(content.to_vec()).expect("Invalid UTF-8");
```

코드 11-10 mock-server 프로젝트의 Cargo.toml

```
[package]
name = "mock-server"
version = "0.1.0"
edition = "2021"

[dependencies]
tokio = { version = "1.1.1", features = ["full"] }
warp = "0.3"
serde_json = "1.0"
bytes = "1.1.0"
```

엔드포인트와 경로 핸들러가 자리잡았으니 서버를 정상적으로 종료하는 기능을 제공하는 다른, 새로운 코드에 집중하도록 하자. Warp는 서버를 시작할 때 bind_with_graceful_shutdown 함수를 추가할 수 있다. 이 함수는 소켓 주소와 퓨처인 신호(signal)를 인수로 받는다. 이 신호를 받을 때마다 서버가 종료된다. 그림 11-3은 열린 채널을 통해 신호를 보내는 개념을 설명한다.

❤ 그림 11-3 정확히 메시지 하나를 보내는 원샷(oneshot) 채널을 사용하여 메시지 수신자 측에서 종료를 트리거할 수 있다

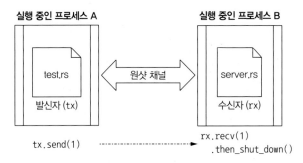

이제 이 신호는 명령줄의 Ctrl + C 명령 역할을 할 수 있다(운영체제에 따라 다름). 우리가 이 신호를 보내면 Warp는 강제 종료를 수행하는 대신 적절한 방법으로 모든 것을 적절히 해체하고 일부 주소 공간을 비울 수 있다. 우리는 명령줄에서 '멀리 떨어져' 있기 때문에(다른 프로젝트 내에서, 원격으로, 테스트 내에서 서버를 시작하고 중지하려고 함) 실행 중인 서버에 보낼 수 있는 신호가 필요하다.

여기에서 채널이 작동한다. 두 인스턴스 간에 **채널**(Channels)을 생성한 다음 두 당사자가 채널을 통해 통신할 수 있다. Tokio 웹사이트에는 채널에 대한 훌륭한 개요와 자습서가 있다(https://tokio.rs/tokio/tutorial/channels). 이 경우에서는 발신자와 수신자 간에 단일 값 하나를 전송하는 원샷(oneshot) 채널을 사용한다. 다른 채널은 무기한으로 유지되어야 한다.

다음 코드는 채널을 생성하고 tx(발신자)와 rx(수신자) 객체를 반환한다.

```
let (tx, rx) = oneshot::channel::<i32>();
```

우리는 bind_with_graceful_shutdown 함수에서 rx 신호를 await로 기다리고, 생성된 발신자(tx)로 OneshotHandler 객체를 생성한다. 나중에 MockServer::new로 새로운 MockServer를 생성할 때 우리는 oneshot 함수를 호출할 수 있는 새로운 객체를 다시 얻는다. 이렇게 하면 서버가 시작되면서 발신자를 반환하는데, 이를 간단한 메시지(i32)를 보내는 데 사용할 수 있다. 메시지가 전송되면 서버가 종료되기 시작한다. profanity 모듈에 대한 테스트를 추가하면서 실제로 작동하는 것을 살펴보자.

코드 11-11 check_profanity 테스트에서 모의 서버 사용하기

```
pub async fn check_profanity(content: String) ->
    Result<String, handle_errors::Error>
{
    // ENV VARIABLE이 설정되었는지 main.rs에서 이미 확인했다
    // 그러니 여기에서는 unwrap해도 안전하다
```

러스트 애플리케이션 테스트하기

```rust
    let api_key = env::var("BAD_WORDS_API_KEY").unwrap();
    let api_layer_url = env::var("API_LAYER_URL")
        .expect("APILAYER URL NOT SET");

    let retry_policy = ExponentialBackoff::builder().build_with_max_retries(3);

    let client = ClientBuilder::new(reqwest::Client::new())
    // HTTP 요청을 추적한다. 이 추적을 사용하려면 tracing 크레이트를 보라
    // 요청이 실패하면 다시 시도한다
        .with(RetryTransientMiddleware::new_with_policy(retry_policy))
        .build();
    let res = client
        .post(format!(
            "{}/bad_words?censor_character=*",
            api_layer_url
        ))
        .header("apikey", api_key)
        .body(content)
        .send()
        .await
        .map_err(|e| handle_errors::Error::MiddlewareReqwestAPIError(e))?;

    ...

}

...

#[cfg(test)]
mod profanity_tests {
    use super::{check_profanity, env};

    use mock_server::{MockServer, OneshotHandler};

    #[tokio::test]
    async fn run() {
        let handler = run_mock();
        censor_profane_words().await;
        no_profane_words().await;
        let _ = handler.sender.send(1);
    }

    fn run_mock() -> OneshotHandler {
        env::set_var("API_LAYER_URL", "http://127.0.0.1:3030");
```

```
            env::set_var("BAD_WORDS_API_KEY", "YES");

            let socket = "127.0.0.1:3030"
                .to_string()
                .parse()
                .expect("Not a valid address");
            let mock = MockServer::new(socket);
            mock.oneshot()
        }

        async fn censor_profane_words() {
            let content = "This is a shitty sentence".to_string();
            let censored_content = check_profanity(content).await;
            assert_eq!(censored_content.unwrap(), "this is a ****** sentence");
        }

        async fn no_profane_words() {
            let content = "this is a sentence".to_string();
            let censored_content = check_profanity(content).await;
            assert_eq!(censored_content.unwrap(), "");
        }
    }
```

cargo test로 실행하면 함수 하나만 트리거된다. 여기에서 우리는 모의 서버를 시작한다(그리고 발신자가 들어 있는 Oneshot 핸들러를 받는다). 다음으로 check_profanity 함수의 실제 구현을 호출하는 두 가지 테스트를 실행하고, 두 함수가 실행된 후 oneshot 채널로 임의의 정수를 보내 모의 서버에 종료 신호를 보낸다.

하지만 run_mock 함수에는 또 다른 중요한 코드가 있다. check_profanity 함수가 호출하는 URL 을 변경할 수 있어야 한다. 환경 변수로 api.apilayer.com 대신 다른 호스트를 즉시 교체할 수 있다. 환경 변수를 .env 파일에 추가해야 한다.

코드 11-12 .env 파일에 API layer URL 추가하기

```
BAD_WORDS_API_KEY=PtYERikdCd9KCh5xExEybCrtBX9825vT
PASETO_KEY="RANDOM WORDS WINTER MACINTOSH PC"
API_LAYER_URL="https://api.apilayer.com"
PORT=8080
POSTGRES_USER=username
POSTGRES_PASSWORD=password
POSTGRES_DB=rustwebdev
```

러스트 애플리케이션 테스트하기

```
POSTGRES_HOST=localhost
POSTGRES_PORT=5432
```

profanity 모듈에 대한 테스트가 추가되었으니 cargo test를 다시 실행하여 모든 테스트가 실행되는지 확인한다.

```
$ cargo test
    Finished test [unoptimized + debuginfo] target(s) in 3.51s
        Running unittests src/main.rs (target/debug/deps/rust_web_dev-
782d22b63554f0fc)

running 7 tests
test types::pagination::pagination_tests::missing_limit_paramater ... ok
test types::pagination::pagination_tests::valid_pagination ... ok
test types::pagination::pagination_tests::missing_offset_parameter ... ok
test types::pagination::pagination_tests::wrong_offset_type ... ok
test types::pagination::pagination_tests::wrong_limit_type ... ok
test config::config_tests::unset_and_set_api_key ... ok
test profanity::profanity_tests::run ... ok

test result: ok. 7 passed; 0 failed; 0 ignored; 0 measured; 0 filtered out; finished
in 0.00s
```

방금 테스트를 마친 세 가지 모듈은 향후 러스트 코드베이스에서 반복해서 사용할 다양한 기술을 다루고 있다. config와 같은 더 작은 모듈을 단위 테스트하지 않기로 결정할 수도 있었지만, 책의 목적상 러스트 테스트의 병렬성과 환경 변수를 처리하는 방법을 살펴보기 위해 해당 모듈을 테스트해 보았다.

pagination 모듈은 에러를 비교하는 것이 얼마나 간단하지 않은지 확인할 수 있는 기회를 제공했으며, 마지막 항목인 profanity 모듈에서는 모의 서버를 완전히 처음부터 만들었기 때문에 가장 큰 영향이 있었다. 하지만 해당 서버는 이후에 필요한 어떤 상황에서든 이용할 수 있다. 이러한 테스트가 완료되면 테스트 여정의 다음 단계인 Warp 필터를 살펴보도록 하겠다.

11.2 Warp 필터 테스트하기

들어오는 HTTP 요청을 경로 핸들러에 전달하기 전에 인증 필터를 통과하여 Authorization 헤더가 존재하고 내부에 유효한 토큰이 있는지 확인한다. 이 코드 조각을 테스트하는 것은 애플리케이션의 보안에 있어 매우 중요하다. 서버를 시작한 후 서버로 요청을 실행할 필요 없이 이 코드 조각을 테스트할 수 있다면 좋을 것이다.

이렇게 테스트하는 데 두 가지 방법이 있다.

- 인증 기능을 별도로 테스트하기

- 통합된 warp::test 모듈을 사용하여 서버를 시작하지 않고 엔드포인트 테스트하기

우리는 두 번째 방법을 사용할 것이다. 다양한 엔드포인트를 통과할 수 있고, 해당 엔드포인트마다 auth 미들웨어를 포함하는지 확인할 수 있으며, Warp의 test 모듈이 어떻게 작동하는지 볼 수 있기 때문이다. 문제가 되는 코드는 authentication.rs 파일의 다음 부분이다. 여기서 음영으로 표시한 코드는 경로에서 사용하는 실제 필터 기능이다.

```rust
pub fn verify_token(token: String) -> Result<Session, handle_errors::Error> {
    let key = env::var("PASETO_KEY").unwrap();
    let token = paseto::tokens::validate_local_token(
        &token,
        None,
        key.as_bytes(),
        &paseto::tokens::TimeBackend::Chrono,
    )
    .map_err(|_| handle_errors::Error::CannotDecryptToken)?;

    serde_json::from_value::<Session>(token).map_err(|_| handle_errors::Error::CannotD
ecryptToken)
}

fn issue_token(account_id: AccountId) -> String {
    let key = env::var("PASETO_KEY").unwrap();

    let current_date_time = Utc::now();
    let dt = current_date_time + chrono::Duration::days(1);

    paseto::tokens::PasetoBuilder::new()
```

```
            .set_encryption_key(&Vec::from(key.as_bytes())))
            .set_expiration(&dt)
            .set_not_before(&Utc::now())
            .set_claim("account_id", serde_json::json!(account_id))
            .build()
            .expect("Failed to construct paseto token w/ builder")
    }


    pub fn auth() -> impl Filter<Extract = (Session,), Error = warp::Rejection> + Clone {
        warp::header::<String>("Authorization").and_then(|token: String| {
            let token = match verify_token(token) {
                Ok(t) => t,
                Err(_) => {
                    return future::ready(Err(warp::reject::custom(
                        handle_errors::Error::Unauthorized,
                    )))
                }
            };


            future::ready(Ok(token))
        })
    }
```

요청을 실행하기 위해 테스트 서버를 가동하는 대신 언급한 `warp::test` 모듈을 사용해 요청을 만들고 Authorization 헤더를 설정하면 auth 필터가 예상대로 작동하는지 확인할 수 있다. 다음은 auth 필터에 대한 첫 번째 테스트이다.

코드 11-13 src/routes/authentication.rs의 auth 필터 테스트하기

```
...
#[cfg(test)]
mod authentication_tests {
    use super::{auth, env, issue_token, AccountId};  ······ authentication 모듈에서 필요한
                                                             구조체와 함수를 임포트한다.

    #[tokio::test]                              PASETO_KEY 환경 변수를 설정해야 한다. 그렇지 않으면 ···
    async fn post_questions_auth() {            auth가 백그라운드에서 호출하는 issue_token 함수가 실패한다.
        env::set_var("PASETO_KEY", "RANDOM WORDS WINTER MACINTOSH PC"); ··············
        let token = issue_token(AccountId(3));  ······ Authorization 헤더에서 테스트 요청에
                                                        전달할 수 있는 새 토큰을 발급한다.

        let filter = auth();

        let res = warp::test::request()
            .header("Authorization", token)
```

```
    .filter(&filter);  ···· 헤더를 포함하는 테스트 요청을 생성해서 필터인 auth 함수에 전달한다.

    assert_eq!(res.await.unwrap().account_id, AccountId(3));  ·············
    }                                         응답을 기다리고 세션을 다시 가져온다. ··
}                                  여기서 세션의 account_id를 토큰을 발행한 계정과 비교한다.
```

이전 테스트를 돌이켜보면 이전에는 몰랐던 몇 가지 정보를 항상 찾을 수 있다. 이번 경우에는 이 테스트를 구현하고 실행하면 때때로 테스트가 실패하는 것을 볼 수 있다.

```
    Finished test [unoptimized + debuginfo] target(s) in 0.37s
        Running unittests src/main.rs (target/debug/deps/rust_web_dev-
782d22b63554f0fc)

running 8 tests
test types::pagination::pagination_tests::wrong_limit_type ... ok
test types::pagination::pagination_tests::missing_offset_parameter ... ok
test types::pagination::pagination_tests::missing_limit_paramater ... ok
test types::pagination::pagination_tests::valid_pagination ... ok
test types::pagination::pagination_tests::wrong_offset_type ... ok
test config::config_tests::unset_and_set_api_key ... ok
test routes::authentication::authentication_tests::post_questions_auth ... FAILED
test profanity::profanity_tests::run ... ok

failures:

---- routes::authentication::authentication_tests::post_questions_auth stdout ----
thread 'routes::authentication::authentication_tests::post_questions_auth' panicked at
'called `Result::unwrap()` on an `Err` value: Rejection(Unauthorized)', src/routes/
authentication.rs:116:30


failures:
    routes::authentication::authentication_tests::post_questions_auth

test result: FAILED. 7 passed; 1 failed; 0 ignored; 0 measured; 0 filtered out;
finished in 0.01s

error: test failed, to rerun pass `--bin rust-web-dev`
```

또한, 테스트를 통해 코드베이스에서 새로운 통찰을 발견할 수 있음을 증명할 수 있다. 테스트가 자주 실패한다면 두 가지를 가정할 수 있다.

- 동시에 실행되는 또 다른 테스트가 auth 테스트에 어떤 부작용을 일으킬 수 있다.

- 토큰 발행 시기는 실패한 테스트와 관련이 있다.

결과적으로는 두 가지 가정이 모두 옳다. 방해할 수 있는 테스트를 골라내야 하는데 환경 변수를 설정하고 삭제했던 유일한 테스트는 config 테스트이다. 먼저 해당 테스트에서 환경 변수를 설정하고 해제한 부분을 주석 처리한 후 이것이 테스트에 영향을 미치는지 확인해 본다. 주석 처리한 후 테스트를 다시 실행하면 상황이 호전되는 듯한 느낌을 받게 된다. 테스트는 이전보다는 더 자주 통과하지만 여전히 항상 그런 것은 아니다.

토큰이 발행되는 메서드를 살펴보겠다(연결된 타임스탬프가 있는 코드 부분을 음영으로 표시함).

```
fn issue_token(account_id: AccountId) -> String {
    let key = env::var("PASETO_KEY").unwrap();

    let current_date_time = Utc::now();
    let dt = current_date_time + chrono::Duration::days(1);

    paseto::tokens::PasetoBuilder::new()
        .set_encryption_key(&Vec::from(key.as_bytes())))
        .set_expiration(&dt)
        .set_not_before(&Utc::now())
        .set_claim("account_id", serde_json::json!(account_id))
        .build()
        .expect("Failed to construct paseto token w/ builder")
}
```

토큰을 발행할 때 set_not_before 필드를 설정했음을 확인할 수 있다. not_before 필드의 타임스탬프는 Utc::now이다. 그렇다면 Utc::now 타임스탬프 이전에 토큰을 사용해도 될까? 토큰에서 set_not_before 설정을 삭제하고 영향이 있는지 확인할 수 있다. 결과적으로 auth 테스트는 항상 실패한다. 더 자세히 조사하면 토큰을 확인할 때 Serde를 통해 새로운 Session 객체로 역직렬화하려고 시도한다는 것을 확인할 수 있다. 변경을 완료하기 위해 Session 구조체를 변경하여 nbf 필드를 제거한다.

```
#[derive(Serialize, Deserialize, Debug, Clone)]
pub struct Session {
    pub exp: DateTime<Utc>,
    pub account_id: AccountId,
    pub nbf: DateTime<Utc>,
}
```

config 테스트를 여전히 주석 처리한 채 토큰과 세션에서 nbf 필드가 제거된 상태에서 테스트를 다시 실행한다.

```
$ cargo test
    Finished test [unoptimized + debuginfo] target(s) in 0.38s
        Running unittests src/main.rs (target/debug/deps/rust_web_dev-
782d22b63554f0fc)

running 7 tests
test types::pagination::pagination_tests::valid_pagination ... ok
test types::pagination::pagination_tests::wrong_offset_type ... ok
test types::pagination::pagination_tests::missing_offset_parameter ... ok
test types::pagination::pagination_tests::wrong_limit_type ... ok
test types::pagination::pagination_tests::missing_limit_paramater ... ok
test routes::authentication::authentication_tests::post_questions_auth ... ok
test profanity::profanity_tests::run ... ok

test result: ok. 7 passed; 0 failed; 0 ignored; 0 measured; 0 filtered out; finished
in 0.01s
```

여러 번 실행해도 모두 통과한다. config 테스트의 주석을 제거하면 때때로 테스트가 다시 실패한다. 해당 테스트를 자세히 살펴보면 PASETO_KEY 환경 변수를 YES로 설정한 것을 볼 수 있다. 계속해서 테스트를 더 분리하기 전에 예제 값을 적절한 키로 변경하고 다시 테스트한다.

```
#[cfg(test)]
mod config_tests {
    use super::*;

    fn set_env() {
        env::set_var("BAD_WORDS_API_KEY", "yes");
        env::set_var("PASETO_KEY", "yes");
        env::set_var("PASETO_KEY", "RANDOM WORDS WINTER MACINTOSH PC");
...
```

이제 진행하는 모든 테스트에서 아무 문제없이 통과된다.

```
$ cargo test
    Finished test [unoptimized + debuginfo] target(s) in 0.38s
        Running unittests src/main.rs (target/debug/deps/rust_web_dev-782d22b63554f0fc)

running 8 tests
test types::pagination::pagination_tests::valid_pagination ... ok
test types::pagination::pagination_tests::missing_offset_parameter ... ok
test types::pagination::pagination_tests::missing_limit_paramater ... ok
```

```
test types::pagination::pagination_tests::wrong_offset_type ... ok
test types::pagination::pagination_tests::wrong_limit_type ... ok
test routes::authentication::authentication_tests::post_questions_auth ... ok
test config::config_tests::unset_and_set_api_key ... ok
test profanity::profanity_tests::run ... ok

test result: ok. 8 passed; 0 failed; 0 ignored; 0 measured; 0 filtered out; finished
in 0.01s
```

간단한 필터 테스트에도 변경해야 하는 것과 파악해야 할 것이 많이 있었다. 그러나 결국 코드를 더 잘 알게 되었고, 실제 코드베이스를 변경했으며 애플리케이션의 내부 작동에 대해 더 자신감을 갖게 되었다. 테스트 여정의 마지막 섹션이며 이 장과 책 전체의 끝인 통합 테스트를 진행할 준비가 되었다.

11.3 통합 테스트 설정 만들기

이 책에서 말하는 통합 테스트란 localhost 또는 도커 환경 내에서 웹 서비스를 시작하고, 로컬 데이터베이스를 설정하고, 외부 API 엔드포인트를 모사하는 것을 의미한다. 우리는 각 모듈이 정상적으로 작동하고 전체 등록, 로그인과 질문 만들기 워크플로가 예상대로 작동하는지 확인하고자 한다. 통합 테스트 설정에 포함된 모듈과 프로세스는 그림 11-4에 나와 있다.

▼ 그림 11-4 통합 테스트 전에 서버와 데이터베이스를 설정하고 다시 해체하기

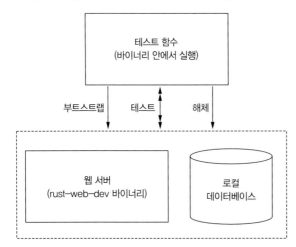

통합 테스트와 종단 간(end-to-end) 테스트는 다르다. 이 책에서 통합 테스트는 애플리케이션 모듈 간의 연결을 테스트하는 것이다. 예를 들어 웹 서비스에서 새로운 질문을 생성하고 적절한 응답을 얻기 위해 HTTP POST 요청을 보낼 수 있는가? 이는 서드파티 외부 API 호출을 모사하는 것을 의미할 수도 있다.

이 단계는 또한 개발 환경에 따라 크게 달라진다. 다음과 같은 선택지가 있다.

- 도커 환경을 부트스트랩하고 마지막에 해제하는 배시 스크립트 설정하기
- 코드베이스로 도커 환경을 설정하고 그곳에서 해체하기
- 도커 없이 로컬 설정을 사용하고 현재 코드베이스 내에서 테스트 실행하기
- 하위 폴더 또는 새로운 카고 프로젝트를 생성하여 통합 테스트를 넣고 로컬 설정에 대해 실행하기

그림 11-5와 같이 마지막 옵션(통합 테스트를 위한 하위 폴더 생성)을 선택한다.

▼ 그림 11-5 라이브러리와 바이너리를 동시에 제공하도록 코드베이스 재구성

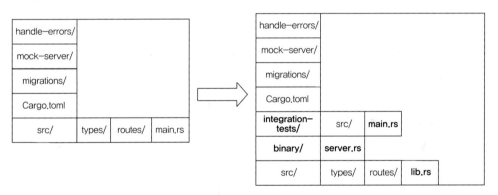

이 책은 문제의 러스트와 관련한 부분에만 초점을 맞춘다. 각 주제(API 구축, 인증 추가, 테스트 환경 설정)에는 다양한 외부 요인과 모범 사례가 있으며, 이런 주제는 때로 매우 빠르게 변화한다. 따라서 우리는 로컬 환경에 집중하여 통합 테스트 설정에 대한 솔루션이 어떤 모습일지 탐색하기로 한다.

우리는 다음과 같이 진행하려 한다.

- 프로젝트의 루트 폴더 내에 integration-tests라는 새로운 카고 프로젝트를 생성한다.
- main.rs 파일에서 lib.rs 파일을 만들고 나머지 main.rs 파일로 bin 폴더를 만든다.
- 새로 만든 lib.rs 파일에 oneshot 함수를 추가해 서버를 부트스트랩하고 즉시 종료할 수 있도록 한다.

러스트 애플리케이션 테스트하기

- 로컬 데이터베이스를 설정하고 코드베이스 내에서 각 통합 테스트 후 삭제한다.
- 일반적인 러스트 함수의 형태로 테스트 함수를 작성하고 실행 중인 웹 서버에 대해 HTTP 요청을 보낸다.

그림 11-6은 main.rs 파일을 분할한 후 새 server.rs와 lib.rs 파일에 포함될 내용을 보여 준다.

▼ 그림 11-6 main.rs를 server.rs와 lib.rs로 분리

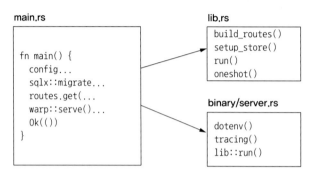

코드베이스를 크게 재구성(main.rs를 lib.rs 등으로 분할)하는 것은 서버 설정을 추가로 매개변수화하는 방법에 대해 많은 것을 가르쳐 줄 것이다. 다음 몇 페이지에서 수행할 코드 분할의 대부분은 실제 프로젝트를 시작할 때 처음부터 하는 첫 번째 작업이다.

11.3.1 lib.rs와 바이너리로 코드 분할하기

우리는 코드베이스에서 라이브러리와 바이너리를 모두 생성하려고 한다. 이를 통해 코드베이스 외부(및 새로운 통합 테스트 프로젝트)에서 공개 함수와 구조체를 사용할 수 있으며, 여전히 cargo run을 실행해 서버를 시작하고 cargo build를 사용해 바이너리 버전을 생성할 수 있다. 첫 번째 단계는 main.rs를 lib.rs로 이름을 바꾸는 것이고, 두 번째 단계는 저장소와 경로를 생성하고 서버를 실행하는 함수를 만드는 것이다. 다음 코드에 모든 세부 사항을 담고 있다.

코드 11-14 main.rs를 lib.rs로 이름을 바꾸고 기능을 그룹화하기

```
#![warn(clippy::all)]

...

async fn build_routes(store: store::Store)
    -> impl Filter<Extract = impl Reply> + Clone {
    let store_filter = warp::any().map(move || store.clone());
```

```
    let cors = warp::cors()
        .allow_any_origin()
        .allow_header("Content-Type")
        .allow_methods(&[Method::PUT, Method::DELETE, Method::GET, Method::POST]);

    let get_questions = warp::get()
        .and(warp::path("questions"))
        .and(warp::path::end())
        .and(warp::query())
        .and(store_filter.clone())
        // .and(id_filter)
        .and_then(routes::question::get_questions)
        .with(warp::trace(|info| {
            tracing::info_span!(
            "get_questions request",
            method = %info.method(),
            path = %info.path(),
            id = %uuid::Uuid::new_v4(),
            )
        }));

    ...

    get_questions
        .or(add_question)
        .or(update_question)
        .or(delete_question)
        .or(add_answer)
        .or(registration)
        .or(login)
        .with(cors)
        .with(warp::trace::request())
        .recover(handle_errors::return_error)
}

pub async fn setup_store(config: &config::Config) -> Result<store::Store,
handle_errors::Error> {
    let store = store::Store::new(&format!(
        "postgres://{}:{}@{}:{}/{}",
        config.db_user, config.db_password, config.db_host, config.db_port, config.db_name
    ))
    .await
    .map_err(|e| handle_errors::Error::DatabaseQueryError(e))?;
```

러스트 애플리케이션 테스트하기

```
sqlx::migrate!()
    .run(&store.clone().connection)
    .await
    .map_err(|e| handle_errors::Error::MigrationError(e))?;

let log_filter = std::env::var("RUST_LOG").unwrap_or_else(|_| {
    format!(
        "handle_errors={},rust_web_dev={},warp={}",
        config.log_level, config.log_level, config.log_level
    )
});

tracing_subscriber::fmt()
    // 위에 만든 필터로 어떤 추적을 기록할지 결정한다
    .with_env_filter(log_filter)
    // 각 범위가 닫힐 때 이벤트를 기록한다
    // routes 구간에서 사용된다
    .with_span_events(FmtSpan::CLOSE)
    .init();

Ok(store)
}

pub async fn run(config: config::Config, store: store::Store) {
    let routes = build_routes(store).await;
    warp::serve(routes).run(([127, 0, 0, 1], config.port)).await;
}
```

이제 src 폴더에 bin 폴더를 만들고 server.rs 파일을 추가한다. 앞으로 여기서 cargo run으로 실행되고 빌드될 것이다. 다음은 새로운 server.rs 파일이다.

코드 11-15 src/bin 폴더 안의 새로운 server.rs 파일

```
use rust_web_dev::{config, run, setup_store};

#[tokio::main]
async fn main() -> Result<(), handle_errors::Error> {
    dotenv::dotenv().ok();

    let config = config::Config::new().expect("Config can't be set");
    let store = setup_store(&config).await?;

    tracing::info!("Q&A service build ID {}", env!("RUST_WEB_DEV_VERSION"));
```

```
    run(config, store).await;

    Ok(())
}
```

dotenv::dotenv().ok로 .env 파일을 초기화하고, 구성을 생성하여 lib.rs 내부의 setup_store 함수에 전달하고 내부적으로 생성한 저장소와 경로가 지정된 구성 객체를 써서 run 함수를 호출하여 서버를 시작한다. 파일의 첫 번째 줄은 우리가 이제 rust_web_dev(프로젝트 이름)라는 라이브러리에 접근하고 거기에서 공개 함수를 임포트한 것을 알려준다.

이름을 바꾸면 다른 결과도 생긴다. 라이브러리 내부에서 모듈을 임포트하려면 지금 crate 키워드를 사용해야 한다. 다음 코드는 업데이트된 authentication.rs 파일을 예로 보여 준다.

코드 11-16 authentication.rs에 crate 키워드로 라이브러리를 가져오기

```
use std::{env, future};

use chrono::prelude::*;

use argon2::{self, Config};
use rand::Rng;
use warp::http::StatusCode;
use warp::Filter;

use crate::store::Store;
use crate::types::account::{Account, AccountId, Session};

pub async fn register(store: Store, account: Account) -> Result<impl warp::Reply,
warp::Rejection> {
    let hashed_password = hash_password(account.password.as_bytes());
...
```

3개의 다른 파일 내에서도 동일한 작업을 수행해야 한다(업데이트된 코드는 이 책의 깃 저장소에서 찾을 수 있음).

- route/answer.rs

- route/question.rs

- store.rs

러스트 애플리케이션 테스트하기

이제 cargo run으로 코드를 실행하면 전처럼 작동할 것이다. 이 변경으로 프로젝트 내부에 새로운 통합 테스트 크레이트의 기반이 만들어지며 이제 서버를 더 잘 제어할 수 있게 되었다. 다음 절에서는 누락된 부분을 추가한다.

11.3.2 통합 테스트 크레이트와 원샷 서버 구현하기

통합 테스트를 실행하려면 명령에 따라 웹 서버를 시작하고 중지할 수 있어야 한다. 모의 서버에서 배운 트릭을 사용하여 통합 테스트와 웹 서버 간에 oneshot 채널을 만든다. 우리는 이미 lib.rs 파일을 만들었다. 여기서 이제 함수를 추가하고 필요에 따라 서버에 추가로 설정할 수 있다. 다음 코드에서 추가되는 oneshot 함수를 볼 수 있다.

코드 11-17 src/lib.rs 안에 서버에 oneshot 채널을 추가하기

```
#![warn(clippy::all)]

use handle_errors;
use tokio::sync::{oneshot, oneshot::Sender};
use tracing_subscriber::fmt::format::FmtSpan;
use warp::{http::Method, Filter, Reply};
...

pub struct OneshotHandler {
    pub sender: Sender<i32>,
}
...

pub async fn run(config: config::Config, store: store::Store) {
    let routes = build_routes(store).await;
    warp::serve(routes).run(([127, 0, 0, 1], config.port)).await;
}

pub async fn oneshot(store: store::Store) -> OneshotHandler {
    let routes = build_routes(store).await;
    let (tx, rx) = oneshot::channel::<i32>();

    let socket: std::net::SocketAddr = "127.0.0.1:3030".
        to_string().parse().expect("Not a valid address");

    let (_, server) = warp::serve(routes).
```

```
        bind_with_graceful_shutdown(socket, async {
            rx.await.ok();
        });

        tokio::task::spawn(server);

        OneshotHandler {sender: tx}
    }
```

모의 서버 구현에 있는 것은 모두 이전에 본 것이다. 우리는 경로를 만들고, 채널을 생성하고, 발신자 객체를 갖는 OneshotHandler를 반환한다. 이 객체는 서버를 종료하려고 할 때 채널을 통해 서버에 정수를 보내는 데 사용할 것이다.

이제 프로젝트의 루트 폴더 안에 새로운 통합 테스트 크레이트를 만들 차례이다.

```
$ cargo new integration-tests
```

Cargo.toml 파일에 몇 가지 종속성을 추가해야 한다(코드 11-18). rust-web-dev 라이브러리 (우리 프로젝트)도 종속성 목록에 추가해야 한다는 점에 유의하자. 예를 들어 서버를 생성하려면 config 모듈뿐만 아니라 oneshot 함수에도 접근해야 한다.

코드 11-18 integration-tests 크레이트의 Cargo.toml

```
[package]
name = "integration-tests"
version = "0.1.0"
edition = "2021"

[dependencies]
rust-web-dev = { path = "../", version = "1.0.0" }
dotenv = "0.15.0"
tokio = { version = "1.1.1", features = ["full"] }
reqwest = { version = "0.11", features = ["json"] }
serde = { version = "1.0", features = ["derive"] }
serde_json = "1.0"
```

다음은 main.rs의 첫 번째 버전이다. 이를 통해 서버를 설정할 때 달성하고자 하는 것을 처음으로 볼 수 있다.

```
use rust_web_dev::{config, handle_errors, oneshot, setup_store};

#[tokio::main]
async fn main() -> Result<(), handle_errors::Error> {
    dotenv::dotenv().ok();
    let config = config::Config::new().expect("Config can't be set");

    let store = setup_store(&config).await?;

    let handler = oneshot(store).await;

    // register_user();
    // login_user();
    // post_question();

    let _ = handler.sender.send(1);

    Ok(())
}
```

프로젝트에서 필요한 기능과 모듈을 임포트하지만, 컴파일러는 첫 번째 에러를 낸다. config 모듈과 handle_errors 모듈은 공개되지 않았으며 공개 범위가 지금까지 라이브러리 내로 제한되었다. lib.rs 파일 내에서 앞에 pub 키워드를 추가하여 이를 변경한다.

```
#![warn(clippy::all)]

pub use handle_errors;
use tokio::sync::{oneshot, oneshot::Sender};
use tracing_subscriber::fmt::format::FmtSpan;
use warp::{http::Method, Filter, Reply};

pub mod config;
mod profanity;
mod routes;
mod store;
mod types;
```

또한, 프로젝트 폴더의 .env 파일을 integration-tests 크레이트로 복사해야 한다. dotenv helper 라이브러리가 호출될 때 파일을 찾는 위치이기 때문이다.

```
$ cd BOOK_PROJECT
$ cp .env integration-tests/
```

이제 첫 번째 통합 테스트를 작성할 준비가 되었다.

11.3.3 등록 테스트 추가하기

웹 서비스를 시작하고 이메일/비밀번호 조합으로 HTTP 요청을 보내야 한다. 다음 코드는 이에 대한 구현 세부 정보이다.

코드 11-20 integration-tests/main.rs에 등록 HTTP 호출 추가하기

```
use rust_web_dev::{config, handle_errors, oneshot, setup_store};
use serde::{Deserialize, Serialize};
use serde_json::Value;

#[derive(Serialize, Deserialize, Debug, Clone)]
struct User {
    email: String,
    password: String,
}

#[tokio::main]
async fn main() -> Result<(), handle_errors::Error> {
    dotenv::dotenv().ok();
    let config = config::Config::new().expect("Config can't be set");

    let store = setup_store(&config).await?;

    let handler = oneshot(store).await;

    let u = User {
        email: "test@email.com".to_string(),
        password: "password".to_string(),
    };

    register_new_user(&u).await;

    let _ = handler.sender.send(1);

    Ok(())
```

```
    }

    async fn register_new_user(user: &User) {
        let client = reqwest::Client::new();
        let res = client
            .post("http://localhost:3030/registration")
            .json(&user)
            .send()
            .await
            .unwrap()
            .json::<Value>()
            .await
            .unwrap();

        assert_eq!(res, "Account added".to_string());
    }
```

이 테스트는 별로 대단해 보이지 않는다. 우리는 oneshot 함수를 통해 웹 서버를 시작하고, 더미 사용자를 만들고, Reqwest를 통해 HTTP 요청을 보내는 register_new_user 함수를 만들었다. 하지만 주의 깊게 살펴보면 이 함수는 우리가 일반적으로 작성하는 함수와 다르다.

- 반환 타입(특정 형태의 Result)이 없다.
- 우리는 에러 처리를 하지 않고 Result를 직접 unwrap한다.
- assert_eq! 매크로로 함수를 종료한다.

왜 그럴까? 우선 우리는 에러 처리 또는 결과 처리에 대해서는 전혀 신경 쓰지 않는다. 계정을 생성할 수 있는지 확인하고, 생성할 수 있으면 통합 테스트가 성공한 것이다. 그렇지 않으면 실패하고 "뭔가 잘못됐어!"라고 말하고 싶다.

그리고 한 걸음 더 나아가 생각해 보면 실패한다는 것은 무엇을 의미할까? 우리는 모의 서버를 확실히 정지시켜야 하고, 다른 테스트 기능이 실행되는 것을 정지시켜야 한다. 모의 서버와 자체 애플리케이션을 정상적으로 종료하는 방법이 필요하다. 우리는 이것을 어떻게 할 수 있는지 곧 알게 될 것이다.

그러나 더 분명한 두 가지 문제를 먼저 처리해 보겠다. integration-tests 폴더로 이동하여 테스트를 실행하기 위해 명령줄에서 cargo run을 실행한다.

우리는 두 가지 문제에 직면할 것이다.

- 사용자가 이미 존재한다는 데이터베이스 에러가 발생한다.

- 유효한 JSON이 아니기 때문에 HTTP 요청의 응답을 파싱할 수 없다.

먼저 두 번째 문제를 해결해 보겠다. src/routes/authentication.rs 내부에서 반환되는 내용을 확인하면 유효한 JSON 대신 문자열을 반환하는 것을 확인할 수 있다.

```
pub async fn register(
    store: Store,
    account: Account
) -> Result<impl warp::Reply, warp::Rejection> {
s    ...

    match store.add_account(account).await {
        Ok(_) =>
            Ok(warp::reply::with_status("Account added", StatusCode::OK)),
        Err(e) => Err(warp::reject::custom(e)),
    }
}
```

이 줄을 warp::reply::json()을 써서 다음과 같이 바꾼다.

```
pub async fn register(
    store: Store,
    account: Account
) -> Result<impl warp::Reply, warp::Rejection> {
    ...

    match store.add_account(account).await {
        Ok(_) => Ok(warp::reply::json(&"Account added".to_string())),
        Err(e) => Err(warp::reject::custom(e)),
    }
}
```

이렇게 하면 응답을 JSON 값으로 파싱할 수 있다. 계정이 이미 존재한다는 첫 번째 에러는 로컬 환경과 관련한 문제일 수 있다. 우리는 현재 전체적으로 책에 사용한 데이터베이스를 계속 재사용하고 있기 때문에 이전에 사용한 동일한 이메일을 테스트에서 사용했을 수도 있다. 그러나 이것은 원하는 상황이 아니다. 다음을 수행해야 한다.

- 통합 테스트에만 사용하는 새 테스트 데이터베이스를 만든다.

- 테스트를 실행할 때마다 이 테스트 데이터베이스에 연결한다.

러스트 애플리케이션 테스트하기

- 각 통합 테스트를 실행한 후 데이터베이스를 정리한다.

먼저 통합 테스트 크레이트 내부의 .env 파일을 변경하여 기존 데이터베이스 대신 test라는 데이터베이스에 연결한다.

```
...
POSTGRES_USER=username
POSTGRES_PASSWORD=password
POSTGRES_DB=test
POSTGRES_HOST=localhost
POSTGRES_PORT=5432
```

이제 실행할 때마다 데이터베이스를 만들고 삭제하는 방법을 찾아야 한다. 명령줄을 통해 수동으로 만든 다음 코드 내에서 SQL 문을 사용하여 각 테스트 후에 모든 데이터를 삭제할 수 있다. 단순하면서도 새로운 방식을 배우기 위해서 러스트 표준 라이브러리로 코드 내에서 CLI 명령을 실행하고자 한다. 다음은 이 방법에 대한 코드이다.

코드 11-21 테스트를 실행할 때마다 test 데이터베이스를 지우고 생성하기

```rust
use rust_web_dev::{config, handle_errors, oneshot, setup_store};
use serde::{Deserialize, Serialize};
use serde_json::Value;
use std::io::{self, Write};
use std::process::Command;      ···· 표준 라이브러리에서는 Command 모듈이 있는데, CLI 명령을 코드로 전환해 준다.

#[derive(Serialize, Deserialize, Debug, Clone)]
struct User {
    email: String,
    password: String,
}

#[tokio::main]
async fn main() -> Result<(), handle_errors::Error> {
    dotenv::dotenv().ok();
    let config = config::Config::new().expect("Config can't be set");

    let s = Command::new("sqlx")   ····· 새로운 command를 생성하며, SQLx CLI 명령을 호출하여
        .arg("database")      ···· sqlx 명령에 전달할 인수를 설정한다.
        .arg("drop")
        .arg("--database-url")
        .arg(format!(
            "postgres://{}:{}/{}",
```

```
            config.db_host, config.db_port, config.db_name
        ))
        .arg("-y")    ···· -y 매개변수를 써서 데이터베이스를 삭제할 때 CLI에서 물어보면 yes라고 자동으로 답하게 한다.
        .output()    ···· output 함수로 최종 명령을 생성하며 바로 다음에 실행할 때 사용한다.
        .expect("sqlx command failed to start");

    io::stdout().write_all(&s.stderr).unwrap();    ···· stdout 함수를 사용해 명령을 출력하고 실행한다.

    let s = Command::new("sqlx")
        .arg("database")
        .arg("create")
        .arg("--database-url")
        .arg(format!(
            "postgres://{}:{}/{}",
            config.db_host, config.db_port, config.db_name
        ))
        .output()
        .expect("sqlx command failed to start");

    io::stdout().write_all(&s.stderr).unwrap();
    ...
}
...
```

앞 코드는 아래 두 CLI 명령을 러스트 표준 라이브러리의 명령 빌더(command builder) 구조로 변
환한 것이다.

```
sqlx database drop --database-url postgres://localhost:5432/test -y
sqlx database create --database-url postgres://localhost:5432/test
```

그런 다음 write_all 명령으로 실행한다. 여기서 에러가 발생하면 stderr 필드로 에러를 출력하
도록 지정할 수도 있다.

```
io::stdout().write_all(&s.stderr).unwrap();
```

이 작업이 완료되면 cargo run으로 바이너리 실행을 다시 시도했을 때 새 사용자를 등록하기 위
한 HTTP 요청을 보낼 수 있다. 출력이 전혀 표시되지 않으면 테스트가 제대로 작동한 것이며 새
로운 사용자를 등록하고 이를 데이터베이스에 추가했다.

11.3.4 에러가 발생하는 경우 되돌리기

새 계정을 만들 수 있었고 호출도 성공적이었다. 하지만 테스트가 실패할 경우도 대비해 계획을 세워야 한다. 우리는 보통의 러스트 코드로 애플리케이션의 integration-tests를 호출하기 때문에 러스트 테스트 도우미 로직을 사용했을 때 얻을 수 있는 초기 설정이나 에러 발생 시 애플리케이션을 정리하고 종료할 수 있는 지원을 받지 못한다. 우리가 직접 처리해야 한다. 다음은 완성된 결과 코드이며, 자세한 사항은 바로 이어 설명하겠다.

코드 11-22 통합 테스트가 실패할 경우 되돌리기

```
...
use std::io::{self, Write};
use std::process::Command;

use futures_util::future::FutureExt; ······ catch_unwind 함수를 비동기 테스트 함수에서 사용하려면
...                                          futures_util 크레이트의 도움이 필요하다.
#[tokio::main]
async fn main() -> Result<(), handle_errors::Error> {

    ...
    print!("Running register_new_user...");

    let result = std::panic::AssertUnwindSafe(register_new_user(&u))
        .catch_unwind()
        .await; ···· 러스트 표준 라이브러리의 AssertUnwindSafe 래퍼를 사용하여 함수와 변수를 래핑한다.

    match result { ···· register_new_user 함수 결과에 대한 패턴 일치 검사를 한다.
        Ok(_) => println!("✓"), ···· 성공한 경우, 체크 표시 기호를 명령줄에 출력한다.
        Err(_) => { ···· 함수가 실패하면 catch_unwind로 조기에 가로채어 프로세스를 여기에서 종료시킨다.
            let _ = handler.sender.send(1);
            std::process::exit(1);
        }
    }

    let _ = handler.sender.send(1);

    Ok(())
}
...
```

프로그래밍에서 **언와인딩**(unwinding)은 스택에서 함수와 변수를 역순으로 제거하여 예외의 경우 깨끗한 상태로 유지하는 것을 의미한다. 함수 호출에서 패닉이 예상되면 러스트 표준 라이브

러리(https://doc.rust-lang.org/beta/std/panic/fn.catch_unwind.html)의 catch_unwind를 호출할 수 있다. 이 경우에는 래퍼 AssertUnwindSafe(https://doc.rust-lang.org/beta/std/panic/struct.AssertUnwindSafe.html)를 사용했다. AssertUnwindSafe 래퍼는 우리가 사용하는 변수가 풀기에 안전하다는 신호를 보낸다. 함수 호출을 래핑하고 futures_util 크레이트에서 catch_unwind(https://docs.rs/futures-util/latest/futures_util/future/trait.FutureExt.html#method.catch_unwind)를 호출하여 '퓨처를 폴링하는 동안 풀리는 패닉을 포착한다.'

register_new_user 함수가 패닉(에러를 처리하고 래핑한 것을 풀지 않기 때문에) 상태에 빠지거나 테스트 중에 다른 문제가 발생하면 스택을 풀고 모의 서버를 중지하고 프로세스를 종료한다.

11 3.5 로그인과 질문 올리기 테스트하기

이제 로그인 테스트와 첫 번째 질문을 추가할 수 있다. 다음 목록은 남은 마지막 부분이다.

코드 11-23 login과 add_question 테스트 추가하기

```
...
#[derive(Serialize, Deserialize, Debug, Clone)]
struct User {
    email: String,
    password: String,
}

#[derive(Serialize, Deserialize, Debug, Clone)]
struct Question {
    title: String,
    content: String,
}

#[derive(Serialize, Deserialize, Debug, Clone)]
struct QuestionAnswer {
    id: i32,
    title: String,
    content: String,
    tags: Option<Vec<String>>,
}

#[derive(Serialize, Deserialize, Debug, Clone)]
struct Token(String);
```

```rust
#[tokio::main]
async fn main() -> Result<(), handle_errors::Error> {
    ...
    let token;
    print!("Running login ...");
    match std::panic::AssertUnwindSafe(login(u)).catch_unwind().await {
        Ok(t) => {
            token = t;
            println!("✓");
        }
        Err(_) => {
            let _ = handler.sender.send(1);
            std::process::exit(1);
        }
    }

    print!("Running post_question...");
    match std::panic::AssertUnwindSafe(post_question(token))
        .catch_unwind()
        .await
    {
        Ok(_) => println!("✓"),
        Err(_) => {
            let _ = handler.sender.send(1);
            std::process::exit(1);
        }
    }

    let _ = handler.sender.send(1);

    Ok(())
}

...

async fn login(user: User) -> Token {
    let client = reqwest::Client::new();
    let res = client
        .post("http://localhost:3030/login")
        .json(&user)
        .send()
        .await
        .unwrap();
```

```
        assert_eq!(res.status(), 200);

        res.json::<Token>().await.unwrap()
    }

    async fn post_question(token: Token) {
        let q = Question {
            title: "First Question".to_string(),
            content: "How can I test?".to_string(),
        };

        let client = reqwest::Client::new();
        let res = client
            .post("http://localhost:3030/questions")
            .header("Authorization", token.0)
            .json(&q)
            .send()
            .await
            .unwrap()
            .json::<QuestionAnswer>()
            .await
            .unwrap();

        assert_eq!(res.id, 1);
        assert_eq!(res.title, q.title);
    }
```

이제 등록, 로그인 경로를 확인할 수 있으며, 새로운 질문을 생성할 수도 있다. 이 책에서 배운 지식을 사용하면 실패한 테스트(예를 들어 질문을 만들 때 누락된 토큰)를 만들고 assert! 매크로를 사용하여 올바른 에러 코드를 확인하는 것이 어렵지 않을 것이다.

여전히 개선할 수 있으며 다음은 연습 문제로 남겨둔다.

- 각 테스트(함수)가 실행되면 이름을 출력하고 성공 또는 실패 시 체크 표시 또는 x를 표시한다.
- 실행 전이 아니고 실행한 후에 데이터베이스를 삭제한다.
- 테스트 스위트(test suite)에 실패 테스트를 더 추가한다.

이 장 전반에 걸쳐 작동하는 웹 서비스를 검증했을 뿐만 아니라 테스트 환경을 수용하기 위해 코드베이스를 상당히 많이 변경했다. 우리는 몇 가지 문제(예를 들어 보낸 각 HTTP 응답에 대해

JSON을 반환하지 않음)를 발견했고 저장소와 경로 생성을 별도 함수로 옮겼다. 완성된 코드는 더 깨끗하고 향후 변경 사항에 더 잘 적응할 수 있다.

11.4 요약

- 독립형 함수는 다른 매개변수로 함수를 제공할 수 있고 항상 부작용이 없는 응답에 의존할 수 있는 단위 테스트에 적합하다.

- 결과를 비교하려면 구조체에 PartialEq 트레이트를 구현해야 한다.

- 에러 비교가 항상 간단하지만은 않으며, 가장 쉬운 솔루션은 에러가 생성하는 String을 비교하는 것이다(Display 트레이트와 .to_string 함수를 사용).

- 러스트는 테스트를 병렬로 실행하므로 다른 환경 변수를 테스트할 때 부작용이 있다. 이는 이러한 환경 변수에 의존하는 모든 테스트에 영향을 미치므로 가능한 독립적이어야 한다.

- 외부 API 호출을 모사할 필요는 없다. 그들이 호출하는 URL을 localhost로 변경하고 응답을 제어하는 모의 서버를 자체적으로 실행할 수 있다.

- 모의 서버는 테스트 기능과 서버 사이의 채널을 열어 종료할 수 있으며, 여기서 서버의 정상적인 종료를 트리거하는 신호를 보낼 수 있다.

- oneshot 채널은 시스템의 다른 부분(예를 들어 모의 서버)과 통신하고 메시지로 기능(예를 들어 종료)을 트리거하는 훌륭한 도구이다.

- 미들웨어를 테스트하는 일은 사용 중인 웹 프레임워크에 부분적으로 의존한다. warp::test 모듈처럼 서버를 시작하지 않고 경로를 테스트할 수 있다면 이상적이다.

- 통합 테스트는 로컬 환경에서 기능을 부분적으로 테스트하는 대규모 테스트이다.

- 자신의 폴더 또는 크레이트를 사용하거나 나머지 코드베이스와 함께 넣을 수 있다.

- 각 통합 테스트를 실행한 전후에 서버를 시작하거나 중지하고 데이터베이스를 정리할 수 있어야 한다. 이는 도커 환경을 시작하는 배시 파일을 통해 또는 oneshot 채널과 표준 라이브러리의 Command 모듈을 통해 자체 코드베이스로 수행할 수 있다.

부록. A

보안 고려하기

API 또는 기타 웹 서비스를 개발할 때 엔드포인트를 보호하는 방법, 들어오는 데이터의 유효성을 검사하고 공격자가 애플리케이션을 악용할 수 있는 방법을 이해해야 한다. 이러한 주제는 여러 책에 걸쳐 있으며 여기에서 다룰 범위를 넘어선다. 그러나 이 책의 범위에서 우리가 할 수 있는 것은 러스트 코드를 검사하고 확인하는 데 사용할 수 있는 도구를 소개하는 것이므로 적어도 보안 감사의 이러한 면도 알아볼 수 있다.

A.1 종속성의 보안 이슈 검증하기

러스트 코드베이스를 구축할 때는 때때로 종속성을 수백 개 가져오는 작업이 포함된다. 그것을 모두 손으로 확인하는 것은 지루하고, 어쩌면 불가능하다. cargo-crev라는 CLI 도구가 해당 작업을 도와줄 수 있다. 이 코드 검토 시스템을 통해 사용자는 서드파티 종속성을 검토하고 결과를 게시할 수 있다.

최신 설정 단계는 프로젝트의 깃허브 저장소(https://github.com/crev-dev/cargo-crev)에서 찾을 수 있다. 다음처럼 cargo-crev를 설치하고 설정할 수 있다.[1]

```
$ cargo install cargo-crev@0.23.3
$ cargo crev trust --level high https://github.com/dpc/crev-proofs
$ cargo crev repo fetch all
```

다음으로 프로젝트 폴더에서 도구를 실행한다.

```
$ cargo crev verify --show-all
```

이렇게 하면 모든 크레이트, 버전과 다른 검토자가 발견한 문제가 포함된 표가 생성된다. 예를 들어 우리가 가져오는 subtle이라는 크레이트에는 해결되지 않은 이슈가 있다.

```
status reviews issues owner  downloads loc lpidx geiger flgs crate  version   latest_t
none     1    2    1   1  0  2 36484K 57167K    377   153       3 __UM subtle   2.4.1
```

---

1 역주 0.24.0은 일부 에러가 있으므로 0.23.3을 사용한다.

다음 명령으로 문제의 세부 정보로 이동할 수 있다.

```
$ cargo crev repo query issue subtle 2.4.1
```

다음과 같은 결과가 나온다.

```
---
kind: package review
version: -1
date: 2021-02-05T01:37:21.287894+00:00
from:
    id-type: crev
    id: Qf4cHJBEoho61fd5zoeweyrFCIZ7Pb5X5ggc5iw4B50
    url: https://github.com/kornelski/crev-proofs
package:
    source: https://crates.io
    name: subtle
    version: 2.4.0
    revision: 7eac3784386daa136a69f8379d3def915fe29812
    digest: XnO1N83LqYzagz-QjQzBOJzm3qvJ3m3Ki4hTzZEIen0
review:
    thoroughness: none
    understanding: none
    rating: negative
issues:
- id: https://twitter.com/hdevalence/status/1356831666124197890
    severity: medium
    comment: ''
flags:
    unmaintained: true
alternatives:
- source: https://crates.io
    name: subtle-ng
comment: |-
    warning: unexplained kicking out of co-maintainers
```

얻은 정보에 따라 이 크레이트를 사용하지 않기로 결정(또는 시도)하거나 저장소로 이동하여 변경 사항을 푸시할 수 있다. 현재에는 일부 기능이 제한되어 있다. 예를 들어 Cargo.toml 파일에서 어떤 종속성이 이 파일을 가져오고 있는지 쉽게 확인할 수 없다.

사용할 수 있는 또 다른 크레이트는 Cargo Audit(https://github.com/RustSec/rustsec/tree/main/cargo-audit)이다. 이 도구는 RustSec Advisory Database(https://github.com/

RustSec/advisory-db/)에 대한 종속성을 확인하고 발견된 취약점을 보고한다. cargo install 로 설치할 수 있다.

```
$ cargo install cargo-audit
```

다음처럼 실행할 수 있다.

```
$ cargo audit
```

이 도구는 종속성 트리와 해결 방법을 제공한다.

```
$ cargo audit
    Fetching advisory database from `https://github.com/RustSec/advisory-db.git`
        Loaded 544 security advisories (from /Users/siabard/.cargo/advisory-db)
    Updating crates.io index
    Scanning Cargo.lock for vulnerabilities (324 crate dependencies)
Crate:     libsqlite3-sys
Version:   0.24.2
Title:     `libsqlite3-sys` via C SQLite CVE-2022-35737
Date:      2022-08-03
ID:        RUSTSEC-2022-0090
URL:       https://rustsec.org/advisories/RUSTSEC-2022-0090
Severity:  7.5 (high)
Solution:  Upgrade to >=0.25.1
Dependency tree:
libsqlite3-sys 0.24.2
└── sqlx-core 0.5.13
        ├── sqlx-macros 0.5.13
        │   └── sqlx 0.5.13
        │       ├── rust-web-dev 1.0.0
        │       └── handle-errors 0.1.0
        │           └── rust-web-dev 1.0.0
        └── sqlx 0.5.13

Crate:     time
Version:   0.1.45
Title:     Potential segfault in the time crate
Date:      2020-11-18
ID:        RUSTSEC-2020-0071
URL:       https://rustsec.org/advisories/RUSTSEC-2020-0071
Severity:  6.2 (medium)
Solution:  Upgrade to >=0.2.23
Dependency tree:
```

```
time 0.1.45
└───── chrono 0.4.24
         ├────── rust-web-dev 1.0.0
         ├────── retry-policies 0.1.2
         │         └────── reqwest-retry 0.1.5
         │                   └────── rust-web-dev 1.0.0
         ├────── reqwest-retry 0.1.5
         ├────── paseto 2.0.2+1.0.3
         │         └────── rust-web-dev 1.0.0
         └────── log4rs 1.2.0
                   └────── rust-web-dev 1.0.0
...
error: 2 vulnerabilities found!
warning: 5 allowed warnings found
```

이 경우 libsqlite3-sys를 버전 0.25.1로 업그레이드하면 문제를 해결할 수 있다.

A.2 자신의 코드 확인하기

러스트 애플리케이션을 개발할 때는 지침을 반드시 따라야 한다. Secure Rust Guidelines(https://anssi-fr.github.io/rust-guide/04_language.html)는 모범 사례와 권장 사항을 제공한다.

항상 최신 업데이트된 러스트의 안정(stable) 브랜치에서 개발하고, 꼭 필요한 경우 하루하루 발생되는 이슈나 업데이트 사항이 있어 빌드되어 배포되는 버전인 Nightly로 전환하라. Rustup으로 toolchain list 명령을 실행하여 이를 확인할 수 있다.

```
$ rustup toolchain list
stable-x86_64-apple-darwin (default)
nightly-x86_64-apple-darwin
...
```

사용 중인 버전이 default로 표시된다. 안정적인 버전이 업데이트되었는지 정기적으로 확인하라.

```
$ rustup update
```

클리피를 사용하여 린트를 하고 Rustfmt를 사용하여 코드를 포맷하면 많은 작업을 수행할 수 있다(5장에서 설명). 깨끗하고 읽기 쉬운 코드베이스는 버그를 더 빨리 찾는 데 도움이 된다. 한 단계 더 나아가 실제 코드를 확인할 수 있다.

semval 크레이트를 사용하면 '런타임에 복잡한 데이터 구조를 검증'할 수 있다(https://github.com/slowtec/semval). 예를 들어 애플리케이션이 유효한 전화번호 또는 이메일 주소를 갖는지 나타내는 유효성 검사를 구현할 수 있다. 다른 크레이트를 사용하면 함수에 대한 입력을 확인하고 극단적인 경우를 다룰 수도 있다(https://github.com/rust-secure-code/projects#input-sanitizing 참조).

A.3 맺음말

보안과 관련하여 이 책은 기본적인 설정을 다루고 추가 리소스를 제공하였다. 그러나 관련된 전체 주제를 책 한 권에 담을 수 없으며, 스스로 해결하기 어려운 문제에 대해서는 보안 전문가와 상담하기 바란다.

Rust Secure Code Working Group에는 사용할 수 있는 크레이트와 프로젝트 목록이 있다(https://github.com/rust-secure-code/projects). 일반적으로 종속성의 취약성을 확인하는 것은 매우 중요한 첫 번째 단계이다. 다음 단계는 코드를 린팅하고 서식을 지정하는 것으로, 그렇게 하면 추론하기 쉽고 기본적인 사항을 잘 다룰 수 있다.

그다음 단계는 함수 입력의 유효성을 검사하는 것이다. API 엔드포인트가 있는 경우 예상치 못한 매개변수와 JSON이 애플리케이션에 어떤 영향을 미칠 수 있는지를 확인하라. sanitizing 라이브러리를 추가하는 것도 도움될 수 있다. 전체적인 확인을 위해 참고 자료를 읽어 배움을 얻거나 전문가를 고용하라.